ハーバーマスとホネットを超えて

コミュニケーション的行為の理論から人間的生の理論へ

横田榮一　著

梓出版社

ハーバーマスとホネットを超えて

コミュニケーション的行為の理論から人間的生の理論へ

目　次

目次 ii

凡　例

ハーバーマス、ホネット、アドルノ、ホルクハイマー、アーレント、ウィトゲンシュタインのテクストの指示に際しては、以下の略記号を用いる。

J. Habermas

SÖ: *Strukturwandel der Öffentlichkeit. Untersuchungen zu einer Kategorie der bürgerlichen Gesellschaft*, Luchterhand, 1962.

TuP: *Theorie und Praxis,* Suhrkamp, 1963.

TGS: "Theorie der Gesellschaft oder Sozialtechnologie? Eine Auseinandetrsetzung mit Niklas Luhmann", Jürgen Habermas / Niklas Luhman, *Theorie-Diskussion Theorie der Gesellschaft oder Sozialtechnologie: Was leistet die Systemforschung?* Suhrkamp, 1971.

EI: Erkentnis und Interesse, Suhrkamp, 1968.

TkH 1: *Theorie des kommunikativen Handelns,* Band1, Suhrkamp, 1981.

TkH 2: *Theorie des kommunikativen Handelns,* Band2, Suhrkamp, 1981.

VETkH: *Vorstudien und Ergänzungen zur Theorie des kommunikativen Handelns,* Suhrkamp, 1984

WU: "Was heisst Universalpragmatik?", in VETkH.

EBH: "Erläuterungen zum Begriff des kommunikativen Handelns", in VETkH.

VGS: "Vorlesungen zu einer sprachtheoretischen Grundlegung der Soziologie", in VETkH.

KWEE: "Die Krise des Wholfahrtsstaates und die Erschöpfung utopicher Energien", *Die neue Unübersichtlichkeit,* Suhrkamp, 1985.

PDM: *Der Philosophische Diskurs der Moderne,* Suhrkamp, 1985.

TuK: *Texte und Kontexte,* Suhrkamp, 1991.

FuG: *Faktizität und Geltung.Beiträge zur demokratischen Rechtsstaats,* Suhrkamp, 1992.

EA: *Die Einbeziehung des Anderen.Studien zur politischen Theorie,* Suhrkamp, 1999.

ZNR: *Zwischen Naturalismus und Religion.Philosophische Aufsätze,* Suhrkamp, 2005.

ISN: "Ich selber bin ja eine Stück Natur Adorno über die Naturverflochtheit der Vernunft. Überlegungen zum Verhältnis von Freiheit und Unverfügbarkeit", in ZNR.

ZN: *Die Zukunft der menschlichen Natur.Auf dem Weg zu einer liberalen Eugenik?,* 2005.

A. Honneth

DG: *Das Andere der Gerechtigkeit. Aufsätze zur praktischen Philosophie,* Suhrkamp, 2000.

DGHE: "Das Andere der Gerechtigkeit. Habermas und die Herausforderung der poststrukturalistishen Ethik", in DG.

DM: "Die soziale Dynamik von Missachtung.Zur Ortbestimmung einer kritischen Gesellschaftstheorie", in DG.

UA: "Umverteilung als Anerkennung.Eine Erwiderung auf Nancy Fraser", Nancy Fraser / Axel Honneth, *Umverteilung oder Anerkennung? Eine politisch-philosophische Kontroverse,* Suhrkamp, 2003.

U: "Unsichtbarkeit.Über die moralische Epistemologie von » Anerkennung « ", Axel Honnneth, *Unsichtbarkeit. Stationen einer Theorie der Intersubjektivität,* Suhrkamp, 2003.

V: *Verdinglicung. Eine anerkennungstheoretische Studie,*Suhrkamp, 2015.

Th. W. Adorno

IN: "Die Idee der Naturgeschichte", Gesammelte Schriften 1, Hg. von Rolf Tiedemann unter Mitwirkung von Gretel Adorno, Susan Buck-

Morss und Klaus Schultz, Suhrkamp.

MM: *Mnima Moralia—Reflexion aus dem beschädigten Leben—*, Gesammelte Schriften 4.

DSH: *Drei Studien zu Hegel,* Gesammelte Schriften 5.

ND: *Negative Dialektik,* Gesammelte Schriften 6.

ÄT: *Ästhetische Theorie,* Gesammelte Schriften 7.

G: "Gesellschaft", Gesammelte Schriften 8.

PTM: "The Psychogical Technique of Mrtin Luther Thomas's Radio Addresses", *Soziologische Schriften II* ,Gesammelte Schriften 9・1.

PM: *Problem der Moralphilsophie,* Suhrkamp, 1996.

M. Horkheimer / Th. W. Adorno

DA: *Dialektik der Aufklärung. Philosophische Fragmente,* Gesammelte Schriften 3.

Hannah Arendt

HC: *The Human Condition,* The University of Chicago Press, 1958.

MDT: *Men in Dark Times,* Harcourt Brace & Company, 1968.

EUH: *Elemente und Ursprünge totaler Herrschaft,* Piper Verlag, 1986.

EU: *Essays in Understanding 1930-1954: Formation, Exile, and Totalitarianism,* edited by Jerome Kohn, Harcourt, Brace & Co, 1994.

BPF: *Between Past and Future,* Penguin Books, introduction by JEROME KOHN, 2006.

VV: *Vita activa oder Vom tätigen Leben,* 19. auflage, Piper, 2018.

L. Wittgenstein

AMND: "Aufzeichnungen, die G. E. Moor in Noewegen nach Diktat niedergeschrieben hat", Werkausgabe Band 1,Suhrkamp, 1984.

BlB: *Das Blaue Buch,* Werkausgabe Band 5, Suhrkamp, 1984.

BrB: *Das Braune Buch,* Werkausgabe Band 5, Suhrkamp, 1984.

PU: *Philosophische Untersuhungen,* Werkausgabe Band 1, Suhrkamp, 1984.

PG: *Philosophische Grammatik,* Werkausgabe Band 4, Suhrkamp, 1994.

T: *Tagebücher 1914-1916,* Werkausgabe Band 1, Suhrkamp, 1984.

TLP: *Tractatus logico-philosophicus,* Werkausgabe Band 1, Suhrkamp, 1984.

BPP1: *Bemerkungen über die Philosophie der Psychologie,* Werkausgabe Band 1, Suhrkamp, 1984.

ハーバーマスとホネットを超えて

コミュニケーション的行為の理論から
人間的生の理論へ

第Ⅰ部　ハーバーマスとホネット

序　言

本書は既刊の『カントとアドルノ——自然の人間的歴史と人間の自然史』（梓出版社、二〇一三年）と『ネオリベラリズムと世界の疑似‐自然化　アドルノ・ホネット・ポストン・ハーヴェイ・ボルタンスキー・シャペロ』（梓出版社、二〇一六年）のいわば続編である。私はこれらを合わせて三部作であることを意図した。いずれも主題は「自然の人間的歴史と人間の自然史の抗争」という点にある。

『カントとアドルノ』で私は、「自分が自然の一部であると気付き、認識する瞬間、そもそも私たちはもはや自然の一部ではないのです[1]」というアドルノの命題に依拠して、人間を自然でありながら（自然に内在しながら）同時に自然を超越する存在という意味で「人間的自然」と呼び、この人間的自然の歴史を「自然の人間的歴史」と呼んだ。

この意味で、人間は自然に関して内在的超越である存在であり、人間の歴史は自然の歴史の延長であるが、しかしそれは人間的な歴史である。もし人間が単に自然であって、同時に自然を超越する存在ではないならば、そもそも人間の歴史はあり得なかったであろう。それゆえ、人間が人間的自然として、自然に関して内在的超越である存在であるということは、人間の歴史が可能であるための可能性の条件である。

他方、私はさらに「自然から切断され、自然の他者となった理性はそれ自身自然へと退化する[2]」というアドルノの言明に依拠して、人間の歴史が一種自然へと凝固する歴史を「人間の自然史」と呼んだ。人間の歴史は、とりわけ近代以降、自然の他者となって自然から自立化し、それ自身がある意味自然過程になるが、このこと自身、人間が自然に関して内在的超越であるためにこそ可能になるのである。人間の自然史は、人間が自然に関して内在的超越であることの解体であるけれども、この解体は人間が自然に関して内在的超越であることを可能性の条件とするものである。私が意図したことは、そうした自然の人間的歴史と人間の自然史との抗争、さらに言えば、人間の自然史のただ中で自然の人間的歴史を産出しようとする人間の営みを描くことであった。

ところで、以上述べたように、「自然の人間的歴史」という概念はアドルノの命題から引き出されているが、しかし、この概念はそのものとしてはアドルノの思考のうちには存在していない。これに対して「人間の自然史」という概念は大枠アドルノが語る「自然史」概念に一致している。アドルノは、折に触れて（もとよりアドルノの意味での）自然史の止揚・廃棄について語り、その自然史が内包する宥和の契機について語るけれども、それは（アドルノの意味での）自然史の止揚の展望のもとでのいわば仄めかしであり、この止揚が（我々の意味での）自然の人間的歴史の生成として捉えられているわけではない。それ故、「人間の自然史と自然の人間的歴史との抗争」という構想は、アドルノの「自然史」という構想の単なる解釈ではなく、その改作となるのである（詳しくは、本書の第九章で立ち入る）。

私は『カントとアドルノ』では、アドルノのカント読解に抗して（アドルノは、カントをアドルノの言う自然史に還元して読解した）カントのうちに自然の人間的歴史の構想があることを示そうと努めたが、人間の自然史と自然の人間的歴史の抗争については単に形式的に立ち入っただけである。『ネオリベラリズム』では、人間の自然史の意味について立ち入った。ここではまだ「人間の自然史と自然の人間的歴史の抗争」はそれとして主題化されていない。本書で、私は改めてこの抗争を主題化することにしたい。

その際、私は「人間的生」という概念を議論の基礎に置く。人間は人間的自然であるが、この人間的自然とは言い換えれば人間的生（生命－生活）であり、そして人間的生は個々の諸個人の生にほかならない。この人間的生の展開の時空を私は「生活世界」と呼ぶ。人間、社会についての理論は、人間的生についての一定の概念選択をしているものである。歴史的事態が人間的生のこれまで焦点が与えられていなかった側面に焦点を与えることを促すということもあろうし、こうして理論の基礎的な概念選択の変更を迫ることもあるであろう。私はハーバーマスとホネットが行っている議論の検討から始めるが、それは、ハーバーマスが人間的生の展開の時空という意味での生活世界を「コミュニケーション的行為」の概念によって切り取っており、ホネットが「承認」という概念によって切り取っていることを示し、それを媒介にして、人間的生、共に生き、生活しつつ、自己固有の生活史を織りなしていく、という人間的生の存在に照明を与えるためである。（「全体性」という語を用いることがあるが、それは人間的生の全体を捉えるという要求を掲げるものではない。本書の目的は人間的生の理論のパースペクティヴを開くことである。）

私は人間的生に内在的超越という点から照明を与えるように試みる。自然に関して内在的超越である人間的自然＝人間的生（生命－生活）はそれ自身に関しても内在的超越である。人間的自然＝人間的生（生命－生活）とは自然に関して内在的超越である存在のことであるが、私はさらにこの人間的生の展開の時空である人間たちの生活世界、つまり彼らが現に行き、生活している世界を、それ自身に関して内在しながらの超越であるものとして捉える。(3)

近代以前、人びとの生活世界を規定していた超越的な審級、宗教的形而上学的世界像は近代とともに解体していく。これゆえに人びとは世界の内への内在に投げ返される。けれども、人間的生は純粋に内在的な立場にとどまるのではない。それはもはやかつての超越ではないが、内在から超越の運動を行う。この点について、今は詳しく述べることはできないが、人間的生は二つの次元において内在的超越である。すなわち、第一に、人間的生は自然に関して内在的超越であり、第二にそれ自身に関して内在的超越である。人間的生が自然に関して内在的超越であるということとそれ自身に関して内在的超越であるということは相互に相即しており、それゆえ、生活世界がそれ自身に関して内在的超越であることの解体は人間が自然に関して内在的超越であることの解体と相即している。この点は、自然から切断され、自然の他者となった理性はそれ自身自然へと退化するというアドルノの言明と通じているのである。(4) 人間的生の、従って人間の生活世界の内在的超越という性格が破壊されるということは、ここに言われる理性がそれ自身自然へと退行するということである。理性と言っても、精神と言っても、これらは人間的自然＝人間的生（生命－生活）の形態であり、これらは内在しながらの超越という性格を持つ。

私は内在的超越の解体ないしその否定を世界の疑似－自然化（あるいは物象化）の概念に結びつけ、内在的超越という概念を世界の疑似－自然化に抗してそれを止揚する運動に結びつける。かくして、人間の自然史と自然の人間的歴史の抗争は、人間的生の内在的超越の解体とその解体の止揚を巡る抗争となる。

ハーバーマスは、アドルノがある衝動に従っていると述べている。その衝動というのは、哲学では弁済されない直観を救出しようとする衝動であり、この際重要であるのは、平準化しない平等や、共通性の個人化の経験、違いが承認される他者との距離が近いという経験、自律と献身の交差の経験、差異を解消しない和解の経験、過去の世代の購われていない苦悩と連帯する未来志向の正義の経験、自由な承認という、つまり交換という屈辱的な暴力——ある人の幸福と権力を他者の不幸と無力の代償をはらってのみ許す能力の嘲笑り——に屈することなく主体が他者と連帯する相互性という経験、こうした経験である。(5) このような経験は、現代世界においても、人間の自然史（グローバルな新自由主義的資本主義とこれと連動する国家の運動を私は人間の自然史の現代的局面であると理解している）の進展に抗して自然の人間的歴史を生みだそうとする人びとの営みのうちで、現に生きられている経験である。けれども、他方、こうした経験は、依然としてアドルノの思考を支配している意識哲学のパラダイム、すなわち、事柄を主観－客観図式で捉え、思考する思考のパラダイムのもとでは、十分に捉えられることはできない。それゆえ、アドルノは以上に記された経験を、アドルノの意味での自然史の止揚・廃棄という展望のもとで、仄めかしとして語るのである。だから、かつてハーバーマスは、意識哲学のパラダイムをコミュニケーション的行為のパラダイムへと思考のパラダイムを転換しようとした。私は、思考のパラダイム転換というハーバーマスの主張を継承し、その上で、つまり、ハーバーマスが確立した地点（思考のパラダイム転換）を確保した上で、アドルノに戻ろうとした。このことは、アドルノの「自然史」概念の改作としての「人間の自然史と自然の人間的歴史の抗争」という構想へと導いた。

「人間的生の理論」を私に動機づけたのは、例えばアーレントが研究した帝国主義や全体主義というあの歴史的経験と直ちに同じではない。今日、ナチス・ドイツでの、およびナチスが政権につく過程で生じた諸現象に類似する諸現象が多々現れているとしても。それは、先に言及したが、本書ではそれとして立ち入ることはしないけれども、グローバルな新自由主義的資本主義の運動とそれと連動する諸国家の運動である。この運動は人間的生の様々な諸側面に襲いかかってそれを毀損する。

私はハーバーマスの議論とホネットの議論からはじめるが、それは人間的生の展開の時空という意味での生活世界をハーバーマスはコミュニケーション的行為という点から、ホネットは承認という点からいわば切り取っていることを示すためである。私は本書で人間的生、従って生活世界に、ハーバーマスやホネットとは違った仕方で照明を与えるように試みる。先に私は「人間的生の理論」を私に動機づけたのは、グローバルな新自由主義的資本主義の運動とそれと連動する諸国家の運動であると述べたが、もっと正確に言うなら、人間的生・生活世界にハーバーマスやホネットとは違う仕方で照明を与えるように私に動機づけたのは、グローバルな新自由主義的資本主義の運動とそれと連動する諸国家の運動であるということになる。

注

（1）Th. W. Adorno, PM, S. 154（Ｔｈ・Ｗ・アドルノ『道徳哲学講義』舟戸満之訳、作品社、二〇〇六年、一七五頁）.

（2）Th. W. Adorno, ND, S. 285（Ｔｈ・Ｗ・アドルノ『否定弁証法』木田元他訳、作品社、一九九六年、三五〇頁）.

（3）ハーバーマスは「内からの超越（Transzendenz von innen）」について語っている。Vgl. J. Habermas, "Exkurs: Transzendenz von innen, Transzendenz ins Diesseits", TuK（Ｊ・ハーバーマス「補論　内からの超越　彼岸への超越」、Ｊ・ハーバーマス『テクストとコンテクスト』佐藤嘉一他訳、晃洋書房、二〇〇六年）. また、ハーバーマスは「世界内超越（eine innerweltliche Transzendenz）」という語を用いている。J. Habermas, EA, S. 395（Ｊ・ハーバーマス『他者の受容――多文化社会の政治理論に関する研究』高野昌行訳、法政大学出版局、二〇〇四年、三八九頁）.

（4）理性が自然から自立化してそれ自身が自然へと退行するということは、理性が自然に関して内在的超越であることの解体である。

（5）J. Habermas, TuK, S. 136（Ｊ・ハーバーマス『テクストとコンテクスト』、一四二頁）.

第一章　ハーバーマスのコミュニケーション的行為の理論

1　意識哲学のパラダイムと実証主義批判

J・ハーバーマスは、意識哲学の限界を突破することでコミュニケーション的行為を主題化する。これは、意識哲学では人間的生の反省されていなかった次元を視界のうちにもたらす。ハーバーマスは意識哲学のパラダイムの疲弊について語り、この点から一つのパラダイム転換を行う。それは意識哲学のパラダイムから、コミュニケーション的行為のパラダイムへの転換である。

戦後世界において、科学化された文明への批判的応答があった。私はここで念頭に置いているのは、ハーバーマスの実証主義批判とP・K・ファイヤアーベントの二〇世紀科学合理主義の批判である。その社会的背景はとりわけ戦後世界の状況であり、福祉国家ないし社会国家が展開し、福祉国家のもとで生活の一定の安全性が保障されるが、他方、福祉国家官僚制が支配し、専門化された知による生活世界への技術的支配が貫徹していく。人びとの意識が対象化された過程に対する技術的支配の論理に浸透されていく訳である。このような歴史的趨勢に対して、P・K・ファイヤアーベントは「科学を神聖化し、科学を人間理性の唯一の範型としてきた科学的合理主義の科学論に代えるに市民発議というテーゼを提出する」(1)。ファイヤアーベントは論理実証主義やポパーの批判的合理主義、I・ラカトシュの改良型反証主義を理性狂いとして攻撃し、そのために「もっとも人を混乱させる逆説的人物」(2)と言われたが、政治は科学・技術的に社会の計画化を行う専門家による計画化ではなく、市民たちの民主的討議を媒介にして行われなければならないと主張する。かくして、ファイヤアーベントが提出するのは、科学をも含めて、あらゆる伝統が国家権力に対して等距離にある「自由社会」の理念である。

ハーバーマスの実証主義批判において問題であったのは、主に戦後社会国家における事態、科学理論の技術的翻訳が人びとの意識を支配し、国家の政策を支配し民主的な討論の次元が枯渇してゆくという事態であった。ハーバーマスは複合的な合理性概念を提出し、道具的合理性とコミュニケーション的合理性を区別するが、これは『コミュニケーション的行為の理論』（一九八一）において、生活世界とシステムという社会の二層的把握という形で結実する。ハーバーマスの初期の実証主義批判はハーバーマスの生活世界－システム区別の原型をなしている。基礎にあるのは、道具的行為領域が実践的次元を駆逐してしまうことに対する批判であった。この批判から、ハーバーマスは、もっぱら主観－客観図式をもって思考する意識哲学のパラダイム――ホルクハイマーとアドルノはこのパラダイムになおも固執していたのだが――を棄却して、コミュニケーション的合理性をも考慮し、包括的合理性の概念を提起する。ホルクハイマーはヘーゲルのカント批判の基本前提をそのまま受容しようとはしていない。つまり、ホルクハイマーによれば、理論理性と実践理性との分裂、規範的正当性、信憑性、政治性といった様々な真理の妥当局面への理性の分裂は、失われた総体性や存在者の前提を弁証法的に、あるいは唯物論的に取り戻そうとしても、もはや元通りにすることはできないのである。とはいえ、ホルクハイマーは、ハーバーマスの言うように、「包括的合理性」の概念に向かうことはない。ホルクハイマーとアドルノは物象化の範疇を一般化する。ルカーチは資本主義社会に特有な対象性形式を賃労働関係の分析から引き出し、それから物象化を再定式化する様々な構造を演繹していたのだが、ホルクハイマーとアドルノは物象化された意識構造こそが根本的であるとし、交換関係の形式的合理性よりもより深い根であるとする。そして次に、「物象化された意識の構造に、非常に抽象化されたは枠組みを与える。それによって物象化された意識は、同一化的思惟の理論的形式のみならず、目的志向的に行為する主体と外的自然との対決一般にまで拡大」(3) する。要するに、物象化された意識構造が根底におかれ、例えば、目的志向的行為、自然との主体の対決は物象化された意識構造の一形態とされることになる。すると、物象化された意識構造を生み出すメカニズムは何であるかが問題なるが、それは労働を通して自己を再生産せざるを得ないという人類史の人間学的基盤に、類の生活形式のうちに置かれる。このような思考のあり方はハーバーマスからすれば依然として意識哲学のパラダイムに囚われているのである。

道具的理性は物象化された意識構造の基礎である。道具的理性は主体－客体関係概念を基礎にしており、それ故主体間の相互人格的関係は、基本的な意味を持たない。(4) ハーバーマスの言うに、ホルクハイマーとアドルノでは、道具的理性は内的・外的な自然の支配を生の絶対的な目標にするものである。彼らは外的自然のコントロールと人間に対する命令や内的自然の抑圧を〈支配〉のもとに包摂し、物象化の概念を資本主義的経済体制が成立する歴史経済体制から切り離し、人間相互の関係からも引き離して、時間的にも一般化する。この一般化によって、道具的理性という概念は成立する。

しかしながら、理性の歪曲について語るためには、真理の理念と普遍的宥和の理念が結びつく仕方で、暗黙裡にせよ、精神と自然との関係との根源的関係があらかじめ構想されていなければならない。ホルクハイマーとアドルノは、自然の再生による人間解放という意味での真理の概念を念頭に置いているが、彼らはそれを単に暗示することができるにすぎない。真理を発見しようとする理性は、それが宥和の道具であることで、単なる道具以上のものであるはずであり、その真理概念を語ろうとすれば、道具的理性に先立つ別の理性に頼らざるを得ないはずである。

確かに、彼らはそうした理性として模倣（ミメーシス）という能力を上げている。けれども、彼らはこの模倣を道具的理性の圏内で語ることができるだけであり、この模倣の概念は道具的理性という点からすれば、そもそも不可能であるはずである。それ故、彼らは普遍的宥和を単に暗号として放置するのみである。アドルノは、折に触れて、宥和の理念を語っている。その宥和とは、自然と精神の根源的関係であるが、しかし、その普遍的宥和を同じく暗号としてやはり放置しているだけである。以上がホルクハイマーとアドルノに対するハーバーマスの批判である。

　この批判を媒介として、ハーバーマスは、分化しているとともに包括的な合理性という概念への道を切り開こうとし、この点でホルクハイマーを超えていこうとしている。それというのは、ホルクハイマーは、分化しているが包括的な合理性の道を切り開くことはなかったからである。そのためには、意識哲学のパラダイムを突破して、「コミュニケーション的行為」の概念を理論的視野のもとにもたらさなければならないわけである。

　ハーバーマスが意図しているのは、基本的な概念戦略上の転換である。ホルクハイマーとアドルノは、宥和の理念によって導かれているけれども、彼らは近代の意識哲学の枠内で動いているのであり、そのそもこの理念は意識哲学の根本概念に収まりきるものではない。ハーバーマスによれば、模倣的活動においてその理性的核が現れるのは、意識哲学のパラダイムに代わって言語哲学のパラダイムを採り、認知的‐道具的局面を包括的なコミュニケーション的合理性の中に組み入れてからのことである。このことは目的志向的行為から、コミュニケーション的行為の理論への転換を要求するのであり、かくて今や研究の焦点はコミュニケーション的合理性へと移動する。もとより、このことはその模倣的活動を棄却することではなく、コミュニケーション的合理性を視野のうちにおいてそれを救出することを意味する。かくして、ハーバーマスの言うに、今や主題化されるべきなのは、「言語能力と行為能力をそなえた主体が、何かについて互いに了解しあうときに、それらをつつみこむ相互主観的関係である」(5)。

フレーゲと前期ウィトゲンシュタインが行ったことは、意識哲学から言語分析への移行を印づけている。けれども、彼らが提出したのは、まだ意味論的視点に限定されていた。これに対して、ハーバーマスはさらに意味論の語用論への転回を企てる。かくして、「言語的意味の分析」は、「はじめからコミュニケーション参加者の相互了解に関係づけ」られる。これはコミュニケーション理論的転回と言われる。これは主観哲学の終焉を印づける。それで、「人類（Gattung）の再生産は、ほかでもなく、コミュニケーション的行為に内在する合理性の諸条件をみたすことをも、必要とする」(6)。コミュニケーション的行為とは批判可能な妥当性要求を介して人々が行為を相互に調整するものである。(7)

2　生活世界

知のストックとしての生活世界

ハーバーマスにおいて生活世界の形式的語用論的分析は、歴史的刻印を帯びた個別的な生活世界や生活形式に対して普遍なものと見なされる構造に狙いを付けている。現象学的生活世界論は意識哲学の枠組みを採用しており、そこでは、体験する主観が分析の究極的単位である。これに対して、ハーバーマスでは、言語論的転回を踏まえてコミュニケーション的行為に焦点が当てられている。

生活世界の概念はまずはコミュニケーション的行為に対する補完的概念として導入される。様々な状況定義がコミュニケーション的行為の背景をなしている。こうした状況定義は現下の了解の必要に応じて十分に重ね合わせられていなければならない。当事者は当初の状況定義を修正しつつ、相互行為の他の参加者と状況定義を一致させていく。コミュニケーション参加者たちは、状況定義が相互主観的に妥当していることを想定している。状況はいつも地平を有し、その地平は主題とともに移動する。状況というのは、主題によって際だたせられる生活世界の指示連関（生活を織りなす諸要素の間の意味連関）のひとつの断面である。生活世界は目下の場面に対して背景として現存するものであって、コミュニケーション的行為の主題とともに生活世界から一つの状況が切り出される。指示連関は、ある状況の中に編入されるとともに、すなわち状況の構成部分となるや、事実あるいは規範内容、あるいは体験内容として意識され、問題化されることになる。そのようになるまでは、そうした事態は生活世界的自明性という様態でのみ与えられているのであって、コミュニケーションの当事者は直感的にそれに習熟しているのである。生活世界というのは、コミュニケーション参加者が協同の解釈過程のために利用する様々な自明性や確信の貯蔵庫である。言い換えれば、文化的に伝承された、言語的に組織された解釈範型のストックである。そうした知のストックは、それは文化的内容、すなわち解釈範型、価値関係、表現範型といったものであるが、当事者たちに共通に知られた問題なき背景確信を与える。(8)コミュニケーション的行為それ自身は言語行為であるが、コミュニケーション的行為の結果、なんらかの非言語的行為が遂行されうる。「コミュニケーション的行為では、個々の参加者の行為計画は、発話行為の発語内的拘束効果によって調整される(9)」が、コミュニケーション的行為においてコミュニケーション的行為への参加者の間で一定の行為計画に関する調整が行われて、その行為計画が実行に移されることになる。コミュニケーション的行為というのは、参加者間の行為調整の試みであり、その行為計画の実行は、言語的行為に還元されるわけではない。それ故、コミュニケーション的行為には非言語的行為としての一定の行為遂行が続きうる。ハーバーマスは次のように言う。

> コミュニケーション的行為という概念は、状況の克服ということから、なによりも二つの局面を摘出する。すなわち、目的実現（ないし行為計画の実行）という目的論的局面、および状況解釈と同意達成というコミュニケーション的局面である。(10)

ここでハーバーマスがコミュニケーション的行為はそうした二つの局面を摘出すると言っていることに注意しよう。コミュニケーション的行為の結果、目的論的行為が結果として遂行される。ハーバーマスはここでは「摘出する（herausschneiden）」と言っている。この摘出はコミュニケーション的行為を眼差しの中心に置いて言われている。だから、我々は、次のように言うことが出来よう。すなわち、コミュニケーション的行為において、コミュニケーション的局面と目的論的局面が摘出される、と。状況とは、ある主題に基づいて確定された生活世界の一つの断面である。主題は、（少なくとも）二人の当事者の利害や行為目標との連関の下で生じてくる。

> 共通に定義された行為状況において、かれらの計画を一致して実行するということが、了解に志向した行為にとっての構成的な条件である。(11)

コミュニケーション的参加者たちはコミュニケーション的行為、すなわち、了解に思考した行為の結果彼らの計画を一致して実行する。このことがコミュニケーション的行為としての了解に志向した行為にとって、構成的である。この「構成的」ということは、コミュニケーション的行為の参加者たちの計画遂行がすなわちコミュニケーション的行為であるということを意味しているわけではない。それは、計画の実行がなければ、了解に志向した行為は了解に志向した行為として完結しないということを意味しよう。

コミュニケーション的行為は、ハーバーマスの場合、事実確認型発話行為、規範に規制された行為と演劇的行為に分けられるが、あくまで言語的行為であって、生活世界はまずはコミュニケーション的行為の背景的確信として、コミュニケーション的行為と相関的に知のストックとして規定される。この場合、理論的眼差しの焦点はコミュニケーション的行為（と言う言語行為）に置かれている。理論的眼差しを（言語行為としての）コミュニケーション的行為に焦点づけることで、同時に、コミュニケーション的行為とは異なる行為類型が切り出されてくる、あるいは視野のうちに登ってくる。ハーバーマスによれば、生活世界をなす背景的確信に基づいて、了解過程の脈絡がその都度形成されるのであり、当事者たちは、彼らの了解過程において、確証済みの状況定義を使用したり、新たな状況定義を作り出したりしていく。

生活世界は文化的知のストックとして、自明性の領野であるとともに、話し手と聞き手がそこで出会う超越論的地平である。コミュニケーション参加者にとって、生活世界は地平でもある。

以上のように、ハーバーマスにおいて、「生活世界」は、『コミュニケーション的行為の理論』において、あくまで言語行為としてのコミュニケーション的行為に理論的眼差しの焦点を当てつつ、それと相関的に導入されている。「コミュニケーション的行為」の概念によって、先に言及されたように、状況定義の内からコミュニケーション的局面と目的論的局面が摘出されるのも、コミュニケーション的行為が理論的眼差しの中心に置かれることによってである。

社会と人格

生活世界には、ハーバーマスによれば、個人的な処理能力、状況に対して振る舞うべき仕方の直観知、社会的に見出される頼りとすべき仕方についての直観知が含まれている。しかし、生活世界はハーバーマスにおいて、コミュニケーション的行為の、知のストックとしての背景的確信に尽きるわけではない。ハーバーマスの考えでは、生活世界の構成部分として、他に社会と人格がある。次に私は、社会と人格がコミュニケーション的行為との関連でどのようにハーバーマスによって導入されているかを検討する。あらかじめ、結論的に言えば、人格と社会は、先に見たコミュニケーション的行為の背景的確信として導入された生活世界と同様、コミュニケーション的行為に中心化された理論的眼差しのもとで規定されている。

これまでに規定された生活世界概念は生活世界の形式語用論的概念と呼ばれるものである。ハーバーマスはさらに、生活世界の物語的概念と社会学的概念を考察する。文化的知のストックとして導入された生活世界の概念は、そのままでは社会科学の対象領域を確定するには適していない。ここに出てくるのは、コミュニケーション参加者が己を社会空間の中に位置づけ歴史的時間のうち位置付ける生活世界の日常的概念あるいは物語的に概念である。これから分かるように、社会はコミュニケーション的行為者との関係において導入されている。コミュニケーション参加者は生活世界の脈絡の中で起こる出来事について物語ることもする。これは生活世界の物語的概念である。生活世界の物語的概念において、生活世界は物語的に語られ、このコミュニケーション的行為はその物語る生活世界に属しているものとされる。ここで生活世界は文化的背景、暗黙の確信知のストックなのではなくて、それはコミュニケーション的行為が遂行される場であり、だからやはりこの場合にもコミュニケーション的行為が理論的眼差しの中心に置かれていることになる。物語るのは主体、コミュニケーション的行為の主体である。つまり、コミユニケーション的行為者がそれによって自己自身や自己の発言を社会的空間のうちに局所化し、歴史的時間のうちに位置付ける、そういう生活世界である。生活世界のこの物語的概念は、日常的概念とも言われるが、この日常的概念では生活世界は物語りうる出来事として確定される。

しかし、生活世界の物語的概念は社会科学の対象領域を確定するにはまだ十分ではない。

生活世界のシンボル的構造は、妥当な知を継続させ、集団の連帯を安定させ、責任能力ある行為者を養成する、そうした過程において再生産される。この再生産の過程は、新たな状況を生活世界の現状に接続し、しかもその接続は、（文化的伝統という）意味ないし内容の意味論的次元においてのみならず、（社会的に統合された集団という）社会的空間や、（連続する世代という）歴史的時間の次元においても行われる。文化の再生産、社会的統合、社会化というこうした過程に、生活世界の構造上の成分として対応しているのが文化、社会、人格である。[12]

ハーバーマスは生活世界の物語的概念から社会学的に実り豊かな生活世界概念を手に入れようとする。先に物語る当事者の立場から生活世界が確定されたが、ハーバーマスはこの物語的概念から進んで、コミュニケーション的に構造化された生活世界それ自身を展開する。この生活世界概念は社会理論にとって実り豊かなものであることが意図されている。コミュニケーション的行為は、①了解という局面、②行為調整という局面、③社会化という機能を持つ。コミュニケーション的行為のこうした機能から、文化的再生産、社会統合、社会化という三つの過程が語られ、このような過程に構造上対応しているのが、文化、社会、人格である。ここにおいて生活世界の三つの構成部分はすべて「コミュニケーション的行為」の概念を基軸にして規定されている。

文化とは知のストックのことであり、コミュニケーションの参加者たちは、世界におけるあるものについて了解し合う際に、この時のストックから解釈を手に入れる。社会とは正統的な秩序のことであり、コミュニケーション参加者たちは、この秩序によって社会的集団への帰属を規制し、よって連帯を確実にする。人格とは、主体が話したり行為したりすることができるようにし、従って了解する過程に参加し、また自己の同一性を主張することができるようにさせている能力のことである。

かくして、ハーバーマスにおいて生活世界は、コミュニケーション的行為を眼差しの中心において規定されている。文化的背景知、社会、人格は生活世界の三つの構成部分とされるのであるが、それらはコミュニケーション的行為を媒介にして導入されている。そのさいの事柄を見る眼差しはコミュニケーション的行為に中心化されており、生活世界はコミュニケーション的行為を理論的眼差しの中心において規定されている。

3　眼差しの転換

ウィトゲンシュタインの言語ゲームとの対照

以上、見たように、生活世界を規定する際のハーバーマスの基本的な眼差しは、コミュニケーション的行為に集中し、それに焦点づけられている。もとより、例えば語が意味するとはどういうことか、あるいは言語を知るとき、我々は何を知るのかを自らの課題とするならば、言語行為、言語的コミュニケーション、対話に焦点を合わせることは当然である。けれども、生活世界を規定するに際しては、私見では、言語行為としてのコミュニケーション的行為への焦点づけは十分ではなくなる。ウィトゲンシュタインは『茶色本』で、いくつかの仮説的言語ゲームを順次導入しているが、この仮説的言語ゲームを見るウィトゲンシュタインの眼差しはある点でコミュニケーション的行為に焦点づけられたハーバーマスの（理論的）眼差しとは、さしあたって微妙に見えるが、本質的に異なっている。ここで私は、ウィトゲンシュタインが順次導入している仮説的（つまり想像された）言語ゲームを考察する。それは極めて単純化された言語であって、大工Aとその助手Bとの間の交信の機能を有する。

Bは A に家を造る石材を渡す役である。この言語は、「角石」「煉瓦」「板石」「柱」の語からなっている。Aがこれらの語の一つを叫びあげるとそれに応じてBは或る型の石を運んでくる。この言語の他には体系的な言葉がない社会を想像してみよう。子供は大人にその使い方の訓練をうけてこの言語を習得する。[13]

この仮説的言語ゲームには「角石」「煉瓦」「板石」「柱」という語のどれかを叫ぶという行為とある型の石を運ぶという行為が含まれている。前者は言語行為であり、後者は非言語的行為であると言うことが出来よう。この言語ゲームを見るウィトゲンシュタインの眼差し、あるいは我々の眼差しは言語的行為に焦点づけられているのではなく、言語行為と非言語的行為の織り合わせに焦点づけられている。私見では、この点で、理論的眼差しは、ウィトゲンシュタインの場合とハーバーマスの場合とで、本質的に違っている。ウィトゲンシュタインの（仮説的）言語ゲームにおいては、我々の眼差しは言語行為と非言語的行為の織り合わせそのものに向けられている。[14] ここには理論的眼差しの違い、思考の眼の違いがある。言語行為と非言語行為の織り合わせ、あるいはウィトゲンシュタインが言っているように、言語ゲームとは「言語と言語の織り込まれた諸活動の総体」[15]である。我々の眼差しを、眼差しの変換を通して、つまり言語行為への眼差しの中心化の解除によって、言語行為と非言語行為の織りあわせという言語ゲームそのものを眼差しのもとに置くとき、非言語的行為の広大な領域も視野に登ってくる。そして、この時には、生活世界はハーバーマスとは違った仕方で概念化されることになろう。

それらの非言語的行為は、言語行為と同様、人間たちの生活行為である（例えば、以下においてみるホネットの承認という振る舞いは、単に言語的振る舞いに還元される訳ではなく、微笑みといった身体的振る舞いを含んでいる）。人間たちの生活（行為）をそのものとして視野のうちに収めるならば、この時には、言語行為に焦点を合わせる眼差しは解除される。私はかつて、生活世界をそうした言語ゲーム総体としてまずは規定したが[16]、そうすると、ハーバーマスが生活世界と区別するシステムもまた、生活世界に含められることになる。もとより、このようにして規定された生活世界には、社会的定在としての家族や、経済システムや政治システムも含められることになろうし、ハーバーマスが言う知のストックも生活世界のうちに含められることになる。この場合、生活世界とは人間的生の展開の時空となる。ハーバーマスの言う人格は生を営む諸個人となり、社会は人間諸行為から再生産される社会的定在となる。文化についてはどうか。文化（的知）については、ハーバーマスの規定を踏襲することが出来よう。システムと生活世界のハーバーマスの区別は、ハーバーマスがコミュニケーション的行為としての言語行為に焦点を合わせる眼差しに由来している。

ここで私は、言語行為（ハーバーマスでは、コミュニケーション的行為）に焦点を合わせる、世界を見る眼差しを「眼差しⅠ」、我々が語った眼差しを「眼差しⅡ」と呼ぶことにしよう。眼差しⅠと眼差しⅡとでは、生活世界は異なる仕方で概念化され、眼差しⅡのもとでは、ハーバーマスが言う了解志向的行為も成果志向的行為も、オースティンの言う発語内行為も、発語媒介行為も、生活世界を産出し、再生産する人間行為として、生活世界を織りなす行為となる。この意味での生活世界は人間的生の展開の時空であり、それ故、空間的次元と時間的次元を有する。時間的次元から見れば、生活世界は歴史的な、つまり歴史的に形成された生活世界である。

眼差しⅠから眼差しⅡへの転換は一つのパラダイム転換であるが、この転換を促すのは、人間的生（生命－生活）[17]を、コミュニケーション的行為という点から切り取るのではなく、そのものにおいて捉えようとする志向である。

確かに、ハーバーマスには行為類型の複数性という視点がある。すなわち、ハーバーマスにあっては、「普遍的な同一の実体から特定の形態をもった行為の諸相が分化するのではなく、行為の異質な諸類型から弁証的な行為連関が構成される」[18]。しかし、行為類型の多元性という点は、生活世界を規定するさいには関わって来ない。人間的生を理論の視野のうちに収めようとするなら、私は眼差しⅠから眼差しⅡに転換する必要があると考える。眼差しⅡからすれば、人間的生の展開の時空である生活世界を規定する際に、行為類型の多元性という点が入り込んで来る。その場合に、コミュニケーション的行為のみならず、他の行為類型がまた生活世界を織りなす行為として規定されることになろう。眼差しⅠからすれば、目的論的行為が視野のうちに入り込んでくるのは、コミュニケーション的行為への理論的眼差しの焦点付けのもとにおいてである。それ故、貨幣と権力という脱言語化されたコミュニケーション媒体によって規制される行為領域[19]、つまりシステムは、生活世界が主にコミュニケーション的行為に眼差しが中心化されて規定される限り、『コミュニケーション的行為の理論』では、いわば生活世界の「外」に位置づけられることになる。これに対して、眼差しⅡのもとでは、このもとで生活世界が規定されるかぎり、ハーバーマスの言う道具的秩序も（ここでも、言語行為は欠けていない）生活世界に含められることになる。

生活世界概念の拡大と社会病理

確かに、ハーバーマスは生活世界概念の拡大を、一面的な概念に対する拡大をやっている。ハーバーマスは文化主義的に縮小された生活界概念、社会統合の極限された生活世界概念、個人の社会化の局面に縮減された生活世界概念の一面性を克服して、それらを綜合する生活世界概念を提出する。諸個人はコミュニケーション的行為に参加することを通じて、社会集団への帰属性を更新し、自己同一性を形成する。ハーバーマスはそれぞれの生活世界概念を綜合することによって、それぞれの縮減された生活世界の限定性を克服する。この意味では、ハーバーマスは生活世界の概念を以前の理論よりも拡大している。このように、ハーバーマスは、彼のコミュニケーション論的生活世界概念を導入し、従来の生活世界の狭さを克服するが、その上で、ハーバーマスは生活世界のそれぞれの構成分に対して病理を論定する。[20] ①妥当として受容されてきた解釈図式が働くなるとき、意味の始原が枯渇する。これは文化的再生産に関わる病理である。②「行為の調整と集団の同一性の安定化は、成員たちの連帯に照らして測定される。このことは社会的統合に障害が生じたさいに明らかになるのであり、こうした障害は、アノミーおよびそれに対応した紛争として現れる」[21]。集団的同一性の安定性が障害を受けた場合、生じるのは、アノミーおよび紛争であり、これらは社会あるいは社会統合に関わる病理である。③個人の社会化過程に障害が生じたとき、精神病理現象およびこれに対応する疎外現象が現れる。ただ、注意すべきは、ハーバーマスでは、生活世界はコミュニケーション論的に規定されているのであって、それ故、病理はコミュニケーション病理として現れるということである。ハーバーマスによれば、再生産の障害は、文化、社会、人格という固有の領域において、それぞれ意味喪失、アノミー、精神疾患（精神病理現象）として現れる。

生活世界とシステム

さらに、ハーバーマスはある意味では視野を拡大し、生活世界とは異なるものとしてのシステムを導入する。生活世界はコミュニケーション論的に規定されたのであるが、システムは生活世界のある意味で「外」にあるものとして、社会の諸成員の直感的知からは切断されたシステム統合によって規制されるものとされ、システムは、コミュニケーション的行為ではなく、貨幣媒体によって制御される経済システムと権力媒体によって制御される政治システムに分かれる。生活世界における統合は社会統合と呼ばれ、システムにおける統合はシステム統合と呼ばれる。それ故、システムはもはや生活世界ではないのである。ハーバーマスは、生活世界概念を従来の見解に対して拡大したのであるが、今度の視野の拡大は生活世界概念の拡大ではなく、生活世界ではない社会領域への視野の拡大である。システムが生活世界の「外」の社会領域とされるのは、生活世界がコミュニケーション論的に規定されているからである。そのため、ある社会領域がコミュニケーション論的に規定されていない領域であれば、それは生活世界の「外」の社会領域だということになる。つまり、眼差しⅠへのハーバーマスの固執が生活世界とは区別されるものとしてのシステム概念の導入へと導いている。それゆえ、「システム」概念の導入は「生活世界」概念の拡大ではない。

システムのうちで、ここでは経済システムについて見よう。ハーバーマスによれば、経済システムはコミュニケーション的行為を媒介にして産出されているのではなく、社会成員の直感的知には接近できないシステム機制によって統合される。もっぱら生活世界に視野を定めそれに限定される社会理論は、生活世界に「外」から行使する諸力を看過し、解釈学的観念論に陥る。システムは生活世界に外から影響を及ぼすとされる。ハーバーマスは、システム論理が生活世界を侵蝕するという、社会国家において生じる特有の問題性に応答していたのであり、ハーバーマスの理論構想はこの応答によって規定されている。

ハーバーマスは次のように言っている。

資本主義社会では、協働連関を没規範的に規制する最も重要な実例は市場である。市場はシステム機制の一つであり、さまざまな行為帰結を機能的に連結することによって、非意図的な行為連関を安定化させ、これに対して了解規制は、当事者たちのさまざまな行為志向を調和させる。[22]

［市場システムは当事者たちが意図していない］かれら自身の意図せぬ、また日常実践の地平の内部ではたいてい気づかれていないような、機能的連関に基づいて調整される。[23]

資本主義的市場は経済システムであり、そして、ハーバーマスが展開しているシステムと生活世界の交換モデル、すなわち、生活世界の制度的秩序である私的領域は経済システムに労働力を提供し、経済システムは私的領域に労働所得を提供する、といった交換モデル[24]を考慮に入れるなら、経済システムは社会空間的に生活世界の外にあるということになる。

② ところが他方、ハーバーマスには「外」に関して、以上とは別の理解がある。

観察者の外的視座のもとでシステム論の概念に包摂されるべき実在といえども、まずは社会集団の生活世界として同定され、そのシンボル的構造において理解されているのでなければならない。[25]

ここで言われているのは、システムは、それはシステム統合によって規制されるのであるが、このシステムは同時に社会集団の生活世界でもあるということである。逆に言えば、生活世界はそれ自身で同時にシステムであり、そして生活世界が同時にシステムでもあるということは、参加者の遂行的構えではなく、観察者の外的視座の元で明らかになる。してみれば、システムは社会空間的に生活世界の外にあるのではなく、「外」というのは、第一に、そのシステム機制は、遂行的構えをとって行為する社会諸成員の直感的知には、接近できないという意味で「外」であり、それ故に、第二に、参加者ではなく、観察者の外的視座の元で明らかになるという意味で「外」である。

この場合には、資本主義的市場も、ここでの行為者の行為は貨幣という制御媒体によって制御されるとされるのであるが、そうでありながら、同時に遂行的構えでの行為者たちの相互行為の空間として、生活世界に属することになるであろう。この市場は、生活世界の一部でありながら、観察者の外的視座からすれば、システムとして捉えられるということになる。システムと生活世界の関係がこのように捉えられるとき、生活世界は社会の全体を覆いながら、生活世界は生活世界内的視座からは知覚されないシステム機制によって統合されてもいるわけである。生活世界とシステムとの関係が以上のように捉えられとき、生活世界を見る我々の眼差しは眼差しⅡであろう。

以上見たように、『コミュニケーション的行為』のハーバーマスには、生活世界とシステムとの関係に関して、相互に相容れない二つの把握がある。繰り返すと、一つは生活世界とシステムは社会空間的に差異化された社会領域だという把握であり、他は生活世界とシステムは同一の社会に対する二つの見方の相違に由来するとする把握である。コミュニケーション的行為に中心化された眼差しⅠのもとで生活世界を見、規定する限り、道具的行為や戦略的行為から織りなされる社会領域はいきおい生活世界の社会空間的に外の領域とされることになろう。これに対して、眼差しⅡの元では、そういた社会領域も生活世界内の領域として生活世界に含められることになる。私が行いたいことは、生活世界を規定する際に、眼差しⅠを解除して眼差しⅡへと転換することである。眼差しⅡのもとで生活世界を規定するなら、了解志向的行為も戦略的行為も、生活世界内行為として視野のうちに入って来るであろうし、経済システムもまた生活世界内領域として論定されることになる。諸個人は経済的意味を持つ諸行為を遂行するのであり、そうした諸行為が人びとの生活世界の一部として生活世界を織りなすのである。

そうすれば、コミュニケーション的行為は発語内行為の拘束的効果に基づくのであるが、発語媒介行為も生活世界的行為であることになる。眼差しⅠから眼差しⅡへと眼差しを転換することによって、ハーバーマスの行為類型の多元性の方向性は、生活世界そのものの拡大へと転換する。これは、生活世界をもっぱらコミュニケーション的行為という点から切り取ることを解除することを意味する。私は、コミュニケーション的行為から人間的生の理論への転換について語るが、眼差しⅡをまずは人間的生の理論の基本的視座としたい。

私は、生活世界を人間的生の展開たる時空として捉える。生活世界は人間的自然＝人間的生（生命－生活）が営まれる世界である。このとき、私は眼差しⅠではなく、眼差しⅡを採っている。こうした点からすれば、ハーバーマスは生活世界をコミュニケーション的行為という点から切り取っているということになろう。ということは、私は眼差しⅡを明示的に採用することによって、ハーバーマスの人格や社会の規定に見られたようなコミュニケーション的行為に中心化された視座を変更し、かくして、生活世界のハーバーマスの概念を拡大しようとしているということである。

以下、私はホネットの承認論を扱うが、その後、ハーバーマスとホネットの議論を受けて、人間的生への遡及と自然史の議論文脈の開示を行う。ハーバーマスとホネットの議論を見てみることを通して、私は、彼らの議論が人間的生のそれぞれ一面に焦点を当てていることを明らかにすることを意図している。ハーバーマスに関しては、もとより、コミュニケーション的行為の概念を廃棄することではないが、私はコミュニケーション的行為としての言語行為に中心化された眼差しⅠから眼差しⅡへと転換することによって、人間的生をその総体性において捉える方向を開くように努める。しかしそれにしても、何故「人間的生の総体性の方向へ」なのかと言えば、私見では、従来の批判理論は、とりわけ新自由主義的資本主義的主義のもとでの人間的生の苦悩を捉える上で十分ではないからである。例えば、貧困の普遍化や格差社会。貧困には相対的貧困と絶対的貧困があるが、そうした貧困は人間のケイパビリティを解体して行き、そして社会的排除を生み出す。これはまた人びとから居場所を奪っていく。けれども、そうした状況の中でも、人びとは自らの生を彼らの相互関係性において織りなしても行くのである。

注

（1）拙書『市民的公共性の理念』、青弓社、一九八六年、一〇七頁。
（2）J. R. Ravetz,” Ideologische Überzeugungen in der Wissenschaftstheorie” ,*Versuchungen Aufsätze zur Philosophie Paul Feyerabends*, hersg.von H. P. Duerr, Band. Ⅰ, Suhrkamp, 1980, S. 28.
（3）J. Habermas, TkH1, S. 507（J・ハーバーマス『コミュニケイション的行為の理論』（中）藤沢賢一郎他訳、未來社、一九八六年、一四六頁）.
（4）Vgl. J. Habermas, ebd（J・ハーバーマス、同上）.
（5）J. Habermas, ebd., S. 525（同上、一六二頁）.
（6）J. Habermas, ebd., S. 532（同上、一六八頁）.

（7）そのために、ハーバーマスは言語および行為能力ある主体の能力を再構成しようとする。Vgl. J. Habermas, WU. なお、ハーバーマスは後に「普遍語用論」ではなく、「形式語用論」という名称を用いるようになる。形式語用論的分析から理性のコンセプションを引き出すことが出来る。Cf. Maeve Cooke, *Language and Reason:A Study of Habermas's Pragmatics*, The MIT Press, 1997, p. 4.

（8）我々の場合とハーバーマスの場合とで生活世界概念は違ってくる。ハーバーマスの言う生活世界は我々が言う生活世界のうちに諸行為の背景的確信として組み込まれることになる。

（9）J. Habermas, a.a.O., S. 438（J・ハーバーマス『コミュニケイション的行為の理論』（中）、七二頁）．

（10）J. Habetrmas, TkH2, S. 193（J・ハーバーマス『コミュニケイション的行為の理論』（下）丸山高司他訳、未來社、一九八七年、二九頁）．

（11）J. Habermas, ebd., S. 194（同上、二九頁）．

（12）J. Habermas, ebd., S. 208-209（同上、四四頁）．

（13）L. Wittgenstein, BrB, S. 117（L・ウィトゲンシュタイン『茶色本』、ウィトゲンシュタイン全集 6、大森荘園蔵・杖下隆英訳、大修館書店、一九七五年、一三四頁）．

（14）オースティンは発語行為、発語内行為、発語媒介行為について語るが、これらはいずれも、言語行為である。

（15）L. Wittgenstein, PU, §7（L・ウィトゲンシュタイン『哲学探究』藤本隆訳、大修館書店、一九七六年、七節）．

（16）拙書『ハーバーマス理論の変換』、梓出版社、二〇一〇年参照。

（17）この志向をさらに促すのは、資本主義の新自由主義的資本主義への転換である。というのは、新自由主義的なグローバル資本主義は、人間的生のあらゆる領域に襲いかかって、その毀損をもたらすからである。

（18）木前利秋『理性の行方　ハーバーマスと批判理論』、未來社、二〇一四年、一二八頁参照。

(19) ハーバーマスはこれを道具的秩序（eine instrumentelle Ordnung）（Vgl. EBH, S. 577.）と呼ぶ。

(20) 今日見られる病理の診断として、ハーバーマスが言っていることが十分かどうかは検討を要する事柄である。ともあれハーバーマスは社会病理をコミュニケーション的行為との連関において規定する。ここでは、ハーバーマスが『コミュニケーション的行為の理論』で言っている病理に言及するにとどめる。

(21) J. Habermas, TkH2, S. 213（J・ハーバーマス『コミュニケイション的行為の理論』（下）、四八頁）.

(22) J. Habermas, ebd., S. 226（同上、五九―六〇頁）.

(23) J. Habermas, ebd., S. 226（同上、五九頁）.

(24) Vgl. J. Habermas, ebd., S. 473（同上、三一〇頁）.

(25) J. Habermas, ebd., S. 227（同上、六一頁）.

第二章　ホネットの承認論

1　批判的社会理論

旧いフランクフルト学派に対する批判

ホネットは、自分は「批判的社会理論」という語を用いるが、その際自分はホルクハイマーやアドルノの旧い批判理論の意味でその語を用いているのではなく、それゆえ、「批判的社会理論」という語を用いるとしても、それはもともとのフランクフルト学派の伝統を復活させることを意図しているのではない、と言う。(1) それで、ホネットにとって、フランクフルト学派の研究プログラムを継承発展させることはなすべき仕事ではなく、そもそも複雑に錯綜した、そして急速に変化する現実をそうした一つの理論の枠内で、それ以上の工夫もなしに研究することが可能だなどということはないのである。

もともと、ホルクハイマーはヘーゲル左派を継承しつつ、現存の定着してしまっている社会的な支配形態を批判し克服する、社会的に駆り立てる力が社会とその歴史過程のうちに存在することを、すなわち、社会的現実のなかに解放への関心が存在するということを前提にしていたのだが、ホルクハイマーと彼のグループはマルクス主義的機能主義に囚われ、かくして、ホネットによれば、彼らは資本主義的支配と文化操作の徹底的に閉鎖された循環回路を社会的現実のうちに想定することになり、その結果一方では社会に対する学的反省に先立つ階級という審級に理論的に依拠しながら、同時に、もはや現実のうちに理論の批判的意図に対して支えを与えることができるような客観的可能性を見出すことが出来なくなった。アドルノとホルクハイマーの二人はこの世界の内部での解放の可能性をもはや信じようとはしなかった。この姿勢をホネットは、否定主義的根本姿勢と呼ぶ。

マルクスからルカーチに至るまでは、社会についての理論がその対象を批判にすることが許されるのはただ、理論が自分の批判的視点という要素を、社会的現実としてその対象のうちに再発見することができる限りにおいてである(2)ということは自明の前提とされていたのだが、今やこの前提が掘り崩されてしまったのだ。ホネットは、彼が「批判的社会理論」という語を用いるとき、この前提を再興することを意図している。批判的社会理論は、社会的現実のうちに、世界のあり方を越える契機を見出さなければならず、学的反省に先立つ審級のうちに、現実に存在する支配の諸形態を内在的に超越するような契機を見出さなければならない。これは批判的社会理論は自己の存在根拠をその審級のうちに見出さなければならない、ということである。なぜなら、理論が現実を批判することが許されるのは、理論が批判の根拠を社会的現実のうちに見出す限りにおいてであったからである。それゆえ、理論は世界内部に現実を乗り越える契機を見出すための社会診断を必要とするのである。

ホネットによれば、アドルノは、早くからマルクスのフェティシズム批判を社会批判の出発点にしてしまい、そのために、日常的文化のなかに、世界の内側で世界を乗り越えるための手がかりを見出すことができなくなってしまった(3)。かくして、ホネットはマルクス主義的な機能主義を首尾一貫して投げ捨てる。その理由は、ホネットからすれば、例えばマルクスの物神性論を採用すれば、それは現実のうちに現状を乗り越える批判的契機を見出すことが出来なくなるからである。このような考えに導かれて、ホネットは彼が言う批判的社会理論を批判的な規範的理論、あるいは規範的な批判理論であるとする(4)。

以上のホネットの議論について、重要と私に思われる点は、ホネットが学的反省・理論的反省に先立つ審級について語っている点である。私は以下、以上のホネットの議論に対して、批判的社会理論の理論としての性格について若干の敷衍を行いたい。

そもそも批判的社会理論というもの、理論的ないし学的反省というものは、それに先立つ社会的現実についての理論であるが、この理論はある特定の形態の規範的な批判であり、それは他の点では他のタイプの社会批判とどれほど一致していようと、その最も内的な核心において、社会的現実そのもののうちに解放的関心が存在するとするいわば社会学的な規定に依存しているのである。(5)

以上のホネットの主張を敷衍すれば、以上のことはこの理論が、現実のうちに自らが遂行する批判の根拠を見出すという点において、ホネットが明示的に語っていないとしても、そうした批判の根拠、世界のうちに内在する世界を乗り越える契機の自己意識でなければならない、ということである。すなわち、批判的社会理論において、世界に内在する世界を乗り越える契機は理論のうちに自分を再認することができなくてはならず、そうした契機はそれ自身の内容を失うことなく、理論のうちへと超越して理論的形態を取らなくてはならない。このことがここに言われる理論が世界内のそうした契機の自己意識でなければならないということの意味である。世界内のその契機がまだ潜在的である場合も、それが世界内の運動として明示的に立ち現れている場合にも、理論はそのような契機・運動の自己意識として、世界に属している。この仕方で、つまり、世界内にある世界を乗り越える契機の自己意識として、理論は世界に属し、世界内に存在している。ここで、世界とは人間たちの生活世界であり、それゆえ、理論の行う批判的反省は生活世界内での生活世界についての反省である。

2　ホネットにおける人間的生に対する眼差しの拡大

ホネットによれば、批判的社会理論はそれが学的に反省する社会的現実のうちに自分の社会批判の根拠を見出すことが出来てはじめてその社会を批判することができるのであった。批判的社会理論はその学的実践の内部に社会領域へと通じる回路を見出さなければならない。このように問題設定してみると、今や我々の視野のうちに登ってくるのは、従来の、例えば、ホルクハイマーやハーバーマスなどの批判理論が社会的現実の如何なる社会領域を念頭に置き、その領域に如何なる社会批判の基準を、解放の潜在力を見出そうとしていたのか、ということである。このとき、ホネットの思考は従来の批判理論を反省的考察の対象にしながら、同時に具体的な社会的領域にその眼を向けることになる。このように改めて従来の批判理論が主要に念頭に置いていた、つまりそれが目指していた社会的領域を反省してみれば、それらがその社会領域を全面にわたって批判的反省の対象にしていたのではなく、ホネットからすれば欠くことのできない社会的領域を素通りしていたことが明らかになる。この場合にホネットが思考の標的にしているのは、人間たちの生活世界において見出される人間たちの社会的相互行為における規範的諸前提である。ホネットはそうした規範的諸前提をその拡がりの全体にわたって捉えようとする。これは理論が持つ社会に対する眼差しを拡大することになるであろう。それゆえ、ホネットの思考の志向は、社会的相互行為の規範的諸前提の全体を把握するという方向に向かう。私の言い方では、「人間的生の全体の方へ」ということになる。すなわち、社会に対する学的反省に先立つ具体的領域について語ることによって、ホネットは学的反省のうちにはとらえられていないかもしれない、人間的生の領域に眼差しを向けるのである。(6)

ところで、従来の批判理論が社会的現実の如何なる領域を理論の射程にしていたのかを明らかにするということは、理論の根本概念を明らかにするということである。なぜなら、理論が社会の如何なる領域をその理論的眼差しにもたらそうとしているかは、理論の根本概念のうちで表現されるからである。そして、今や我々の視野のうちに登ってくるのは、従来の、例えば、ホルクハイマーやハーバーマスなどの批判理論が社会的現実の如何なる社会領域を念頭に置き、その領域に如何なる社会批判の基準を、解放の潜在力を見出そうとしていたのか、ということである。

ホネットによれば、ホルクハイマーと彼のグループは、マルクス主義的機能主義に囚われ続け、かくして資本主義的支配と文化操作の徹底して閉じられた回路を描き、それゆえに実践的道徳的な批判の領域を確保する余地を見出すことが出来なくなってしまった。(7) ホルクハイマーとアドルノは世界の内部における解放の可能性をもはや信じなかった。それ故、今や社会的現実への新しい回路が見出されなければならない。

ホルクハイマーでは、社会的現実のなかで解放の領域として見出され、名指されたのは労働の領域であった。すなわち、ホルクハイマーでは、理論の根本概念は「労働」であったが、ハーバーマスはそうした社会的解放の領域をコミュニケーションによる合意形成の領域に見定める。それゆえ、ハーバーマスでは「コミュニケーション的行為」が理論の根本概念となる。言い換えるなら、ハーバーマスは労働パラダイムに代えてコミュニケーションパラダイムを採用するのであり、それは、T・クーンの語をもって言えば、一つのパラダイム転換であろう。(8) 社会的相互行為の規範的諸前提はコミュニケーション的行為のうちに探求されるわけである。何故なら、コミュニケーション的行為は言語規則に従って遂行されるのであるが、言語規則は支配から自由な合意形成のための前提条件であるが故に、それ自身規範的意味を有するからである。

解放が論定される社会的領域、つまり学的反省に先立つ審級は、ハーバーマスにおいて言語を媒介とした主体間の相互行為領域に見定められる。学的反省に先立つ批判の潜在力は自由な合意形成がなされる上での言語的条件となり、それゆえまた、ハーバーマスの理論構想において分析されなければならないのは、主体間の自由な合意形成を妨げ、制限し、あるいは破壊する社会関係である。人間の潜在力はコミュニケーションによる理解能力に見定められるのだから、人間の潜在力が危険に晒されるとすれば、それはコミュニケーションによる人間の理解力が危険に晒されるということを意味する。

けれども、ホネットによると、社会領域に見られる批判的潜在力を自由な合意形成の言語的条件としてしまうと、従ってまた社会的制限によって危険にさらされるのがコミュニケーション的能力だとするると、学的反省に先立つ社会領域においてである、人間のアイデンティティ形成にとって重要な規範的領域が素通りされてしまう。コミュニケーション的能力は生活世界で生を営む諸個人のアイデンティティ形成にとって必要ではあっても十分な条件ではない。ハーバーマスのコミュニケーション的行為の理論では、個人の社会的アイデンティティ形成にとって重要な社会的領域が消えてしまうのである。生活世界で生を営む諸個人は自己のアイデンティティへの権利要求、承認要求を持っており、それゆえホネットはアイデンティティ――これは社会化を通して獲得される――に焦点を与える。社会的相互行為に孕まれる批判的潜在力は自由な合意形成のための言語的条件と同一視されてはならない。かくして、ホネットはハーバーマスの言語論的なコミュニケーション的パラダイムを個人の社会的アイデンティティ形成の方へと拡大しようとする。何故なら、社会的相互行為の規範的前提は支配から自由な合意形成のための言語的条件へと還元されることはできないからである。(9)

ホネットによれば、社会的相互行為が有する規範的な潜在力を支配から自由な了解のための言語的条件と安易に同一視しないようにしなければならない。道徳的経験は言語を使用する能力が制限されることで生じるのではなく、社会化を通して獲得されるアイデンティティ要求が侵害されるという、そうした経験とともに形成されるのである。(10)

社会的に軽んじられるという経験は諸個人のアイデンティティ形成に重大な障害をもたらすであろうし、それは自己のアイデンティティが危険に晒されるということを意味する。こうした毀損の経験は言語規則上の制限へと還元されることができるものではない。とはいえ、既述のように、ホネットの承認論はハーバーマスのコミュニケーション的行為の理論を棄却してそれにとって代わるものではなく、むしろハーバーマスのコミュニケーション的行為の理論を補完するものである。(11)

かくして、ホネットは承認論を展開するのであるが、この承認論の根本概念はまさしく「承認」であるということになる。批判的社会理論の根本概念は承認論の規範的前提を表現するものへと変換されなければならない。承認は社会成員の人格的アイデンティティ形成にとって本質的であり、諸個人のアイデンティティ形成はその承認要求の社会的承認を通して行われる。それゆえ、個人的自律の理念や社会的平等の理念、さらに政治倫理、一般に社会道徳は諸個人の人格的アイデンティティをもたらす社会的承認という点から意味づけられ、解釈される。社会的平等の趣旨は個人的自律を実現するということであり、個人的自律は社会的承認を通して可能となる。承認論の規範的前提とは愛、法、連帯といったものであり、根本概念はこうして書き換えられて、例えばハーバーマスのそれが書き換えられて、不正の経験を生み出す違反、侵害の場合に侵害されるものを表現する概念が承認論の根本概念となる。ホネットは物質的不平等も、ある正当な要求が毀損されていることとする。ホネットによれば、ハーバーマスの手続き主義には個人的要求ならびに傷つきやすさを告発する存在が登場しない。この告発者が制度的な規則の正統性を問題化する道徳的主体を構成する。(12)

以上のホネットの承認論に関して、私の興味を引くのは、人間的生、私は生活世界を人間的生の展開である時空として捉えるが、その故に生活世界の全体にわたって、取り分け人間たちの相互行為の規範的諸前提を明らかにしようとする志向である。それは、私見では、人間的生の理論への方向性を指し示す。とはいえ、以下において立ち入ることであるが、人間的生の理論の根本概念は「コミュニケーション的行為」の概念によっても、「承認」の概念によっても尽くされるわけではない。人間的生の理論の概念は「人間的生」そのものであり、この場合、ホネットの承認論では視野のうちには入ってこない（と私には思われる）人間的生の他の諸側面が視野のうちに登るのである。

3　三つの承認形式

初期ヘーゲルの承認概念の継承

ホネットは承認論を展開する際に、人間の自己意識の形成は社会的承認の経験に存しているという初期ヘーゲルの考えに依拠する。自己意識は相互主観的に獲得されるが、このことと社会全体の道徳発展との間にはダイナミックな相互関係が存在する。もとより、自己意識の形成が社会的承認の経験に依存していると言っても、いつも諸個人がその人格に関して社会的承認を得ることが出来るというわけではないから、ここに承認を求めての闘争が生じる。これが社会全体の道徳発展に内在するダイナミズムを与える。承認を求めての闘争は三つの承認形式を軸に遂行される。

ホネットはそうした承認の形式（承認原理）を分節化するが、この際ホネットは社会道徳のヘーゲルの三分類に依拠している。ホネットによれば、ヘーゲルの（分類）モデルでは、自己意識が生成するための三つの相互主観的前提が設定されており、これらの前提が相互承認の三つの異なる形式である。つまり、各人の自己意識の生成は三つの承認形式を軸に行われるわけである。ヘーゲルにおける相互承認の三つの形式とは以下の通りである。

①　法的承認　ホネットはこれはカントの言う道徳的尊厳にほぼ相当するものであると言う。
②　愛　諸主体は自己自身の本性、要求そのままに相互承認する。
③　国家　社会秩序の再生産に寄与している主体がその貢献の固有性に関して相互に承認しあう。

これらが承認の三つの形式である。ホネットによれば、これらの承認形式はどれかが他に対して優位に立つというものではなく、同等の価値を有し、ある社会の社会道徳というものは、当該の社会形態において社会諸成員が相互に承認しあうその仕方、すなわち相互承認を規制する原理を分節化する。ホネットの言うに、正義論はそれら三つの原理を包括しなければならない。ホネットには正義論の構想があるが、正義論と承認論とは相互に連関しているとしても（相対的に）区別される。正義には、三つの原理があって、それは欲求と平等と業績、すなわち（正当な）欲求が充足すること、社会的平等が成り立つこと、個人の社会貢献としての業績が評価されることである。これに対して、承認原理とは愛、法、業績であって、正義原理は社会正義に関わり、承認原理は社会道徳に関わる。その際、それぞれの承認原理は社会正義の規範的核をなす。

資本主義社会における三つの承認領域の分化

ホネットの言うに、（近代の）自由主義的資本主義において三つの承認領域が分化した。これらの承認領域とは制度的定在としての家族、市民社会、国家である。これは道徳的進展を示している。自由資本主義的社会秩序の道徳的インフラ構造が以後政治倫理の正当な出発点となる。しかし、ホネットの考えでは、自由主義的資本主義において三つの承認領域が分化したというよりも、三つの承認領域が分化した結果、ブルジョワ的–資本主義的社会形態が出現した。資本主義的社会形態の出現は文化レヴェルでの変容の結果であり、文化的諸形態の制度化の結果である。文化レベルでの変容が制度化される過程がホネットが念頭に置いている社会進化の道筋である。いわば文化レヴェルでの変容が社会の制度的形態をもたらすというわけである。この点はウェーバーが宗教的世界像の合理化が資本主義的経営と国家アンシュタルトの合理化として具体化される道筋を追求したことと平行している点である。ウェーバーによれば世俗的領域での目的合理的システムの生成は世界の脱魔術化過程の典型的局面にほかならなかった。

近代資本主義における道徳的インフラ構造の出現、すなわち三つの承認領域の分化という考えは、ハーバーマスが言う生活世界とシステム（経済システムおよび政治システム）との分化という考えと類似の考えであるが、ホネットが言う承認領域の近代における三つの領域への分化はヘーゲルをモデルとしたものである。ホネットによれば、主体は自己関係、すなわち自己自身との関係を結ぶのであり、それには三つの相互に異なるタイプがある。

道徳的に傷つけられうる存在者

承認の否認は病理を生み出すが、病理とは道徳的に毀損され、人間的アイデンティティが毀損される時に個人的主体に生み出される事態である。個人的主体が自己理解通りに承認されていないと認識される場合、この自己理解は肯定的自己関係と言われる。道徳的毀損は病理であって、病理はこの肯定的自己関係が破壊され、人格が毀損されるときに生じる。個人的主体は他者に対してそうした自己理解、すなわち肯定的自己関係の承認要求を掲げているであろうし、そうした承認要求が充たされない場合、人格的毀損・道徳的毀損が生じるのである。ラッダイト運動によって機械が破壊されても、巨大加速器における陽子衝突で陽子が破壊されても、機械も陽子も道徳的に毀損されることはない。ホネットによれば、次のような存在者にしてはじめて、道徳的に傷つけられうる。

① 道徳的に傷付けられるのは、自分の幸福が問題になるという意味で、自分自身の生に反省的にかかわる存在のみである（自己の生活史を自己の生活史として了解しうる存在）。

② 相互主観的関係のうちにある存在者。もしある存在者が主体同士の相互関係のうちにないならば、その主体は道徳的に傷つけられることはない。ある主体が肯定的自己理解を持つことが出来るのはただ、他者が（そして社会が）自分を肯定的に承認する場合であり、そうした相互主観的な関係においてのみ、主体は承認の否認によって道徳的に傷つけられうる。

③ 個人の人格的アイデンティティが形成されるためには、その個人の肯定的自己関係が相互主観的に確立されなければならないが、それが裏切られた時に道徳的毀損が生じるとすれば、この道徳的毀損は個人の行為能力を破壊する。しかし、期待が裏切られるためには、期待が主体のうちに存在しなければならない。その期待とは主体の権利要求、つまり承認要求である。何であれ何らかの承認要求を掲げる存在者にしてはじめて、その承認要求が裏切られ得、かくして道徳的に毀損されうる。

実践的自己関係の三段階

ホネットは個人のアイデンティティ形成という点から承認形式を導入する。個人のアイデンティティ形成は個人の自己理解、実践的自己理解の過程である。個人の実践的自己理解の三つの段階が区別され、それらは自己信頼、自己尊重と自己価値である。自己信頼とは自分が持つ権利や能力の意識、自ずと身につけられる意識であり、例えば、身体の安全を享受しうるという確信である。自己尊重とは道徳的な責任能力を持つ主体という自己に関する意識であり、自己価値とは自分が社会的意義を持ち、社会に貢献しうるという意識である。ホネットは実践的自己関係のこれら三つの段階に応じて、三つの承認形式を導入する。

第一の形式は無条件な愛情という性格を帯びた承認形式である。愛情とケアがそれであり、この場合個人は個体として承認される。第二の形式においては、個人は人間として承認される、すなわち、ここで生じるのは、個人は人格として他のすべての人間と同じく責任能力を持つ主体として承認されるということ、法的・道徳的主体として承認されるということである。承認の第三の形式は業績・連帯であって、これは個人が属する共同体においてその個人が積極的価値を有していることの承認、能力評価である。

ホネットの言うに、承認概念を単に文化のレベルにおける文化の承認、文化的承認に限定することはできない。そうではなく、道徳的秩序は、これはホネットによれば、資本主義の根底にあるのであるが、相互承認の三つの圏域を含まなければならない。だから、ホネットでは、承認概念は規範としての道徳に関係している(13)。承認要求は道徳的・規範的要求であり、それゆえ、その否認は道徳的・規範的毀損を生みだす。道徳とは主体たちが相互に対して承認するという態度である。

承認要求というのはその要求が充足されるということの期待を含んでいるであろう。私見では、ホネットが挙げているような承認形式は、人間的生の自己への関心を表現している。ホネットは「人類の『超越論的関心のようなもの』について語ることは、おそらく完全に間違いというわけではない(14)」と言う。ホネットのこの言明はハーバーマスの「認識関心」概念を想起させるが(15)、これは私見では人間的生の根本的な関心を指し示している。

しかしながら、私の見るところ、ホネットの承認論はヘーゲルの承認モデルの継承として、それによって制約されており、さらに言えば制約されすぎている。私は人間とはまずは自然に関して内在的超越である存在者であると述べたが、人間はそうした存在者として身体的存在者であり、人間的自然として人間的生（生命－生活）を営む。人間的生の根本的関心を視野のうちに登らせるためには、（若き）ヘーゲルのモデルに制約されたホネットの承認モデルでは例えば人間の身体的側面が、たとえ、実践的自己理解の第一段階において身体の安全を享受しうるという確信が語られるにせよ、十分には現れてこないし、人間的生の根本的関心という点からすれば、私見では、ホネットの承認の三形式には還元されない承認の諸形式が浮上する。それゆえ、ホネットにおけるヘーゲルのモデルによる制約は突破されなくてはならない。

次に私はそのような突破のための参考として、ハイデガーのフッサール批判を見ておくことにしたい。というのは、ハイデガーのその批判は、思考を捉えている準－先見的地平を摘発することの一例となっているからである。

4　ハイデガーのフッサールに対する批判

ヘーゲルの三分類があらかじめホネットの眼差しを規定している。この三部類は承認概念を扱う際のホネットの一種準－先見的枠組みをなしている。以下、私が目指したいのは、この三分類を相対化し、あるいは取り外して、承認の三形式には尽きない承認形式を視野に登らせ、ホネットの三つの承認には尽きない様々な承認形式を、そして人間的生の様々な承認要求をまずは明るみに出すことである。そのための参考として、先ずフッサールに対するハイデガーの批判を見ておくことにする。

フッサールは純粋意識を固有の存在領域として取り出そうとする。この存在領域は純粋体験、純粋自我領域であり、それは原理的に独特な存在領域であるが、それというのは、ここでは、対象に対する反省と反省される対象とが同一の存在領域に属しているからである。体験流はそれ自身で完結したものとされ、この体験流からはさしあたって物質的世界の全体が排除される。反省的態度において、私は椅子の知覚に生きるのではなく、椅子知覚を内在的に反省するという態度に生きる。すなわち、私はその場合、物質的世界の定立に生きるのではなく、その世界を把握する作用並びにその対象を主題的に把握することに生きるのである。物質的世界の定立、すなわち超越的世界の定立に参与しないこと、このことは判断中止と呼ばれるが、この場合存在者は志向性の対象である限りで考察され、これは存在者をその存在に関して顕わにするということを意味する。ハイデガーによれば、フッサール現象学の以上のごとき思考経過においては、存在者の存在規定が問題になっているのである。ハイデガーは言う。

超越的定立のこの現象学的遮断はひとえに有るものをその有に関し現在的にするという機能を持つにすぎない。(16)

わたしは作用とその対象とを、それらが作用そのものにおいて思念されている有様において思い浮かべるのである。このように一定の圏域の統一性において、作用圏とその対象を獲得することは還元と呼ばれる。(17)形相的還元にあっては、体験流の統一は具体的存在の具体相として研究されるのではなく、イデア的に考察される。ところで、意識の圏域が絶対的存在の圏域とされるのであるが、このときその存在とは何を意味するのであろうか。存在の意味が明晰にされているであろうか。ハイデガーは、フッサールに対してこのような問いを提出する。フッサール現象学にあっては、次の諸点が前提されている。

(a) 意識は内在的存在である。

(b) 意識は絶対的所与性である。

(c) 絶対的存在の圏域とは超越的なものを何も必要としない圏域であり、それ故それは絶対的所与性の領域である。

フッサールにあっては、意識は絶対的存在として特徴づけられているが、これは、意識は一般に実在が現れうる前提であるということを意味する。超越的存在はいつも志向性の対象として与えられるのであって、意識は、内在的絶対的に与えられる存在として、可能な存在がそこにおいて構成される存在である。絶対者としての意識とは、どんな客観にも先立つ主観性の優位を意味する。

（d）絶対的存在は体験の本質存在、イデア的存在としての絶対的存在である。

以上、内在的であり、絶対的であり、純粋であり、イデア的であるという意識の存在の規定は、ハイデガーの見るところ、存在者そのものからくみ取られてはいないのである。むしろ、フッサールははじめから絶対的学の理念(Die Idee einer absoluten Wissenschaft)、先だってフッサールが抱いている理念、これはデカルト以来の哲学が抱いた理念だが、こうした理念によって導かれている。意識の存在の諸規定は、哲学の伝統的な理念への依拠から獲得されており、事象そのものへの帰還において獲得されているのではない[18]。純粋意識が取り出されるとき、その思考の姿勢は理論的なものであり、経験がそれ自身を与える様式は理論的な自然考察としての対象性の性格によって規定されているのである[19]。フッサールにあっては、人格主義的態度や経験は自己に関する経験、自我の自分自身に関する観察として特徴づけられる。さらに、フッサールにあっては、体験連関の統一を精神や人格とする先行的規定が働いているが、これは人間は理性的動物である(homo animal rationale)という伝統的人間規定によって導かれている。

こうして、ハイデガーの見るところ、現象学的研究も古い呪縛に囚われている。存在規定が事象そのものからくみ取られているのではなく、事象に関して自明的となってしまっている伝統的先入観が支配しているのだ。存在に関する一定の理念、すなわち伝統的理念が現象学研究をも支配しているのである。

この点、ハイデガーの思考とウィトゲンシュタインの思考との間には通底する点が見出される。思考に対するある観念、理想なるものの支配についてウィトゲンシュタインは次のように語っている。

理想というものは、われわれの考えでは、揺るぎなく固定している。きみはそれから抜け出ることができず、常にそれに立ち戻っていなければならぬ。外側などないのだ。外側には生のいぶきが欠如している。――こうした考えはどこから来たのか。この理念は、いわばメガネのようにわれわれの鼻の上に居すわっていて、われわれの見つめるものは、みなそれを通して見えるのである。われわれは、それを取りはずすという考えには思い至らない。(20)

ひとは、ものごとについて、叙述の仕方にかなったことがらを叙述する。自分を印象づけている比較の可能性を、われわれは、一つの最高に一般的な状態の知覚と受けとってしまう。(21)

だから、ハイデガーの言うに、存在は隠蔽されるのである。我々にとっての対象は既に伝統的な諸概念や諸範疇によって、対象の伝統的なとらえ方によって型どりされており、つまりはそうしたものとして既に我々に与えられているのであり、それ故、我々に与えられるものはそれ自身で既に隠蔽態である。存在、すなわち現象はこの場合隠蔽態においてある。隠蔽態が事象そのものとされてしまう。

私見では、類似のことは承認形式のホネットの三分類についても言われることができる。いわば準‐先験的に与えられたヘーゲルの分類形式がはじめに置かれているのである。先に見たように、ホネットによれば、承認の諸形式の否認はアイデンティティ形成に対して障害をもたらし、善き生の可能性を奪う。承認の否認が社会病理をもたらすのだとすれば、承認の構造に含まれる歪曲の社会的要因が示されなければならない。こう語る際に、ホネットはあらかじめ承認の三形式を設定しており、この枠組みはヘーゲルから継承されたものである。三形式とは、①親密な関係に見られる愛情や友情という情緒的なつながり、②道徳的に責任を負うことができる社会の成員と人の法的権利の承認、③個人のなしたことやその能力についての社会的な価値評価である。[22]

5　承認要求に対する承認の振る舞いの優位の傾向

ホネットは、論文「見えないこと――『承認の道徳的エピステモロジー』[23]」で、これまで如何なる理由で承認が人間にとって放棄できないものであるかが明らかではなかったと言い、さらにヘーゲルには堅牢な概念的枠組みがあるように見えたけれども、ヘーゲルのパラダイムは簡単にある種の諸問題に対して解決の道を導いてくれなくなった、と言う。[24]ここで解決を求められている問いとして、ホネットが念頭に置いているのは、次の三つの体系的な問いである。

① 承認によって、ある規範的特性が他の主体に対して単に与えられるだけなのか。それとも、その主体にそうした特性が実際にあるものとして単に気づかれるだけなのか。前者は特性付与モデルと言われ、後者は受容モデルと言われる。予め述べれば、ここで、ホネットの問いはある主体の他者に対する承認の行為を問題としている。つまり、ホネットは承認という振る舞いに、承認する主体のその振る舞いに焦点を当てている。

② 承認はそれ以外の行為や発言の副産物であるのか、それともそれ自身で独自の行いであるのか。

③ 認識と承認とは区別される。人が単に認識されることに加えて、承認の際何が付け加えられなければならな

いのか。

以上、三つの問いは、承認の三類型に関して、ある主体の承認するという振る舞いとはどのようなものかに関わっている。

ホネットがここで言っているのは、三つの体系的問いに対して、ヘーゲルのモデルでは解決できないということであって、承認概念の三部類についてのものではない。先ず、この点を確認する。ホネットは社会的に見えないことについて語り、絶えずある種の人を無視してものを見る人たちについて語る。この場合、人を無視してものを見るということ、彼を見えなくさせる「内的な眼」が問題である。支配者たちは被支配者たちを知覚していないかのように偽ることによって、彼らに対する社会的優越性を表現する。身体的には目の前にいるのに見えない状況というわけである。ラルフ・エリスが物語っている例は次のものである。すなわち、白人の主人公はその場にいる黒人が見えないことを彼に分からせようとする能動的性格を持っている。これは「見ても気がつかないふりをすること」である。白人の主人公はその黒人が身体的に空間に登場していないかのように振る舞うのであり、そのことによって彼らに対する軽視を示す。だが、見ても気づかない振りをすることは行為遂行的な側面を持っている。ここにはある身ぶりがあるが、それは他者は意図的に見られなかったという身ぶりである。

ここで見えないことには、実際に被支配者が知覚されていないように感じるということが含まれている。見えることは個人を同定する基本的な能力を含んでいる。例えば、いつも大袈裟に笑う人といった具合いに。視覚的に見えることは個人的な同定可能性の基本形態であり、ホネットはこれを「認識」の原初的形態であると言う。要するに、これは認識である。比喩的な意味で見えないものであるためには、あるいは見えないものであると経験することができるためには、まず主体は個人として時空システムにおいて認識されることが前提である。

無視された主体は、自分を見えるようにさせるように試みる。それは暴力、乱暴に振る舞うことによってであり、それは自分に注意を向けさせようとする努力である。その主体が自分が（他者に対して）見えることを確認する基準はある一定の反応が現れていることであって、その反応とは、肯定的に相手の存在に気づいていることの印である。だからそのような反応表現がないことが社会的に見えないことになる。

ある人物を見るようにすることが単に個人を同定する認識行為を越えるのは、身ぶりや表情によってその存在が気づかれていることを公に表現する場合である。これは表出的な表現諸形式であり、それについて我々は共通の知識を持っている。それゆえ、それが欠落するときに見えなくすることが生じる。この場合見えなくするというのは、軽蔑の印なのである。これに対して、その人が存在が気づかれていることを公に表現すること、表出的な表現諸形式をもって支持肯定するという肯定的意義を与える表出的行為、この表出する行為が承認するということである。

しかし、ではそのような諸表現を通して何が表現されているのか。その表現において他者に対する支持肯定がなされるのであるが、支持肯定、つまり妥当させることは何を意味するのか。ある特定のものを指し示したり実在を確認するだけでは、支持肯定のためには十分ではない。

承認の振る舞いにおいて、無制限な価値が相手に認められるのであり、そしてこの時にのみ、我々は道徳的態度を（相手に対して）とることが可能である。しかし、ここに次の問題が生じる。すなわち、人格の価値について思い描くことはいったいどういうことなのか、ということである。①それは単なる属性付与なのか、それとも②認識の一形態なのか。これはホネットがはじめに提起していた問いである。この場合、認識というのは、かの受容モデルのことを言っているのであろう。ホネットによれば、承認において行われるのは、人格の叡智的諸性質に関する価値評価を公的にはっきりと示すことである。(25) ダニエル・スターンの研究に言及しながら、ホネットは、例えば微笑みという表現手段を母親は用いる、と言う。幼児は準拠人格の身振りに反応することによって、最初の社会適応行動を発展させる。重要なのは、子どもに対して示される顔の微笑みは、励ましや支援のシグナルを与えるということであり、微笑みや励ましというのは、支持肯定するものである。ホネットは成人たちの間の承認関係も、そうした表現形態を示すかどうかを検討する。身体的な表現的身ぶりをまねて作られる媒体を通して、承認ということが成立可能である。そうした表現的身振りを用いることによって、人々は相互に自らの社会的妥当性を確認し合う。自らが社会的に承認されている者は、相手の表現的な行動様式の中で自分が肯定的に留意されることを見るのである。

では、そのような支持肯定する諸表現は何を保証しているのか。表現的な身ぶりやしぐさは、受け手が正当に期待してよいような行動をシンボルを通して相手に知らせている。この論文においてホネットは承認の振る舞いに焦点を当てているが、その論述の中に相手の期待が顔を出すし、またそうならざるをえないのである。承認の身振りをすることにおいて、我々は、相手に対してある義務を負っていることを相手に告げている。その義務というのは、好意に満ちた行動するという義務である。

ホネットによれば、承認の表現的行為はある種のメタ行為である。それは動機づけの種類を示すのである。優しい微笑は心遣いの行為をするための動機づけの種類を示し、丁寧なあいさつは、戦略的行為はこれを断念するという準備を表現する。この点をホネットは「尊敬」という概念と結び付けている。カントによれば、尊敬というのは私の自己愛を遮断し、価値について想い描くことである。自己愛を断ち切るということは、主体の自己中心的傾向性は抑制される、ということである。自己愛は尊敬の中で断ち切られる。人は尊敬と等根源的に自己中心的なすべての行為を放棄するということの動機づけを獲得している。ここで動機が語られる。動機とは行為の動機であるだろう。尊敬においてある行動の仕方の動機が与えられている。ここでは、事態は次のようである。すなわち、承認する主体は相手に価値を認めるのであるが、この価値というのは、私が私の自己愛を断念するという要求の正当な源泉なのである。確認や支持肯定というのは、その受け手に道徳的権威を備えさせることなのである。

以上ホネットは承認のすべての直接的形式について、それらの道徳的共通性を描いたのである。共通性、道徳的共通性は区別を排除しない。それぞれの身振りは相互に区別される。それぞれの身ぶりにはある主体がそのパートナーである他の主体に対してそのつど表現することができる諸価値が対応している。これらすべての諸価値は、カントが人格を持つ「叡智性」として示した一つの特性の価値評価的な諸側面である。

承認の表現行為は、単にある特性が相手にはあること、実在していることには止まらない。承認の表現的行為は他者に対して好意的に振る舞うことの動機づけを表明している。あるいは動機づけにおける用意を表明している。その用意というのは、つまり動機づけにおける用意というのは、他の人格の価値を叡智的存在として正当に評価するということである。

幼児に対して、成人たちは幼児は助けが必要とするという性質を付与するのではない。そうではなく、成人たちは彼らの知覚そのものに直接表現を与える。これはほとんど反射的である。ここで知覚というのは、認識的な意味での知覚ではない。知覚というのは、幼児が愛されるべき人間だということの把握のことである。微笑みはこのような意味の把握の表現である。準拠人格が幼児に対して向ける早期の承認形式は、成人がある性質を知覚したことの表れである。成人はこの場合何を知覚したのか。それはある性質である。幼児が将来の人格、叡智的人格であることの知覚である。

すると、結論として言えば、承認の振る舞いはまずは付与するが、何を付与するのかと言えば、それは人格の価値である。さらにそれは受容するが、何を受容するのかと言えば、人格性、すなわち将来の人格性を示す性質である。

以上見たように、ホネットはこの論文において承認の振る舞いに焦点を当て、その振る舞いがどのようなものであるかを明らかにしようとしている。しかし、私の見るところ、他者と世界に対して存在者が掲げる承認要求という点は背後に退いている。ここでは、承認の振る舞いと承認の振る舞いの否認、承認の否認に焦点が当てられている。[26] 以上のホネットの議論は、承認が主体のどのような振る舞いなのかという点に関して、ヘーゲルはもはや解決の道を導いてはくれなくなったという問題意識のもとに行われており、この場合、ヘーゲルから継承された承認形式の三分類の妥当性それ自身は主題化されてはいない。私見では、承認形式の三分類は、ハイデガーがフッサール現象学に関して、デカルト以来の伝統的な学問の理念が所与として前提されていることを摘発したが、ホネットにおいて、いわば所与となっていると思われる。

それで、私は以下、承認形式の三分類そのものを問題化し、それを超えるように試み、個々人の人間的生が他者と世界に対して掲げる承認要求には三分類には収まらない多様性があることを示すように試みてみたい。その際、私は承認の振る舞いというよりも、存在者が他者と世界に対して掲げる承認要求という点に焦点を当てることにする。主体の承認振る舞いへの焦点づけは承認形式の三分類に手をつけることではない。[27] 三つの承認形式を視野のうちにおいて、承認する振る舞いに論究する限り、承認の三部類という枠組みは突破されることはない。

例えば、社会のうちに己の居場所があるということは、人間的生の一つの要求である。これは社会的に承認されることを要求する承認要求ではあるまいか。居場所がなくなることは人格の毀損となるであろう。そこに生まれる苦悩の経験は、同時にある要求を掲げており、また要求がそもそもなければそうした苦悩の経験もないのである。

本章の目的はホネットの承認論を媒介にして、人間的生の理論への道を開くことである。ホネットの承認論は人間的生を承認の概念によって切り取っており、換言すれば、社会道徳の面から照明を与えており、その結果、人間的生の、従って人間たちの生活世界の道徳的・規範的秩序とは異なる他の諸側面は暗闇の中に残されたままになっている。私は理論の根本概念を「承認」概念から「人間的生」の概念によって置きかえることで、暗闇の中に残されている（と私には思われる）人間的生の諸側面に照明を当てるように試みる。

6　いくつかの承認形式

居場所があること

自分の居場所があるということは人間的生、つまり人間的生を営む諸個人が世界（生活世界）に対して掲げる、承認を求める要求、承認要求である。この承認要求はホネットの言う三つの承認形式のそれぞれにある仕方で含まれているが、そのどれにも還元可能ではない。居場所があることの承認要求はホネットの三つの承認形式を横断する承認要求であり、その要求の承認と否認のあり方はそれぞれの承認形式において異なっている。居場所があることの承認要求の承認は、愛やケアにおいては、愛としての絆のうちに、ケアという配慮のうちにあるということ、その否認は愛の絆から排除されている、あるいは愛の絆が破壊されていること、ケアの場合にはケアの配慮から排除されていることである。

責任ある法的道徳的主体の承認にあっては、承認の拒否は取り分け明示的な仕方で示される。居場所がないことは、市民権を剥奪されたり、失ったりすること、難民化することである。ドイツ第三帝国におけるユダヤ人迫害、公職からの追放やドイツ人との結婚の禁止といったことは、諸個人からそれ自身の居場所を剥奪することであり、人びとからそれ固有の居場所を奪うことである。ある共同体における自己の価値の、寄与の、それゆえ能力の承認の場合には、その要求の否認は、自己の寄与と能力に関して評価されないこと、あるいは自分の出番がないことであって、この意味で居場所が剥奪されていることである。

しかし、居場所があることへの要求はさらに広い含意を持っている。それはさらに住むべき場所があるということであり、人びとの難民化は自分が住むべき場所の喪失である。

また、自らの声を上げることが出来る場所があるということ、換言すれば、理性の公的使用をなすことが出来る場があるということも人間的生の一つの要求であろう。そのような声は自らの居場所を求める。声を出す勇気が自らの居場所を作りだすこともある。というのは、語られた声に対する共感の運動は声の居場所を自ら作りだすからである。居場所を求める声の要求は（社会的）承認を求める声の承認要求であり、人間的生が掲げる要求、承認要求の一つである。

このように、人間的生の基本的要求の一つである居場所があることの要求、社会的に承認されることを要求する承認要求は、私見では、承認の三つの形式に固定された視座の元では立ち現れて来ないのである。承認を求める居場所があることの要求は、ホネットの「承認」概念を「人間的生」の概念によって置換することによって視野のうちに登ってくるのである。生き、生活する場への要求は人間的生の要求である。こうした生の要求は、ホネットの承認概念がもっぱら社会道徳の地平で動いている限りでは、そうした道徳的・規範的地平を越える方向性を持つものである。ということは、人間的生が（世界に対して）掲げる承認を求める要求はホネットの社会道徳の地平を越えた拡がりを持つということである。(28)

さらに、社会空間において自由に活動することができるということも、人間的生の承認を求める要求であろう。出来るということ、ケイパビリティを有するということ、何か出来ること、これは承認要求の一つであって、社会の制度的定在がこの要求を否認するならば、この承認要求の否認はその制度的定在の変容をもたらす志向性を生みだしうる。グローバルな新自由主義的資本主義――これはグローバルな寡頭制を生みだしている――のもとで、貧困が普遍化する。グローバルな新自由主義的資本主義――これはグローバルな寡頭制を生みだしている――のもとで、貧困が普遍化する。貧困は様々なことに関して、それができるという可能性を人びとから剥奪するであろう。そして出来ることが出来ないということは貧困をもたらす。

私は人間的生に視野を定めて、ホネットでは現れてこない承認の次元に立ち入ることにしたい。人間の生活世界は歴史的に形成された、その生活が現に営まれる世界であるが、この生活世界は人間的生の展開たる時空である。アドルノは「自分が自然の一部であると気づき、認識する瞬間、そもそも私たちはもはや自然の一部ではないのです」[29]と述べた。人間は自然の一部である。このことを認識するや人間は自然を超越している。これを言い換えると、人間は自然に内在しながら、自然に内在することにおいて自然を超越しており、この超越において人間は自然に内在しているということになる。私は先のアドルノの言明に依拠して、人間を自然に関して内在的超越である存在者と呼び、このような存在者を人間的自然と呼んだ。人間は先ずもってこの仕方で身体的存在者である。「行為者は、みずからを自分の身体と同一視し、また行為を可能とし行為への権限を与える肉体として存在するがゆえに、創始者としてみずからを理解することができる」[30]。自己とは「具体的に肉体化された自己」[31]である。人間が人間的自然として、自然に関して内在的超越であるが故にのみ、人間は人間社会を形成することができるし、それ故に社会環境のうちに住まうことが出来る。人間は人間的自然として先ずもって身体的存在者であり、人間によって改変された物質的環境という意味での空間に居住する存在者である。ここで「物質的環境」によって、街路、建造物、住居、学校の建物、階段、田畑、里山、橋、ダムなどからなる空間を意味することにする。人間身体はこうした空間に住まう。この空間は人びとがそこに住まうものとして、生活空間である。人間身体がこの空間において自由に運動できることは人間身体が掲げる要求であり、身体はその空間においてこの要求が承認されることを求める。この場合に、承認とはその空間において人間身体が掲げるそうした要求が現実に充たされているということを意味する。けれども、人間身体がこの空間において承認されていないという事態が生じうる。

見附陽介は、多文化主義は（社会的）承認が人間のアイデンティティ形成に深く関わるが故に、承認を規範として議論の中心に据えているが、そのような多文化主義では十分に明らかにできない障害の側面に、身体性という概念を導入することで照明を当てている。社会の物質的環境は多数派の身体に合わせて構成されており、これは障害者とされる人びとの身体性が社会的に承認されていないことを示すのである。(32) さらに、見附陽介は「身体制度」という概念を提出している。身体制度というのは、人びとの物質的環境のうちに埋め込まれた身体の運用ルールのことである。身体制度である人工物に言及すると、例えば階段は一定のたかさに足を自由に上げ下げし、その片足でバランスをとって直立することができる身体を前提している。これが人工物における身体制度である。それ故、このような物質的構成物における身体制度と一致しない身体を持つ人は、障害の状態に追い込まれるのであり、そうした人の身体はその物質的環境において、身体の運用ルールによって想定外に置かれ、その存在が承認されていない、ということを意味する。(33) ある人間身体が社会の物理的環境によってそれが掲げる要求、すなわち、この物理的環境において自由に運動できるという要求が充足されていないのである。つまり、社会の物理的環境において自由に活動することが出来るという身体が掲げる要求が、すなわちその承認を求める要求（承認要求）が否認されているのである。これは人間身体がその物理的環境においてそれ自身であることが出来ないということ、人間身体が社

会の物理的環境においてそれ自身であることが否定されているということである。(34)

以上によって、私が示したかったことは、人間的生が自らと他者、世界に対して掲げる承認要求とその承認の形式は、ホネットの三つの承認形式に尽きるわけではない、ということである。

7　人間的生への遡及と承認とその否認と承認を求めての闘争を人間的生のうちに位置づけること

人間的生にとって、その要求の承認とは何を意味するのかという問い

人間的生の理論の方へ。これが我々の目標である。この際、基本に置かれるのは、人間的生の根本要求であって、それはともに生き、生活し、自身の固有な生活史を織りなしていくという要求である。人間的生の次元にまで遡及する時、この人間的生とは人間諸個人の生であるが、「承認」概念は「人間的生の承認要求の承認」として解釈されることになる。すなわち、私は承認形式から出発して人間的生を捉えるのではなく、人間的生から出発して、承認概念を把握する。ここでは、私はホネットの承認概念の人間的生からする承認概念の書き換えに論究する。

世界内の存在者はその世界に対して存在要求を掲げる。要求、承認要求とはこの場合、「理性の関心」と言われる場合の「関心」に通じる意味を持つ。人間的生の関心は同時に人間的生への関心である。共に生き、生活をすること、人間的生のこの関心は、ホネットとともに言えば、人間学的前提であるが、人間的生のこの関心は、諸個人の他の諸個人の生に対する、固有の生活史を営む存在であることへの感受性のうちに表明されている。

ホネットでは、人間的生を見る理論的眼差しはある仕方で制約されている。先ず私は、存在の承認要求、それ自身であることの要求を基本において、そして、このそれ自身であることは何ら原子論的個人のことを意味しているのではなく、それ自身であることは人間たちの間主観的な相互性において成り立つのであるが、この存在の承認要求を基礎において、それへの眼差しにおいて、ホネットの承認概念の一定の拡大を試みる。そして、環境における身体性の承認要求についても論じられなくてはならない。

普遍と特殊

人間的生を視野のうちに収め、人間的生の上述の根本要求にまで遡及するとき、ホネットが展開した三つの承認要求およびそれらに対応する承認形式は、人間的生の要求という普遍に対する特殊であるものとして現れる。ホネットが承認論を展開する際に出発点であったのは、個人のアイデンティティ形成という点であった。もとよりと言うべきであるが、個人のアイデンティティ形成は人間的生の不可欠の軸である。自己のアイデンティティ形成には、一定の状況内での自己選択という局面がある。これまた人間的生の一局面である。ホネットの三つの承認要求は普遍である人間的生の（根本）要求に対して特殊として捉えられるであろう。普遍は特殊化し、特殊において普遍であり、特殊は普遍の特殊として特殊であるが、普遍がいつもいつも特殊に対してそれを包摂し、特殊を己に同一化する普遍であるわけではない。人間的生の根本要求と三つの承認要求は相互に内在しながらの超越としてある。(35) 普遍は特殊として己の多様性を有する。人間的生の根本的な承認要求はホネットの三つの承認要求のうちに自分の姿を見出す。しかし、普遍と特殊はやはり違ったものであって、対立することもある。人間的生の根本要求は例えばホネットの言う自己価値に関わる自己の寄与に対する承認要求とは対立する点がある。人間的生の根本要求の承認は同時に人間的生それ自体の承認であり、人間的生は定言的に、すなわち無条件的に承認されなくてはならない。人間的生は、人間的生を営む諸個人がなんらかの共同体において、なんらかの貢献をした、あるいはなんらかの業績を有するから承認されるというわけではない。これに対して、ホネットが言う共同体への貢献からする承認要求に対する承認は、自己形成にとってごく重要な点であるとはいえ、やはり共同体におけるその承認は条件的なのである。

ホネットのある主体の承認要求に対する承認は、相互主観的関係の中で、他の主体によって行われるであろう。ホネットにとって、承認要求の否認とそれに伴う不正の経験、またそれからする承認を求めての闘争は道徳発展のダイナミズムを形成した。否認された承認要求に関する承認を求めての闘争において、承認はまずはある個人ないし諸個人の集団に対する承認行為において成就される。けれども、人間的生の承認要求という点からするならば、人間的生が掲げる要求は、ある個人ないし諸個人の集団に対する承認行為、その承認の振る舞いを媒介にしながらも、それを越えて承認が体現される制度的定在の形を取らなければならない。すなわち、承認の形態はある種の制度的定在である。もとより、ホネットにとっても、承認要求の承認は制度の変換をもたらさなくてはならないのであるが、承認はある主体の他の主体に対する振る舞い（のあり方）に限定されている。

具体化としての承認

それゆえ、人間的生の要求の承認は、諸個人相互の振る舞い方としてあるけれども、さらにそれを越えて生活世界において制度的定在とならなくてはならない。しかし、それだけではない。そのような制度的定在を産出しようとする生活世界内の運動がまた人間的生の根本要求の発現として、人間的生の承認要求の具体化、具体的な存在形態となるのである。

人間的生の毀損

人間的生の根本要求の否認は人間的生の毀損である。ホネットの場合では、承認の毀損によって個人の自己アイデンティティという道徳的地平は破壊される。とはいえ、自己アイデンティティが破壊されても、破壊されたままだということでもない。そこに承認を求めての闘争も生じる。そして批判的社会理論は学的反省に先立つ現実という審級のうちに現実を乗り越える（批判的）契機を見出さなければならないのであった。しかし、承認の否認を生みだすのは、ある主体の他の主体に対する承認の拒否の振る舞いに尽きるわけではない。もし承認の否認がこの次元にとどまるならば、承認を求めての闘争はある主体の他の主体に対する承認を求めての闘争ということになるであろう。[36] しかし、人間的生の承認要求の否認、従って人間的生の毀損は相互主観的レヴェルでの毀損に尽きるわけではなく、従って承認を求めての闘争はこのレヴェルにとどまるわけではない。

人間的生の毀損を生みだすのは取り分け生活世界それ自体の物象化である。換言すれば、人間的生の毀損を生みだすのは、生活世界の諸制度的定在の物象化的存立構造そのものである。ホネットの『物象化』は、承認論からする物象化概念の定式化の試みと見ることができようが、それは物象化を人間主体の世界に対する原的な肯定的振る舞い・態度の忘却とするものであり、それは生活世界そのものの物象化を把握するのは、全く不十分であり、生活世界の物象化はホネットの言う忘却によって把握されうるものではない。それゆえ、人間的生の毀損という点から、ホネットとは異なる物象化概念が提出されなくてはならない。人間的生が掲げる承認要求の承認は、すべての場合にというわけではないとしても、制度的定在の形態をとらなくてはならない。

社会の制度的定在の病理

社会の制度的定在とその成員の病理とは区別される。ホネットの場合、承認の否認・拒否は自己のアイデンティティの毀損を惹起し、主体は道徳的に傷つけられる。けれども、社会の制度的定在の病理とその成員の病理とを区別するとなると、我々はホネットとは少し違ったことを語ることが出来る。その諸成員のホネットの言う意味での承認要求を否認する編成を有する時、その制度的定在は病理であると言おう。この場合、システム自体が病理的構造を有する。しかし、このことは直ちに諸成員が病理に陥っているということを意味するわけではない。というのは、諸成員はそうした制度的定在を批判的反省的に主題化してそれに抵抗し、変換するように試みることも出来るからである。諸成員については、病理の状態にあるというより、寧ろ病理が生みだされる状態に置かれているという意味で、病理的状況にある。病理的状況にあるということは病理の状態にあると同じことではない。それゆえにこそ、「われわれは疎外状況にあっても疎外に陥らずにいることが可能である」(37)。病理的状態にあるという事態はその状況を、従ってまた制度的定在の病理を告発し、それを変換するかの可能性をも孕んでいる。

差異化された承認概念と人間的生

ホネットは差異化された承認概念を提出し、N・フレイザーが言う分配にもホネットは承認概念からアプローチする(38)。私はホネットの言うそうした差異化された諸承認概念を人間的生に遡及させ、すべて人間的生の根本要求、人間的生の基本的関心に、つまり共に生き、生活し、その中で固有の生活史を織りなして行くという要求、人間的生の自己への関心に由来するものとして理解する。人間的生の基本的関心、ともに生き、生活し、そのなかで自己の固有の生活史を織りなしていくということは、諸個人の人間的生の、他者と世界に対して掲げられ、承認を求める根本要求（承認要求）である。諸個人のこのような根本要求は仮言的にではなく、定言的に承認されなくてはならないであろう。ここで、諸個人とは相互に切断された原子的個人ではなく、相互の関係性のうちにある諸個人であるが、彼らの生活史は（疎遠な）他者によって操作されたり、決定されたりしてはならない。「すべての国民は、個人として尊重される」（日本国憲法第一三条）。そして、もし人間的生そのものに遡及するならば、ホネットの三つの承認形式には尽きない人間的生の承認要求が浮上するように思われる。ホネットは人間的生、従ってその展開の時空である生活世界を彼の承認概念でもって切り取っているのである。人間的生に遡及するならば、ホネットの言う承認とその否認、承認を求めての闘争というダイナミズムも、自らの生を展開し創成していく人間的生の運動のうちに位置づけられることになろう。

注

（1）A. Honneth, DM, S. 88（A・ホネット「〈存在を否認されること〉が持つ社会的な力——批判的社会理論のトポロジーについて」、A・ホネット『正義の他者』加藤泰史／日暮雅夫他訳、法政大学出版局、二〇〇五年、九三頁）.

（2）Vgl. A. Honneth, ebd., S. 89.（同上、九五頁）.

（3）Vgl. A. Honneth, ebd., S. 90.（同上、九六頁）.

（4）こうしたホネットの主張に対して、私は第三章で反論を加える。第三章の7を参照。

（5）Vgl. A. Honneth, a.a.O.S. 90（A・ホネット「〈存在を否認されること〉が持つ社会的な力——批判的社会理論のトポロジーについて」、九六頁）.

（6）もっとも、ホネットの場合、その理論的眼差しは社会的相互行為の規範的諸前提に制限されているとも言える。私見では、社会的現実のうちにある規範的諸前提をその全体にわたって明らかにしようとするホネットの試みは、以下本書において立ち入ることであるが、人間的生の全体の方へという志向の方向性からすれば、依然として制限されている。例えば、人間は先ず持って自然存在であり、それゆえに身体的存在であるが、この身体的存在であるということがホネットでは現れて来ないのである。この点については、cf. Jean-Philippe, "Repressed Materiality:Retrieving the Materialism in Axel Honneth's Theory of Recognition", *Recognition, Work, Politics: New Directions in French Critical Theory*, BRIJJ, 2007.

（7）Vgl. A. Honneth, a.a.O.,S. 90-91（A・ホネット「〈存在を否認されること〉が持つ社会的な力――批判的社会理論のトポロジーについて」、九六頁）.

（8）とはいえ、クーン言う「パラダイム」とは、例えばアリストテレスの『自然学』とか、ニュートンの『プリンキピア』とかいった具体的な研究業績のことである。Cf. T. Kuhn, *Structure of Scientific Revolution*, Nui. Chicago, 1962.

（9）この試みは拡大であって、ハーバーマスのコミュニケーション的行為の理論を否定することではない。

（10）Vgl. A. Honneth, a.a.O.,S. 98（A・ホネット、前掲論文、一〇五頁）.

（11）コミュニケーションの批判的潜在力の考えは今日において依然として重要である。元々、ハーバーマスにとって、戦後社会国家において、研究・技術・生産および管理が一体化し、世界、自然と社会に対する技術的処理の論理が生活世界に浸透して、それが言語を媒介とする相互行為の領域を侵蝕していくという事態、技術的処理の知識が政治過程、管理過程に流入して、それらの過程を技術化していう事態が問題だった。そうしたコミュニケーションによる理解能力が危険にさらされているということをハーバーマスは、社会国家における特有の事態と見たのであるが、新自由主義的資本主義の進展という現代の状況にあっては、政治過程への技術的処理知の侵入ということより以上の深刻な事態が現れてきている。グローバルな新自由主義的資本主義では、人間的生そのものの毀損が進展し、これとともに、コミュニケーション的能力も毀損されるのであるが、この毀損は日本を新自由主義的国家に改造しようとする諸力の発動において、とりわけまた日本国の憲法プロジェクトを覆えそうとする諸勢力において顕著に現れた。顕著である点を一つあげれば、議会における審議の劣化であり、そして様々な言論空間における例えば論点の恒常的すり替えはコミュニケーション能力そのものの毀損である。論理と経験に基づく議論が解体されるのである。議会のみならず、各種メディアにおける、経験と論理に基づく議論・言説の劣化は、議論・言説が人間的生の一形態であるが故に、人間的生そのものの毀損である。

（12）とはいえ、個人のアイデンティティの社会的承認ということは、ある種の好戦的な集団内部でも生じうる。つまり、理論が論定する批判の方向づけが学的反省に先立つ現実のうちにおいて当事者たちのうちにいつも存在すると、理論は考えてはならない。これは承認の否認から結果する諸個人のアイデンティティの毀損を克服する批判的主体がいわば自動的に生じることはない、ということである。理論は主体形成のいわば自動論理を論定するなどということをしてはならないのである。

（13）ホネットでは、すべてはこの規範的・道徳的な観点から見られている。配分に関わるコンフリクトも、それが生活世界に属している限り規範的側面を含むが、ホネットは配分をもっぱらこの規範的面から考察するのである。

（14）A. Honneth, UA, S. 206（A・ホネット「承認としての再配分——ナンシー・フレイザーに対する反論」、『ナンシー・フレイザー／アクセル・ホネット『再配分か承認か？』加藤泰史監訳、法政大学出版局、二〇一二年、一九九頁）．

（15）Vgl. ebd（同上、一九九頁）．

（16）Martin Heidegger, Prolegomena zur Geschichte des Zeitbegriffs, GS20, Vittorio Klostermann, 1979, S. 136（M・ハイデガー『時間概念の歴史への序説』常俊宗三郎・嶺秀樹・レオ・デュムペルマン訳、創文社、一九八八年、一二二頁）．

（17）M. Heidegger, ebd（同上、一二二頁）．

（18）Vgl. M. Heidegger, ebd., S. 147（同上、一三一頁）．

（19）Vgl. M. Heidegger, ebd., S. 162（同上、一四四頁）．

（20）L. Wittgenstein, PU, §103（ウィトゲンシュタイン『哲学探究』藤本隆訳、大修館書店、一〇三節）.
（21）L. Wittgenstein, ebd., §104（同上、一〇四節）.
（22）ただし、ホネットが『物象化』（A. Honneth, V（アクセル・ホネット『物象化　承認論からのアプローチ』辰巳伸知／宮本慎也訳、法政大学出版局、二〇一一年））で語る承認は、それまでホネットが語ってきた三つの承認形式とは違っている。それは世界との原初的・根源的な肯定的な情緒的同一化のことである。
（23）A. Honneth, U（アクセル・ホネット『見えないこと　相互主体性理論の諸段階について』宮本慎也・日暮雅夫・水上英徳訳、法政大学出版局、二〇一五年）.
（24）Vgl. A. Honneth, ebd., S. 7（同上、二頁）.
（25）Vgl. A. Honneth, ebd., S. 25（同上、二七頁）.
（26）主体の振る舞いに、つまり承認するという主体の振る舞いに焦点が当てられているということは『物象化』においても同様であり、『物象化』でも主体の他者と世界に対する物象化する振る舞いに焦点が当てられている。承認は世界に対する主体の原的な肯定的態度とされ、物象化は主体のその原的な肯定的態度の忘却であるとされている。
（27）もとより、主体が他者と世界に対して掲げる承認要求という点がホネットにはない、というのではない。というのは、承認とはあくまで承認要求に対する承認であるから。
（28）このことはもちろん、ホネットの承認の三つの形式をそれとして否定することではない。それらは「人間的生」という点から新たに意味づけられることになる。
（29）Th. W. Adorno, PM, 154（アドルノ『道徳哲学講義』舟戸満之訳、作品社、二〇〇六年、一七五頁）.
（30）J. Habermas, ISN, S. 165（J・ハーバーマス『自然主義と宗教の間』庄司信・日暮雅夫訳、法政大学出版局、二〇一四年、一八一頁）.

（31）ハーバーマスは次のＳ・ベンハビブの言明を引用している。「相互行為的普遍主義は、差異を、省察と行動の出発点とみなす。この意味で〈普遍性〉は、我々の中に肉体化され埋め込まれているアイデンティティーを否定しない規制的理想である［……］具体的に肉体化された自己（concrete,embodied selves）が自律を求めて努力する闘争の政治と道徳の具体的な過程である」。J. Habermas, TuK, S. 148（Ｊ・ハーバーマス『テクストとコンテクスト』佐藤嘉一・井上純一・赤井生二・出口剛司・齋藤真緒訳、晃洋書房、二〇〇六年、一五四頁）．

（32）見附陽介「身体の承認と『障害』——多文化主義から身体の多元論へ」、『倫理学年報』第63集、二〇一四年参照。

（33）見附陽介「社会的排除と身体制度——『障害の社会的構成』に関するもう一つの視点について」、『障碍学研究』11、明石書店、二〇一六年参照。

（34）阿部彩は、「すべての人には、程度の違いはあるものの、『事情』『生きにくさ』『ハンディキャップ』『インペアメント』（その人なりに、何と呼んでもよいと思う）がある。

私はそれらを『障害』とさせない社会を、『ユニバーサル・デザインの社会』と呼びたい。それは、すべての人を無条件で『承認』することであり、『包摂』することでもある」（阿部彩『弱者の居場所がない社会——貧困・格差と社会的包摂』、講談社、二〇一一年、一八六—一八七頁）と言っている。

（35）「内在的超越」の概念については、後に立ち入る。

（36）とはいえ、この間主体的レヴェルでの承認要求とその承認は、やはり、人間的生にとって直接的な重大性を有しうる。

（37）杉田稔『カント哲学と現代』行路社、二〇一二年、六九頁。

（38）Vgl. A. Honneth, UA（Ａ・ホネット「承認としての再配分——ナンシー・フレイザーに対する反論」、ナンシー・フレイザー／アクセル・ホネット『再配分か承認か?』加藤泰史監訳、法政大学出版局、二〇一〇年）．

第三章　人間的生

1　眼差しの変換、人間的生

人間的生（と生活世界）に対するハーバーマスの基本的眼差しはコミュニケーション的行為に中心化した眼差しであったし、人間的生にたいするホネットの眼差しは承認（ないし承認形式）に中心化した眼差しであった。木前利秋はハーバーマスにおけるコミュニケーション的行為の相対化の傾向について語っている。(1) この相対化とはコミュニケーション的行為とは異なる他の行為類型を主題化するということである。けれども、こうした相対化はまだコミュニケーション的行為とは異なる行為類型を明示的に生活行為として捉えることにはなっていない。私は、人間行為をすべて生活行為として、従って生活世界を織りなすものとして捉えたい。

ホネットによれば、社会病理として理解される承認の否認は、コミュニケーションの障害としてのコミュニケーション病理によっては捉えられことは出来ない。かくして、ホネットは、ハーバーマスが言うコミュニケーション的行為というものを否定するわけではないが、ハーバーマスの眼差しでは現れてこない人間的生の側面を露わにしている。私は先に、ホネットによる承認の三形式の定式化はあらかじめヘーゲルの三分法をモデルとし、それ故それによって制約されていることに言及し、まずはホネットの承認概念を拡大して、人間的生そのものの承認に達した。人間的生はそれ自身の生を、生活を創成していくのであり、ホネットが言う承認も人間的生の、それゆえ人間たちの生活世界の自己形成の運動のうちに組み込まれている。(2)人間的な共感のレベルは討議のレベルと同じものではない。討議や論議の基礎には、人間的な共感のレベルが控えている。ここにあるのは、目的自体としての人間に対するの感受性である。ともに生き生活し、この中で固有の生活史を営んでいくというこのレベルが討議の基礎にある。人間的生には人間的生への共感が含まれており、この点に立ち入るために、私は先ず、J・ロールズの理論に対するM・C・ヌスバウムの議論を見ていくことにする。というのは、ヌスバウムのこの議論は、コミュニケーション的行為の理論から人間的生の理論へという本書の課題に平行する点があるからである。

ヌスバウムによれば、社会正義に関して現行の理論が放置している未解決の問題が三つある。

① 身体的および知的な器質的損傷のある人びとに対して、正義をなすという問題。平等な市民権をそうした人びとに提供するという問題は、正義の問題、喫緊の問題である。この問題を解決するためには、市民とは誰かに関する新しい思考法と社会的協働の目的についての新たな分析が要求される。そのために、理論構造そのものを作り替える必要がある。

② 全体として正義にかなった世界、生まれの偶然性と国籍が違う人びとの人生の可能性をスタート地点から歪めることのない世界をいかにして実現しうるかを理論的に示しつつ、市民を世界市民に拡張するという問題。「社会正義に関する西洋の主要な理論はすべて、理論の基本単位として国民国家から出発しているため、新しい理論構造はこの問題についてもよくよく考察するものとなるだろう」(3)。「すべての当事者たちに合理性を要求する社会的協働および互恵性のイメージは再検討される必要がある」(4)。

③ 人間以外の種の利害を考慮に入れるという問題。社会契約の発想とは「合理的な人々が相互有利性のために

集い、自然状態を離れて法により自らを律することを決める」[5]というものである。ヌスバウムの言うに、ひとつの理論は真に偉大であっても、いくつかの領域において限界を有することがある。公私区分に依拠する古典的な理論は女性の平等という問題に関しては深刻な困難に陥った。先に言及された三つの問題はロールズの契約主義では特に解決がつかない。ロールズは人生の終盤に第二の問題の解決に向かったが、第一と第三の問題は解決できないとした。

以上三つの問題は深刻な未解決の問題である。社会契約の古典的理論はこれらの問題を問うことはできない。そうした種類の混乱は古い理論構造を新しいケースに適用するだけでは解けないのである。それゆえ、ヌスバウムは言うが、異なるタイプの理論構造が追求されなければならない。

「合理的な人々が相互有利性のために集い、自然状態を離れて法により自らを律することを決める」というこの社会契約論の思想はロールズによって展開されてきた。ロールズの正義論では、無知のヴェールが設定され、無知のヴェールのもとで、各人は仮想上の契約過程を開始する。そのさい、各人は相互に等しくかつ目的自体であり、そうした者として尊重される。ここにはカント的な人格概念が入りこんでいるが、彼らは正義の諸原理の起草者である。ヌスバウムが言うのは、ロールズ契約論のそもそもの基本設定において、既に起草者の範囲が限定されているということである。誰が名宛人で誰が起草者なのか。ヌスバウムによれば、起草者は既に初発において制限されている。私見では、人間的生の次元に遡及するならば、名宛人と起草者が一致しないことは人間的生の事実性として浮上する。ヌスバウムは重度の身体的・知的障碍を持つ人びとに言及し、例えばそうした障害を持つセーシャに言及している[6]。セーシャは国家市民であり、世界市民であり、そして人間的生を生きる者であり、目的自体である。

しかし、セーシャはロールズが言う正義の諸原理の起草者であることは事実上出来ない。知的な障害のある人の尊厳、彼らの人間的な潜在力。この潜在力を発達させることは、それが経済的に有益であろうとそうでなかろうと、利点を持つ。この利点というのは、人間的生の多様性であるだろう。人間的生の多様性を、ヌスバウムは人間性の多様性と言っているが、だいたいの平等性と相互有利性へと縮減してはならない。

セーシャは事実上正義の諸原理の起草者であることはできないが、セーシャがいることは人間的生の事実性であり、理論（批判理論）はそうした人間的生の事実性への感受性を出発点とし、この感受性を自らのうちに組み込まなければならないであろう。ヌスバウムは身体的ニーズの多様性と非対称性について語る。これは人間的生に広く見られるものであり、永久的な器質的損傷の場合と病気、事故、老齢によってもたらされる器質的損傷の期間とは連続している。グローバルな新自由主義的資本主義にあっては、病気、事故、老齢によってのみならず、非正規の労働者の急増という事態を背景にして社会的排除が起こりうる。新自由主義の人間像は、障碍のあるものを有用ではない者として抹殺するまでになる可能性を秘めている。

ヌスバウムは可能力アプローチを採用するが、これは市民たちのだいたいの平等性と相互有利性を出発点とする社会契約論上の発想に比して、人間的生によりよくアプローチするように思われる。

①　単に、所得と富に焦点を合わせることでは、人間的生の様々な要求、すべて根本的な要求を視野の内に収めることはできない[7]。可能力アプローチは実際の人生をより綿密に反映する人格の政治的構想を用いることができる。基本にあるのは人格の政治構想である。ヌスバウムはアリストテレスに依拠している、あるいは類似した、あるいは同じ人間観を基礎においているが、可能力アプローチは人生をより綿密に反映する。諸個人の人

生とは諸個人の人間的生の歴史、生活史であり、その色々な段階で、生は様々な要求を持ち、その要求の承認を求める。

② 可能力アプローチは、人間の自由の動物的、物質的支えを強調する。ということは、自由の動物的、物質的支えが重要であるということである。人間は先ずもって自然存在であり、身体的存在であり、動物的存在であり、それ故に、物質的支えが基本である。

③ ヌスバウムが人間の中心的な可能力としてあげているのは、生命、身体の健康、身体の不可侵性、感覚、想像力、思考力、感情、実践理性－善の構想を形成しかつ自らの人生の計画について批判的に省察できることである。

2　承認概念の一つの拡大

グローバルな新自由主義的資本主義は人間たちの生活世界をその全面にわたって物象化する強力な傾向を有する。それは生活世界のあらゆる存在者を抽象的普遍（価値・資本）の単なる担い手である存在者に還元し、人間をもっぱら商品交換の行為者および担い手に還元する。(8) その上で社会的に生産された富（この場合には価値）を社会の一方の極へ、他方の極から移動する社会の制度的システムが作られる。全世界を己の市場として視野のうちに収める多国籍企業の世界展開は富者と貧者への人類の二極化をもたらす。それは多くの人びとの生を毀損する。(9) 新自由主義的資本主義がもたらすこのような事態は、人間的生そのものの根本要求を主題化させる。

人間的生は共に生き、生活を織りなしていくという、人間的生の根本要求の承認を、己と他者、世界に対して要求する。先に述べたが、この承認要求は定言的な承認要求であり、定言的であるということは無条件的だということである。人間的生はなんらかの条件が充足されてはじめて承認されるというものではない。様々な承認形式はこの人間的生の特殊形式であろう。人間的生の根本要求は特殊な形式に対して普遍であり、この普遍としての根本要求は様々な承認要求に分節化され、特殊化される。承認ということには、①世界内に存在する存在者が掲げる承認要求、②その承認要求に対する承認の行為と③その承認の社会的定在化としての制度化という要素が含まれている。社会における承認要求には様々な形態があるとともに、生活世界の歴史のなかでそれまでは存在せず、考えられもしなかった承認要求が生まれるであろう。人間的生の根本要求にまで遡及することで、他の様々な承認要求と承認形式にその余地が残されるであろう。人間的生の歴史において、人間たちの生活世界でそれまでに存在しなかった、あるいは気付かれていなかった承認要求が発見されるならば、それは人間的生の根本要求を豊かにする。

様々な承認要求とその承認形式は、既述のように、特殊でありそれ自身でありつつ己を超越して普遍である人間的生の根本要求の特殊化として自らを理解する。特殊な様々な承認要求は相互に矛盾し、対立することがありうる。例えば、ホネットは平等な取り扱いの意味での正義に対して、この正義の他者として一方的なケアや配慮を挙げているが、(10)こうした対立がまた人間的生の根本要求を豊かにするものである。

私は人間は自然に関して内在的超越である存在者であると言った。人間はそうした存在者として人間的自然であり、それ故、人間が神のごとき超越者に自らを同化するならば、それは内在的超越の解体であり、動物的存在に還元されるならば、これまた内在的超越の解体である。そして人間が自然に関して内在的超越であるが故に、人間は人間労働という形で自然に実践的に働きかけて、それを改変することができる。もし人間が自然の外部にあるという意味で、自然に対して単なる超越であるならば、あるいは逆に、人間が単に自然に内在して、自然に関して超越する存在者でないならば、人間は人間労働という形で自然に働きかけることはできないであろう。この改変されたものは、人間の自然への実践的働きかけにおいて、人間にとって生成して来る自然であるが、人間が人間的自然であるために、人間たちが織りなす社会がまた、自然に関して内在的超越である自然である。ここで私は（敢えて）「自然の眼」という視点を導入してみたい。

人間が自然に関して内在的超越である自然であるということは、逆に言えば、すなわち自然の方から見れば、自然は人間と人間社会へと超越して、そこにおいて己自身であるということである。「自然の眼」というのは、そうした自然から見てということである。自然は豊かな多様性を展開し、生命共同体である生態系を展開する。ここで扱われているのは、そうした自然から見て、人間とその社会が自分の多様性のいっそう豊かな展開であることを認め、そうであると承認できるのかどうかという問いである。敢えて言えば、自然は人間と人間社会に対して、それが自らのいっそうの展開であることの承認要求を掲げるのである。私はこの仕方で「承認」概念を拡大しようと思う。

ホルクハイマーとアドルノは『啓蒙の弁証法』のなかで次のように言った。

社会は、持続的で組織された強制力となって、恐るべき自然を継承する。その強制力は、個々人のうちで首尾一貫した自己保存という形で自己を再生産しつつ、自然に対する社会的支配という形で逆に自然へはねかえる。(11)

ここで、社会のうちで、強制力として継続されるのは、人間に対して差し迫ってくる、脅威としての自然である。社会が継続するのは、そうした自然である。けれども、他方、自然は、取り分け生命誕生以来生命が辿った三八億年の歴史は三八億年の「知恵」を有し、豊かな多様性を展開する。人間にとって脅威であり、恐るべき自然を反復し、反映し、継続する社会を自然は己のいっそうの展開であることを承認することが出来るのかどうかが問題である。

「自然の眼」というのは、あくまで人間が自然に関して内在的超越であることと結びついている。それは自然をヘーゲルの宇宙的精神・ガイストのように自然と社会のうちで具体化する主体とすることではない。人間は自然に関して内在的超越であるということは、同時に自然は人間にとって他者であるということを含んでいる。というのは、人間が自然に関して内在的超越であるということは、別の言い方では、人間は自然と連続しているとともに非連続であるということであるからである。「自然の眼」というのは、人間がそうした他者の立場に立って物事を考えるということであり、このことは人間が自然に関して内在的超越であるからこそ可能である。「自然の眼」というのは、自然が人間的自然のうちに自分のいっそう豊かな展開を見、承認することが出来るのかどうかの問いに関係している。それはあくまで人間自身の反省行為に結びつけられており、「自然の眼」というのは、人間自身が自然であるが、他者のパースペクティヴから己を反省することを意味する。

3　人間的生（生命—生活）と人間的生を織りなすいくつかの関係軸

人間的生（生命—生活）

人間的自然は人間的生として生命過程であるとともに生活過程である。先ず、人間は自然存在として、身体的存在である。遺伝子は人間的自然のいわば「設計図」である。それは人間的身体を構成する。人間が人間的自然であるということは、人間が先ずもって身体的存在であるということである。このことは、人間が様々な承認要求を有することの基礎である。人間的自然は誕生し、成長し、老いていく。生命過程は身体過程とともにあり、身体の設計図である遺伝子は生命過程の基本であって、遺伝子の働きは人間にとって無意識的な過程である。これに対して、生活は意識された過程であり、人間は社会化において固有の生活史を織りなしていく。人間的自然が身体的存在であるということは、人間が生命的存在であるということであるが、同時に社会的存在であるということである。というのは、身体は社会化された身体としてもあるからである。両過程は不可分であって、生活過程は生命過程なしには存在し得ないし、逆に生命過程は生活過程という形で実現されもする。遺伝子のうちには三八億年にわたる生命体の経験と「知恵」が沈殿しているが、この生命過程、遺伝子の構造・運動や脳の神経細胞の働きを、身体の生物学的な特性を研究するのは自然科学である。人間が自己をもっぱらそのような科学研究の認識成果のみを持って自らを了解しようとするならば、例えば脳過程として自己を理解するならば、それは生活過程を忘却することであり、それは一種の自己物象化であるだろう。

しかし、他方、自然科学の認識成果は、人間諸個人がそのような自己物象化に陥るのでなければ、人間の知のうちに入り込んで、宇宙における人間の位置についての人間の自己了解に寄与しもする。今は社会科学はこれを置くが、自然科学がハーバーマスが言った技術的認識関心を自然の認識の先験的枠組みをなすならば、その認識成果は自然への介入のための技術的勧告案に翻訳されるであろう。しかし、自然科学の認識成果の意味はこれに尽きるわけではない。とはいえ、人間的生はやはりもっぱら生命過程へと還元される訳ではない。というのは、それは固有の生活を営むからである。そして生命過程の基本である遺伝子構造は過去の人類が辿った歴史的な生活過程の記憶を含んでいる。このようにして、人間的生は、生命－生活過程として、自然に関して内在的超越である。

私はそうした人間的自然の歴史を「自然の人間的歴史」と呼んだが、この自然の人間的歴史は生物進化と同一のことではない。人間的生（生命－生活）は生物学的意味での生命に還元されることは出来ない。規範性は人間的生に固有であって、それは生物種にとって生存上の価値が高いかどうかということではない。もしそのように言えば、規範性は蒸発してしまうだろう。

ハーバーマスは遺伝子工学の発展によって遺伝子への工学的介入の可能性が生まれていることに言及している。もし人間の遺伝子に対する技術的介入が行われるならば、人類の自己理解にとって本質的であった区別、すなわち制作と生成の区別が解消されていくであろう。

> 偶然によって操られている種の進化が遺伝子工学の介入可能な分野となるにつれて、ということは、われわれが責任を持つべき行為の分野となるにつれて、作られたものと、自然に生まれてきたものという［……］カテゴリーが非－区分化してくる(12)。

こうしたことは類の自己理解とは何であるか、人間とは何であるかという問いに関係するが、誕生以前の遺伝子への技術的介入、つまりは誕生以前の生命レベルへの介入は生活レベルでその結果を持たざるをえない。遺伝子構成へのそうした技術的介入は自律的な生活を送る可能性を解体する可能性がある。というのは、それは誕生以前の遺伝子構成に他者の意志が入り込むという結果を持つからである。これは誕生した子供の人格が予め他者の意志によって規定され、それに支配されるということを意味する。とはいえ、ハーバーマスはそうした技術的介入を一切否定するのではない。それが認められるのは、ハーバーマスによれば、遺伝子工学的介入を受けた人の側で、自律的な人生を送る可能性が制限されたり、あるいは他の人々との平等主義的な関係を結ぶ条件が狭められたりしない、という条件のもとにおいてである。ともあれ、誕生以前の胎児――ハーバーマスこれを「人間的自然」と呼ぶ(13)――への遺伝子工学的な技術的介入はむやみに行われてはならないのである。以上の条件が解除された状況のもとでの胎児への遺伝子工学的介入は、自律的な人生を送るという人間的生の要求を毀損し、解体することになるだろう。遺伝子構成という生命的次元への技術的的介入は生活に対して結果を持っている。目に見える人間身体は、遺伝子の運動の発現として生命過程を営むが、それは同時に、社会化された身体でもあり、そうしたものとして生活する身体である。以上のハーバーマスの議論は人間的生における生命と生活とが不可分であることを示している。

しかし、私はここで生命と生活の不可分性という論点を超えて、ハーバーマスが「人権」と「人間の尊厳」との関係について述べていることに言及しておきたい。人権というのは、あくまで個人に関わり、人権の主体は個々の個人であり(14)、この個人は自律的な主体であるとされる。これに対して「人間の尊厳」は、人間という類・類的存在の自己理解に、類倫理に関わっている。この「人間の尊厳」は「われわれは人間の生命というものを、たとえその最も初期の段階であっても、研究の自由（さらには研究の競争力）とか、自国の産業確保という関心、それどころか健康な子供が欲しいという望み、また重大な遺伝病の治療法が確立されるかもしれないという見込みといったことと同じ秤に掛けて引き替えるつもりはない、という直観(15)」のうちに表現されている。ハーバーマスによれば、類的存在としての我々の自己理解と人権主体の理性道徳（die vernünftige Moral der Menschenrechtssubjekt）とは密接に絡み合っている。我々の類倫理的な自己理解（人間の尊厳）は人権主体の理性道徳を安定化させる環境をなすもの・道徳のコンテクストであって、それは人権主体の理性道徳が崩壊しないためには、壊されてはならないものなのである。

私見では、確かに個人の自律性あるいは自己決定権はそうした類の自己理解と緊張する可能性を持っている。というのは、類の自己理解は自己決定性の制約となるからである。けれども、もし個人の自律性が類の自己理解から切断されるならば、すなわち抽象的にそれ自身としてたてられるならば、暴走し、かくして自己破壊する可能性を持つであろう。それ故、人権主体の自律性は、類の自己理解としての人間の尊厳と緊張する可能性を孕みつつも、両者の絡み合いから解かれてはならないのである。(16)

人間的生のいくつかの軸

生活世界とは人間的生（人間的自然（生命−生活））の展開である時空であるから、(17) 生活世界は時間性と空間性を有している。つまり、人間的生は時間的、空間的に展開する。空間性という側面から見れば、生活世界は例えばハーヴェイの言う建造環境を空間的側面として含んでおり、人間の生活行為はそうした空間的編成のうちで遂行されるとともに、その空間的編成を再生産し、さらに変換していくのであって、それゆえ、歴史的でもある。生活世界はさらに、文化（文化的諸形態）や制度的定在、志向・思想・言説の運動からも織りなされているが、ここでは、生活世界の空間的側面に焦点をあて、人間的生が、したがって生活世界がいくつかの軸（次元）からなっているという点に言及する。

人間的生を織りなすいくつかの次元・軸を私は次のように分節化する。

①　人間と人間との関係軸

人間と人間との関係には様々な形態があろう。親子関係、友人関係、上司と部下、等々。また我に対して汝（臣民）という関係の場合もある。また人間－人間関係は社会的定在としての制度的形態を取るものもあれば、そうではないものもある。ヘーゲルが語った愛を本質とする家族は社会の定在としての制度的形態であるが、これに対して友情は制度的定在という形を取らないであろう。例えば、家族において、私は家族の成員という自己意識を持つが、そこには相互の振る舞い関係があり、そうした振る舞い関係は制度的形態をとる。企業もそうした制度的形態を取る。また、人間と人間との関係には集団と集団との関係もある。

②　人間の〈人間－人間関係〉に対する関係軸

人間－人間関係は関係であり、それが制度的定在形を取るのであれ、友人関係のように制度的定在という形を取らない場合であれ、人間はそうした関係に対して関係に入る。これは、人間－人間関係が制度的形態を取る場合、人間はこの制度的形態に対して反省的関係に入るということである。この反省関係は自分はその制度的形態の一員であるという自己了解の形を取る。

この関係は個人と制度的定在との関係である。さらに、総体としての人間－人間関係は社会（生活世界）を形成するが、社会はそれ自身に関して内在的超越という関係にある。

これは社会がそれ自身でありつつ、つまり自分に内在しつつ、同時にそれ自身を超えて自分を反省することができるということである。人間は自然に関して内在的超越であるが、社会はそれ自身に関して内在的超越である。

③　人間（ないし社会）と自然との関係軸。

これは二つに分かれる。
（a）人間の自然に対する関係
（b）自然の人間に対する関係

（a）についてみれば、人間が自然に対して内在的超越である場合とこの内在的超越が解体している場合とがあろう。以下において立ち入る点であるが、アドルノによれば、人間・社会が自然から自立化すればそれ自身が自然化する。このとき、人間は自然に関して内在的超越でありながら、まさしくこのことによって可能となることであるが、内在的超越性は解体する。

（b）は、先に「自然の眼」によって主題化したことであり、自然の側からする人間（とその社会）に対する関係である。

以上の人間的生、従って生活世界を織りなすいくつかの軸は生活世界のあらゆる領域において、当該の領域において、ある軸が前面に現れ、他の軸が背後に退いていることがあるとしても、見出されるものであろう。

4　内在的超越

私は人間は自然に関して内在的超越である存在者であると述べてきた。自然であること、自然存在であることは言い換えれば自然に内在するということであるが、人間は同時に人間的自然として自然を超越する。この超越は単なる超越、内在から切断された、従って自然であることとなしの超越ではない。その超越は自然であると同時に自然を超越するということであり、それ故この超越は内在的超越である。この意味で、人間的自然はまた人間的生を営む。生活世界はそうした人間的生の展開である時空である。

ところで、人間たちのこの生活世界は自然に関して内在的超越であるだけではなく、それ自身に関して内在的超越である。私は、以下第四章と第五章で、「内在的超越」の概念を扱うが、それに先立ち、ここではこの内在的超越のいくつかの事例に言及して、内在的超越が如何なる事態であるかを前もって指し示そう（人間的生は内在的超越である）。

① 討議や論議というものは、人間たちの生活世界内部での生活世界への反省の次元である。人は生活世界の外に出て生活世界について討議を行うのではなく、あくまで生活世界内で生活世界について討議を行う。討議は討議空間を開くが、討議空間は人間的生の一つの、従って生活世界の一つの時空間である。従って、人は討議において生活世界内部で生活世界について反省的に議論する。人は生活世界内部にいながら、つまり生活世界に内在しながら、同時に生活世界を超越した場・討議空間のうちに立つ。この場合、人は世界を超越した、世界の外にある「神の視点」に立つのではない。人はこのように内在しながら超越するのであり、この超越においてあくまで内在である。この事態を私は内在的超越と呼ぶ。

② 社会の中で社会化し、それ自身の生活史を織りなす諸個人は、自らの生活史を反省的に了解することが出来る。自らの生活史を織りなしていく諸個人は彼らの人間的生を遂行的に生きるのであるが、このように遂行的

生のうちにありながら、同時に、あたかも己の外に出て己を見るように己を、そして己の生活史を反省することができる。この反省において、彼らは自己の外に出て、自己を観察するのではない。彼らはそれ自身でありながら、己を反省するというこの反省は、立てられたかに見えた「外」の視点を、眼差しを同時に内化している。この反省は、自己の外にたち、自己を対象化し、自己の外の地点からの自己の観察ではない。こうした自己への反省は内在的超越という性格を持つ。

各自は「負荷ありし自己」（M・サンデル）であるが、他の負荷ありし自己に対して自己のうちに閉じ籠もり、内閉する場合があるけれども、他に開かれ、相互理解の場に立つことも出来る。各自は負荷ありし自己でありながら、いわば自己の「外」に出て他者を、その存在を、そしてその意味を、価値を、他者が、自分と同じく負荷ありし自己であることを理解することが出来る。「外」といっても、それは単なる、内在から切断された「外」の意味での超越ではない。これは内在的超越の意味で超越である。各自己は負荷ありし自己でありつついわば自己を出て、すなわち自己に内在しつついわば自己の外へ、他の負荷ありし自己に向かい、その存在を承認することが出来る。これは内在でありながらの自己の超越であって、これも内在的超越である。

③　文化的に異なる二つの共同体を考えてみよう。二つの共同体は、たとえ相互に理解し合っていないとしても、相互に他者の存在を承認するならば、これら二つの共同体は、自己のうちに内閉した共同体ではなく、他者に開かれている。他者に開かれているということは、もとより、単に自己の外に出ることではない。他者に開かれている各々の共同体はそれ自身でありながら、相互に開かれた場に立つのである。開かれた場に立つことは、相互に未だ理解し合ってはいないとしても、それだけで既に相互承認の場に立っているのである。人びとは自己の文化を捨て去って、その文化の外に立つのではない。自分の文化に内在しながら、各共同体は相互承認の

場に立つのであり、これまた内在的超越である。各共同体が他者の存在を承認せず、自己のうちに内閉するならば、各共同体は自分の文化を絶対化し、他者にもそれを強制することになるだろう。これは内在的超越の解体であり、この場合には、それ自身としてある他者は不在になる、あるいは他者は敵として現れる。他者が敵として現れているときには、存在の相互承認は解体されており、それ故、これは内在しながらの超越の解体である。

そして、存在の相互承認を越えて、各共同体は文化内容の相互理解に進むこともあるだろう。この場合でも、各共同体は、そしてその成員は単に自己の文化の外に出てしまうのではないが、それによって自己の文化が変容することもある。

④　我々が生活の中で使用する言語は、それぞれ自身でありながら、それ自身のメタ言語でもあるという特性を有している。我々が生活の中で使用する日常言語はそれ自身の究極的なメタ言語である。かくして、言語はそれ自身に関して、それ故それ自身に関して内在的超越である。ところが、日常言語は人間生活に組み込まれているのであるから、人間的生それ自身がそれ自身に関して内在的超越である。［1］人間的自然（人間的生）が自然に関して内在的超越であるということと［2］人間的生がそれ自身に関して内在的超越であるということとの関係について述べれば、［1］と［2］との両者は相互前提的関係にある。というのは、［1］がなければ、人間は単なる自然へと還元され、人間的自然＝人間的生ということはそもそも成立しないし、［2］がなければ、すなわち人間的生がそれ自身に関して内在的超越でなければ、アドルノは人間は自己を自然と認識するとき、そのことによって人間はもはや自然の一部ではないと語ったが、(18) この認識がそもそも成立しないがゆえに、自然に関しても内在的超越であることは出来ないからである。

承認に限定された眼差しのもとでは、この内在的超越が含意されているとしても、[19]私見では、それとして主題化されてこない。人間的生へと遡及することは、人間的生の内在的超越的性格を主題化することへと導くことになる。M・C・ヌスバウム（同時に、もとよりA・センの）可能力（ケイパビリティ）アプローチは、社会契約論的アプローチに比して、人間的生へのより十分なアプローチであると思われるが、しかし、それだけでは、あくまでそれだけではという但し書きのもとで、人間的生をまだ十分に捉えない。私見では、人間的生は物象化に囚われ、物象化に囚われてきたのであり、それゆえ、人間的生・生活世界の物象化に立ち入らなければ、人間的生の境遇を十分に捉えたことにはならない。私は第四章以下で、内在的超越および内在的超越の非成立ないし解体という点から人間的生、従って生活世界に照明を当たるように試みるが、「内在的超越」の概念はその解体ないし否定態としての「物象化」概念へと導く。

5　自然史の議論文脈への侵入

人間は自然に関して、単なる内在でも単なる超越でもなく、内在的超越である存在者であり、この意味で内在的超越である存在者である。人間はそうした（内在的）超越であるから、現前する自然との一体化から自らを解き放ち、存在しないものについての表象を持つことも出来る。人間は自然に関してそのように内在的超越である存在者（人間的自然）として人間的生（生命－生活）を営む。私は自然に関して内在的超越である人間の歴史を自然の人間的歴史と呼んだ。というのは、人間の歴史は自然の歴史の一環であり、そうしたものとして人間の歴史は自然の歴史と絡み合うからである。

ところが、人間が自然に関して内在的超越であるからこそ、この内在的超越が解体してしまうということも可能である。もし人間が自然を超越した超越者へと上昇するならば、内在的超越という人間のあり方は解体するであろうし、単なる自然へと下降するならば、同じく内在的超越は解体する。人間が人間的自然として自然に関して内在的超越であるからこそ、人間的生、それゆえに人間的生の展開である時空としての生活世界がまた、それ自身に内在的超越であるが[20]、この内在的超越が解体してしまうことも起こりうる。人間の歴史の中で、人間が動物的存在に退化するということが起こりうる。アーレントによれば、均質化と画一化が支配する領域（アーレントはこれを社会的なものと呼ぶ）において、人間は「ダーウィン以来、自分たちの祖先だと想像しているような動物種に自ら進んで退化しようとし、そして実際そうなりかかっている」[21]。ホルクハイマーとアドルノの言うに、行動心理学者たちがその実験室で動物から取り出した公式や研究成果は、野生の動物には合わないけれども、人間にこそぴたり当てはまる。人間だけが、自由意志によりながら、専門家に利用される犠牲動物の痙攣のごとく、機械のように盲目的かつ自動的な働きをする[22]。人間の振る舞いはあたかも両性類の動きの如くになる。また、人間は自らを単なる物体に引き下げるが、これは人間が自然支配のもとで自然を単なる原料に化し、支配の対象にしたことに対する自然の復讐なのだ[23]。

けれども、人間が「自分たちの祖先だと想像しているような動物種に自ら退化」するとしても、人間が「機械のように盲目的かつ自動的な働きをする」としても、「自らを単なる物体にする」のだとしても、人間は文字通りそうした動物種になるのでも、従って両生類になるのでも、「物体」になるのでもない。人間は自然に関して内在的超越であることを止めるわけではない。むしろ、人間が自然に関して内在的超越である存在者であるからこそ、そうした「退化」が可能なのである。私はそうした人間のありかたを「疑似－自然」の一つの形態と呼ぶ。この場合には、人間自身が、そして社会自身が疑似－自然化する。人間が、それゆえに人間社会が自然に関して内在的超越であるということが、人間と人間社会が疑似－疑似－自然化することの可能性の条件である。

アドルノによれば、数千年以来社会と人間を支配してきたのは社会の運動法則であり、この法則は社会の主体である個々の人間主体をその運動法則の単なる執行者に引き下げてきたのである。(24) 運動法則が行使する力は普遍の力である。普遍の力は人間たちに対して強制力を持つ力であって、これが人間たちにとって脅威となる力、一種自然化された力である。この自然化された力の支配という点で、人間の歴史は今もって前史に属する。この前史がアドルノの言う意味での自然史である。私はこの意味で自然史を、人間とその社会が（疑似－）自然化するという意味で「人間の自然史」と呼んだ。自然に関して内在的超越である人間的自然の歴史を私は自然の人間的歴史と呼んだが、この自然の人間的歴史は人間の自然史として実現されてきたのである。

私は以下、人間の自然史を人間的生の内在的超越の解体として捉える。内在的超越の解体は人間的苦悩の源泉であり、それゆえに内在的超越の解体という苦境のまっただ中で、内在的超越が解体した生の形式を止揚し、内在的超越の生成の運動も生じる。これは人間の自然史と自然の人間的歴史の絡み合いと抗争であり、人間の自然史のただなかでの自然の人間的歴史の生成の運動である。かの普遍の力の人間諸個人に対する支配ということは、社会と人間諸関係が人間諸個人に対して彼らを支配する物神として定立されるということでもある。

ホネットは、マルクスの物神性批判を社会の批判の出発点にしてしまうと、世界の内側での乗り越えのための手がかりを見出すことができなくなる、と言う。(25) しかし、これは本当のことではない。ホネットのこの主張が前提しているのは、社会の物神的存立を論定する場合、その存立構造は、人間たちの行為や、思考・志向・衝動や苦悩には関わりなく貫徹されるということであろう。しかし、社会の物神化はまさしく人間的生の事態であり、それは生活世界そのものの物神化であって、これこそが人間的苦悩をもたらし、むしろ逆に世界の内側での乗り越えのための手がかりを与えるのである。

取り分け近代以降、（具体に対する）抽象の支配が確立される。社会は近代以降労働を通して、正確にはそれ自身において抽象的労働に転化している具体的労働を通して、それを基本として編成されるようになる。この事態が前近代的な社会関係を壊していくことになる。それは、後に立ち入るが、特殊・個に対して自立化した普遍のその特殊・個に対する支配という社会的支配の形態（これは土地所有と結びついていた）が具体に対する抽象の支配によって掘り崩され、置換される過程である。前近代的な社会的支配の形態では、人びとは土地に拘束され、土地に縛り付けられていた。それゆえに、先に述べた社会的な支配形態の置換は人びとを土地への拘束かから「解放」する過程を伴った（いわゆる本源的蓄積）。

だから、ヘーゲルは、市民社会は、諸個人が自らの生計の資を得ていた父祖の土地に代えて市民社会それ自身を置いたのであり、かくして個人は「市民社会の息子（Sohn der bürgerlichen Gesellschaft）」になってしまっていると述べたのである。(26)

抽象的労働を通して産出される、抽象的普遍である価値と増殖するものとしての資本は、あくまで具体がその担い手となることによってのみ存在しうるが故に、資本の運動は生活世界の運動として現れる。具体とは生活世界で生を営む諸個人と彼らの間の関係、さらに生活世界で出会われる諸事物などであるが、価値・資本はこれらがその担い手となることなしには存在することは出来ない。生活世界の運動はまさしく生活世界の運動である限り、そこには「資本主義の精神」(27)も諸規範間の抗争も欠けてはいない。

ホネットは抽象の支配という人間的生のこの次元には侵入しない。この点、私には、ホネットでは、人間的生を理解しようとするときに、人間的生の重要な側面が（理論的）視野の外に放逐されてしまうように思われる。ホネットによれば、アドルノは、既に早くから、マルクスのフェティシズム批判を決定的にその社会批判の出発点にしてしまっており、その結果、社会的な日常文化の中に、世界の内側での乗り越えのための手がかりを見出すことが出来なくなっていたため、社会運動であれ現実の利害関心であれ、学的反省に先立つ審級の内部で理論の批判的パースペクティヴに対して客観的な支えを与えうるような、いかなる可能性も見出すことができなかった。かくして、ホルクハイマーと彼のグループは、全体として、マルクス主義的な機能主義にとらわれたままであり続けたのであり、この機能主義に惑わされた結果、彼らは、実践的道徳的な批判の領域を確保する余地がもはやすこしも残されなくなってしまうほどに徹底的に閉ざされた、資本主義的支配と文化的操作の循環回路を、社会的現実の内側に想定する羽目になってしまった(28)。

ホネットのこのような主張の重点は、社会批判として物神性批判を理論の出発点とするなら、日常生活のなかに現状を乗り越える契機を見出すことはできなくなるということである。マルクス主義的な機能主義が何を意味するかはこれを置くとしても、それによって実践的な道徳批判の領域がなくなってしまうというものではない。というのは、物象化されるのはあくまで我々の生活世界であり、そして生活界世界の物象化のためには、生活世界の制度的定在が一定のあり方を、規範という点で言えば、一定の規範的秩序をなしていなければならないからである。生活世界の物神的定立は、以下において立ち入るが、内在的超越の解体の形式であり、それは人間たちの苦悩の源泉である。それゆえ、物神性的構造それ自身がそれに対する反抗の諸形態を（可能性として）生活世界のうちに生みだすのである。

ホネットでは、人間的生を理解しようとするときに、人間的生の重要な側面が（理論的）視野の外に放逐されてしまうように思われる。社会の物神性的構造はまた様々な規範と無縁ではなく、それは人間たちの生活世界の事柄として、資本主義であれば、「資本主義の精神」との結びつきにおいて存在する。だから、規範をめぐる抗争は社会の物神的構造をめぐる抗争でもある。(29)

物神というのは、商品世界で起こることだ。商品世界で起こると言っても、この商品世界は資本主義的生産が確立されている社会における商品世界である。この世界では、人間自身の特定の社会関係が人間に対して諸物の関係として定立される。人間の手の産物が人間たちに対して何か自立した一種生命体のごとく運動するものとして現れる。諸商品は人間の手になる産物であるが、人間に対して独自の、それ自身の生命を与えられた、運動する独立に運動するものとして現れるのである。これは人間たちの間の社会的関係が人間たちから独立したものとして定立される一つのあり方である。ここで人間自身の特定の社会関係というのは、生産者の間の、相互に独立に生産を営んでいる生産者の間の社会関係である。

本源的蓄積の過程の結果として確立されることであるが、以上の事態の基礎には具体的富を産出する具体的労働がそれ自身で同時に価値を産出する抽象的労働に転化しているということがある。抽象的労働が産出する価値は抽象物であり、労働生産物がその価値の担い手に還元されるということによって、労働生産物は商品となる。生活世界の諸存在者が価値たる抽象の担い手に還元されていく。生産者たちの特定の社会関係が諸物の間の関係として定立されるということの基礎には、生活世界の諸存在者が抽象の担い手に還元されていくという事態が存している。具体物、具体性は人間たちの生活世界に属し、この具体物が抽象の担い手となる。抽象に対して具体はそれ自身であろうとし、これに対して具体はそれらから自立化した抽象的普遍の担い手・代理へと還元されるよう強制される。

ここには、具体と抽象との間の和解不能な矛盾がある。

さらに、具体が抽象の単なる担い手になるように強制される過程がそこにおいて進行する資本主義的な制度的定在には、これは人間たちの生活世界内の制度的定在としてあるが、ボルタンスキーとシャペロが言うようなイデオロギーが、すなわち資本主義の精神が浸透してもいる。そうした制度的定在には、具体的労働が抽象的労働に転化し、抽象的労働が価値・剰余価値を産出し、産出し続けるためには、資本主義の精神のごとき精神が浸透していなければならないのである。だから、その制度的定在はそのために必要は規範体系を展開しもするのである。しかし、抽象と具体の間の矛盾は和解不能な矛盾であり、それゆえに、資本主義的な制度的定在はまたそれに矛盾する規範を生みだす。ここに規範をめぐる抗争もまた生じる。我々がホネットに抗して言いたいのは、マルクスのフェティシズム批判を採用したからといって、社会的現実のうちに現実を乗り越える批判的契機を見出すことが出来なくなるということはない、ということである。資本制社会では、人間自身を含めて、具体が抽象の担い手に還元されていくけれども、還元されていく生活世界のあらゆる存在者が抽象の担い手にいつも還元され続けるとは限らない。

マルクスが言っているのは、商品世界では、人間たちの特定の社会関係が諸物の間の関係として定立され、人間の手の産物がそれ自身の生命を与えられて、それら自身の間で、そして人間との間で関係を結ぶ運動体として現れるということであるが、ここでは人間たちの間の関係が人間たちから自立化して、人間たちに対して聳え立ち、それがまた人間たちと関係を取り結ぶということであるが、このような社会関係の人間たちに対する自立化は、資本主義的近代以降に限らず、一般化されることができる。近代以前の社会においても、以下において立ち入ることであるが、社会が特殊・個である人間たちから自立化し、人間たちを支配する普遍として展開するということが生起している。この事態を私は人間的生の内在的超越が解体した形態として捉える。

6　補論　人間理性

ハーバーマスはコミュニケーション的行為の理論を志向する。それ故、理性というのなら、それはまずもってコミュニケーション的理性である。コミュニケーション的理性は、その最小限の条件を言えば、発話行為遂行に際して掲げられる妥当性請求に対して論拠を持ってイエス／ノーの態度を取る能力であろうが、理性について論じようとするなら、ホルクハイマーの言う道具的理性とハーバーマスのコミュニケーション的理性との違いを検討したりすることが必要であろう。しかし、ここでは私は、コミュニケーション的理性を前提した上で、人間理性を人間的生の能力として捉える方向で人間理性を捉えるための若干のスケッチを行う。

理性が神ならぬ人間の理性であれば、理性は人間理性として、人間的自然の理性であり、それゆえに人間的生（生命－生活）の理性である。そうしたものとして人間理性は人間的生の理性として捉え返されなくてはならない。そうとすれば、人間理性はなるほど、コミュニケーション的理性として類に固有な言語能力という点に尽きるのではなく、ともに生き生活していく存在者の理性として、そうした人間的生への感受性を組み込んでいなければならない。あるいはその感受性に浸透されていなければならない。理性は人間的生、すなわち、諸困難のなかで生活を織りなしていく存在者に対する感受性を組み込んでいるものとしてはじめて人間理性である。あるところでの不正（権利の侵害）が世界中で感じられる（カント）なら、ここには不正に対する怒りがあるが、この怒りは不正・権利の侵害という事態に対する認知的内容を含んでいるとともに、そもそも人間的生に対する感受性なしには起こりえないであろう。というのは、不正・権利の侵害は人間的生の毀損という事態であり、人間的生に対する攻撃であるからである。

ある仕方で、この感受性は文化相対的ではないだろう。身体の不可侵性の観念は、決して文化に相対的ではない。それは普遍性を持つのである。私見では、この普遍性は内在的超越において現れてくるのである。相互理解の場は、それぞれの反省の、自己への反省の次元であり、この反省の場は相互に反照する関係に入る。自己への反省の次元は単なる観察者の立場ではない。私は遂行者でありつつ、自己を反省的に主題化するのであって、この反省の場はまずは内在的超越である。相互承認あるいは相互の存在承認において既に、我々は内在的超越の場に立っている。これは単なる超越ではない。相互の存在承認はまだ他者、他の文化に対する理解ではない。相互理解において、普遍が立ち現れてくる。普遍が具体的普遍としてたち現れてくるであろう。人間的生とは人間諸個人の生（生命－生活）である。彼らは相互の行動において自らの生活史を織りなしていく。理性とはまずは彼ら諸個人の理性であり、理性はまずは人間諸個人の能力として捉えられるが、それは同時に社会に内在化された理性であり、人間理性は社会内で働く理性として人間的生に対する感受性をそれ自身のうちに組み込んでいる。人間理性は、不正な社会に対してはそれに対する怒り衝動、理性的衝動として内在化した理性、抑圧に対してはそれからの解放を求める理性であるだろうし、社会の非合理的なシステムのあり方に対しては、それを批判する理性である。つまり、批判的理性である。

人間理性が人間的生への感受性と不可分であるということは、理性は人間的生の毀損に対する批判としての批判的理性という形をとる、ということを意味する。自然の人間的歴史において人間的生と人間理性とは浸透し合う。それ故に、自然の人間的歴史の展開全体が人間理性の解明となるのである。

ハーバーマスの言うに、ドルバック、カント、フィヒテあるいはマルクスに至る哲学の流れにあっては、理性は成年性と解放への関心に決然として決断していた。ドルバックにあって、「理性は成年性の間の堪能さ、この世の悪に対する感受性と、文句なく同一視されている。理性は正義と福祉と平和への関心へ、はじめから決然として加担している。独断論に抵抗するものは、決断した理性（eine dezidierte Vernunft）なのである」[30]。上述の思想家たちにあっては、理性の本質的な内実は、啓蒙と成年性および解放への関心であり、こうした理性の関心がまた同時に認識を導く関心である。このことはマルクスにおいても同様であり、彼は「批判的意図に立つ学問の歴史的自己反省の段階で」、「理性を独断論に対する突撃における合理性（Vernünftigkeit）への決断と決定的に同一視した」[31]。

一定の歴史的状況のなかで、独断論と専制主義が再び現れるとき、解放への関心が再び現れるであろう。この関心は人間理性の関心であり、それ故人間的生の関心である。解放への理性の関心は今日においても決して消失してはいない。このことは、人間理性が歴史的な生としての人間的生への関心、感受性を内化しているものとして、人間的生の歴史において獲得されたもの、人間理性が歴史的に獲得したもの、それゆえに歴史的に相対化されたものがある意味で絶対性を帯びていることを意味している。つまり、人間理性は人間的生への感受性を内化しているものとして、人間的生が歴史的に獲得したものを継承する。

私見では、歴史において獲得され、それ故歴史的に生じ、それ故に歴史的に相対的でありながら、もはや後戻りできないものがある。後戻りできないものとは、暫定的に規定すれば、それは後戻りさせようとすると、あるいはそれを無効にしようとすると、必ずや人間の思考と感情が劣化し、人間的生の毀損が生みだされるものである。勿論、後戻りする勢力や思考といったものはその都度の歴史のなかで現実に存在するであろうが、それは人間的生を損なうこととして、普遍的な批判に遭遇する。この意味で、人間的生の退行や毀損を生みだすことなしには廃棄し得ないものは、単に相対的ではなく、相対性でありつつ同時にそれを超えたという意味で絶対性を有する。絶対性というのは、もはや後戻りできないという意味であり、絶対性というのは相対性が内包する相対性を超越する契機である。この意味での絶対性を措定することはなんら、人間の歴史には何か実現されるべき目的が潜んでおり、歴史過程はその目的の実現の過程であると主張するという意味での歴史の目的論の主張することではない[32]。先に述べたこと、相対性がそれ自身において己を超越する契機を含むということは、歴史の目的論を廃棄した上での事柄である。歴史において獲得されたもの（観念、原理、思想）のうちにはもはや後戻り出来ないものがあるということは、人間的生の毀損は人間の苦悩の源泉であるという事実の結果である。H・アーレントが一人種の抹殺と言うナチのおかした罪を省察しながら提出した「人類の多様性と多様な人類の共生」という理念はそうした後戻りできない理念であるだろう[33]。後戻りできないものは新たな歴史的状況のもとで、新たな内実をもって立ち現れるであろう。人間理性のプロジェクトは、（日本国）憲法プロジェクトのように、壊れやすいプロジェクトであり、それを無化する、解体する力によって絶えず脅かされているプロジェクトである。しかし、それを解体する試みが人間理性の思考と感受性を劣化させ、退行させるということがその後戻りできないということを示している。

7　偉大な諸宗教は理性そのものの歴史に属する

ハーバーマスは偉大な諸宗教について、次のように言う。ヘーゲルによれば、

偉大な諸宗教は理性そのものの歴史に属する[34]。

ハーバーマスによれば、近代的思考の生成以来、その近代的思考において断念されたものがある。社会的合理化の過程は社会的人格的な共同生活の破壊を引き起こしたが、その断念されたものとは社会人格的な共同生活の次元であって、偉大な世界諸宗教は社会的共同的な生活の次元に対する感受性を今日に至るまで保持し続けているのである。だから、「宗教的伝承は、基礎づける話し方へ変換されその世俗的な真理内容が解き放たれさえすれば、インスピレーションを与えうる暗号化された潜在的意味をいまなお含んでいる」[35]のである。偉大な世界宗教はある種の内容を内包しており、ポスト形而上学的思考はその真理要求を己のものにしなければならない。宗教的な伝統は決して単に今では克服されてしまった非合理的なものではないということが世俗的思考にもっともだと思われる時に初めて、世俗的市民は偉大な宗教的伝統は理性的直感を持ち得ているということから出発することができるのである。

私は先に人間理性を、人間的生の理性として、人間的生に対する感受性を内化しているものとして、その感受性と不可分のものとして規定した。人間理性はともに生き、生活しながら、己の生活史を織りなしていくという人間的生の根本要求を自分のものとし、先に述べた意味でもはや後戻りできないものを自らのものとする。偉大な世界諸宗教（の存在）は人間的生の事実性である（もとより、戦前の国体思想はそうではないが）。それゆえに、世界諸宗教は、人間的生の希求と無縁ではなく、ハーバーマスが言うように、それは真理内容を保持している。この真理内容は人間理性の内実をなすものである。人間の自然と人間に対する支配の歴史のなかで、それに抗する人間的生のありかたもまた絶えず生みだされてきた。

そのようにして生みだされてきた「真理内容」は、人間理性の歴史に属している。それゆえに、偉大な世界諸宗教は理性そのものの歴史に属する。宗教では、人間的生の歴史的経験は宗教的概念、宗教的言語で語られる。理性の歴史は自然の人間的歴史のうちに組み込まれている。人間的生の歴史というのなら、宗教的諸伝統を無視することはできないということになるであろう。自然の人間的歴史とは自然の歴史であり、人間の歴史である。人間の歴史は自然の歴史の一環であるとともに、人間の歴史はそれ自身自然史である。両者は相互に媒介し合う。別の言い方をするなら、人間の歴史とは人間的生の歴史である。我々はここでハーバーマスが「理性の歴史」が言っているのに対して、「人間的生の歴史」について語る。

苦悩の経験が生み出す衝動が理性的であるのは、その衝動が思考内容を含んでおり、それが人間的生に対する感受性を持つからである。人間的理性は人間的生がグローバルな新自由主義的資本主義の下で疑似‐自然化する傾向の下に置かれている限り、それに対する批判の要求と感受性を内包しているものである。

さて、私は偉大な世界諸宗教は人間的生の事実性をなしていると言った。人間的生の事実性として、世界諸宗教は理性の歴史に属し、ハーバーマスの言葉では今なお救出されるべき真理内容を保持している。ハーバーマスの議論を離れてさらに言えば、世界宗教のみならず、そもそも宗教は人間的生に、それゆえに人間たちの生活世界に属しており、歴史的な生活世界に属しているがゆえに、私は「自然の人間的歴史と人間の自然史との絡み合い・抗争」という構想を提出するが、この抗争は宗教の領域それ自体にも――もとより、宗教的領域は宗教外の領域と相互作用しているが――見出されなくてはならないであろう、あるいは抗争とは言わなくとも、少なくとも両者の区別が措定されなくてはならないであろう。

さて、人間的生は物象化に取り憑かれてきた。物象化もまた人間的生の事実性をなしてきた。それ故、物象化の次元に立ち入ることなしには、人間的生をまだ十分に捉えたことにはならない[36]。私は、以下、内在的超越とその解体という点から人間的生・生活世界に照明を与えるように試みる。内在的超越についての議論は、内在的超越の解体ないし否定態としての物象化の規定に導く。(37)

注

（1）木前利秋『理性の行方　ハーバーマスと批判理論』未來社、二〇一四年、一九〇―一九一頁参照。
（2）つまり、私は承認のもっとも根源的な次元として人間的生の次元に遡及する。
（3）Martha C. Nussbaum, *Frontiers of Justice: Disability, Nationality, Species, Menbership*, Harvard University Press, 2007, p. 2（M／C・ヌスバウム『正義のフロンティア　障害者・外国人・動物という境界を超えて』神島裕子訳、法政大学出版局、六頁）.
（4）Martha C. Nussbaum, ibid（同上、七頁）.
（5）Martha C. Nussbaum, ibid（同上）.
（6）ヌスバウムはセーシャについて次のように言っている。「エヴァ・キテイとジェフリー夫婦の娘セーシャは、二〇代後半の若い女性である。セーシャはチャーミングで愛情深く、音楽と綺麗なドレスが大好きだ。他者からの愛情と敬慕には喜んで応える。音楽に乗って体を揺らし、両親を抱きしめる。だが歩いたり、話したり、読んだりすることはない。先天性の脳性麻痺と重度の知的発達遅滞のために、セーシャはこれからもずっと、他者に強く依存して生きてゆく。服を着せてもらい、体を洗ってもらい、食べさせてもらい、セントラル・パークに行くために車いすに乗せてもらう必要がある。そうした最小限の擁護ケアの域を超えたところで、セーシャが彼女なりの仕方で繁栄・開花するとすれば、彼女には交際と愛が、つまり愛情と喜びに対する能力の目に見える回復が必要である。彼女は愛情と喜びを通して、もっとも頑強に他者とつながるだろう」（Martha C. Nussbaum, ibid., p. 96（同上、一一三―一一四頁））。

（7）他方、新自由主義的資本主義では、富（価値）の収奪という事態が強力に貫徹し、貧困の普遍化が生じる。これは富の収奪の制度システムが形成されたことによるのである。だから、この点を抜きにすることは出来ない。

（8）Vgl. Th. W. Adorno, G, S. 14.

（9）拙書『ネオリベラリズムと世界の疑似‐自然化』、梓出版社、二〇一六年、参照。

（10）Vgl. A. Honneth, DGHE（A・ホネット「正義の他者――ハーバーマスとポストモダニズムの倫理的挑戦」、『正義の他者』加藤泰史・日暮雅夫他訳、法政大学出版局、二〇〇五年）.

（11）M. Horkheimer / Th. W. Adorno, DA, S. 205-206（M・ホルクハイマー／・Th・W・アドルノ『啓蒙の弁証法　哲学的断想』徳永恂訳、岩波書店一九九〇年、二八四―二八五頁）.

（12）J. Habermas, ZN, S. 83（J・ハーバーマス『人間の将来とバイオエシックス　新装版』三島憲一訳、法政大学出版局、二〇一二年、七八頁）.

（13）ただ私は「人間的自然」の概念を胚にのみ限定してはいない。人間は人間的自然であり、人間的生である。私は「人間的自然」という概念をもっと拡大し、人間そのものを自然に関して内在的超越である存在者として、「人間的自然」と呼ぶのである。

（14）日本国憲法にあるように、すべての国民は個人として尊重される。

（15）J. Habermas, a.a.O., S. 116-117（J・ハーバーマス、前掲書、一一四頁）.

（16）人権と人間の尊厳に関わる議論については、樋口陽一『憲法という作為「人」と「市民」の連関と緊張』、岩波書店、二〇〇九年の「第Ⅲ章「個人＝『人』の権利」の「第2節　人間の尊厳 vs 人権?――ペリュシュ判決を素材にして」参照。

（17）社会には生活世界では隠されてしまう、生活世界では知覚されない側面があるために、生活世界を社会と同一視することは出来ない。ハーバーマスは、「『理解社会学』は、社会を生活世界に編入させるのであるから、そのつどの研究対象である文化の自己解釈という視座に拘束される。この内的視座は、社会文化的生活世界に外部から影響を与えるすべてのものを無視する。とりわけ文化主義的な生活世界概念から出発する理論的発想は、『解釈学的観念論』（ヴェルマー）という虚偽に陥る。この観念論の裏面をなしているのが方法的記述主義であり、これは社会科学の理論構成に当然あってしかるべき説明要求を拒絶する」（J. Habermas, TkH2, S. 223（J・ハーバーマス『コミュニケイション的行為の理論』（下）丸山高司他訳、未來社、一九八七年、五七頁））と言う。

（18）Vgl. Th. W. Adorno, PM, S. 154（テオドール・W・アドルノ『道徳哲学講義』船戸満之訳、作品社、二〇〇六年、一七五頁）.

（19）承認が内在的超越の（生活）形態であるとは次のことである。すなわち、承認する主体は自己への閉塞を解き、自己でありつつ他者の承認要求に到達するということである。

（20）我々は生活世界の内部にいながら、すなわち内在しながら、この生活世界それ自身を反省的に主題化することが出来る。

（21）H. Arendt, HC, 1958, p. 322（H・アーレント『人間の条件』志水速雄訳、筑摩書房、一九九四年、五〇〇頁）.

（22）M. Horkheimer/Th. W. Adorno, DA, S. 283（Th・W・アドルノ／M・ホルクハイマー『啓蒙の弁証法』、三九〇―三九一頁）.

（23）M. Horkheimer/Th. W. Adorno, ebd., S. 266（同上、三七〇頁）.

（24）Vgl. Th. W. Adorno, ND, S. 299（Th・W・アドルノ『否定弁証法』木田元他訳、作品社、一九九六年、三七四頁）.

（25）Vgl. A. Honneth, DM, S. 90（A・ホネット「〈存在を否認されること〉が持つ社会的な力――批判的社会理論のトポロジーについて」、『正義の他者』、九六頁）.

（26）Vgl. G. W. F. Hegel, *Grundlienien der Philosophie des Rechts oder Naturrecht und Staatswissenschaft im Grundrisse*, Werke in zwanzig Bänden12, Suhrkamp, 1970, S. 386.

（27）ボルタンスキー／シャペロ『資本主義の新たな精神』上下、三浦直希・海老塚名・川野英二・白鳥義彦・須田文明・立見淳哉訳、二〇一三年、ナカニシヤ出版参照。

（28）A. Honneth, DM, S. 90（A・ホネット「〈存在を否認されること〉が持つ社会的な力――批判的社会理論のトポロジーについて」、『正義の他者』、九六頁）.

（29）オートポイエシス的システムは行為者に対しては一定の範囲での行為の幅・選択肢を提供し、行為者がその選択を行って行為することで、システムが維持される。批判がまたそうした選択肢のうちに含まれているとするならば、システムに対する批判はいつも無効にされざるを得ない。オートポイエシス的システムは、行為者がそれが提出する一定幅の行為可能性を選択することで、己を反復する。ここには反復・循環の論理がある。けれども、システムのオートポイエシスの構成論理に対する反抗もまた生じうる。

（30）J. Habermas, TuP, S. 311（J・ハーバーマス『理論と実践』細谷貞雄訳、未來社、一九七五年、三五九頁）.

（31）J. Habermas, ebd., S. 315（同上，三六四頁）.

（32）歴史の目的論を否定することは諸個人が自らの目的を立て、その実現を追求するということを否定することではない。

（33）拙書『グローバリゼーション・新たなる不透明性・批判理論』、共同文化社、二〇〇九年、第９章の３「アーレントのホロコーストに関する思考」参照。

（34）J. Habermas, ZNR, S. 120-13（J・ハーバーマス『自然主義と宗教の間』庄司信・日暮雅夫・池田成一・福山隆夫訳、法政大学出版局、二〇一四年、七頁）.

（35）J. Habermas, ebd., S. 13（同上、七頁）.

（36）ハーバーマスは『コミュニケーション的行為の理論』で、システムによる生活世界の植民地化のテーゼを提出し、これをもって物象化の規定とした。しかし、このテーゼは物象化の本質を捉えない。物象化の「本質」はハーバーマスの言うシステムによる生活世界の植民地化の基礎にあるものである。

（37）これによって、私は人間の自然史の問題文脈に侵入することになる。ハーバーマスはコミュニケーション的行為という点から生活世界を切り取り、ホネットは承認という点から生活世界を切り取っている。このような視点は、生活世界、人間的生の重要な次元を捉えなくさせる。それは取り分け物象化の問題に関係している。

第Ⅱ部　内在的超越とその解体

第四章　内在的超越（1）

私は人間を自然に関して内在的超越である存在者として捉えた。[1] それゆえ、人間はそうした存在者として、人間的自然であり、しかも、生き、生活するものとして人間的生（生命－生活）である。私はさらに生活世界をその人間的生が展開する時空として規定した。生活世界は生活空間と生活時間を軸として展開し、人間の行為はすべて生活世界において遂行される生活行為であり、あるいは生活過程であり、それは主体の感情や情緒、思考や志向とともに、さらに行為に伴う身体感覚とともに、人間的自然の人間的自然としての実を示す、あるいは表出する。この表出というのは、行為主体である自己と他者に対する表出であり、この仕方で行為主体である自己は己の行為、感情を、情緒を、身体感覚を了解している。

ところで、人間的生、従って生活世界には言語行為が組み込まれている。ウィトゲンシュタインの言葉で言えば、人間的生・生活世界は言語ゲームから織りなされている。ウィトゲンシュタインの言語ゲームは言語行為に還元されるわけではない。それは言語行為と非言語的行為の織りあわせである。ウィトゲンシュタインの言語ゲームをもっぱら言語行為として捉えることはできない。もしそのように捉えるなら、それは誤解である。[2] 実際、ウィトゲンシュタインによれば、言語ゲームは「言語と言語が織り込まれている諸活動との総体[3]（das Ganze）」であって、言語は生活の中でその意味を持ち、言語は生活にかみ合うものとしてのみ意味・その生命を持つ。「思考と生活の流れにおいてのみ、語は意味（Bedeutung）をもつ[4]」。動物は話しをしない。動物は言語を使用せず、そしてそれが動物の生活のあり方である。ウィトゲンシュタインの言うに、「命令し、問い、物語り、話し、おしゃべりをすることは、歩いたり、たべたり、飲んだり、遊んだりすることと同じく、われわれの自然史（Naturgeschichte）に属している」(5)。我々が生活のなかで使用する言語、すなわち日常言語ないし自然言語は、特有の自己言及的構造を有しており、日常言語はそれ自身でそれ自身のメタ言語である。これが意味するのは、自然言語の固有な反省的性格であって、ハーバーマスの言うに、ある言語の任意の表現をその言語それ自身のなかでパラフレーズする話し手の能力はこの反省的性格に依存しているのである(6)。それ自身でそれ自身のメタ言語であるということは、タルスキ流の言語階層の表象に従って、我々はメタ言語によってこのメタ言語の「外」にある対象言語について語るというのではなく、対象言語はそれ自身において同時にメタ言語であり、メタ言語において同時に対象言語であるということである。対象言語である日常言語は己をいわば二重化し、この二重化において一つである。対象言語はそれ自身でありつつ同時に自己を超出してメタ言語でもある。私は言語のこのそれ自身でありつつ同時に自己を超越している性格、すなわち内在でありつつ同時に超越であるという性格を「内在的超越」と呼んだ。ところが、言語は人間的生に、それゆえ人びとの生活世界に組み込まれているのであるから、言語が内在的超越であるということは、人間的生・生活世界が内在的超越という性格を有しているということを意味する。人間は人間的自然として自然に関して内在的超越である存在者であるが、人間的自然としての人間的生・生活世界はそれ自身に関して内在的超越である。私は以下人間的生のこの内在的超越という性格（内在的超越性）に立ち入る。私は「内在的超越」という概念を展開した後で、あらためて人間的生と生活世界を内在的超越として捉えることにする。人間的生とは内在的超越であり、学問が人間的生の一形態である限り、つまりそれは人間的自然と自然に関する反省的形式であるが、それもまた内在的超越である。この内在的超越は世界の外に位置する単なる超越の視点（神の視点）ではない。

1　内在的超越の二つの形態

ハーバーマスはコミュニケーション的行為の慣習的様式とポスト慣習的様式を区別している。コミュニケーション的行為の慣習的様式にあっては、行為のよき理由は特殊な社会の伝統によって確定され、無反省に通用していて反省的に主題化されはしないが、これに対してコミュニケーション的行為のポスト慣習的様式においては、そうした行為の理由、さらには伝統それ自体が反省的に主題化され、ポスト慣習的様式にのみ無制限で批判的な論証の形式が結びつけられる。(7) コミュニケーション的行為の慣習的様式からポスト慣習的様式への移行は近代において生起する。この批判的反省・対象化という思惟過程においてどのようなことが起こっているのであろうか。ここで遂行されているのは、ある能力の行為ないしその能力の遂行である。すなわち、それは伝統に対して批判的に距離をとる能力の行使であって、このとき人はあくまで伝統の内部にいながら、伝統を反省的に対象化しており、伝統に対して距離をとっている。この距離化は伝統からの超出ないし超越であるが、しかしそれは単に伝統の外部に出ることではなく、それはあくまで伝統の内部においてである。人は伝統内部で、その伝統に対して距離を取るのであり、それは伝統内部での伝統への反省の次元である。この時、伝統が変容してしまうことも起こる。人は世界について世界内部で反省的に主題化するのである。私はこうした事態をあるものの内に内在しながらそれを超越し、超越においてそのあるものに内在するという意味で、「内在的超越（Ⅰ）」と呼ぶ。

内在的超越（Ⅰ）に関して重要なことは、例えば思考について見れば、思考が内在的超越（Ⅰ）の場ないし審級に立つということは、あらゆる現象の外部の場ないし審級に立つということの否定を意味するということである。

「神の視点」（パトナム）というのは、世界を見る、世界の外部に位置する視点であって、その場合に世界の外部にあるという意味で世界を超越する視点である。これは単なる超越にすぎない。これに対して、内在的超越（Ⅰ）にあっては、世界外部の、世界を超越する視点は世界内部に内化されるのであり、このとき世界に対する反省的主題化は世界内部での世界への反省になる。内在的超越（Ⅰ）というのは、それで、単なる内在の否定であるとともに、単なる超越の否定である。単なる内在は超越から切り離されており、単なる超越は内在から切り離されているという意味でいずれも抽象的である。この意味で、単なる内在にあっても単なる超越にあっても、内在的超越は解体されてしまっている。一般的に言えば、内在的超越は、何であれあるものが自分自身のうちにありながら、同時にそれ自身を越えて自分自身の外にあり、自分自身を越えて自分自身の外にあることによって、それ自身の内にあるという事態である。生活世界はそれ自身にとどまりつつ、己を超越して己自身を反省的に主題化することができる。この反省的次元は同時に生活世界に属しており、このことによって、すなわち内在的超越という仕方で自らを拡張するのである。

ところがこのように内在的超越（Ⅰ）を一般的に規定すると、我々は伝統内部での伝統への反省、世界内での世界への反省の審級についてばかりではなく、人間関係についてもそれを語ることが出来るようになる。例えば、ヘーゲルは『法（権利）の哲学』において、愛の関係について、人格性が他者のうちに自分自身を意識する（im anderen ihrer selbst bewusst zu sein）という権利を持つに至るのは、人格すなわちアトム的個別性としての他者がこの同一性のうちにある限りにおいてである旨述べているが(8)、他者の内に己を意識するということは他者の内に（自己を超出して）己を見出し、まさしくこのことによって己自身であるということであり、それゆえ、愛のこのヘーゲルの規定において見出されるのは、内在的超越にほかならない。さらに、人間と自然との関係についても、それが内在的超越であることを語ることが出来る。人間は、従ってまた人間社会は自然に関して内在的超越であり、人間は、また社会は自然の一部であり、だから、自然でありながら、同時に自然を越えた存在として、自然である。人間が、従って人間的生（生命－生活）が人間的自然であるということは、人間、人間的生が、そしてまた生活世界とは人間的生の展開の時空であるから、生活世界が、自然に関して内在的超越であるということである。人間的生が自然に関して内在的超越であるということによって、人間・人間的生・生活世界は、単なる自然へと還元されるのでも、単に自然を超越する存在でもないことが表現されている。自己に閉じこもったという意味で自己に内閉した自己は他者に開かれておらず、それゆえ、自己でありながら、自己を越えて他者に達することができない。これは、原理主義はそうしたものだが、内在的超越の解体であり、それは同時に、承認、そして承認の解体である。

内在的超越は、自然に関して言えば、人間が人間的自然であるということであるが、この内在的超越の解体が人間の自然史であり、それ故に、人間の自然史の自然の人間的歴史への変換は自然に関して言われる人間・人間的生の内在的超越の創生である。これが自然の人間的歴史である。ところで、自然に関するそうした内在的超越性の解体は、生活世界それ自身の内在的超越性の解体と相即している。それ故に、自然の人間的歴史は自然に関する内在的超越性の創生と生活世界のそれ自身に関する内在的超越性の創生と相即している。それは内在的超越の解体を止揚する生活形式、生活形式の文法をつくりあげていくことであり、それが自然の人間的歴史の生成である。(9)

次に、伝統に対する反省的距離化は、とりわけ伝統に対するオルタナティヴが生じつつあるときに生起する。伝統そのものが、T・クーンの言うパラダイム変換の如く、変換されるとき、伝統をなしていた伝統のパラダイムが別のパラダイムによって取って代えられる。これは伝統の内側からの伝統の変換であり、それゆえ、これまでの伝統は自己を越えてこれまでとは違った伝統に入り込んでいく。私は、伝統の他のものへの変換としての超出（超越）を内在的超越（Ⅰ）との区別において「内在的超越（Ⅱ）」と呼ぶ。内在的超越（Ⅰ）はあるものの内部でのあるものへの反省の審級であり、内在的超越（Ⅱ）は内在的超越（Ⅰ）という審級ないし媒体のなかで遂行される。このときには、伝統の概念枠組み自体が変換されるのである。

私は「人間的自然（人間的生（生命－生活））」の概念に「内在的超越」の概念を結びつける。即ち、内在的超越（Ⅰ）を念頭において言えば、自然の一部であり自然に属しながら、同時に自然を越えた（超越した）存在として、人間は自然に関して内在的超越である。

ところで、人間的生は、従って人間的生の展開の時空である生活世界は、自然に関して内在的超越であるだけではなく、それ自身に関して、内在的超越である。しかし、このこと、すなわち、人間的生・生活世界はそれ自身に関して内在的超越であるとはどういうことなのだろうか。このことの一端を明らかにするために、批判理論に関するＲ・グースの見解を見てみよう。

2　内在的超越としての批判理論

Ｒ・グースは次のように語る。すなわち、フランクフルト学派の人びとは批判理論と経験科学理論を区別する。経験的諸科学はその対象に対する基本的構えにおいて対象化的であり、それは理論的なまなざしのうちに対象化という点を置いている。これに対して、批判理論はその基本的観念において反省的あるいは自己関係的である。批判理論が自己関係的ないし反省的であるということがどういうことであるかと言えば、批判理論はそれ自身がそれが記述する客体領域の部分であり、それ故に批判理論は一部自己自身についての理論だ、ということである。それ故、批判理論はそれが対象とする領域内に自分自身が属しているということを知っており、それ故批判理論は一部自己についての理論でもある。批判理論は社会についての反省であるとともにこの社会にはそれ自身が属している。ここにはいくつかの契機がある。

第一に、それは社会内部における社会についての反省であり、それ故それは内在的超越の場において初めて存立する。批判理論は世界の内部での世界についての反省であり、この点は批判理論の自己についての基本的眼差し・自己了解である。

第二に、批判はそうしたものとして自己が社会の反省であることを知っている。

それだから、

第三に、それは人々の反省を目指す。

経験科学理論は外的世界の実り豊かな操作を目的としており、このために経験科学理論は外的世界を客体化するのであり、理論はそのことによって記述される客体領域の部分ではないことになる。経験科学理論は観察と実験による経験的確証を要求するが、これに対して、批判理論は社会の内部において社会を反省する。社会の内部において社会を反省するということが、グースは「内在的超越」という語を用いていないが、理論の内在的超越（内在的超越（I））という性格を表現している。批判理論は自らがそれが批判的に反省する社会（生活世界）に属しているということを知っていなければならず、それ故に、対象たる社会のみならず、それ自身の生成と由来の叙述を含むことになる。このことが意味するのは批判理論は自己言及的であるということであり、そして、批判理論の以上のような自己言及性、つまりは内在的超越性が批判理論が包括性という性格を持つことと関連する。グースは包括的な社会理論について語るが、その包括性というのは、それ自身がその固有の対象領域の一部である、ということである。

包括的な社会理論は、したがって、それ自身その固有の対象領域の一部である。社会理論は、（とりわけ）人々がその社会について持つ信念についての理論であるが、しかしそれは同時にそれ自身そうした確信のひとつなのである。したがって、社会理論、すなわち社会の成員の信念と遺漏なき方で取り扱う社会理論は、また自己自身をかかる信念のひとつとして、叙述のうちに引き入れられなければならない。[10]

もしなんらかの理論が自己の外にその対象（領域）を持ち、それゆえ理論がその対象（領域）の外にあるならば、そうした理論は包括的ではあり得ない。理論の包括性は理論が生活世界に対して内在的超越（内在的超越（Ⅰ））であることから出てくるのである。

以上批判理論に関するグースの見解を見たが、理論の内在的超越性という性格から、次の諸結果を引き出すことが出来る。すなわち、社会（生活世界）に関して理論が内在的超越であるということは、社会（生活世界）の側から見るならば、社会（生活世界）は、それ自身のうちにありながら、自己を越えて、理論のうちに己への反省を見出し、同時に理論を、従ってまた理論化を含むように自己を拡張するということである。

3　言語と内在的超越（1）

言語＝人間的生ではない。言語は人間的生のうちに埋め込まれている。それで、言語はそれ自身に関して内在的超越であるが故に、人間的生は内在的超越である。以下では、もとよりウィトゲンシュタインは「内在的超越」という語を用いていないが、人間言語（日常言語）の内在的超越的性格の考えが後期ウィトゲンシュタインの哲学のうちに存在していることを明らかにするように試みる。

ウィトゲンシュタインによれば、我々は言語の外に出ることは出来ない。ウィトゲンシュタインは『哲学的文法』の中で、言語と実在との結び付きは語の説明によって付けられる、この説明は語学に属し、かくて言語は終始自己完結的であり、自律的であると語っている。(11) 言語が自己完結的で自律的であるということは、言語が例えば社会や社会制度から離れて自己完結的かつ自律的に存在しているということではない。それが意味するのは言語（日常言語）自身が自らと実在との関係を付けるのであって、そのために人は何か言語外部のもの、換言すれば言語ゲームではないあるものを必要としないということである。我々は言語と実在との関係を付けるに際して言語の外に出る必要はなく、またそうすることは出来ない。言語の外から言語について語ることはそもそも不可能であろう。このことはまた、言語は自らと実在との結び付きを説明、即ち記述する手段を自己のうちに備えているということを意味する。しかし、もし日常言語が自らを記述する手段を装備しているのだとすれば、ウィトゲンシュタイン自身が明示的に語っていることではないが、日常言語は自らについて語るメタ言語を自らのうちから産出する可能性を持っていることになろう。つまり、日常言語は自らに関するメタ言語を自らのうちに包み込んでいるのである。「言語はそれ自身で語るのでなければならない[12]（Die Sprache muss für sich selbst sprechen.）」。これは、『草稿一九一四〜一九一六』における「論理は自分だけで、自分だけを配慮せねばならない[13]」（Die Logik muss für sich sorgen）と対応している。この命題は『論考』、五．四七三に現れる。

こうした日常言語の自己言及可能性を私は（日常言語の）自己二重化可能性と呼ぶ。この自己二重化とは言語の自己分割であるが、言語はこの自己分割において同時に一つの言語、日常言語であり、このことは言語は同時にそれ自身においてそれ自身のメタ言語であるということと別のことではなく、またこのことが言語がそれ自身に関して内在的超越であるということを意味する。というのは、言語はこの場合それ自身でありながらそれ自身を超越（超出）しているからである。

ウィトゲンシュタインによれば、絵はそれ自身において我々に何事かを語るが、文についても同様である。このことが意味しているのは、文は文とは何か異なるものを介在して何事かを語るというのではないということ、例えば文とは異なる心の居住者としての意味を介して我々に何事かを語るのではないということである。というのは、文を離れては、すなわち言語運用を離れては、意味は存在しないからである。こうして、言語が自己完結的かつ自律的であるということは、その言語の記号の意味を説明するために我々は言語の外に出る必要はないということ、および意味は言語の外にある言語のテロスではないということを意味する。

言語修得によって、人は今や新しい語を作り出し構成することができるようになるが、これが可能であるのは、日常言語の自己二重化的性格、すなわち日常言語の内在的超越性という性格によるのである[14]。というのは、言語のその内在的超越性に依拠して人は今や新しい語について語り、それを日常言語のなかに導入することができるからである。だから、（新しい語の）構成可能性は言語の概念に含まれている。蜂の記号体系では、それがある情報を伝達するのだとしても、この構成は可能ではないであろう。

しかし、ここで警戒すべきなのは、対象言語－メタ言語（－メタメタ言語……）という言語階層の表象が知らずに入り込んでしまうことである。対象言語－メタ言語の言語階層は人工的に構成されたものであり、この際、各言語では、前期ウィトゲンシュタインの映像は外から客体について語ると言う観念[15]（あるいはまた、ある性質について語るためにはこのことを語る言語が問題の当の性質を持たないことが必要であるという観念）と一致して、日常言語に特殊的な言語の自己二重化的性格が廃棄され、この二重化的性格、言い換えれば自己反省的・自己言及的性格は（あるいは、自己を分割しながら一つであるという運動は）対象言語－メタ言語の言語階層へと解体されている。各言語はただ自己の外となる言語について語ることができるにすぎず、自己自らについて語ることは決して出来ない。言語の自己二重化的性格の解消という点は、メタ言語が対象言語を含むとされることによっても何ら変わらない。というのは、映像は外から客体について語るという観念が依然として維持されているからである。こうした言語階層の表象を採用すれば、嘘つきのパラドクスのようなパラドクスを回避できる。確かに、こうしたパラドクスは言語階層の構成によって一刀両断に消滅する。けれども、嘘つきのようなパラドクスが日常言語の中で構成されるとすれば、このパラドクスを一刀両断のもとに消失させる対象言語－メタ言語の表象はむしろ日常言語の内在的超越性、すなわち言語（対象言語）がそれ自身において自分のメタ言語であるという性格を遮断することになる。実際、日常言語が自己二重化的性格を持つが故に、日常言語の内部で我々は嘘つきのようなパラドクスを構成することができるのである。人工言語（科学言語[16]）は日常言語の内在的超越の運動のなかで構成され導入される。もし思考の目がもっぱら人工言語にのみ拘束されるならば、あるいは暗黙のうちにせよ、言語を人工言語へと同化することによって実質的に日常言語を追放するならば、そのときには人は人工言語が構成されるその本来の媒体である日常言語の地盤を忘却しているのである。人が持つ言語が対象言語－メタ言語という階層化された諸言語であるとしてみよう。ある言語について語るために用いられる言語はそのメタ言語である。即ち、人は対象言語からそのメタ言語へと上昇しなければならない。けれども、この上昇はいかにして可能なのであろうか。というのも、ある言語からそのメタ言語へと登ることができる梯子が存在するわけではないからである。とすれば、この上昇は、なるほどメタ言語への上昇は、その可能性が論証されることなく、通常当然のことと見なされているのであるが、神秘的な跳躍であるほかはないであろう。

タルスキは真理定義に際し、対象言語－メタ言語……という言語階層の表象を採用する。[17] タルスキによれば、メタ言語は対象言語を含んでいるという意味で対象言語よりも豊かである。人がもし既にメタ言語を所有しているならば、改めて対象言語からメタ言語へと上昇する必要はないとも言われよう。しかしながら、こう考えても今度は別の困難が出現する。メタ言語について語るためには、人は既にメタメタ言語を所有していなければならない。そしてこの議論は更にいくらでも続けることができる。すると、人は自然数濃度と同じ濃度の諸言語の集合を持つことになる。このことであれ、あるいは先の神秘的跳躍であれ、これらは人工的に構成された言語への意識の呪縛、換言すれば、日常言語の人工言語への暗黙の還元の帰結である。日常言語の自己反省的性格、すなわち内在的超越の運動に対しては言語階層の表象はそぐわない。というのも、日常言語では、メタ言語が対象言語を、一般的には、ある言語をそれより一つ高次の言語が含むというのではなく、日常言語が自らのうちに自己を二重化する可能性を備えているからである。むしろ日常言語が自己のメタ言語をそれ自身のうちに含んでいる。再び次のウィトゲンシュタインの言明を見よう。「論理学は理想化された現実を描写するとか、厳密にはただ理想的言語にとってのみ妥当する、などと言ってはいけない。……たかだか、いわゆる日常言語との対比において『理想言語を構成する』

とはいってよいだろう。しかしながら、理想言語についてのみ妥当するような何かをわれわれは言うのではない」[18]。ここでウィトゲンシュタインは、前期では忘却されていたその日常言語の媒体へと思考を帰還させており、そして我々は言語について語る時にその言語を丸ごと使わざるをえない[19]というウィトゲンシュタインの言明のうちに、ウィトゲンシュタインは明示的に主題化しはしなかったが、言語の内在的超越的性格の観念が据えられている。言語と実在の結び付きは言語ゲーム遂行それ自体において付けられている。ところで、この結び付きは言語の使用法のうちに組み込まれている。しかし、この使用法が言語の、表現の意味なのである。それ故に、『哲学的文法』では、文法は語の実際の使用法を記述するのである。

非対象化的知

規則遵守のウィトゲンシュタインの分析において、規則は言語規則に限定されているわけではない。それは、行為一般の規則である。それは行為の仕方のことであり、子供は訓練を通してそれを学習し、身につける。子供は一定の行為を遂行できるようになるが、この時、子供はある規則に従って行為する実践的能力を身につける。彼はあることができるようになるのである。さて、ここで問題なのは、この実践的能力を身につけるとはどういうことかである。それをある実践的知識の所有によって説明できない。むしろ、あることができるという実践的能力の習得が同時に実践的知識を持つのはいかにしてかをも説明するのでなければならない。人はあることができるという実践的能力を身につける時、それに関する実践的知識を持ちえるのである。

ここで重要なのは、ウィトゲンシュタインが「応用の場合場合に応じて、われわれが『規則に従う』と呼び、『規則に叛く』と呼ぶことがらのうちに自ら現われてくるような規則把握が存在する[20]」と語った事柄である。私が規則に従って行為しているということのためには、私において以前に従っていた規則と今従って行為している規則とは同じであるという、あるいは相違しているという規則の同一性、あるいは相違性に関する了解、この了解は私の行為に関する了解であるがために、反省的である了解が原理的に成立しえるのでなければならない。もとより、規則の同一性に関する反省的了解に際しては、私が以前に遂行した行為と今の行為とが厳密に、細部に至るまで同じであるということを意味していない。私が変奏曲を聞く時、今私が聞いている調べは主題の変装であることを理解する。重要な点は同じ主題の変装であるということの了解である。この反省的了解は上でウィトゲンシュタインが語っている規則把握と相即している。なぜなら、規則の何たるかの把握なしに規則の同一性に関する反省的了解はなく、規則の同一性への反省的了解なしに規則把握（規則理解）はないからである。では、この規則把握（規則理解）とは何なのか。規則を学習する時、私は規則の何たるかを把握する。問題はこの把握（理解）とは何であるのかである。

ところで、私が行為において従う規則というものの他者による理解可能性が原理的に剥奪されれば、ということは私的言語（私的言語はその私的言語の主体以外の他者によっては原理的に理解不可能である言語であると仮定されている）においてはということであるが、私が規則に従っていることと規則に従っていると思うことの区別が消失する。その都度その都度私に規則と思われるものが規則だということになるから、私的言語においては、私において規則の同一性ないし相違性に関する反省的了解は成立しえない。その時、私は規則への反省的了解なしにその都度その都度行為を生きるが、しかし私は規則に従って行為しているのではない。あるいは換言すれば、私が従っているのは規則ではないのである。

また、規則把握（理解）を、それ故にまた規則の同一性ならびに相違性に関する反省的了解を規則を理解する

（前）言語的な心的作用と解することは回避される。というのも、もしそのように解すれば、言語規則の場合に、言語使用の更なる基礎として前言語的な心的作用を措定することに結果としてなるからである。私見では、規則を習得した時、私においてその規則へのウィトゲンシュタインが語った把握（理解）、規則に従って行為するときの、ウィトゲンシュタインが語った規則の把握の仕方に含まれる規則についての知は――それを「知」と呼ぶとして――いわば実践的知であろう。このこのような規則把握ないしは知は実践的知であろう。実践的知を持つことが実践的能力を持つことなのではない。規則の学習は実践的能力の獲得であるが、この獲得において実践的知が成立する。

こうした知は対象的に定立された規則に対する命題的知識ではない。むしろそれは規則に従って行為する時に成立する時の非対象化的な知なのである。だからそれは非対象化的な知という意味での「直接的知」とも言うことが出来る。私は以下こうした知の様態について、何点かにわたって敷衍したい。

［1］この知は規則の意識への現前ではない。例えば、言葉の意味を理解しているということは意識の前に意味を持ちだすことではない。規則が意識に現前すると主張される場合には、意識と規則とは二項対立的にあらかじめ措定されており、この意識に対して規則が提示されると解される。けれども、私における規則の了解は、あらかじめ想定された意識への規則の現前ではなく、規則に従って私が行為しているとき、その規則に対する私の知はその規則を対象化した認識ではない。それはいわば非対象化的な知であり、規則の現れである。

［2］規則の学習によって人は実践的能力を獲得するが、規則の学習は規則適用の具体的場面において行なわれ、それ故に人が学習するのは規則の具体的な適用、あるいは具体的な場面での、即ち言語ゲームでの行為である。人は、いくつかの行為において再帰する規則の抽象的定式を学習するのみでは、抽象的定式を学習するのではない。

人は実践的能力を獲得することは出来ないであろう。それは私が書物で自動車の運転の仕方を読んでも運転できるようになるわけではないのと同様である。行為の仕方としての規則の学習は、それ故、つまり人は具体的適用を学習するがために、同時に規則の適用能力の習得、あるいは応用能力の習得である。規則の学習には具体的場面での規則の適用の仕方の学習が含まれている。変奏曲では、はじめに主題が提示され、次にその様々な変奏が行なわれる。しかし、日常的生活での規則学習は、はじめに規則がそれとして提示され、次にその具体的適用が習得されるという仕方では行なわれない。それはいわば、はじめから主題の様々な変奏を学習するようなものである。この変奏、即ち、具体的な適用を学習することによって人は適用の実践的能力を獲得するのであり、遭遇する様々な場面で人は実践することができるようになるのである。この考えはT・クーンのパラダイム論の中心的観念である。パラダイムの中心的意義は、具体的な科学的業績、具体的な実践例としての見本例であり、この見本例の学習を通して人は研究の実践的能力を身につけるのである。それ故、規則に関する非対象化的知（つまり命題的知識を持つのではないが、それが何であるか分かっているということ）には、同時に不可分のものとして、行為の仕方としての規則の適用の仕方への知が伴っている。人は、抽象的に定式化された規則を先ず学習し、それからこの規則を具体的場面に関係付ける解釈規則を学び、こうして実践的能力を得るのではない。規則の学習とは一言で言えば具体的な実践の場としての言語ゲームの学習であり、具体的状況での実践、これが実践的能力の行使である。(21)

［3］私がある規則に従って行為するとき、その行為についてのウィトゲンシュタインが語った規則把握が成立する。このときに成立する知を私は「非対象化的知」と呼んだが、この非対象化的としての実践的知が私において成立しているとき、私は私がある規則に従って行為しているか否かを規定（決定）する基準を私は何ら必要としない。そうではなく、そうした知が成立していないとき、私は規則の同定基準を必要とするのである。例えば、私が

振をする、装うという行為を遂行する時、私は自分が振をしているということをある意味で知っていなければならない。私が私の行為が何であるかを了解している時にのみ私は振りをする行為を遂行できる。この時、私は私の行為を振りをする行為として同定する基準を何ら必要としない。私が何であれ振をしているということの何らかの同定基準を必要とするのは、その了解が遮断されている時である。他者がある振りをする行為をしているかどうかの問題に際して、私には彼が振をしているかどうかを決定する基準、換言すれば、彼の行為を振りをする行為として同定する基準が必要になる。ウィトゲンシュタインは、人があるゲームを理解しているということの基準の一つは例えば現にやっているということであると言っている。[22] 私が他者がゲームを理解しているかどうかを判断する時には、私はその判断の基準を必要とする。

このことは痛みの場合も同様である。私が痛んでいるとき、私にとって私が痛んでいるか否かを規定する基準を私は何ら必要としない。私は私の身体状態を観察して私が痛んでいることを知るのではないし、私が痛んでいるのであれば私は痛んでいるのである。この場合、私は私が痛んでいることが分かっている。私は痛みのまっただ中にいながら、私が痛んでいることを非対象化的知の意味でそれを知っている。（同様に、人が苦悩する存在であるのはただ、彼が自らが苦悩していること、そして自らの苦悩をそうした仕方で知っている場合だけである。）この場合、誤った同定による誤謬ということも問題とはならない。

私は今痛んでいるが、それを意識していない。
私は今痛みを感じているが、それは誤っている。
ちょっと教えて下さい。私は今痛いんでしょうか。

私は今誤って……を信じている。

これらの言明はおかしい。ではおかしさのよってくるその由来とは何か。これらは非対象化的知としての自己了解的知に関係している。おかしさは、非対象化的知としての自己了解的知が想定されていながら、同時にそれが遮断されている場合に言われることが言明されていることに由来する。けれども、この自己了解的知は通常「知っている」と言明されることはない。ウィトゲンシュタインによれば、「私は私が痛んでいることを知っている。(Ich weiss,dass ich Schmerzen habe.)」という言明は無意味である。[23] 確かに私にはこの言明が無意味であるという感覚があるが、それは何故なのであろうか。それは、「知っている」と言う語に込められた意味に由来する。ウィトゲンシュタインには「知っている」という語を観察された事柄、第三人称について観察された事柄について知っていると言う場合に限定する傾向がある。「知っている」をこの意味で使用するならば、「私は私が今痛んでいることを知っている」という言明は無意味となる。というのは、「私は今痛んでいる」において成立しているのは自己了解的知（非対象化的知）であって、即ち、私の自己の状態についての非対象化的知であって、観察された対象についての知ではないからである。もし「私は私が痛みを感じていることを意識している」と言ったとすれば、私にとってはおかしさの感覚が消失する、あるいは少なくとも減少する。それは「意識している」という語は、この場合、私の自身の状態に対する自己了解省知を意味しているからである。けれどもまた、「知っている」を自己了解的知の意味で使用すると、「私は私が痛んでいることを知っている」のおかしさの感覚は減少する。とはいえ、普通私は「私は私が痛んでいることを知っている」と言いはしないが、それは私が痛んでいる時、私において自己了解的知が成立していることはいわば当然の事柄であり、それを改めて言う必要がないからである。ウィトゲンシュタインは言う。

「〈私は意識を持っている〉、これは疑うことの不可能な言明である」。何故この言明は「〈私は意識を持っている〉というのは命題ではない」ということと同じことを意味すると言ってはいけないのか？」[24]。

私には、ここで「非対象化的知」の概念が顔を出していながら、明確にそれとしては定式化されていないように思われる。私はこのウィトゲンシュタインの言明を「非対象化的知（自己了解的知）」の概念を用いて解明したい。命題は対象化されたもの、対象あるいは出来事に対する命題であり、それは対象化されたものに対する知を表すが、〈私は意識を持っている〉は、そうした命題ではなく、私の自分自身に対する非対象的知である。非対象的知としての自己了解的知にあっては、人は行為しながら、あるいは痛みのごとき状態の内にありながら（つまり、行為を生き、状態を生きながら）、同時にそれ自身を了解している。それは自己に対する非対象化的な了解である。私は私でありつつ自己を了解する。これは内在しつつ超越し、超越しつつ内在するという内在的超越の一形態である。

次に、この非対象化的知について、もう少し立ち入ってみたい。

4　言語と内在的超越（2）

非対象化的知としての自己了解的知と内省（introspection）

私はここでは「内省」を「自己了解的知」とは区別された意味で用いる。内省とは、例えば心的状態について見れば、私の心的状態に対する観察であり、それ故内省報告は一種の観察報告である。一種の観察としての内省においては、私は私の心的状態を観察の対象にしているのであり、その状態を記述しようとしているのである。これに対して、「私は痛んでいる」、「私は悲しんでいる」と言った自己了解的知の場合には、私は私が痛んでいることを自己了解的知の「知」の意味で知ってはいるが、私は観察しているのでも記述しているのでもない。ところが、観察としての内省の場合にも、いわば純粋な観察というものは可能ではなく、私が私の心的状態を観察の対象として対象化する時でも、その対象化は、私の心的ないし身体的状態に対する自己了解的知が成立していなければ、私はそれらを観察の対象にすることさえ出来ないであろう。現に私が痛んでいるとしよう。この時私が医者にその痛みがどんなものかを報告するとした場合、この報告、それ故記述は、私の状態に対する純粋な観察でも記述でもなく、自己了解的知の中で同時に私の状態を対象化しているのである。もし痛みが純粋な観察の対象になるならば、実のところ私は痛んではいない。それは何か別のものに変化している。

非対象化的知と語ること

規則の同一性ないし相違性に関する了解が私において成立しうるということ、それ故にウィトゲンシュタインが語った規則把握（理解）が成立しうるということが私が規則に従って行為するということのための私に関する可能性の条件である。この了解・理解を私は規則に関する、従ってまた規則に従う行為に関する非対象化的知（自己了解的知）によって解明した。すなわち、規則を習得する時、まさしくこのことによって私において規則に関する自己了解的知が成立しうるのである。これを言い換えれば、言語ゲームの過程はその自己了解過程を同時に伴っており、同様に言語的過程はその非対象化的知を伴っているということになる。それは非観察的知である。ただ私は「意識」という語をここでは回避したい。というのは、それは意識への現前という現前性の形而上学へとシフトを惹起する可能性を持つからである。

規則に関する以上の自己了解的知は……について語るということではない。というのも、実際、規則に従う行為における規則への、従って行為への私の了解的知の成立において、私は規則について何ら語ってはいないからである。私において自己了解的知が成立していても、私が規則を語り記述できるとは限らない。同じく、私はあるゲームをやることができるとしても、そのゲーム規則を記述できるとは限らない。さて、ゲーム規則はそれを記述しなければ、それを他者に伝達できないということはなく、例えば子供にあるゲームを教えようとする際そのゲーム規則を記述しなくても、あるいは、敢えて記述しようとしなくともゲームを見ているだけでそのゲームを学びうる。記述しなくては伝達できないとするのは一種の記述主義的誤謬である。それ故、ゲーム規則の間主観性は、私があるいは君がゲーム規則について語ることができる、すなわち記述することができるということではない。ゲームが出来るというその能力は規則を提示できる能力と同じではなく、それは丁度、私がある顔を見、初めにはそれが誰だか分からないが、次の瞬間に私はその顔が以前に出会った顔であることを認知するにも拘らず、それがどんな顔であるかを述べることができないのと、あるいは私がある人の顔の肖像画を描く時、私にはその顔の特徴がはっきり分かっているが、いざ描こうとするとどこから始めたらよいか分からず、描いても全く不完全であるというのと同様である。

とはいえ、それは原理的に語られることができないということを意味してはいない。「規則」という語自体、あるいはまた「意味」「文」「語」といった語自体、我々の日常言語に属している語であり、こうして言語ゲームに関してそれを記述しうる手段を日常言語は既に備えている。生活世界で遂行される諸言語ゲームについてそれを記述する、つまり語ることを可能にする言語的資源が日常言語のうちには備わっている。ウィトゲンシュタインの言語ゲームは、単に言語的活動に尽きるのではない。それは言語と非言語的行為（と世界像）の織り合わせとしての我々の生活行為・生活実践である。ウィトゲンシュタインの言うに、言語と言語が織り込まれている諸活動との全体も言語ゲームである。(25) 日常言語はこの我々の生活としての言語ゲームを記述するのを可能にする言語的手段を持つ。こうして日常言語は結局のところ、言語ゲームの行為について語る言語活動をも可能にするという意味で、自己を二重化する可能性を備えている。生活実践としての言語ゲームには同時にその了解過程が伴っている。この自己了解的知を私は「直接的な知」とも呼ぶが、この了解的知は語られること・記述されることへと移行しうる。けれども、非対象化的知としての自己了解的知は語られ記述され、こうして知識へと変換されたものよりもはるかに広大であると言えよう。

言語ゲームにはそれへの非対象的知が伴っていると私は言った。私はある言語ゲームを遂行することにおいてその言語ゲームへの非対象的了解的知を持つ。ではこうした知は語られるのを待っており、語られ記述される一歩手前であるのであろうか。けれども、ここで警戒すべきなのは、それが語られるのを持っていると言うと、語られることが自己了解的知のテロスであるという考えが侵入してしまうことである。日常言語が内在的に持っている自己について語る可能性のために、一切を語ることへと還元する傾向が生じる。この誘惑には抵抗しなければならない。私（あるいは我々が）ある規則に従って行為するときの規則と行為についての私の（あるいは我々の）非対象化的・自己了解的知は語られ記述されるのを待っているのでは決してない。だが、それは記述され語られることへと移行することは出来るし、この移行を惹起するものは、生活世界で生を営む諸個人の衝動、欲求、必要である。

例えば、一つの時代が終る時、ないし終らんとする時、人々はこれまでの思考様式と行為様式に対する反省を迫られる。この反省は、これまでの思考様式と行為様式を反省的に対象化して、それについて語るということを、新たな行為と思考様式の模索とともに含んでいる。[26] とはいえ、反省的に明示的に語ることへの移行はしばしば容易なことではない。規則、即ち、行為の仕方に従って行為するということは、その規則を提示できるということではなかったが、このことは私がある人の顔を認知するが、それを絵に描くことができるということを意味しないのと同様である。顔を描く場合には、それなりの訓練が要求されるが、生活世界への反省的対象化の場合、それへの研究が必要になるのである。これは研究という言語ゲームの生成である。けれども、この反省的対象化は（直接的な）自己了解的知によって媒介されており、そのかぎり、反省的対象化は人間の自己の自己二重化にほかならない。アドルノが執拗に語った自己省察の可能性は――とはいってもアドルノはそれをほのめかすだけなのだが――日常言語の自己反省的自己二重化可能性によって与えられる。それ故に、この場合記述するないし語るということは、生活世界の外の足場・立場からの生活世界への記述ではない。それは生活世界内部での、生活形式内部での生活世界、生活形式の記述である。それ故、重要であることは、生活世界内部での生活世界への反省的語りを即座に世界の外の足場からの世界についての語りと同一視しないことである。粗雑な同一性思考はこの両者の区別を看過する。もし、この同一化を行なってしまうならば、生活世界内部での生活世界への反省的語りが生活世界の外の、それ故生活世界によって汚濁されていない中性的立場からの語りと同化され、こうして、こうした世界の外の中性的足場など幻想であり、不可能であるから、このことによって同時に、生活世界内部での生活世界への反省可能性の次元が視野の外に放逐される。これは反省の経験を無効にすることである。

言語というものは、自己を分化して自己自らについて語るという可能性をも持っている。人間言語としての日常言語は言語内部でその当の言語について語る可能性を持つものとして言語である。これは言語の内在的超越性であり、言語のこの性格によって世界内部で世界について反省的に語ることが可能となるのであり、これは言語の内在的超越（Ⅰ）の第二の形態である。

M・ヒンティッカ／J・ヒンティッカの「普遍的媒体としての言語」

M・ヒンティッカおよびJ・ヒンティッカは、J・ヘイエノールトの「言語としての論理学」(27)の概念の一般化として、「普遍的媒体としての言語」の概念を提出し、これがフレーゲ、前期ウィトゲンシュタインばかりではなく、後期ウィトゲンシュタインの言語に関する基本的見解であると主張している。(28)普遍的媒体としての言語とは、先ずは我々は言語からその外に逃れることは出来ず、従ってまた人は言語の外に出て言語について語ることは出来ないという観念である。これは確かに前期ウィトゲンシュタインの見解であった。というのは、実際、前期ウィトゲンシュタインによれば、言語の外に出るということは、論理の外に飛び出すということを意味するからである。それ故に、人は言語と実在との関係についても言語と世界が共有する論理的形式についても語ることができないのである。両ヒンティッカはこれを意味論的関係の言表不可能性のテーゼと呼び、このテーゼは普遍的媒体としての言語の観念からの帰結であると述べている。

しかしながら、もし「普遍的媒体としての言語」が単に我々は言語の外に出て言語について語ることは出来ないということを意味するだけであるとすれば、「普遍的媒体としての言語」の観念からは即座に意味論的関係の言表不可能性のテーゼは帰結しない。というのも、実際、我々は日常言語の中で生きており、日常言語によってそもそも言語一般の外に出ることなく日常言語の意味論的関係について言表するからである。両ヒンティッカは、意味論的関係について語る試みが既に意味論的関係を前提としているのであるから、我々はこの意味論的関係については、普遍的媒体としての言語の観念にあっては、語ることができないということが帰結すると言っている。とすれば、意味論的関係の言表不可能性のテーゼが「普遍的媒体としての言語」の観念から帰結するためには、単に、人は言語の外に出ることは出来ないということだけではなく、もう一つの前提、即ち、前期ウィトゲンシュタインが語った、「語るためには、このことを語る言語が問題の性質を持たないことが必要である」[29]という前提が必要である。この前提的観念を適用すれば、意味論的関係について語るためには、これを語る言語が問題の性質、つまり意味論的関係を持たないことが必要である、となる。「語るためには、このことを語る言語が問題の性質を持たないことが必要である」という前提は、言語はただ己の外なるものについてのみ語ることができるという観念に相当し、これは言語が同時にそれ自身のメタ言語でもあるという日常言語の自己二重化的性格の廃棄を意味し、言語は言語自らについては語ることができないということが帰結する。こうして、「普遍的媒体としての言語」の観念から意味論の言表不可能性のテーゼが帰結しうるためには、

［a］人は言語の外に出ることは出来ない。

という観念と並んで、

［b］「語るためには、このことを語る言語が問題の性質を持たないことが必要である」という観念が必要である。

「普遍的媒体としての言語」の観念が［a］、［b］二つの観念を合わせ持つ時にはじめて、意味論の言表不可能性のテーゼが帰結するのであり、「普遍的媒体としての言語」の観念は前期ウィトゲンシュタインの言語観を特徴づけるに適切なものとなる。ところで、「言語の記述は、その言語と同じはたらきをするのでなければならない」(30)というウィトゲンシュタインの言明が示唆しているように、後期ウィトゲンシュタインは［a］はこれを保持するが、［b］についてはこれを棄却している。このことは言語の自己二重化的性格、つまり内在的超越性の主題化へと導く。

ところが、M・ヒンティッカとJ・ヒンティッカは、「普遍的媒体としての言語の観念」、従ってまたそれから帰結する意味論の言表不可能性のテーゼは、後期ウィトゲンシュタインの観念でもあったと主張している。彼らはその主張の根拠として、例えば次のウィトゲンシュタインの『哲学探究』一一九節を引用している。

　哲学の諸結果というのは、なんらかの単純な無意味さが発見されたということ、および悟性が言語の限界に突き当たった時に生じた瘤が発見されたということである。

しかし、ウィトゲンシュタインがここで言明している言語の限界が意味論の言表不可能性を意味していないことは、それにすぐ続く次のウィトゲンシュタインの言明を見れば、理解される。

言語（語、文章など）について語るとき、わたくしは日常の言語を語らなくてはならない。［……］それにしても、われわれが自分たちの言語で概して何でも始められるというのは、何と奇妙なことだろう！［……］言語に関してわたくしが説明する際、すでにその全言語［……］を応用しなくてはならないということは、そのまま、わたくしが言語について表面的なことしか発言できないことを示している。[31]

ここでウィトゲンシュタインは我々は言語について語るために、言語の外に出る必要はないと述べている。むしろ、我々は言語の外に出ることは出来ないであろう。しかし、これは［a］を言っているにすぎない。意味論的関係の言表不可能性は、［a］に加えて更に［b］を前提するかぎりで帰結するのであるが、ウィトゲンシュタインはここで決して［b］を主張してはいない。ウィトゲンシュタインは総じて我々は言語で何でもはじめられると言うが、そうであれば、意味論的関係についても語り始めることができたってよいのである。[32] 既述のように、［b］は日常言語の自己二重化的性格、言語について当の言語内部で語ることが出来るということの廃棄を惹起するが、ウィトゲンシュタインはこの［b］を（中期ウィトゲンシュタインに属するとされる）『哲学的文法』で廃棄していた。この点は『哲学探求』においても継承されている。『哲学探究』120節のウィトゲンシュタインの議論の目的は、語の意味を語の外に設定することによって人を言語の外に連れ出そうとする試みの批判である。すなわち、こちらに語、こちらに意味という考えである。しかし、このことは意味論の言表不可能性を決して伴立しない。

『哲学的文法』のウィトゲンシュタインによれば、哲学的文法は語と実在との結び付きを説明（記述）するのであり、このことは、ウィトゲンシュタインが意味論の言表不可能性のテーゼを廃棄しているということを示している。そして語の説明は語学に属するが故に、ウィトゲンシュタインは言語は終始自律的であり、自己完結的であると言う。このウィトゲンシュタインの言明には、言語の内部にいながら、すなわち言語の内で生きながら、その当の言語について語ることが出来るという考えが見出される。この点は『哲学探究』においても継承されており、次のウィトゲンシュタインの言明の内で語られている。

　哲学が「哲学」という語の慣用について語るならば、第二階の哲学（eine Philosophie zweiter Ordnung）がなければならない、と思われるかも知れない。しかし、まったくそうではないのであって、この場合は「正字法」という語をも取り扱わなくてはならない正字法の場合に対応しているのであり、そのときには第二階の正字法といったものはない。(33)

　こうして、私は、［a］［b］を合わせ意味する「普遍的媒体としての言語」の観念を後期ウィットゲンシュタインが抱いていたという主張は妥当性を欠いていると考える。逆に、後期ウィトゲンシュタインの思考には、日常言語の自己二重化的性格（一つでありながら、自己を分割し、自己を分割しながら、一つであるという性格、つまり内在的超越性）の観念が潜んでいるのであって、この観念が、生活世界内部での生活世界への反省的語りを、生活形式内部での生活形式への反省的語りを展開しうる基礎を与えるのである。両ヒンティッカが後期ウィトゲンシュタインに帰した「普遍的媒体としての言語」の観念にあっては言語のそうした性格は遮断されている。

　確かに、ウィトゲンシュタインは、それからして我々が生活諸形式を見ることができるような超越的パースペクテイヴを否定する。けれども、一切の言語ゲームの外なる超越的パースペクティヴの否定は、直ちに両ヒンティッカが言っているような「普遍的媒体としての言語」の観念の採用を意味するわけではない。というのは、もし言語内部での言語への反省可能性、生活世界内部での生活世界への反省可能性ないし言及可能性が論定されるならば、そしてこの可能性は、日常言語の自己二重化的構造に由来するのであるが、超越的パースペクティヴと「普遍的媒体としての言語」の観念、取り分け［b］の両者を拒否することができるからである。

むしろ、超越的パースペクティヴと「普遍的媒体としての言語」の観念は相互に相補的である。人が「普遍的媒体としての言語」の観念を抱いているとしよう。この時、確かに、人は言語の外に出ることはできないということを認めるのであるから、一切の言語の外の超越的パースペクティヴを否定するであろう。しかし、もし彼が言語について、あるいは言語的実践の現場である一切の言語ゲームについて語りたいのであれば、［b］からして彼は一切の言語ゲームの外に、一切の生活世界の外に出る立場をとるよう強制されるからである。

5　哲学と社会科学の可能性

以上の点から、前期、後期を通して、ウィトゲンシュタインは「普遍的媒体としての言語」の観念を抱いたというM・ヒンティッカ／J・ヒンティッカの主張を私は棄却したい。『哲学的文法』はある意味で――ここである意味でというのは、タルスキ的言語階層の表象が廃棄されており、言語の自己二重化可能性が視野に置かれているという意味においてであるが――言語内部での言語への反省的記述として、一種のメタ理論的考察である。というのは、ここで哲学的文法は、言語内部での言語への反省的語りという言語の自己二重化の媒体の中で遂行されるからである（この点は、『哲学探究』において継承されていた）。このウィトゲンシュタインの思考の要素を首尾一貫して引き出し、敷衍すれば、このことによって、社会科学の可能性が論定され得るように思われる。

ウィトゲンシュタインは、形而上学、即ち、世界超越的パースペクティヴの否定によって、社会科学のいかなる基礎も攻撃し、社会科学の実践は、我々が我々自身の社会から退いてそれを新しい目をもって見ることが可能であるはずなのに、ウィトゲンシュタインの立場は、社会の概念を把握し、同時に社会から自らを引き離す能力を無効にしていると主張されるとしてみよう。この場合に、形而上学、すなわち、言語から離れて実在について語る衝動の棄却が社会科学のいかなる基礎をも掘り崩す結果となるのは、ただM・ヒンティッカ／J・ヒンテイッカの言う「普遍的媒体としての言語」の観念を（暗黙のうちにせよ）抱いている場合だけである。確かに社会科学者は社会に対して対象化する構えをとり、この意味で社会を距離化しなければならない。けれども、この距離化は生活形式内部での生活形式への反省的対象化でありえ、生活世界の外の超越的立場からの考察である必要はない。

ウィトゲンシュタインは、哲学的文法は言語と実在との結び付きを説明すると語った。けれども、語について、言語について語るということは一つの言語的実践である。それは我々の言語的実践のうちに組み込まれている。してみれば、ウィトゲンシュタインの言う哲学的文法もそれ自身が現実を構成しているということができよう。語と現実の結び付きは単に、例えば語がある対象を指示するために用いられるという点にのみあるのではない。むしろ、ある対象を指示するために語を用いる行為自体が現実を構成しているのである。後期ウィトゲンシュタインでは、諸々の言語ゲームが現れるが、ウィトゲンシュタインの言語ゲームとは単に言語行為に還元されるのではなく、それは言語行為と非言語行為とが織り合わされたものであり、それ故、それは人間達の生活行為である。私は、政治的、経済的、私的、公的、その他様々に規定された諸言語ゲームの総体をまずは生活世界と呼ぶ。諸言語ゲームの遂行が生活を織りなし、生活世界を産出しているのである。ここで言語行為は生活のうちに埋め込まれており、生活を構成しているのである。社会科学もまた研究実践として、一種の言語ゲームとして、生活世界に属している。それ故、社会科学は、生活世界を対象化することによってその生活世界を研究するが、この距離化は、生活世界の外の超越的足場に立つという意味での距離化ではない。それは生活世界内部での生活世界への、生活形式内部での生活形式の反省的対象化である。そしてこの反省的対象化は、自然言語の内在的超越性という媒体のなかではじめて可能である。言語をもっぱら言語とそれが語る現実との関係においてのみ見る言語観では、言語はもっぱら世界・実在の記述の機能に還元され、生活世界はもっぱら語られ記述される相において現われる。そこでは言語ゲームを遂行しつつ営まれる諸主体の生活はもっぱら言語によって記述されるものとして現われ、この時、この記述し語るということ自体が生活世界内行為であることが忘却される。この場合、もし言語を語る人が生活世界総体を語りの対象にしようとするならば、この語りの主体は生活世界の外に弾き出されてしまう。彼は生活世界の外の超越的立場をとっていると僭称せざるを得なくなる。

社会科学が依拠する素材は生活世界で生を営む諸個人の生活経験のうちに与えられている。経験とは、生活を営む諸個人の主体的側面であって、決して単に環境の中に置かれた個人の外的世界の感覚的受容ではない。研究の動機は研究者もその一員である生活世界で生を営む諸個人の欲求、衝動に由来する。知るに値する生活諸現象（ウェーバー）はただ生活世界で生起する。社会科学はそうした諸現象を論定し、それが生起する経緯を理論的に説明することができなくてはならない。要するに、社会科学は人々の一定の生活経験がなぜに生起したのかの経緯を説明することができなくてはならない。そのために、社会科学は日常言語の自己二重化構造・内在的超越という媒体の中で、何らかの理論的言語を導入するのである。この言語‐科学言語は、人々の生活世界内的実践において成立している彼らの実践的知を理論言語にもたらすのである。従って、距離化は、先には生活世界内部での生活世界の反省対象化であるとされたが、それは理論化という形態をとる。理論化に際して距離化は更に、社会科学は一定の人々の生活経験、生活諸現象を説明するために一定の理論的概念を構成するが、生活世界で生を営む諸個人が直接に意識しているとは限らないという意味で、諸個人の直接的意識から離れるという契機を受け取る。そのわけは、生活世界で生を営む諸個人に関心がある生活現象がなぜ生起するのかを、その生起の経緯を社会科学は説明することができなくてはならないからである。(34)

社会科学はこのような仕方で、人々の自己理解に対する寄与であり得、生活世界の生活世界内部での反省形式であり得るのであって、それは決して単に道具的理性の活動圏の内部に綴込められた、抑圧された外的ならびに内的自然の、即ち、客体化された自然の制御のための技術的知識を産出するだけのものではない。社会科学の理論化は日常言語のそれ自身が同時に己のメタ言語であるという内在的超越性の中ではじめて可能である。

しかし、言語行為はまた、それが一方では反省の媒体であるとともに、他方では権力の媒体でもある。例えば、(日本での)六〇年代の経過の中で、はじめには取り分け民間大経営の中で制度化された日本の競争主義的秩序は、それは終身雇用制度の廃棄の上にではなく、即ち、終身雇用制の競争主義的変形として生じたのであるが、人々の行為によって再生産されながら、それから逃れられないものとしてまた再生産されるという力を行使する。そして、その力の行使は一定の価値システムを基礎に置く様々な言説、「彼は有能だ」「彼は会社のためによく働く」「疲れた自分を褒めてあげたい」といった言説の媒体によって媒介されているのである。社会科学は、しかし、言語の自己二重化の媒体の中でこうした事態をも理論の視野に納めるのである。

けれども他方、社会科学のみならず、いかなる知のシステムも、人々の関心と欲求から自立化したシステムへと転化するばかりか、権力システムの一環へと変質する可能性をも持っている。そもそも、一度成立した思考の枠組を維持しようとすることは思考の生理であるからである。こうした状況において要求されることは、理論の基本枠組への反省としての自己省察である。思考の自己省察は自己の思考枠組への反省の経験である。そしてこの反省の経験がまた言語の内在的超越という運動のなかで生じるのである。

以上の議論は日常言語の内在的超越性という言語の性格に依拠したものだが、アーペルの超越論的語用論も言語の内在的超越性に依拠したものであるゆえ、哲学者も社会科学も超越論的な言語ゲームの場・審級に立ってのみその対象を理解することができるというアーペルの主張と通じるものがある。それで、以下簡単にアーペルの超越論的語用論とそれが主題化する「超越論的言語ゲーム」の概念に関する言及を行いたい。

6　アーペルの超越論的言語ゲーム

私見では、後期ウィトゲンシュタインには、ウィトゲンシュタインが用いている語ではないとはいえ、我々の（日常）言語の内在的超越性という性格の考えがあるが、彼は言語のこの内在的超越性をそれとして展開したわけではなかった。この点、アーペルは我々の言語のその内在的超越性を超越論的語用論という形で、さらに超越論的語用論が主題化する超越論的言語ゲームという形で展開した。それゆえ、アーペルの出発点は、我々の言語にあっては、その言語をその当の同じ言語のなかで反省することが可能であるという点である。

アーペルの超越論的語用論ないし超越論的言語ゲーム

言語をその同じ言語の中で反省することが可能であるという点、これは我々の日常言語の内在的超越という性格と関係している。我々の生活世界は言語的に、それだけではないが、構成されており、言語ゲームの遂行において再生産されるとともに言語ゲーム遂行の基盤でもある。言語ゲームには制度的定在に関わるものもそうでないものもあるであろう。我々の生活世界は言語ゲームの遂行において再生産されるとともに言語ゲーム遂行の基盤でもある。生活世界が言語的に構成されているということが、我々の生活世界がそれ自身に関して内在的超越であることの根拠をなしている。

ところで、アーペルの超越論的語用論、あるいはそこにおいて語られる超越論的言語ゲームの可能性も、言語の内在的超越的性格によって与えられる。アーペルによれば、ある言語ゲームを記述するものは、その言語ゲームを「彼自身が実践できるものとして、規範的－批判的観点のもとで反省」(35) することが出来なくてはならない。つまり、彼は彼自身が実践する言語ゲームを反省するのである。このことは言語内部でのその言語への反省可能性を前提している。言語内部でのその言語への反省可能性こそがアーペルの言う超越論的言語ゲームの可能性を与える。

言語は単に記述や説明されるところの客観的現象にすぎないのではない。もしこのように言語を単に客観的現象とすれば、それを反省し記述し説明するものが実のところは言語の内在的超越性に依拠していることが隠蔽されてしまうであろう。言語は哲学的反省の主題であり、同時にその反省の媒体でもある。

さて、我々の日常言語のこうした性格を基礎にして、アーペルはウィトゲンシュタインとともに考え、ウィトゲンシュタインを越えて考えようとし、このことを媒介にして彼の超越論的言語ゲームの概念に至ろうとする。この際、アーペルは（ウィトゲンシュタインの）言語ゲームを次のようなものとして理解している。すなわち、ウィトゲンシュタインは諸々の言語ゲームについて語るが、アーペルはそれら諸言語ゲームはそれぞれ固有の生活形式、行動実践と世界把握の織り合わされたものと解する。それぞれの言語ゲーム（言語ゲーム単子）はそれ固有の範型的明証性を持つとされるが、この範型的明証性とは、アーペルが、T・クーンはこうした考えに基づいて科学革命の分析を行ったと語っていることから分かるように、クーンの言うパラダイムに相当するものである。ウィトゲンシュタインの言語ゲームをそのように解釈（転釈）した上で、彼は次のように議論する。すなわち、我々はある言語ゲームに習熟することによって、まさしくそのことによって他のそれとは異質の言語ゲームを理解し我がものとする可能性（能力）を得るのであるが、我々はある言語ゲームを生きつつその言語について反省的に語ることが出来、また異質な言語ゲーム間の相互コミュニケーションと相互理解をなすことが出来る。このときに、我々はそれぞれの言語ゲームとは異なるある一つの言語ゲームを遂行しているのであり、それが超越的言語ゲームなのである。つまり、我々は一つのこととして、自らが生きている言語ゲームについて反省的に語るとき、その語りは超越論的言語ゲームにおける語りである。我々はある言語ゲームに内在しつつ同時にそれを越えて超越論的言語ゲームという言語の場に立つのである。アーペルは「言語ゲーム一般について何かを語ろうとする哲学者は、暗黙の内に、彼が原理的にすべての言語ゲームとコミュニケーションすることが出来る」[37]ということを前提していなくてはならないし、あらゆる発見者、科学的発見者の場合に、とりわけまた社会規範に関係する革命化の場合にも[38]、人は超越論的言語ゲームを遂行していると言う。

ところで、アーペルは個々の言語ゲームを超出する超越論的言語ゲームをいわば一挙に打ち立てている。それは可能なあらゆる言語ゲームを超出する一つの言語ゲームなのである。アーペルにおいて、実在的コミュニケーション共同体とはそこに様々な生活形式が存在し、イデオロギー的に歪曲されたコミュニケーションもまた属している「生活世界」であり、理想的コミュニケーション共同体とはそうした歪曲を一切免れたいわば純粋普遍であるが、この理想的コミュニケーション共同体に超越論的言語ゲームが結びつけられる。理想的コミュニケーション共同体は超越論的言語ゲームの前提であるとともに、理想的コミュニケーション共同体は超越論的言語ゲームを通して再生産される。私見では、このような純粋普遍としての理想的コミュニケーション共同体は歴史過程のその都度の特殊な状況から離されてしまっている。かつて私は、アーペルが超越論的言語ゲームを無制限なそれ以上遡及できないものとして一挙に措定していることに対する批判の文脈で、次のように書いた。少し長くなるが再現する。

> 一つの言語ゲームから他の言語ゲームが生成してくるという革命の場合に、我々はこれまで依拠してきた言語ゲームを超出して、この言語と関係しつつもそれを超えた言語の次元——かの反省の次元——に立たなければならない。問言語ゲーム的コミュニケーションの場合も同様である。というのは我々がいつまでもある言語ゲームの範型的明証性に依拠し続けている限り、クーンの用語法とのアナロジーで言うと、言語ゲーム変換としての革命は決して可能ではないからである。しかしながら、ここで言われている言語の次元すなわち反省の次元もアーペルの言う意味での遡及不可能な超越論的言語ゲームである必要はない。我々がこれまでに依拠してきた言語ゲームＡの批判的超出に際して、少なくとも他の範型的明証性を有する他の言語ゲームが我々において予料されていなければならない。この時我々はかの反省の次元に立っている。我々は二つの世界（二つの言語ゲーム）を交流させる。この言語ゲームＢの再度の革命化に際して再び我々は新たな言語ゲームＣを少なくとも予料していなければならず、この時我々は、我々が必然的に立っている反省の次元において、同時に言語ゲームＡ、Ｂ、Ｃに関係しつつそれらを超出した言語の次元に立っているのでなければならない。こ

のことはかの反省次元の歴史的拡大を告げている（勿論、現実の歴史過程においては、古い言語ゲームは忘却されてしまうということもあり、それ故、ここで述べられた議論のように、反省の次元の歴史的拡大が直線的に行なわれるわけではないであろう。この議論はアーペルが超越論的言語ゲームの論定に際して彼が実際にどのようなことを行なったのかを示すための理想化された議論である）[39]。

この議論で私が言いたかったのは、その都度具体的な歴史的状況のなかで、超越論的言語ゲームはその生成（と消滅）の過程にあるのであるが、アーペルはそうした歴史過程のいわば終局（極限）を超越論的言語ゲームとして、従って理想的コミュニケーション共同体として取り、このことによって超越論的言語ゲームと理想的コミュニケーション共同体が歴史的具体性から解かれた純粋普遍となってしまうということである。そして、アーペルでは、その純粋普遍が歴史の目的とされ、実在的コミュニケーション共同体において己を実現しなければならないとされるのである。私はこのような歴史の目的論的思考を棄却し、アーペルの超越論的言語ゲームを歴史的に相対化された運動・いつも運動のうちにあるものとして捉え、このように相対化された超越論的言語ゲームの概念を市民的公共性の概念と結びつけようとした[40]。

最後に、一つ付言をしたい。アーペルの実在的コミュニケーション共同体というのは、多様な生活形式からなる生活世界である。この場合、生活世界は言語的コミュケーションを中心的観点として考えられている。あるいは、換言すれば、実在的コミュニケーション共同体は言語的コミュニケーションを切り口として考えられている。理想的コミュニケーション共同体において登場するのはもっぱら論議・討議である。これに対し、私は言語的コミュニケーションや論議・討議について、我々は二つの観点から考察すべきだと考える。すなわち、第一に、言語的コミュニケーション・論証的討議は人間的生の一部をなしており、一部をなしているにすぎないということ。第二に、論議・討議は討議とは異なる人間的生の諸形態を主題化するし、自分自身をもまたそうすることができるということである。我々は生活世界に関して、これら二つの観点を同時に必要とする。

言語および言語的コミュケーションを二重の観点から見ることは、我々の文脈、人間的生の理論という文脈から見るとき、重要性を獲得する。二つの観点の一つにおいて、生活世界をコミュニケーション的行為を主軸にして切り取るないしは定式化するという思考は廃棄される。とはいえ、言語的コミュニケーションは、討議という形態はその一つだが、人間的生の、我々の生活世界のあらゆる領域を主題化することができるという意味で、人間的生の全体性を主題化することができる。

注

(1) このことは、別の言い方では、人間的生は先ずもって自然的生であり、そして社会的生であるということである。人間的自然が自然に関して内在的超越であるということが人間的自然が同時に社会的・歴史的存在であることの可能性の条件である。

(2) Cf. M. M. Hintikka / J. Hintikka, *Investigating Wittgenstein*, Basil Blackwell, 1986, p. 218.

(3) L. Wittgenstein, PU,§7（L・ウィトゲンシュタイン『哲学探究』藤本隆志訳、『ウィトゲンシュタイン全集 8』、大修館書店、一九七六年、七節）.

(4) L. Wittgenstein, Z, §173（L・ウィトゲンシュタイン「断片」菅豊彦訳、『ウィトゲンシュタイン全集 9』、大修館書店、一九七五年、一七三節）.

（5）L. Wittgenstein, PU, §25（L・ウィトゲンシュタイン『哲学探究』、二五節）。ここに言われる「自然史」の概念を私は「自然の人間的歴史」の概念に組み込む。人間生活のなかで、そして人びとが相互行為において、生活していくこと・生活を創成していくことのうちに言語は組み込まれており、ホネットが言う承認要求・承認・承認の否認といったことも、人びとが生活を織りなしていく過程のうちに組み込まれている。

（6）Vgl. J. Habermas, VGS, S. 89-90.

（7）Cf. Maeve Cooke, *Language and Reason: A Study of Habermas's Pragmatics*,The MIT Press,1997, p. 13.

（8）G. W. F. Hegel, *Grundlinien der Philosophie des Rechts oder Naturrecht und Staatswissenschaft im Grundrisse*, Werke7, Suhrkamp 1970, S. 320.

（9）新自由主義的グローバリゼーションは人間の自然史の現代版である。それはグローバルな寡頭支配という形態をとって展開している。進展するグローバリゼーションは新自由主義的グローバリゼーションである。

（10）Raymond Geuss, *Die Idee einer kritischen Theorie*, Hain, 1983, S. 68.

（11）Vgl. L. Wittgestein, PG, §55（L・ウィトゲンシュタイン『哲学的文法Ⅰ』山本信訳、『ウィトゲンシュタイン全集 3』、大修館書店、一九七五年、五五節）.

（12）L. Wittgenstein, ebd., §2（L・ウィトゲンシュタイン、同上、二節）.

（13）L. Wittgemstein, T, S. 89（L・ウィトゲンシュタイン「草稿一九一四―一九一六」、『ウィトゲンシュタイン全集 1』、大修館書店、一九七五年、一二七頁）.

（14）この性格というのは、自己を超越しながら、自己に内在するであるという運動のことである。

（15）Vgl. L. Wittgenstein, TLP, 2. 173（L・ウィトゲンシュタイン『論理哲学論考』奥雅博訳、『ウィトゲンシュタイン全集 8』、大修館書店、一九七五年、一七三節）.

（16）これはエスペラント語のような「人工言語」の意味で言われているのではない。

（17）Cf. A. Tarski," The Semantic Conception of Truth and the Foundation of Semantics（1944）" ,*The Philosophy of Language*, ed.A.P.Martinich,second edition,1990（「真理の意味論的観点と意味論の基礎」、『現代哲学基本論文集Ⅱ』飯田隆訳、坂本百大、勁草書房、一九八七年）.

（18）L. Wittgenstein, PG, §36（L・ウィトゲンシュタイン『哲学的文法Ⅰ』、三六節）.

（19）Vgl. L. Wittgenstein, ebd., §77（L・ウィトゲンシュタイン、同上、七七節）.

（20）L. Wittgenstein, PU, §201（L・ウィトゲンシュタイン『哲学探究』、二〇一節）.

（21）Cf. S. Stephan Hirmy, *The Later Wittgenstein*, Basil Blakwell, 1987, chap.5.

（22）Vgl. L. Wittgenstein, PG, §75（L・ウィトゲンシュタイン『哲学的文法Ⅰ』、七五節）.

（23）Vgl. L. Wittgenstein, BPP, §913（L・ウィトゲンシュタイン『心理学の哲学 1』、『ウィトゲンシュタイン全集補巻 1』、大修館書店、一九八五年、九一三節）.

（24）L. Wittgenstein, ebd., §939（L・ウィトゲンシュタイン、同上、九三八節）.

（25）Vgl. L. Wittgenstein, PU, §27（L・ウィトゲンシュタイン『哲学探究』、七節）.

（26）そうとは言っても、歴史に内在する人びとが新たな生活世界の形式の意味を正確にあるいは十分に理解しているとは限らない。

（27）Cf. J. Heijenoort, "Logic as Language and Logic as Calculation", *Synthese* 17,1967.

（28）Cf. M. M. Hintikka / J. HIntikka, *Investigatng Wittgenstein*, Basil Blackwell, 1986, chap.1. なお、私はM・ヒンティッカおよびJ・ヒンティッカの「普遍的媒体としての言語」の概念については、以前に言及したことがある。拙稿「アドルノの哲学と言語」、『文化科学の方法』、共同文化社、二〇一二年参照。

（29）L. Wittgenstein, AMND, S. 209（L・ウィトゲンシュタイン「ノルウェーでG・E・ムーアに口述されたノート」、『ウィトゲンシュタイン全集1』奥雅博訳、三一七頁）．
（30）L. Wittgenstein, PG, §109（L・ウィトゲンシュタイン『哲学的文法』、一〇九節）．
（31）L.Wittgenstein, PU, §120（L・ウィトゲンシュタイン『哲学探究』、一二〇節）．
（32）アーペルの超越論的語用論については以下に立ち入ることがあるが、超越論的語用論が主題化する超越論的言語ゲームは、言語をその当の言語内で反省する可能性、すなわち言語の内在的超越性に依拠している。
（33）L. Wittgenstein, PU, §121（L・ウィトゲンシュタイン『哲学探究』、一二一節）．
（34）例えば、資本制社会では、物象化を産出する媒介過程は生活世界の内的パースペクティヴからは直接に認識されないようになっており、それを捉えるためには、その産出のメカニズムの理論的再構成が必要なのである。資本主義にあっては、具体的富を産出する（具体的）労働はそれ自身において価値を産出する抽象的労働に転化しているのであるが、この事態は抽象的労働がまさしく抽象であるが故に、生活世界のパースペクティヴからは知覚されなくなっている。この際、思考が行うのは生活世界内的事態から出発しながら、生活世界では隠される社会の側面（生活世界を産出しながら生活世界では知覚されないメカニズム）へと超出することであるが、このとき思考は同時に、生活世界の内部にいながらその生活世界について反省的に語る言語的審級に立つのであり、この次元において理論的言語ゲームを遂行するのである。それ故に、社会のある種の側面が生活世界において直接に認識できないようになっているということは認識不可能だということではない。労働者たちは機械制大工業において機械に反抗する。この失敗した実践のうちに、直接性として現われるものが実は媒介されたものだということの即時的な認識が含まれている。生活世界にはこうした様々な実践と不十分な理論化もまた蓄積されている。それらはまた生活世界で生を営む諸個人の事行である。こうしたことの無視、ならびに生活世界の物象化が一元的に支配しているものと見なす思考の目が認識できる人間とできない人間の二分法という転倒した論理を生みだすのである。

（35）K. O. Apel, *Transformation der Philosophie*, Suhrkamp, Band Ⅱ, S. 347.

（36）K・O・アーペル「知識の根本的基礎づけ——超越論的遂行論と批判的合理主義」、『哲学の変貌』竹内弘編、岩波現代選書、一九八四年、二一八頁参照。

（37）K. O. Apel, a.a.O., S. 162.

（38）Vgl., K. O. Apel, ebd., 348.

（39）拙書『市民的公共性の理念』、青弓社、一九八六年、二三〇—二三一頁。

（40）同上、二四一—二四二頁参照。

第五章　内在的超越（2）――抽象と具体／普遍と特殊

内在的超越に関して、私は先の章では主に、生活世界がそれ自身に関して内在的超越であるという、いわば垂直的な方向性という表象に従ったのであるが、これからは水平的な方向性での内在的超越を合わせて考えに入れることになる。そして垂直的な方向性でも水平的な方向性でも内在的超越の解体を語ることができる。また、私は社会の物象化を人間的生の内在的超越という性格が解体することの特殊形式として捉える(1)。私は人間を、人間と自然との関係軸において、先ず自然に関して内在的超越として捉えた。自然に関して内在的超越として人間は人間的自然（＝人間的生（生命－生活））であり、そうしたものとして人間は自然の歴史のなかで誕生した。

次に私は人間的生の展開の時空である生活世界（歴史的に形成された生活世界）は、それ自身に関して内在的超越であると述べた。以上は人間的生と生活世界に関するいわば垂直的な関係性においてみたものであるが、このほかに生活世界には、人間－人間関係という水平的軸が存在し、この軸を基礎にして、内在的超越とその解体を示す様々な生活形式が形成されている(2)。本章では、そのような生活形式に関する内在的超越とその解体を、抽象と具体／普遍と特殊・個という切り口から立ち入ってみたい。

予め人間－人間関係に関する普遍と特殊に言及すると、この関係は様々な形態をとるであろうが、その関係を私はその関係にある諸個人に対して一つの普遍と呼ぶ。その関係に入り込む人間諸個人は特殊たる個である。人間諸個人はその関係性に入り込むが、このときもし諸個人が己自身でありながら（すなわち、自己に内在しながら）、人間－人間関係へと自己を超出（超越）しつつ、まさしくこの超出（超越）において、己自身であるならば、ここに見られるのは、単なる内在でも単なる超越でもなく、すなわち超越から切断された内在でも内在から切断された超越でもなく、内在は内在において超越であり、超越は超越において内在であるという超越であるという事態、内在的超越という事態である。例えば、ヘーゲルは、愛における第一の契機は、私が私だけの独立的人格であろうとはしないということであり、第二の契機は、私は他の人格において自分を獲得し、重んぜられること、他の人格も再び私においてそれを達成すると言うが(3)、これは、私という独立の人格が、己を超えて、他の人格との愛という関係に入り込み、この関係において自己を失うのではなく、己自身であるということであり、愛において独立的人格が普遍である一つの関係を創り上げ、その関係にうちに入り込む、ということである。人間と人間の関係一般がこの内在的超越であるわけではない。人と人との敵対関係においては、人は他者のうちに己自身を見出すことはないであろう。

人と人との間には差異（比喩的に言えば、距離）があり、この差異（距離）が己を他者と関係を持つ可能性の条件である。この距離が失われれば、関係性それ自身が解体してしまう。今私は人間－人間関係（広くは、社会）を普遍として、それを織りなす諸個人を特殊たる個として捉えている。

人間的生にはいくつかの軸がある。その一つは人間－人間関係であって、これには広大な領域がある。私は人間－自然関係を内在的超越によって捉えたが、人間－人間関係において我は異質な他者との関係において我であること、これは内在的超越である。内在的超越においては「我」、「汝」という語を用いるなら、人間と人間との関係は我－汝関係と言い換えられる。我－汝関係は、我あるいは汝から見るならば、我（汝）と我－汝関係の関係として現れる。ここで、我（あるいは汝）はこの関係との関係において己自身であるからである。その関係は、我あるいは汝に対して一つの普遍として、我（汝）は特殊たる個として現れる。我たる個はこの普遍へと己を超出するのであり、この超出において、そしてこの超出において己自身である。私はそうした関係態を普遍と呼ぶことにする。これが「普遍」の一つの意味である。もう一つの意味は、例えば、「さくらんぼ」、「なし」、「ぶどう」といった特殊に対して「くだもの」が普遍とされる意味での普遍であって、(4) この意味での普遍を私は「カテゴリー的普遍」と呼ぶことにする。

以下、抽象と普遍の問題圏に立ち入るが、一つの点に予め言及すると、「抽象」と「普遍」は（人間の思考と社会的両者の）①働き・作用とともに②その働き・作用によって産出される産物という意味を併せ持っている。私は以下、働き・作用を「抽象化」、「普遍化」によって、その働き・作用の結果としての産物を「産物としての抽象」、「産物としての普遍」によって表記することにする。単に「抽象」、「普遍」という場合には、①と②の両者を合わせ意味している。さらに、働き・作用としての抽象化と普遍化のいずれについても、人間の認識過程・思考過程としての働き・作用と社会の実在的過程としての働き・作用について語ることができる。私は前者を「思考的抽象化」、「思考的普遍化」、後者を「実在的抽象化」あるいは「実在的な抽象化」、「実在的普遍化」あるいは「実在的な普遍化」と呼ぶ。

1　抽象と具体／普遍と特殊・個

抽象と普遍は差しあたって区別される。「抽象」の対概念は「具体」であり、「普遍」の対概念は「特殊」と「個」

である。

「抽象」の意味

先ず、「抽象」のいくつかの意味を分節化する。

①　同一化という抽象。かつて、C・A・ヤノフスカヤは、数学的抽象の過程をマルクス『資本論』における貨幣の分析と比較し、数学的抽象が他の諸科学で行われている抽象という思考作用と異なるものではないと述べた。(5) 同一化という抽象というのは、諸事物を同一とする（置く）ことによって、それら諸事物に共通する規定を抽出する思考の働きである。それはまずは、「相当性というタイプの関係によって結びつけられている色々な対象の同一化による抽象的概念の形成手段である」(6)。その産物は抽象（抽象的規定）であり、はじめの諸事物はこの抽象に対して具体である。

②　孤立化としての抽象。あるものが他のものと内的に関係しているとき、そのあるものがその他のものから切り離されて、それ自身として立てられる場合、その切断の働き・作用は抽象化であり、その産物は抽象である。この意味での抽象化を私は、あるものがそれと関係している他のものから孤立化して捉えられるという意味で、「孤立化としての抽象」と呼ぶ。孤立化としての抽象に対する具体は、従って、あるものを他のものとの連関において捉える働きであり、その結果は、あるものと他のものとの相互連関である。(7)

普遍と特殊

カントは規定的判断力と反省的判断力を区別した。規定的判断力というのは、（予め）普遍（規則、原理、法則）が与えられている場合に、特殊なものをその下に包摂する判断力であり、反省的判断力というのは、そうした普遍が与えられてはおらず、特殊が与えられている場合に、普遍的なものを見出す判断力である。(8) 普遍は反省的判断力の行使によって産出される。それは特殊から出発し、それらを他の表象と比較等を行いつつ、与えられた特殊から普遍を紡ぎ出す、あるいは創り出す働き・作用であり、その結果が（産物としての）普遍である。例えば、なし、りんご、ぶどうという特殊が我々に与えられている場合、それらを概括する普遍（的規定）を我々がいまだ手にしていないと仮定すると、「果物」という普遍を産出する働き・作用が反省的判断力の行使である。

同一化という抽象という働き・作用と反省的判断力の行使としての普遍の産出（普遍化）とは区別される。例えば、中世の労働について、それは「生理学的意味での人間労働の支出」であると規定することができる。「生理学的意味での人間労働の支出」というのは、古代の時代の労働にも中世の労働にも近代、現代の労働にも共通な抽象的規定であろうし、それゆえ、「生理学的意味での人間労働の支出」は抽象作用の結果であって、反省的判断力の行使の結果ではない。これに対し、普遍の場合にも、我々は例えばこの個体はライオンであると語ることができるが、「ライオン」は普遍的規定であり、反省的判断力の行使の産物である。「類」、「人類」というのは、普遍的規定であって、抽象的規定ではない。

思考的抽象化・実在的抽象化／思考的普遍化・実在的普遍化

既に述べたように、働き・作用としての抽象化と普遍化は、まずは思考の働き・作用であるが、それに尽きるのではなく、社会の実在的な運動（働き・作用）でもある。資本制社会において、商品は抽象的規定である価値の担い手となっており、具体的労働は同じく抽象的規定である抽象的労働に転化しているのであるが、商品という具体的存在物が抽象的規定（価値）の担い手となっていることは、資本制社会の全運動において実在的に産出されている。

諸個人の様々な行為、相互に関係し織りあわされた諸行為において、彼らは彼らが意図しない仕方で、抽象作用を行使する。普遍の場合にも、我々は思考の働きとしての反省的判断力について語るばかりではなく、反省的判断力のいわば実在的な作用・働きについて語ることが出来よう。実在抽象化の場合と同じく、社会の諸個人は彼らが意図しない仕方で実在的な反省的判断力を遂行するのであり、産出されるのは、実在的な反省的判断力によって生み出される（産物としての）普遍である。この実在的反省的な判断力というのは思考の働きのことではなくて、人々の行為によるのである。これは一定の社会関係とその制度的定在の歴史的産出である。

吉田達は、ヘーゲルの考えとして、次のように言っている。すなわち、反省的判断は存在そのものに内在する運動である。人間は認識過程において直接的なものからその背後に突き進むが、認識のこの動きは想起と言われる。この認識上の動きはしかし本質そのものに内在していた動きであり、かくして直接的な存在は己の内に入り込むのであって、それによって自ら本質を開示する。それゆえ、本質は存在から絶縁した超越者なのではない(9)。

抽象と普遍の交差

（産物としての）普遍は反省的判断力という働き、作用によって産出されるが、その反省的判断力の働きが実在的な普遍化である場合、それによって産出された普遍は一定の存在領域において遍在するという性格を有している。

今、「普遍」のこの意味（一定の存在領域に遍在するという性格）に注目すると、この意味においては、実在的な同一化という抽象の産物である抽象もまた一定の存在領域に遍在するがゆえに、抽象（的規定）もその意味で普遍であるということになる。例えば、マルクスは『資本論』において、次のように語った。

すべての労働は、一面では、生理学的（physiologisch）意味での人間労働の支出であって、この同等な人間労働または抽象的人間労働という属性においてそれは商品価値を形成するのである。すべての労働は、他面では、特殊な、目的を規定された形態での人間の労働力の支出であって、この具体的有用労働という属性においてそれは使用価値を産出するのである。(10)

この事態は資本制社会の全運動において日々産出される。しかし「生理学的意味での人間労働の支出」というのは、先にすでに述べたが、労働の抽象的規定であり、この規定は古代の労働にも中世の労働にも近代の労働にも、更に現代の労働にも当てはまる。私はそれを生命力の支出と呼ぶ。それというのは、生理学的活動は人間的生の生命活動の一つであるからである。人間の生命力の支出という点は労働の領域に遍在するのであって、遍在するというこの意味で生命力の支出（生理学的活動）という点は、普遍である。それで、私はこの意味、一定存在領域に遍在するという意味での抽象を「抽象的普遍」と呼ぶ。

この抽象的普遍には二つの場合がある。一つは近代以前の労働について言われるものであって、生命力の支出ということは単に労働について述定されるにすぎない。すなわち、労働は生命力の支出であると単に語られるにすぎず、例えば、中世封建社会における農奴の労働はそれ自身生命力の支出であり、生命力の支出という規定は、人間の抽象能力の行使によってそれとして取りだされるにすぎない。これに対して、近代では、本源的蓄積の過程で確立されることであるが、この生命力の支出という点が、労働（具体的労働）に取り憑きつつも、それから自立化し、増殖するという運動を開始し、具体的労働を己の担い手にする。具体的労働は自立化した生命力の支出という運動の担い手としてその意義を有することになる。この具体的労働に対する生命力の支出の転倒的自立化において、私の言い方では、生命力の支出は抽象的労働になる。この転化は資本制社会の全運動において、実在的抽象化として日々遂行される。私は先に、普遍と抽象の交差について述べ、「抽象的普遍」という語を用いたが、抽象と普遍ということように事態を大きく二つに区分すれば、事柄は抽象の場合に当たる。これは抽象の具体からの自立化の運動であって、それは物象化の一形態である。近代以前では、労働は他方普遍としての社会が諸個人から自立化するという支配の体系の内に埋め込まれていた。近代以前では、労働領域において物象化は生じていない。我々は古代や中世の労働について、それは生理学的活動であると語ることが出来るが、これは未だ何ら物象化ではない。近代以前では、労働はそれ自身でありながら、同時に社会関係の内に埋め込まれていた。具体的労働が抽象的労働の担い手になるという転倒は未だ生じていない。それは近代資本主義において生じるのである。

具体的労働は人間の生命活動の一つであり、人間の生活行為の一つであるが故に、労働は人間的生の一形態である。そして、労働が生命‐生活の形式であることによって、自然の、そして自然の生命圏の内に埋め込まれている。人間は自然に関して内在的であるが故に、そうした労働は人間の生命活動の一つとして、自然、自然の生命圏に対して内在的超越である。ところが、近代以降では、具体的労働と生命力の支出との間の上記の転倒が生起する。

2　内在的超越

具体的普遍と内在的超越

私は先に「抽象的普遍」に二つの意味を区別した。すなわち、

①　抽象が一定の存在領域に遍在するという意味では普遍であるという意味での抽象的普遍。

②　特殊・個から切断されて立てられた普遍としての抽象的普遍。

ここでは②の「抽象的普遍」に対する対立概念である具体的普遍が内在的超越の運動であることを示したい。「具体的普遍」における「具体的」とは抽象のある意味で抽象的ではないこと、他から切り離されておらず、他との関係性を持っているということである。具体的普遍においては、普遍と特殊・個が調和しているということが出来ようが、この調和とは内在と超越の宥和である。具体的普遍とは普遍と特殊・個との間の運動のことであり、それが自己に内在しながら、他者へと超越し、他者においてそれ自身である運動である。我－汝関係を持ち出すと、我－汝関係において、この関係は我（汝）と汝（我）の関係であるが、ここでこの関係（態）は普遍として、我と汝は特殊たる個として現れ、特殊たる個は他者との関係性を離れてそれ自身としてあるのではなく、他者との相互関係に入るのであるが、これは汝と我という特殊たる個が己のうちに閉じこもり、己の内で閉塞（純粋な内在・抽象的な内在）するのではなく、己を越えて、すなわち超越して他者との関係の内に入り込む。特殊たる個は己に内

在しながら自己を超越して、関係としての普遍の内に入り込むのであって、ここに特殊たる個と普遍の間に見られるのは内在的超越の運動である。そして特殊たる個はこの内在的超越の運動において己自身である。

複数の相互に異質な生活形式（アーペルの言う範型的明証性）を持つ集団が遭遇するとしよう。このとき、これらの集団が、それ自身容易なこととではないが、相互に存在の相互承認を行うとすると、これらの集団は相互承認の場に立つことになる。この相互承認の場は一つの普遍である。この場合、存在の相互承認は、相互にそれぞれ固有の生を営むものであることの承認が含まれている。ここで普遍というのはそうした相互承認の場のことであり、諸集団は存在の相互承認という行為（実在的な反省的判断力の行使）によって、相互承認の場という普遍をつくりだし、そのうちで生きるのである。諸集団がそれ自身でありながら、普遍的空間のうちに己を超越して入りこむ運動は内在的超越の運動であり、この内在的超越の運動において、かの普遍の場は維持される。さらに、この内在的超越の運動こそがまた、諸集団がその生活形式を相互に理解しようとしたり、あるいはぶつかり合ったり論争したりする条件をなすものである。

だから、存在の相互承認の否認は普遍とこの間の内在的超越の運動を解体・破壊するのであり、この時に諸集団は相互をよそよそしいものとして、外的なものとして、否それどころか敵対するものとして経験するのであり、時にはそれらの諸集団は相互にその存在を抹消すべきものとして現れる。この時には、存在の承認は打倒すべき敵が存在するという単なる事実認識に還元される。むしろ、諸集団の間の（また諸個人の間の）生きた生動的な関係は内在的超越の運動によって生みだされる。この運動にあっては、内在的超越が解体する可能性はいつもある。今、人と人との関係、我－汝関係を例に述べると、それは個人と個人、個と個との関係であるが、個がそれが置かれている状況や自分の性向によって、己のうちに閉じこもるなら（純粋な内在）、一方の個がそれ自身でありつつ、他者へと己を開き、他者にいわば到達する運動は解体してしまい、個と個との関係という普遍が消滅してしまう。あるいは歴史的状況の中で個の新しい形式が出現するとすると、その個のあり方は従来の個と個との関係（としての普遍）と相容れなくなり、個と普遍は不整合になり、あるいは対立することになる。このときには、新たな普遍の形態が形成されもする。

3　人と人を結びつける「力」

以上に述べたことに含意されているのは、具体的普遍において働いている内在的超越は人と人とを結びつける媒体、いわば「力」だということである。けれども、内在的超越は、従って、具体的普遍は人と人を結合する力の一形態であって、その力のすべてではない。以下、この点に立ち入ることにしたい。

アーレントは人びとを「取り集める力、すなわち分離しかつ結合する力」(11)について語っている。アーレントによれば、公的空間は人びとを取り集め結合させる力を有しているのであるが、ここで「公的」というのは、第一に、あるものが現れ、そして我々の誰もそれを見たり聞いたりすることが出来るということを意味し、そのことによってそのあるものはリアリティを獲得する。だから、私一人だけが存在するのではない。多くの人びとが相互に出会い、彼らのだれもそのあるものを見たり聞いたりすることができる。公的領域ないし公的空間とは人びとが出会いかつ誰にも開かれている空間であって、この空間において他者が現存し、他者が現存するということによって、世界と我々自身の現実性と我々のアイデンティティが保証される。

「公的」の第二の意味では、公的なものとは我々に共通である世界それ自体であって、我々はこの共通世界に住まうのであるが、ここで「共通世界」といっても、それはなんらかの同一性が支配する同質的世界、空間を意味するのではない。共通の世界に登場する人びとは、それぞれの位置を持ち、それぞれの遠近法からあるものを聞いたり見たりする。対象物は「多数の人びとによって多様な遠近法において見てとられる(12)」が、このことが可能なのは、彼らが共通の世界に住まうからである。

アーレントによれば、

同じものがじつに極端に異なったありさまでかれらに呈示される。〔……〕共通世界の条件のもとでは、リアリティは、皆に共通な「自然本性（Natur）」によって保証されているのではなく、位置の違いや、そこから帰結してくる位相の多様性にもかかわらず、皆が同一の対象物と係わり合っていることが公然と明らかだということから、むしろ生じてくる(13)。

このような世界は公的空間がそこに存在する世界であり、公的空間は人びとを取り集め、分離させもする力を有する。ところが、大衆社会では、公共空間が解体するということによって、人びとを取りまとめ、分離もする力が解体してしまう。アーレントは大衆社会のこの状況は不気味な降神術の集会と似た点があるという。この集会においては、何人かの人が机を囲んで集まるのだが、彼らの中心に置かれた机が消えてなくなる。すると、机を介して面と向かっていた二人を分離していた机が消失することによって、二人の人を分離していた物がなくなり、それゆえにまた彼らを結合する物がなくなってしまう。机はこの場合、人びとを結合しかつ分離する役割を果たしているのであるが、その机がなくなることで、結合しかつ分離する力も消失してしまう。こうした事態は大衆社会の状況に似ていると言われる。すなわち、大衆社会では、人びとを取り集め、結合し、分離する力が解体される。机は人びとを結合し、分離する力を備えており、そうした力が大衆社会では解体し、消滅してしまうのである。ある人は机を介して他の人と面と向き合い、同時に他の人にいわば到達して、すなわち己を超越して、他の人と結びつくのであり、このことによって机は二人の人を結合する。机は二人の人を分離させもするが、この分離は結合と無関係なのではなく、むしろ結合する力の内的な契機である。一人の人は机を介して他の人と結びつく、分離がまたこの結びつきを保証する。ここで、机は二人の人の間の距離を表すが、この距離が人と人とが結びつくための条件である。もしこの距離が解体されるのなら、諸個人の原子化が生じる。これは諸個人の間の関係性が解体してしまう事態である。このときに、アーレントの言うに、「全員が突然、内的に調和した一個の巨大な家族の成員であるかのようにふるまい始め」[14]る。原子化された個は単なる自己への内在であるが、この単なる内在たる個に対して、単なる超越である巨大な家族が聳え立ち、個はそうした単なる超越的な普遍に同化されて、その内在性を喪失する。つまり、人びとを結びつける力（絆）が解体したところに、その代わりにいわば幻想的な統一が現れる。この幻想的な統一は人びとを結びつける力の解体の上にそれを糧として生い立っている。

もとより、近代以前にも人と人とを結びつける力は存在した。人間－人間関係は支配という形態を取ることが出来るのである。人間－人間関係の歴史的なあり方、例えば、封建領主と農奴との関係は支配・従属関係であり、その支配関係は人間たちの生活世界において実在的な反省的判断力の行使（むしろ、作動）によって産出される。私の用語法では、これは真正な内在的超越ではない。人間－人間関係は一つの普遍であり、この普遍は人と人とを結びつける力を含んでいるが、この場合、普遍たる人間－人間関係は支配－従属関係として、特殊たる個に対して自立化した普遍として存立しており、諸個人はこの普遍に服属する。これは普遍と個の関係における内在的超越の解体である。この場合、個は普遍に同一化され、あるいはそれに支配される。というのは、人間－人間関係が特殊たる個に対して自立的に存在しているが、これはアドルノの言う概念に相当するのであって、その概念に個が同一化されるからである。

支配という社会関係においては、身分という普遍（これはカテゴリー的普遍である）が諸個人から自立化して、個人はこの普遍に同一化される。これは内在的超越の解体であり、それゆえ、以上の事態に見られるのは具体的普遍ではない。しかし、この場合人と人とを結びつける力が全くないというのではない。事態は次のようになっているのであろう。すなわち、個は「身分」という普遍（封建領主と農奴）へと同一化され、そしてこれら普遍が支配という関係性を有することで、個としての人間と個としての人間が結合される。これに対して、アーレントが言っていたのは、大衆社会状況では、人と人とを結びつける力が全く消失してしまう事態である。私は以下個に対する普遍の自立化とそうした普遍へのこの同一化を内在的超越の解体の一つの場合として扱う。

4　内在的超越の解体（1）

私はここで、孤立化という意味での抽象ではなく、一定の存在領域に遍在する抽象という意味での抽象的普遍と実在的な判断力の行使によって産出される普遍の二つの場合について、内在的超越とその解体の形態について立ち入ることにする。

内在的超越とその解体（1）——抽象的普遍の場合

繰り返しになるが、抽象（的普遍）を労働を例に述べる。労働についてマルクスは労働は（一面では）生理学的活動であると語った。生理学的活動というのはしかし、あらゆる労働形態について成り立つ抽象的規定であり、具体的な生産物を世界に産出する労働は生理学的活動であった。つまり、近代以前では、労働は具体的な人間関係のうちに埋め込まれており、生理学的活動はこの具体的労働について語られ、述定される。ところが、近代の資本主義において生起したのは、具体的労働と生理学的活動との位置価の逆転である。すなわち、生理学的活動（という抽象的規定）は具体的労働から自立化して、それ自身の運動を開始し、むしろ具体的労働を己の担い手にする。この場合、具体的労働を遂行する労働主体は、労働能力を有するといった一定の性格を持っていなくてはならず、一定のあり方をしていなくてはならない。

眼目であるのは、いまやそうした自立化した活動であり、労働者は具体的労働の遂行において非志向的にこの自立化を遂行するが、この自立化した活動が抽象的労働である。労働者はその労働生活の場である労働場において、相互の協働のなかで、意図することなく抽象的労働を遂行し、価値を、そして剰余価値を生産する。このようにして、増殖する抽象的普遍は資本である。資本は一種生命的過程として運動するのであって、ここに見られるのは、具体と抽象的（遍在するという意味での）普遍との位置価の逆転・転倒である。いまや、抽象的労働を介して、社会が編成されることになる。抽象のこうした具体に対する支配を私は物象化の一形態と呼ぶ。この物象化の形態において、具体はそれ自身として意義を持つのではなく、抽象の担い手としてのその意義を有する。それゆえ、具体はそれ自身であるという自律性を失う。

このとき、労働者の具体的労働の遂行において、労働主体が生産手段を使用するのではなく、生産手段が労働者を使用するという転倒が生起するが、この転倒は具体的労働と生理学的活動の転倒、すなわち生理学的活動が抽象的労働に転化するとともに抽象的労働が具体的労働を己の担い手にし、それを支配するという転倒と相即しているのである。そしてこの転倒は歴史的に生起する。資本の前史である本源的蓄積はこのような転倒の成立過程である。この点とともに、今や社会は具体的労働がその担い手になっている抽象的労働の遂行と共に編成されることになる。後に立ち入るが、近代以前の社会関係は、このことによって掘り崩されて行く。

しかし、資本制的生産様式が支配的な社会において、商品が価値の担い手であるためには、一定の使用価値を持たなくてはならず、具体的労働が抽象的労働の担い手であるためには一定の労働能力の結果でなくてはならず、既に言及したが、また労働主体たる労働者は一定の労働能力を有していなくてはならない。具体がそれから自立化した抽象的普遍の代理となり、その担い手となるためには、その具体は無差別に何でもよいというのではない(15)。具体的労働がそれから自立化して運動する抽象的労働の担い手となるためには、具体的労働は一定の性格を、すなわち一定の労働力の行使であるという性格を持っていなくてはならない。労働者が契約において資本家に売り渡すのは労働力であるが、この労働力とは具体的富を産出する労働能力である。この労働能力の行使である具体的労働はそれが抽象的労働の担い手となっているためには、一定の労働力の行使でなければならないのである。

さらに、労働力が労働者の能力であるからには、労働者自体が一定の性格を持たなくてはならない。この事情が資本制社会の発展とともに労働者の労働能力が発展する根拠である。「マルクスによれば、機械制大工業が一面において生産の技術的基礎を、労働者の機能を絶えず変革し、一生産部門から他の生産部門への移動を絶えず引き起こすということによって労働者の可能な限りの多面性を発展させ、こうして全面的に発達した諸個人をその不可欠の前提とするようになる……。そして高い様々な諸能力を労働者諸個人が持つに至ることなくしては機械制大工業は成り立ち得ないのである」[16]。とはいえ、その能力は資本の能力として資本に吸収される。それ自身であろうとする要求を持つ具体とこの具体をもっぱら己の担い手として、代理として己に同一化する自立した抽象的普遍のあり方の間にある、私見では資本主義では和解不能な矛盾に、以上のような労働者の諸能力の発達は絡み付かれてもいる。

さて、かの転倒は具体的労働と生命力の支出・生理学的活動の間にある内在的超越の解体である。では、その転倒は如何なる意味で内在的超越の解体であるのか。

近代以前、生理学的活動（生命力の支出）としての労働は社会関係（支配関係）のうちに埋め込まれ、その社会関係によって規定されていた。労働は、人間と自然との関係軸で見れば、自然に関して内在的超越である人間の活動であり、それゆえ人間的自然の活動として身体的活動でもある。それゆえ、労働は身体的活動、つまりマルクスの言う生理学的活動、身体的活動という点においてそれ自身である。人間的自然は自然であり、自然の一形態であり、その身体的生理学的活動はそれ自身においてそれ自身を超越して具体的労働としてあり、労働においてそれ自身である。これは人間が自然に関して内在的超越であるということである。身体的生理学的活動がそれ自身において具体的労働であるということは、人間が自然に関して内在的超越であることとの一側面である。生理学的活動という点は、あらゆる労働に関して語られる抽象的規定であるが、労働の領域に遍在するという意味で抽象的普遍であり、この点からすれば、今の文脈では具体的労働について語られる抽象的普遍である。それで、ここに見られる内在的超越は、具体的労働と抽象的普遍との間の内在的超越として、具体的普遍である。

ところが、資本の前史としての本源的蓄積において進行する歴史過程は、その生理学的活動（生命力の支出）が具体的労働から自立化し、マルクスの言う抽象的労働として、具体的労働からいわば自立化し、具体的労働を己の担い手とするという、かの転倒を確立する。このとき、世界の存在者は抽象的労働が産出する価値の単なる担い手に還元されていく。抽象的普遍が一種生命体の如く運動するようになる。それは自然から自立化するのである。このとき、抽象的普遍が主体となって、具体を己の下に服属させる。資本は抽象的普遍の運動として、一種疑似‐自然化する。[17] 労働は人間が自然に関して内在的超越であるが故に可能であるが、あくまでこの条件のもとで、その内在的超越が解体される。抽象的労働とそれが産出する価値はいわば自然から自立化した疑似‐自然として、自然から自立化すると同時に、その自然を己の担い手にする。人間は自然に関して内在的超越である自然、人間的自然であり、人間労働（具体的労働）はそうした人間的自然の活動であるが、この人間労働がそれから自立して運動する抽象的労働の担い手に還元される。このときに、抽象的労働とその産物は疑似‐自然となる。世界の疑似‐自然化とは物象化の一形態であって、それゆえ、物象化とは人間労働に関するかの内在的超越、従って具体的普遍の解体形態である。今一度言えば、ここに見られるのは、人間が、従って人間社会が自然に関して内在的超越であることの解体である。世界のあらゆる存在者が価値の担い手に還元されて行くが、抽象はしかし具体から切断されてそれ自身として具体から遊離して存在することは出来ない。

　具体と抽象（的普遍）との位置価の逆転が近代において生起する。この逆転とともに、単に労働ではなく、抽象的労働の担い手となった労働を介して、社会が編成されていく。このとき、抽象的労働の産物たる価値と増殖する抽象的普遍たる資本は、自然との結びつきを決して解かれることは出来ないという意味で自然の制約のうちにいながら、自然から自立化した疑似‐自然となる。人間は自然に関して内在的超越であるが、自立的に運動する抽象的普遍・疑似‐自然とともに、この内在的超越は解体される。近代以前では、労働は社会関係・共同体の内に埋め込まれていた。こうした労働形態・具体的労働は人間の生命活動の一つであり、人間の生活行為の一つであるが故に、労働は人間的生の一形態である。そして、労働が生命－生活の形式であることによって、それは自然の、そして自然の生命圏の内に埋め込まれている。人間は自然に関して内在的超越であるが故に、そうした労働は人間の生命活動の一つとして、自然、自然の生命圏に対して内在的超越であった。ところが、抽象的普遍の一種生命的なものの如くに運動する資本の成立とともに、社会は自然から自立化するとともに、他方では、自然との結びつきを解かれることは出来ない。抽象的労働の産物である価値は具体的な労働生産物との結びつきなしには、換言すれば、労働生産物を担い手とすることなしには、存在することはできない。価値の担い手となった存在者が商品である。価値は労働生産物がその担い手となっているということによってのみ存在することができるという事情が、悪無限的な蓄積衝動を有する資本が自然の存在者を悪無限的に価値の担い手に変換していくことの根拠である。

5　内在的超越の解体（2）

次に、普遍・特殊・個の場合における内在的超越の解体を扱う。アドルノによれば、社会にあっては、普遍的なものの特殊なものに対する支配がある。この普遍的なものの特殊なものに対する支配は社会のその成員に対する支配である。ここで、特殊・個に対して、つまりその成員に対して、社会が普遍的なものである。

既に述べたように、人間－人間関係（態）において、この関係にある人間（人間諸個人）は特殊であり、人間－人間関係は普遍である。それ故にまた、諸個人、諸集団が相互に出会い、そこに形成される相互の関係性の場も普遍であることになる。こうした普遍は、人間の歴史的行為において、実在的な反省的判断力の働き・作用を通して産出される。カントの言う反省的判断力は特殊から普遍を生みだす（思考的）働きであるが、ヘーゲルはこれを存在そのものの運動として捉えていた。人間－人間関係が産出される場合、そこには実在的な反省的判断力が働いており、「普遍」を生みだす行為は人間の歴史的な行為であって、この場合、普遍は人間と人間とを一定の仕方で結びつける「力」を含んでいる。否、この場合には、実在的な反省的判断力の働き・作用（実在的普遍化。これは普遍の産出である）は人間たちを結びつける「力」の産出である。先に挙げた例を繰り返せば、ヘーゲルにおいて、特殊・個である独立的人格はその独立性を廃棄し、それが他の人格において自らが重んじられることを欲するということによって、人間－人間関係態である家族を形成する。(18)これは特殊からの普遍の生成である。

今の文脈では、実在的な反省的判断力の行使・働きは人と人とを結びつける「力」の産出であって、この「力」は支配という形態をも取りうるのである。人間－人間関係がある人間の他の人間、あるいはある人間集団の他の人間集団に対する支配という形態を取るのなら、人間－人間関係は支配の関係であり、このとき人間－人間関係という普遍自体が特殊でありかつ被支配者である人間（個人）に対して、彼を支配するものとして現れる。

この場合には、被支配者にとって他の人間が支配者として現れるとともに、支配－被支配関係（普遍）自体が、彼に疎遠な関係として、彼から自立化しかつ彼を従属させるものとして現れる。一般的に言えば、普遍はここでは二つの意味において現れる。その人間－人間（あるいは人間集団－人間集団）関係において、支配者は支配する身分（ないし階級）として登場し、被支配者は支配される身分（ないし階級）として登場するが、身分（ないし階級）というのは、先に言及したカテゴリー的普遍であって、それ故、ここで人間－人間関係（態）は、支配身分（階級）と被支配身分（階級）という（カテゴリー的）普遍の間の関係となる。つまり、人間－人間関係態という普遍は、カテゴリー的普遍の間の関係として構成されるわけである。個人はこのカテゴリー的普遍に同一化され、それ故、とりわけ被支配者たる個人は人間－人間関係態という普遍（一般的に言えば、社会）において、己自身を自由ではない存在として経験する。人間－人間関係態という普遍は個人に対して自立化したもの・超越したものとして現れ、個人はこの普遍に包摂される。この場合に、個人はそうした普遍において、それ自身としてあるというより、彼に対して自立した普遍に支配され、あるいはそれへと同化される存在としてある。それ故、ここでは個人は、それ自身でありながら、それ自身を超出して普遍に至り、この普遍において、それ自身である存在であるという、内在的超越性は解体している。むしろ、逆に個人は普遍への超出において、自由な存在ではなく、自由ではない存在として自らを経験する。

これに対して、再びヘーゲルに言及するが、ヘーゲルが語った家族は内在的超越の一形態である。ヘーゲルの言うに、家族は精神の直接的な一体性（Einheit）であり、私は他の人格において自分を獲得する。つまり、私は私を超出して他の人格に至り、他の人格において自分自身である。だから、私は家族において、家族という普遍において、私自らである。

だから、実在的な反省的判断力の働き（実在的普遍化）によって産出される普遍に二つの場合を区別することができる。すなわち、内在的超越がある場合と内在的超越が解体している場合とである(19)。後者の場合、普遍の特殊・個に対する自立化において、内在的超越は成立していない。普遍は特殊・個に対して支配するものとして特殊・個に対して超越するのであり、特殊・個は普遍に同一化される。自立化した普遍への特殊・個の同一化こそが支配である。そして、この同一化は内在的超越の解体である。この場合、普遍は先ず特殊に対して超越するものとして現れ、特殊はその普遍に同一化されるのである。だから、アーレントが語ったあの「机」は支配の媒体でもありうるのである。「机」の消滅によってアーレントが語ったのは人間と人間とを結びつける普遍に内在する力の解体であり、それは普遍そのものの解体なのである。これは普遍の消滅であり、普遍の消滅は普遍の特殊に対する自立化とその普遍への特殊の同一化とは区別されなければならない。

私は先に、具体的普遍においては、普遍は特殊に対して自立化・超越化しておらず、内在的超越の場合であり、具体的普遍にあっては、普遍は特殊・個は己自身でありつつ普遍へと超越し、この超越において己自身であるという普遍と特殊・個の間の運動のことである。この内在的超越が解体する場合には、普遍が特殊・個に対して自立化して、特殊・個を己の下に服属させてそれを支配する、あるいは特殊・個が不当に己を普遍へと上昇させ、自らを普遍と偽り自らを普遍と同一化する場合があろう。これは具体的普遍の解体であり、それ故、内在的超越の解体である。

相互に異質な諸個人・諸集団の出会いにおいて、相互承認がそれらの間の関係において構成的であるとき、その相互承認によって作り出される場としての審級は普遍である。しかしもし諸個人・諸集団が自己の内に閉じこもり、相互承認を否認するならば、彼らは相互に疎遠なものとして対峙することになり、時にはそれは殺し合いにまで発展する。これは内在的超越としての具体的普遍の解体であり、内在的超越の解体の一形態である。

内在的超越の解体は、普遍的規定（カテゴリー的普遍）が特殊・個から自立化して立てられ、その普遍に特殊・個が同一化される場合にも生起する。この普遍が特殊・個に対して予め自立したものとして立てられ、その普遍に特殊・個が同一化される。そうした普遍的規定が否定的な意味合いを持つ場合、その範例ともっぱら見られた特殊・個は否定され排除すべきものとして現れる。こうした場合には、具体的普遍に見られる内在的超越の運動は消えてしまっている。その普遍的規定（カテゴリー的普遍）を諸個人・諸集団に外的に張りつけ、彼らをもっぱらその普遍の範例・担い手に還元することが内在的超越の解体をもたらすのである。内在的超越の解体は、諸諸個人・諸集団がそれ固有の生（生命－生活）を営む存在であることの承認の解体でもある。私見では、特殊・個が固有の生を営むことの相互承認は内在的超越のことにほかならない。それゆえ、相互承認の否認は内在的超越の解体である。

今、カテゴリー的普遍について語るが、特殊・個からの普遍の自立化にあっては、普遍が特殊・個に対して威力をふるう。我々の生活世界で様々な形態をとって存在している普遍と特殊・個の関係における転倒形態は歴史的に形成されたものであるが、生活世界で様々な形態で存在しており、それゆえ我々の生活世界の内で知覚可能である。ここで、私はカテゴリー的普遍と人間－人間関係態としての普遍両者を含めて、内在的超越が解体するいくつかの場合をまとめておく。

① カテゴリー的普遍が特殊・個に対して自立化して、普遍が特殊・個をおのれの手段とする。あるいは、普遍が特殊・個を単なる範例にする。

② 特殊・個が相互承認の場という意味での普遍に対して、普遍を追放して、自己に閉じこもる。（これは原理主義であろう。）

③ 特殊が己を（カテゴリー的）普遍として、普遍に自己同一化する。これは個が普遍を僭称する場合である。

④ 特殊・個に対して普遍が自立化し、世界に己を実現しようとして、特殊、個別を破壊し、消滅させる。それは己の世界での実現の障害となるものを破壊し、消滅させることである。

③の例に言及すると、近代市民階級は絶対主義体制への対抗において、自らの特殊利害を類一般の利害の変装の元に押し出していた。公論という普遍性は特殊利害を隠し持っていた。これは特殊の普遍への不正な格上げであっ

て、この意味では、特殊が直接的に普遍として現れ、これは市民階級以外の階級にとっては、偽装、変装された普遍の自立化となるのである。この場合にはある特殊の他の特殊に対する支配となる。近代市民的公共圏にあっては、一方では、具現的公共性は打破されたが、他方では、③の場合が孕まれていた。

以上私は内在的超越の解体を大きく二つの場合に分けた。一つは①抽象（的普遍）が具体から自立化することによって、例えば、人間の生理学的活動という労働に関する抽象的普遍の形態が実在抽象化の過程を通してマルクスの言う抽象的労働に転化し、具体的労働を己の担い手に還元する場合であり、他は、普遍と特殊・個に関わる内在的超越の解体である。(20)

6　物象化（Versachlichung）

私は物象化を内在的超越・具体的普遍の解体の現象として捉えよう。具体的普遍は運動においてあり、この運動において普遍と特殊・個が不適合になることがある。これは具体的普遍（内在的超越）という運動の内的契機であって、内在的超越の解体と同一視されることはできない。私は物象化を大きく見て二つの形態に分ける。一つは、近代資本主義において生じたものであって、具体に対して自立化した抽象（的普遍）が具体を支配するに至るという事態。もう一つは、普遍の特殊・個に対する自立化と特殊・個に対する自立化の現象である。この場合にも、具体あるいは特殊・個は（超越となった）抽象（的普遍）（実在抽象によって産出される）あるいは普遍（実在的な反省的判断力の運動によって産出される）の担い手に還元される。(21)内在的超越の解体のここで言及された二つの形式は我々の生活世界において複雑に絡み合う。

具体から自立化して具体を支配する抽象にあっても、特殊・個を支配する普遍にあっても、それ自身であろうとする具体、特殊・個とそれから自立化したものの矛盾は、抽象と普遍とがそのようなものであり続ける限り、和解不能である。今、具体から自立化して運動し、具体を己の担い手にする場合を考えてみれば、具体が抽象の担い手に還元され、そうしたものとしてはじめて意義を持つ世界では、具体は自律的ではなく、他のものによって規定されている。それ自身であろうとする具体の要求とそうした抽象の支配とは、つまり、具体を単なる担い手に還元する抽象の動向とは和解不可能である。和解不可能であるというのは、他に従属するのではなく、それ自身であり、自律的であることの要求と他のものの担い手・代理としてのみ存在する具体との間の和解が不可能だということである。マルクスが語った、本源的蓄積の「成果」であり、「近代史の作品」である労働者はそうした「和解」の一形態であろう。けれども、これによって、かの矛盾が解消され尽くすのではない。その矛盾は人間の歴史過程において具体の反抗・抵抗として、反乱として絶えず現れてくる。それ故にこそ、偽りの和解を生みだす「努力」が行われてきもした。

以上、私は物象化を大きく、抽象と普遍という二つの場合に分けた。一つは、抽象の具体に対する自立化と具体に対する支配であり、もう一つは普遍の特殊・個に対する自立化と特殊・個に対する支配である。[22]いずれも、内在的超越が解体している人間生活の形態である。いずれの場合にも、抽象と普遍は人間生活において、諸個人から自立したもの、一種の疑似‐自然として現れる。私は、そうした人間生活の内在的超越の解体が進行する歴史を人間の自然史と呼び、それに対して、内在的超越の解体に抗し、内在的超越を体現する生活形式を生みだそうとする過程を自然の人間的歴史と呼んだ。自然の人間的歴史と人間の自然史とは、人間の歴史において相互に抗争し、絡み合う。

ただし、人間の自然史、従って内在的超越の解体には今ひとつの形態がある。それは、社会という普遍そのものが、従って人間と人間との関係が解消してしまう場合である。

アーレントは暗い時代について、そして暗い時代の人びとについて語った。暗い時代というのは、二〇世紀前半の時代であり、そこで生じていたのは、①政治的には、国民国家の衰退と没落であり、②社会的には階級制度から大衆社会への変質であり、③精神的にはニヒリズムの擡頭である。ニヒリズムは今や大衆現象となった。アーレントの言うには、ブレヒトの目に映ったのは、破壊のための四年間、つまり第一次世界大戦という嵐は、あらゆる人間的な痕跡を、文化的目標や道徳的価値、確固とした評価基準や道徳的行為の堅固な道標などを吹き払った。あらゆる価値が崩壊した故に、人間的価値も崩壊した。これは人間間の（人間的な）諸関係を規定する諸価値の解体であり、それゆえに、アーレントの言い方ではないが、人間間の内在的超越の解消でもある。これは人間生活を規制する諸価値の解体であるために、世界は今や瓦礫の集積として現れた。これは人と人との間の距離が破壊されたということであり、そもそも関係性の解消である。とすれば、内在的超越の解体には、普遍と抽象の支配と関係性の解消とが区別されるべきである。大衆とは、あらゆる人間関係性の解体としての原子化の現象であり、これはまさしく全体主義の温床である。換言すれば、関係性には内在的超越とその解体の形とがあるが、これら両者と関係性の解体とは区別されることになる。私はいずれも人間の自然史過程と解する。それは人間の自然史の一局面である。

(23) (24)

7　内在的超越の解体と人間の動物化

私は人間を人間的自然（人間的生（生命－生活））として、自然に関して内在的超越として捉えた。人間は自然であり、この意味で自然に内在しながら、同時に自然を超越するのであり、自然を超越することにおいて自然である。(25)人間が自然に関して内在的超越であるということが人間の歴史の可能性の条件である。もし人間が自然に関して内在的超越でないならば、人間の歴史は可能ではないであろうし、また人間が自然に関して内在的超越であるが故に、人間の自然への還元もまたありうるのである。以下、人間の自然への還元ないし退化に関するいくつかの議論と内在的超越を打ち立てようとする人間の努力についてのいくつかの議論を見ておくことにする。

①アーレントは人間の動物化について語った。人間はダーウィン以来、自分たちの祖先だと想像しているような動物種に自ら進んで退化しようとしており、実際にそうなりかかっているのである。語られているのは、人間の動物種への退化である。私の言い方では、人間は自然に関して単なる内在でもなく、また単なる超越でもなく、内在しながらの超越というあり方をする存在者であるがゆえに、そうした退化が可能である。この退化はあくまで、人間が自然に関して内在的超越であるということを条件としており、人間的自然の自然への退化であって、この退化において人間が実際に動物種へとなってしまうのではない。

アーレントはナチの収容所におけるある目的、全体的主義の究極目的について言及している。その究極的目的とは、人間の自発性を完全に消去して、刺激への反応へと人間を還元すること、人間をその反応が完全に計算することが出来、それゆえ完全に条件づけられた存在者に還元することであった。それは人格の解体であり、この解体はいくつかの段階を経て、遂行された。第一段階において、法によらない逮捕によって法人格が破壊され、第二段階において、強制収容所が他の世界から切断されることによって、犠牲者は無意味な者、空虚な者、愚にもつかない者とされ、最後に、苦痛を恒常的なものとすることで、犠牲者は「『同一の反応』をする最小限の公分母にまで還

と通常見なされている限界は乗り越えられうる」という過程において、人びとは「反応の束」に還元されるが、こうした還元は「人間の条件に内在すると通常見なされている限界は乗り越えられうる」[27]ということを示している。

私たちは、強制収容所の目的が、人々を反応の束になるよう訓練し、人々をパヴロフの犬のように振る舞わせ、人間の心理から自発性を跡形もなく消し去る実験室として役立つことにあったのを知っている。しかし、私たちは、どこまでこのことが実際に可能になったかについてはただ推測するほかはない――自死の割合が驚くほど低いことと併せて、収容所の条件のもとでは確実に待ち受けていることがわかる自らの死にすべての人が恐ろしいまでの従順さをもって赴いていったことが、このことを不気味に暗示している。私たちは、そうしたプロセスがいったんその極限にまで達すると人間の社会的・個人的行動に何が起こるかという点についても、ただ推測するほかない。私たちは、生存者がそれについて一様に説明する、非現実性という一般的な雰囲気は知っている。しかし、あたかも別の天体に生きるかのように人間が生きるとき、人間の生がどのようなものになるかについてはただ推し量ることしかできないのである。[28]

人間を、他者を究極的にその自発性を欠いた、外的刺激に対する反応の束としか見ることの出来ない者がいるとすれば、その人は他者を機械を製作するように製作しようとするであろう。ここでアーレントが語っているのは、人間を同一の反応をするように条件づけられた存在者へと還元することである。これは人間が自然に関して内在的超越であることの解体であり、調教の極限的形態である。

ところが、ナオミ・クラインがチリやアルゼンチンの軍事政権が行った拷問などについて報告していることは、アーレントが語ったことと位相を異にしている。ナオミ・クラインは次のように言っている。

いずれの国の真実和解委員会の報告を見ても、拘束された者に自らの自己意識と切り離すことのできない信条への裏切りを強制するシステムが存在していたことが、証言によって語られている。ラテンアメリカの左派の人々の大部分がもっとも大事にしていた理念とは、アルゼンチンのラディカルな歴史学者オスバルド・バイエルの言葉を借りれば、「唯一の先験的神学、すなわち連帯」である。連帯の重要性を十分理解していた拷問者たちは、拘束した人々にショックを与えることで、人間同士の社会的結びつきの衝動を抹殺しようとした。［……］何よりも他人を助けることを優先しようとする彼らの信念、言い換えれば彼らを活動家たらしめていた要の部分を回復不可能なほどずたずたにし、代わりに恥と屈辱を与えてやろう――拷問する側はそう目論んでいた。［……］こうした状況下では、拘束された者同士が小さな思いやり（互いの傷を手当てする、わずかな食べ物を分け合うなど）を示すことが究極の反抗とみなされ、そうした行為が発覚すると厳しい罰が与えられた。拘束された人々は否応なく個人主義的になるように仕向けられ、自分に加えられる拷問がさらに厳しくなるか、仲間の拘束者への拷問が激しくなるかの間で、常にファウスト的な選択を突きつけられた。(29)

ここに見られるのは、人間を単なる刺激に対する反応の束に還元しようとすることではない。拷問者の目的は別のところ、すなわち、人びとに「自由放任資本主義の中核にある冷酷無比な考え方」(30)を受け入れさせることである。アーレントが述べたこととナオミ・クラインが述べたことの間の違いは、全体主義体制下の強制収容所における出来事と南アメリカの軍事政権のもとで起こった出来事との違いである。南アメリカの軍事政権が行ったのは、新自由主義の実験であり、拷問は人間を新自由主義に相応しい人間に改造することであったが、アーレントが述べたこととナオミ・クラインが述べたことといずれにあっても、人間を一定の目的に従って製作することに代わりはない。

　以上のような事態は、人間が自然に関して内在的超越であるとともにそれ自身に関しても内在的超越であるという人間のあり方を破壊する。人間の行為の自発性は人間が己自身に関して内在的超越であること（すなわち、自分自身の行為を反省的に了解する能力）を条件としており、他者との連帯は、それ自身でありながら同時に他者へと超出し、この超出において自分自身であることを条件とする。これは人間の自然に関する内在的超越という性格、私見では、人間にとっての、人間が人間であることの条件である自然に関する内在的超越性の解体である。しかし、内在的超越のこの解体は社会的物象化の二つの形態（抽象と具体に関わる物象化と普遍と特殊・個に関わる物象化）における内在的超越の解体とは同じではない。

8　センとヌスバウムの議論

　ここで、私はA・センとM・C・ヌスバウムの議論の若干を見てみることにするが、それはセンとヌスバウムの議論のうちに、両者は「内在的超越」と「内在的超越の解体」という語を用いていないけれども、普遍と特殊・個に関する内在的超越とその解体という観点が組み込まれていることを、換言すれば、「内在的超越」と「内在的超越の解体」という語によって再現されうる思考要素が組み込まれていることを示すためである。

［a］センの議論と内在的超越

コミュニタリアニズムとリベラリズムとの論争があった。A・センはM・サンデルらのコミュニタリアニズムに対して批判的距離をとっている。諸個人の共同体意識や仲間意識といった社会的アイデンティティは人間の行動に対して確かに重大な影響を与え、「社会的アイデンティティは、まさに人間生活の中心にあると言える」(31)。確かに、倫理や規範、知識、理解力を身につけるとき、共同体が人々に大きな影響を持っている。けれども、センによれば、そうした社会的アイデンティティは人間の行動を規定する唯一かつ究極的なものではない。行動がいつも他者との同一化によって影響を受けており、それに尽きるというわけではないのである。諸個人が行動様式を熟慮して選ぶ場合も、あるいは進化論的な選択の場合もアイデンティティの概念は重要である。けれども、この社会的アイデンティティには、センの言うに、理性が先行しているのである。社会の中で人は己の位置を了解し、これが諸個人の社会的アイデンティティをなすが、こうした諸個人の社会的に獲得されたアイデンティティは究極のものではなく、そこには熟慮した諸個人による選択の可能性があり、それゆえ社会的アイデンティティは理性による自己選択の結果でもあり得るのである。

M・サンデルは、そのJ・ロールズ批判において、負荷ありし自己について語ったが、センはここで、ロールズに対する次の趣旨の批判を取り上げる。すなわち、ロールズの求めるような正義論の規則を適用しようとしても、共同的連帯意識や社会的アイデンティティがあらかじめ確立されていなければ、実際には無理であろうし、共同的連帯意識がないところでは、正義の原理は成立し得ないという批判である(32)。つまり、抽象的に措定された人間というものは社会的アイデンティティを持たないであろうし、またそうであれば、その人間というものは何かを感じることもないであろう。テイラーからすれば、共同体生活の定義には、ロールズが言うような正義以外のものが含まれなければならない。
これに対するセンの反論は以下の通りである。

①　もし仮に（サンデルが言うように）共同的連帯意識のないところでは、正義の原理が成立しえないということが判明するとすれば、連帯性の要請は正義の要求の「一部分」になってしまい、ロールズがとなえる正義の必要性を切り崩す対抗原理ではなくなってしまうであろう。
②　サンデルにしても、他の誰にしても、ロールズの提示する規則が強い共同体意識といえる強固な結束力を持たない社会では長続きしえないということについて、経験に基づく十分な証拠を提示していない。
③　共同体意識が共同体内部で常に正義の心強い味方であるとしても、正義の方は共同体意識だけを頼りにすることはできない。というのは、社会的相互作用というものは、愛情や仲間意識のきずなで固く結ばれたもの同士ばかりで成り立っているわけではないからである。(33)

なるほど、もし正義というものが共同体意識（ないし負荷ありし自己）だけを頼りにすることができないとすれば、共同体意識ないし負荷ありし自己は何らかの仕方で自己を越えなくてはならないであろう。この点について後に立ちいることにし、先ず、社会的アイデンティティの諸個人による選択可能性について見てみよう。

共同体主義は決定的な集団的アイデンティティを選択の問題にはしない。そうではなく、自己実現の問題にする。サンデルによれば、共同体は、その同じ共同体の市民として成員が持っているものだけではなく、彼らが何者であるかを表している。センからすれば、こうした解釈をすれば、アイデンティティがまず先にあって、その後に選択に必要な合理的判断が来るということになる。すると、人のアイデンティティというものは、その人が決定するものではなく、探し出すものだということになる。我々は実際のところ、アイデンティティに関しては実質的な選択はできず、だからこそ自分のアイデンティティを発見しなければならないというわけである。けれども、センによれば、これですべてだというわけではない。例えば、ガンジーはよく考えた末に英国風の法的正義を追求する敏腕弁護士としてのアイデンティティよりも、イギリス支配からの独立を求めるインド人としてのアイデンティティを優先させようと決断している。[34] これは熟慮（理性）に基づく決断であり、この場合には、社会的アイデンティティに対して理性が先立っていることになる。このように、理性に基づく選択は重要であるが、このことは我々が行う選択が、一度きりのものであって、永遠に不変のものだということを意味するわけではない。選択という行為は何度も繰り返して起こるプロセスなのである。

このように、センからすれば、共同体意識ないし社会的アイデンティティ（サンデルの言い方では、負荷ありし自己）はいわば絶対的・不変的なのではなく、理性に基づく選択が可能なものであり、人びとは複数の社会的アイデンティティを持ち、状況に応じて、あるアイデンティティを持って振る舞うのである。

とはいえ、我々がどんな選択でも無制限に行える、ということはない。我々のアイデンティティに関する現実的な選択肢は、いつでも状況、経歴、歴史などによって制限されている。重要な問いはそうした選択が存在するのかどうか、そしてどの程度まで選択は実質的なのか、という問いである。

また我々はどこでもない場所から判断することは出来ない。とは言っても、人がこれまで築いてきた人や社会との繋がりはどんなものでも断ち切ることは出来ない、というわけではない。ある仕方で我々はそれを断ち切り、自己選択を行うことができるが、しかしそれは何のアイデンティティもない負荷なき位置からの選択なのではない。

それは人がそこにいることになった負荷ある位置の中での選択であり、「選択するためには、どこでもない場所から任意の場所へ飛んでいく必要はないのである[35]」。

ここでセンは諸個人が行う自己アイデンティティの選択について語っている。この自己アイデンティティの選択はどこでもない場所からの選択ではない。もしそれがどこでもない場所からの選択であるとすれば、社会の中に位置し、状況のうちにある負荷ありし自己はその自己から離れてともかくその外に、あるいは世界の外に、そうした審級にならなければならないということになるであろう。そうではない。自己は負荷ありし自己でありつつ、ということは自己に内在しつつ、自己を超越して自己を反省的に主題化し、自己のアイデンティティの選択を行うのであり、だから、自己のこの運動は内在的超越の運動である。自己は自己のアイデンティティを簡単に他のアイデンティティによって取り替えることが出来るものではなく、その過程は苦悩と熟慮を伴う過程である。

ここで、センが語っている選択は、私見では、内在的超越の運動において行われる。この選択をなすとき自己は内在的超越の内に生きている。この内在的超越の運動は人間言語の内在的超越性という性格なしには、あるいは内在的超越（Ⅰ）の運動を行うことが出来るという能力なしにはあり得ないであろう。負荷ありし自己は内在的超越の運動の中で、内在的超越（Ⅱ）を行う。センが挙げているガンジーの例では、彼の自己は英国風の法的正義を追求する敏腕弁護士としてのアイデンティティに対してイギリス支配からの独立を求めるインド人としてのアイデンティティを優先させた。この決断は別様に言うなら自己が遂行する内在的超越の運動にほかならない。決断という人間的生の生活の一つのあり方は、人間的生の内在的超越の形態である。というのは、人はこのとき自己のアイデンティティにおいて生きつつそれに反省的に関わっているからである。

存在の相互承認の場としての普遍とその解体

センは言うが、社会的アイデンティティは唯一のものというわけではない。諸個人は通常同時にいくつかの集団に属しており、それ故複数の社会的アイデンティティを有している。ある人Ａは、様々な複数の集団に所属し、だから、Ａは色々な複数の集団的諸属性を持っている。このようにして、諸個人は複数の社会的アイデンティティを持つのである。ある状況のもとである特定の標準的集団的アイデンティティを強調する時には、それを選択する合理的根拠がなければならない。自分をドイツ人ではなく、ヨーロッパ人と見なすべきなのか、それともアイルランドのカソリック教徒ではなく、アイルランド人と見なすべきなのか。また、人びとをグループ分けする場合、色々な地図や方法がある。ある人は、イタリア人、女性、フェミニスト、財政保守主義者、ロンドン市民であって、このように人は複数のアイデンティティを持ち、それらのアイデンティティは互いに関連し合っている。「ときおり、事態がもっと大きくなると、アイデンティティの葛藤の規模がさらに拡大することがある。例えば、ある特定の国、あるいは特定の文化のなかに生まれたからといって、その国や文化のなかで暮らす大半の人びととは全く違った仕方、あるいは忠誠心を持ってはいけないということにはならない[36]」。

センは次の例を挙げている。人々はヒンズー教徒、イスラム教徒、シーク教徒としてのアイデンティティ、インド人としてのアイデンティティ、アジア人としてのアイデンティティ、あるいは人類としてのアイデンティティを持っている。しかし、あることを機会に、インド人であった人びとがたちまちのうちにヒンズー教徒、イスラム教徒、シーク教徒というセクト別のアイデンティティに取って代わられてしまった。広くインド人だった人びとが急速にかつためらうことなく細かくヒンズー教徒やイスラム教徒に変わってしまい、続いて起こったことは虐殺であった[37]。ある集団が他の集団の存在を承認しないなら、その集団内部の連帯は集団同士の争いにつながりかねないのである。

ヒンズー教徒、イスラム教徒、シーク教徒たちはインド人だった。それぞれがインド人だったということは、それぞれはそれぞれの存在の相互承認のうちに生きていたということである。それぞれはヒンズー教徒、イスラム教徒、シーク教徒でありつつ、すなわちそれぞれの集団がヒンズー教徒、イスラム教徒、シーク教徒であることをやめることなく、自らを超越（超出）して、存在の相互承認の場という普遍のうちにあった。ここでヒンズー教徒、イスラム教徒、シーク教徒は特殊であり、その場が普遍である。特殊は普遍というその場においてそれ自身であったし、普遍はその特殊化においてそれ自身だった。これはまさしく内在的超越の運動なのであり、「インド人」という普遍的規定は、実は一定の領土的限定のもとでの、内在的超越の運動の名前なのだ。それは別の語では具体的普遍の形態である。ここで、それら諸宗教のいずれか、例えば、ヒンズー教が、自らを普遍として打ち立て、その普遍はイスラム教徒、シーク教徒にも共通の普遍なのだ、と自己主張するならば、その内在的超越という事態は解体してしまう。その普遍は諸個人から自立化し、この意味で悪しき普遍であり、特殊・個に対する支配の威力であることがありうる。この場合には、事態は社会的物象化（社会の基本編成に関わる）の一形態となる。

センが語ったことを敷衍しつつ事柄を一般的に述べるならば、次のようになろう。ある価値共同体を想定すると、この想定自体が怪しいが、それを言わないとして、そうした共同体の相互理解の場というのは、同時に己の価値共同体への反省の次元であり、相互理解の場である。ある成員は自らの共同体に属しつつ相互理解において自己への反省の次元に立つ。これは内在的超越の場である。この場においてある倫理は普遍化可能ではないことが認識されるということもあるだろう。その場に立つとき、自らの価値共同体の価値が変容することもある。相互承認の場では、ある共同体の価値は普遍性を体現する価値となるのではないか。とはいえ、この段階では、普遍性というのは、他者に開かれているという意味での、いわば態度として普遍性である。かの反省的相互承認の場に立つとき、そこに成り立つ原理というものがあるが、それは相互承認、相互尊重であり、そのなかでもろもろの善の相互調整も行われるであろう。そこには、相互理解がまだなり立っていないとしても、存在の承認が成り立つこともある。相互にいまだ理解していない場合にも、存在の相互承認ということは成り立ちうる。このことだけでも特殊な共同体の特殊性はある種普遍性を内化しうる。この特殊性は自己のうちに閉じこもった特殊性ではない。

特定の文化あるいは宗教の中に生まれ、それを身に付けたということは二つの相反する可能性の条件である。すなわち、特定の特殊な文化あるいは宗教を自らのものにしたということは他の文化・宗教の存在を承認する（ここで承認というのは、固有の生を営むものであることの承認を含んでいる）上での可能性の条件なのであり、(38)他方では、その同じことが相互承認の場が、従って内在的超越が解体してしまう可能性の条件なのである。

センは、あることを機会に、インド人であった人びとがたちまちのうちにヒンズー教徒、イスラム教徒、シーク教徒というセクト別のアイデンティティに取って代わられてしまったと言った。これは内在的超越の解体であり、それぞれは自分の内に閉じこもる。この自己内閉鎖はあの普遍の場の消失である。自己内閉鎖（超越から切断された内在）は虐殺へと導きうる。センの言うに、自己の文化への閉鎖要求が強い時には、人びとの態度は独断的となり、合理的行動の基準は人が帰属している共同体の基準以外にはなく、道徳的判断は人が帰属している共同体の価値、規範を基礎にする他はない、ということになる。「こういう場合には、大きな世界を互いの規範の影響が及ばないような小さな島々に分割してしまう傾向が見られる(39)」。

これは一特殊たる自己の文化のいわば絶対化であり、自己が自己でありながら、自己の外に出て行き（超越）、他の文化との相互関係性と相互了解の場に立ちいることができない、(40)ということを意味する。これは内在的超越の解体であり、自己の文化への閉じこもりは、自己の文化への反省的省察の遮断となるが、同時にこれは他の文化へと到達できないという意味での遮断でもある(41)。

さらに、センは、「黒人であるというアイデンティティはなるほど根本的な正義を求める上で重要な政治的要因ではあったが、しかしそれが黒人の持つ唯一のアイデンティティであって、他のアイデンティティの主張は一切考慮されないのだとしたら、抑圧的になる可能性がある(42)」と言うが、ここで語られているのは、ある種の転倒であり、(カテゴリー的)普遍(黒人であるということ)が特殊たるこの個人に対していわば自立化することであり、この個人の特殊性やその生活史を無視してしまい、特殊・個を単にそれから自立化した普遍の範例としてのみ見、それに同一化することである。これは物象化の一形態である(43)。センが言うに、そもそも文化というものの多くはそのうちに相当程度の多様性を持っており、成人で能力ある人なら、自分が教わってきたことを疑って、問いただす能力はだれにも備わっている。「事実、疑う能力があるから、われわれは動物ではなく、人間なのだといってもおかしくはない(44)」。疑う能力が働く場は内在的超越の場である。というのは、それは自己のアイデンティティ、自己の文化に対する反省的主題化を伴うからである(45)。我々が動物ではなく人間であるということの(一つの)意味は、人間が、人間的生が内在的超越であるということである。人間が「間」において初めて人間であるとすれば、内在的超越の解体は「間」の解体でもある。

他者の苦悩が己自身の苦悩になる。他者が私がなす同一化に抵抗するとき、この時にも、私は私の同一化を超越する他者に遭遇するのであり、私は自己に内在しながら、それを超越するものにぶつかっているのである。私見では、他者を目的自体として承認することは、他者を人間的生を営むものとして承認することである。異質な他者とは異質な人間的生である。そして人間的生は目的自体として承認され、この承認は無条件的、すなわち、定言的である。

［b］ヌスバウムの議論

M・C・ヌスバウムによれば、宗教的な人間に対して道徳的諸原則と宗教的な諸原則を完全に分離することを要求することなどできない。もしそのように分離させるなら、人間自身が自己において分離していることになるし、宗教的人間に対してそうした分離を要求することは暴力的で乱暴な話であろう。しかしながら、宗派によって究極的な宗教的目的は異なるとはいえ、共有できる道徳的で自然な善良さというものについて我々は語ることができるのである。

ヌスバウムはロージャー・ウィリアムズについて次のように言っている。

彼は、さまざまな宗教的・非宗教的な「包括的教説」を持った人びとは、「重なり合う合意」を形成できた時にのみ、平等の尊重という条件において共生できると論じた。「重なり合う合意」とは、政治的領域で「自立した free-standing」倫理的構想を共有することに合意し、同時に、ある包括的教説が他の教説を支配することを望まないことに同意することである。(46)

この共生を壊すものがある。それは、ウィリアムズの生涯にわたる論敵であったJ・コットンの「異端者や教義に従わない人間たちが裁かれ処罰され、それでもまだ悔い改めないときには、［共同体のなかから］追放されるのでないかぎり、共同体の健全な部分はそれらの人間の存在によって毒されざるを得ない［……］。異端者や教義に従わない人間たちは、私たちのただなかにいるサタンのようなものである」(47)という考えである。悪は自分たちにではなく、自分たちの外にあると考えたり、自分たちの社会の内部は純粋だと考えることが異質の他者に対する攻撃性を生みだすのである。嫌悪感という病理は世界を不潔で邪悪なものと純粋なものとに二分し、外部の者を邪悪で汚れた彼らと見なす。

これに対して、その共生を保証する原理としてヌスバウムが提起しているのは尊重－良心原則である。尊重－良心原則とは次のような原則である。

> 市民には様々な宗教への献身的な関わり［……］があるという事実を尊重することと、かつ良心の命ずるままに市民が行為してもよいような保護された場を提供することである。[48]

ただし、この原則はあらゆる人生観や宗教観がどれも等しく尊重されるべきだということを意味していない。というのは、中には立憲政治の秩序、あるいはまた市民の平等という規範を脅かすものもあるからである。このような人生観や宗教観には尊重－良心原則は適用されないのである。

ここでヌスバウムが語るのは多様な者同士が結ぶ共生の形態である。さらに、彼女の考えでは、異なる宗派において共有できるものがある。ここで、彼女はＪ・ロールズの「重なり合う合意」の概念を持ち出し、「宗教同士の重なり合い」という考えを提出する。既に先に私はヌスバウムによるウィリアムズの言明の引用に言及したが、そこには「重なり合う合意」という考えが現れていた。様々な包括的教説を抱く人びとは重なり合う合意が出来た時にのみ、平等の条件下で共同することが出来るのである。それゆえ、人びとが相互に異なる包括的教説を抱くということは、重なり合う合意を排除することを意味しない。

さて、私は次に以上のヌスバウムの議論を内在的超越とその解体という視点から照明を与え解読し、更に敷衍するように試みてみたい。

尊重－良心原則　尊重－良心原則によって生みだされるのは相互に異質な包括的教説を抱く諸宗教的集団が相互に出会い、存在の相互承認を通して生みだされる諸集団の相互承認の場である。存在の相互承認にはヌスバウムの言う尊重－良心原則が含まれている。

ここで、こうした場・空間、すなわち諸宗教的集団の相互存在の場・空間を私は普遍と呼び、包括的教説を抱くそれぞれの宗教的集団を特殊と呼ぶ。それぞれの特殊な宗教的集団は（場としての）普遍である存在の相互承認の場たる普遍へと歩みいるのであり、この超越を通して己自身である、すなわち、特殊である。それゆえ、ここに見られるのは特殊と普遍との間の内在的超越の関係・運動であり(49)、普遍はこの場合具体的普遍である。普遍は抽象化の産物としての抽象物ではない。

ヌスバウムの言うに、我々は道徳的諸原則と宗教的諸原則とを完全に分離することなど出来ない。もしそのように分離されるならば、人間は自己自身において分離していることになる。これは自己・人格の統合性の解体であろう。ここで、道徳的諸原則でヌスバウムは道徳的な自然な善良さを考えているのであるが、この道徳的な自然な善良さと各自の（宗教的人間の）究極的目的とは相互に分離できないし、分離して存在することはできない。道徳的な自然の善良さとは普遍（的規定・普遍的なもの）であり、各自の究極的目的は特殊である。これら両者は既に見たように分離されることはできない。というのは、両者は特殊的普遍と普遍的な特殊として相互に浸透しているからである(50)。この事態は内在的超越であって、この内在的超越が先に見た（尊重－良心原則を通して展開する）各宗教的集団の存在の相互承認の場における内在的超越、すなわち、各宗教的集団は存在の相互承認の場に歩み入り（超越し）、同時に己自身であるという、内在的超越となって展開する。

この内在的超越を解体するのは、特殊・個から自立して立てられた（カテゴリー的）普遍への特殊・個の同一化である。それは悪を外部に投影し、内部を善とする思考・志向であり、また純粋なものと不純なものへと世界を二分する思考・志向は、相互の存在の承認と相互理解の場としての普遍の解体であり、それゆえに、普遍と特殊・個との間の内在的超越的あり方の解体である。

ヌスバウムは包括的な宗教的教説を持つ各宗教的共同体が重なり合う合意において一致すると言っていた。この一致する点は、抽象化の作用の結果定立される抽象物ではないだろう。もしそのように重なり合う合意を単に差異を捨象した抽象物と考えるなら、私見では、それは普遍と抽象とを取り違えるものである。存在の相互承認に基づく各宗教的集団がそこへと己を超越して入り込むかの場・審級において、それらの相互作用の中で析出されて来る普遍的規定・普遍的なもの（カテゴリー的普遍）は具体的普遍であり、特殊・個に対して内在的超越である普遍である。こうした普遍は例えば立憲主義の擁護といったものである。

基本的ケイパビリティは、人間的生（生命－生活）の基本に関わるものである。それぞれ異なる包括的教説を抱く諸集団も、それらが異なる包括的教説を抱くためには、生き生活して行かなくてはならない。人間は人間的自然であり、自然に関しては内在的超越であるが、このことは人間が先ずもって身体的存在であり、自然的存在であるということである。ケイパビリティを考える際の基本は生命－生活であろう。この基本的ケイパビリティは、ヌスバウムによれば、アリストテレス的意味での本質である。かかる意味での本質としての（カテゴリー的）普遍はいつも具体的普遍の形態であって、特殊・個から切断された普遍ではない。このような普遍の観念は相互に異質な生活形式を有する諸個人・諸集団の共生が織りなす空間において反省的判断力の働きによって生みだされるが、この観念は人間が人間的生を展開する人間的自然であることの発現である。

さて、私は、次章において、内在的超越という点を視野において、近代の過程に関する簡単なスケッチを行う。

注

（1）ということは、内在的超越の解体がすべて物象化ではない、ということである。

（2）この人間－人間関係という軸を基礎にしてに形成される生活諸形式に関して、垂直的な関係性が成り立つ。水平的考察と垂直的考察の方向はいつも相互に絡み合っており、これは事態に対応しているのである。

（3）Vgl. G. W. F. Hegel, *Grundlinien der Philosophie des Rechts oder Naturrecht und Staatswissenschaft im Grundrisse*,Werke 7, Suhrkamp, 1970, §158, Zusatz.（S. 308.）

（4）吉田達『ヘーゲル　具体的普遍の哲学』東北大学出版会、二〇〇九年、五頁参照。

（5）С. А.Яновкая,”О так называемых《определениях через абстракцию》”,*Сборник статей по философии математики*,под редакций проф С. А. Яновской, 1936.

（6）А.Л.Сбботин,” Идеализация как средство научного пазнания”,*Проблемы логики научного познания*, Наука, Москва,1964, стр. 357. 同一化という抽象については、拙考「同一化という抽象」、『論集　第21号（人文編）』札幌商科大学・札幌短期大学、一九七七年、参照。

（7）これはなんらかの事態をその全体性において捉えず、その一面だけを捉えるものである。

（8）Vgl. I. Kant, *Kritik der Urteilskraft*, Werkausgabe X, heraus.von Wilhelm Weischedel,Suhrkamp, 1974, S. 87-88.

（9）吉田達、前掲書、八四頁。

（10）K. Marx, *Das Kapital*, Bd. 1, MEW. Bd. 23, S. 61（K・マルクス『資本論』①大内兵衛・細川嘉六監訳、大月書店、一九六八年、六三頁）.

（11）H. Arendt, VV, S. 66（H・アーレント『活動的生』森一郎訳、みすず書房、二〇一五年、六五頁）.

（12）H. Arendt, ebd., S. 72（H・アーレント、同上、七一頁）.

（13）H. Arendt, ebd., S. 72（H・アーレント、同上、七一頁）.

（14）H. Arendt, ebd., S. 72（H・アーレント、同上、七二頁）.

（15）見附陽輔はカッシーラーの「象徴的受胎」という概念に言及している。象徴的受胎というのは、感性的なものが意味の担い手として立ち現れることであるが、感性的なものが意味の担い手として現れるためには、感性的なものは無差別に何でもよいというわけではなく、感性的なものはそのためにある一定の性格を持たなくてはならない。そのためには、感性的なものの領域において、意味の担い手としてあるためにはそのための機能上有意義な特性に焦点が当てられ、機能上無意味なものは関心の外に置かれる（見附陽介『象徴機能と物象化――人間社会と時代診断に向けて』、北海道出版会、二〇一〇年、第四章の第二節「象徴的受胎――同一化と象徴機能について」参照）。

（16）拙書『ハーバーマス理論の変換』、梓出版社、二〇一〇年、三三八頁。

（17）世界の疑似‐自然化については、拙書『ネオリベラリズムと世界の疑似‐自然化』、梓出版社、二〇一六年参照。

（18）この場合、家族は一つの普遍と考えられている。

（19）アーレントが大衆社会状況に関して言ったことは人間と人間とを結びつけるあらゆる「力」の解体の場合であろう。

（20）これには、普遍が特殊・個から自立化して特殊・個を己に同一化する場合、普遍が消失してしまう場合などがある。両者は決して同じものではなく、相互に区別されなければならない。

（21）私は、実在抽象の場合について、物象化（Versachlichung）、物化（Verdinglichung）と物神崇拝（Fetischismus）を区別した。拙書『ネオリベラリズムと世界の疑似‐自然化　アドルノ・ホネット・ポストン・ハーヴェイ・ボルタンスキー・シャペロ』、梓出版社、二〇一六年、二六九―二七五頁参照。

（22）私は拙書『ネオリベラリズムと世界の疑似‐自然化』では、前者の場合に焦点を当てた。それは「精神（社会）が自然から離反し、自立化するとはどういうことか」、「このときに精神（社会）が（疑似‐）自然へと対抗するのは何故なのか」、「新自由主義および新自由主義的グローバリゼーションが人間の自然史の一層の展開であるのは、如何なる意味においてであるか」という問いに答えるというその書の課題設定に拠っている。

（23）Cf. H. Arendt, MDT（H・アレント『暗い時代の人びと』阿部齊訳、筑摩書房、二〇〇五年）.

（24）Cf. H. Arendt, ibid., pp. 228-229（同上、三五四頁）.

（25）それ故に、人間はまずもって自然存在である。

（26）H. Arendt, EU, p. 240（『アーレント政治思想集成 2』斎藤純一・山田正行・矢野久子訳、みすず書房、二〇〇二年、三八頁）.

（27）H. Arendt, ibid., p. 241（H・アーレント、同上、三八頁）.

（28）H. Arendt, ibid., p. 242（H・アーレント、同上、四〇―四一頁）.

（29）ナオミ・クライン『ショック・ドクトリン』上、幾島幸子・村上由見子訳、岩波書店、二〇一一年、一五八―一五九頁。

（30）ナオミ・クライン、同上、一五九頁。

（31）A・セン『アイデンティティに先行する理性』細見和志訳、関西学院大学出版会、二〇〇三年、八頁。

（32）ここで、センはテイラーの次の言明に言及している。

　サンデルの指摘のおかげでわれわれは次のような問題に気づいた。それは、ロールズが勧めるような平等主義的分配は、強い共同体意識による強固な結束力を持たない社会で、果たして長続きするのかどうか、という問題である。さらに、正義を社会生活の主要な美徳とするような共通理解に基づいて、こういった共同体を築き上げることはできるのかどうか、あるいは共同体生活の定義のなかには、他の善は含まれなくてもよいのかどうか、といった問題である（A・

センが引用したテイラーの論文と頁は、“Cross-Purposes: The Liberal-Communitarian Debate” in Nancy L. Rosenblum, ed. *Liberalism and the Moral Life*, Cambridge, Mass.: Harvard University Press,1989, p. 162. である。

(33) A・セン『アイデンティティに先行する理性』、一七頁参照。
(34) A・セン、同上、二四頁参照。
(35) A・セン、同上、三六頁。
(36) A・セン、同上、二二頁。
(37) A・セン、同上、三〇頁。
(38) ある規則の習得は、他のそれと非共約的でさえある規則の理解可能性を与えるものである。もとより、努力なしにはこの理解は達成されないが、原理的な事柄としては、ある言語の習得こそが他の言語の修得と理解の可能性を与えるのである。
(39) A・セン『アイデンティティに先行する理性』、一一頁。
(40) アーペルの用語で言えば、これは超越論的言語ゲームということになるであろう。
(41) ヘイトスピーチはこの類であろう。ヘイトスピーチには、それを生み出す社会心理学的要因があるが、思考のあり方という点からすれば、それは内在的超越の解体である。
(42) A・セン『アイデンティティに先行する理性』、三二頁。
(43) センは、「アイデンティティにおける多元性、選択、合理的判断を否定することは、暴力や野蛮のみならず今も昔も変わらない抑圧を生み出す原因となる可能性がある」（A・セン、同上、三三頁）と言っている。
(44) A・セン、同上、三七頁。

（45）センは開放的普遍性について語っている。これは自分の立場からの観点が持つ限界を超える必然性であり、自分の立場から自由になることであるが、自分の限界を超えるということは超越の運動であるだろう。

（46）M・ヌスバウム『良心の自由　アメリカの宗教的平等の伝統』河野哲也監訳、慶應義塾大学出版会、二〇一一年、五四六頁。

（47）M・ヌスバウム、同上、五八頁。

（48）M・ヌスバウム、同上、三四頁。

（49）関係は静的なものではなくて、運動である。つまり、内在しつつ超越し、超越しつつ内在するという運動である。

（50）もし道徳的に自然な善良さを「正義」と呼び、各自の究極的な目的を「善」と呼ぶならば、正義と善は相互に切り離されることはできないということになる。してみれば、善の追求と正義の追求は相互に切り離すことは出来ないということになる。正義の追求と善の追求が相互に切断できないが故に、善の追求は正義の内容を一層豊かにするために寄与しうるのである。

第六章　近代の過程

近代に至るまでは商品交換はまだ全面的に発達していたのではない。商品交換の全面的発展と実在的抽象化による抽象的普遍と具体との位置価の転倒が近代において生起する。マルクスが語った本源的蓄積の過程は、それは資本の前史であるが、農民たちを強制的に土地から切り離し、無一文のプロレタリアートとして都市に集中させた。本源的蓄積の過程において、労働（具体的労働）は価値（剰余価値）を産出する抽象的労働に転化する。労働者は具体的労働、すなわち、具体的富を産出する労働の遂行において、意図することなく、また知ることなしにも、知っていても非志向的に抽象的労働を遂行し、価値（剰余価値）を産出する。(1) それ自身において抽象的労働に転化している労働（具体的労働）の遂行において、今や労働を介して社会的諸関係が編成されるに至るのであるが、このことによって従来の特殊・個に対する普遍の自立化と支配という社会編成のあり方が壊されていく。(2)

近代以前では、場としての普遍とカテゴリー的普遍両者の意味における普遍の特殊・個に対する自立化（超越化）とそれによる特殊・個への支配が社会編成の基本的形態であるが、それが、自立化して運動する抽象とその具体への支配の生成過程において掘り崩される。とはいえ、そのことによって、人間たちの生活世界において、特殊からの普遍の自立化と特殊に対する支配という内在的超越の解体形態がすっかりなくなるのではない。それは様々な形態で近代以降の生活世界においても存在するのである。例えば、先に述べたように、近代以降、社会的編成はそれ自身において抽象的労働に転化している労働を媒介にして行われていくが、そのなかでも、協業による生産力、すなわちマルクスが類的能力と呼んだ生産力は、一つの普遍の形態、つまり、労働者たちの協業において生みだされる生産力であり、これは資本に吸収され、資本の能力として資本の能力として現れる(3)。近代以降の世界では、社会構成の基本は抽象の支配となり、具体的富を産出する具体的労働がその担い手となっている抽象的労働の遂行を通して社会が編成されることになる。この抽象の支配と特殊・個から自立的に立てられた普遍への特殊・個への同一化は相互に複雑に絡み合う。様々な生を営む諸個人が彼らから自立的に立てられた普遍的規定に同一化され、これによって彼らの固有の生活・生活史が視野から消えてしまうことは、物象化の一形態である(4)。

1　普遍の支配から抽象の支配への転換

マルクスとエンゲルスは『ドイツ・イデオロギー』のなかで、すべての人間の歴史の第一の前提・契機は生きた人間的諸個人の現存であると述べた(5)。人間の歴史が可能であるためには、人間はまずは生きることができなければならない（第一の契機）。だから、人間は自然に働きかけてそれを変更し、生活手段を作りださなければならないが、ここに浮上するのはそれ自身自然の一部であるところの人間の身体的基礎づけと爾余の自然との関係である。人間は生きていくために、自分の欲求を充足する対象物を作りださなければならず、自然への働きかけにおいて人間に対して立ち現れるのは変更され改変された自然である。

第二の契機は欲求を充足するための手段の生産は新しい欲求を生みだすということであり、第三の契機は人間たちが他の人間たちを作り始める、ということであり、第四の契機は人間諸個人の共同であって、これは社会関係である。マルクス・エンゲルスは以上四つの契機の次に意識に言及する。意識は初めには自然はまだほとんど改変されていないために自然宗教という形をとる自然についての意識である。なるほど、ここでは意識が本能に取って代わっているとはいえ、あるいは本能が意識的形態を取っているとはいえ、意識は人間による自然の改変が限られているためにまだ畜群意識であり、部族意識である。マルクス・エンゲルスによれば、この部族意識は分業の発展とともに解体していく。労働の分割とともに、享受と労働、生産と消費が別の個人に割り当てられる可能性が生じ、かくして、労働と生産物の量的にも質的にも不平等な配分が生じる。特殊な利益と共同の利益が分裂し、この状況の下で、人間自身の仕業が人間に対立し、人間に対立する力として、人間を抑圧する力として人間自身から自立化する。各人が特殊化された排他的活動範囲に固定されると、人びとはそこから抜け出すことが出来なくなり、人間が産出したものは人間たちに対して手に負えない強引な力として凝固する。特殊な利益と共同の利益が分離し矛盾するのであり、この矛盾のために共同の利益が国家（普遍）として人間たち（特殊・個）に対して自立化した力として聳え立つのである。

以上のマルクス・エンゲルスが語った強引な力として凝固したもの（国家）は、人間たちの活動の産物であり、それは特殊・個である社会成員に対して自立化し・支配する普遍である。この凝固は、分業の発展および特殊な利益と共同の利益の分裂という歴史的条件のもとで、共同の利益が強引な国家という普遍（すなわち、人間たちの間の一つの関係態）として諸個人から自立化するという仕方で生起する。これは特殊・個である諸個人からの普遍の、実在的な反省的判断力の働きによる産出、とはいえこれは人間諸個人が意図して行為した結果ではなく、自然発生的に生起する産出である。強引な力として諸個人に対して定立された普遍（この場合には、国家）に諸個人は従属する。この普遍としての国家は共同性の幻想的形態であるが、まさしくそうであるからこそ、普遍的利益は諸個人に対してよそよそしい独立したものとして彼らに強制される。

この事態は、特殊・個からの普遍（国家）の自立化・超越化であり、そうした超越としての普遍の特殊・個に対する支配として、普遍と特殊・個との間の内在的超越性の解体形態であって、それゆえそれは物象化の一形態である。物象化のこの形態にあっては、普遍は超越者として現れてくる。この場合、分業が必要とする協業の生産力という社会的力は諸個人の外にある強力な力として現れる。つまり、協業が生みだす生産力は彼らから自立化し彼らには疎遠な力として現れる。これは特殊・個からの普遍の自立化にほかならず、特殊・個はそれに同一化することを強制される。

この事態を普遍と特殊・個の「内在的超越の解体」と呼ぶことが出来るだろうか。もし「解体」があるものの成立を前提にしているとすれば、それは解体ではないであろう。というのは、それは成立していた内在的超越の解体ではないからである。それはむしろそもそも内在的超越が成立していない普遍の（歴史的）形成である。

マルクス・エンゲルスの言うに、一民族の生産力の発展の程度をもっとも明らかに示すのは分業の発展であって、この分業の発展とともに所有の形態が現れる。所有の初めの形態は部族所有であり、第二の形態は古代的共同所有であり、第三の形態は封建的および身分的所有である。ローマ帝国最後の数世紀に蛮族が侵入したが、この侵入によって大量の生産力が破壊された。農耕は衰え、工業は衰退し、交易が途絶え、都市の人口が減少した。このような状態および征服組織のあり方が封建的所有を発展させたのであるが、ここに武装した家臣団は貴族になり、貴族の他の側で農奴が貴族に相対し、貴族は農奴を支配する。(6) 貴族は被支配階級に対して一つの連合を形成する。

中世封建制では、特殊・個に対する普遍の自立化・超越化は所有形態としての身分的所有と結びついている。取り分け土地の所有は身分制所有として身分制の基礎であり、先に言及した強力な威力としての、共同幻想としての普遍（国家）の特殊・個からの超越化は身分制所有と絡み合っている。

さて、このような中世封建制の社会内部で商業が発展する。労働分割の拡大は生産と交易の分離をもたらし、商人という階級が形成される。商業が都市周辺以上に拡大すると、生産と交易の相互作用が始まり、これは諸都市間に生産の新たな分割を生みだす。この結果、ギルドの枠組みには収まらないマニュファクチュアが生成する。マニュファクチュアは国外の諸国民との交通、さらには人口の集中と資本の集中が進んでいることを前提とする。マニュファクチュアの成立とともに諸国が競争関係に入り、戦争、保護関税、金融において雌雄を決する貿易戦が生じ、また職人と親方の関係は労働者と資本家の関係によって取って代えられる。さらに、マニュファクチュアは大工業に発展する。大工業は次の事態を生みだす。すなわち、それは

国を異にしていても利害を一にし国籍というものをもたなくなっているような一つの階級、現実に旧世界全体から離脱していると同時にそれと対立しているような一つの階級を生みだした(7)。

マルクス・エンゲルスによれば、支配階級は国家という形態で自分たちの共通の利益を押し立てる。全市民社会はその中に収まるのであって、すべての共通の制度は国家を通して取り決められる。ここにおいても、生産力は諸個人から独立した独自の力として現れてくる。生産力は諸個人の力であるのに、諸個人のこの力は諸個人がばらばらで互いに対立した仕方で存在している限り、諸個人から独立した独自の力として現れるのである。

以上簡単に『ドイツ・イデオロギー』の議論を見たが、その議論において看取されるのは、次の事態である。すなわち、自然発生的に遂行された実在的な反省的判断力の働きによって特殊・個に対して自立化した普遍の形態が、

マニュファクチュアおよび大工業の成立において、具体から自立化しかつ具体に取り憑き具体を支配する抽象によって取り替えられたということ、あるいは抽象の展開が以前の普遍の特殊に対する支配を掘り崩していったということである。抽象とその具体からの自立化についてみれば、これは抽象が具体から遊離して存在するということではないが、それは実在的な同一化の作用によって生みだされるのであって、実在的な反省的判断力の働きを通して産出されるのではない。近代において生起したのは、社会編成の基本的なあり方が変換されるということである。すなわち、（実在的な反省的判断力の作動によって）普遍が特殊・個から超越して特殊・個を支配するという物象化の形態が、実在抽象を通ずる抽象の具体からの自立化と具体へのその支配という物象化の形態によって置換される。労働を例に見れば、具体的富を産出する具体的労働はそれ自身において価値という抽象物を産出する抽象的労働に転化しており、具体的労働は抽象的労働の担い手としてその意義を持つ。

抽象的労働を媒介として社会が編成されて行くにつれて、抽象の具体に対する自立化と具体を己に服属させるという抽象の支配が貫徹されて行くにつれて、つまりこの物象化の形態が社会を覆って行くにつれて、以前の普遍と特殊・個に関わる物象化の形態は、それは身分制所有と結びついていたのだが、掘り崩されていく。

資本の前史である本源的蓄積は、資本主義的生産の自然法則を解放し、この自然法則を自明のものとして受容する労働者という「近代史の作品」を産出する歴史過程を含むが、これは抽象の具体に対する自立化と具体に対する支配の確立にある。だから、抽象の具体に対する支配の確立は、(8) 普遍と特殊・個に関わる物象化と結びついていた身分制所有をも掘り崩していく。本源的蓄積の過程は農民たちを土地から遊離させた。これは彼らが生活の資を得ていた土地から分離されたということである。既に言及したが、ヘーゲルによれば、（ヘーゲルの言う意味での）市民社会は個々人が自らの生計の資を得ていた内的な非有機的自然である土地の代わりに、市民社会自身を置くのであり、家族全体の存立さえも市民社会に依存するものにする。こうして個人は、「市民社会の息子」になってしまっている。この事態は、社会編成の基本的なあり方が変換されたことを表現しているのである。

資本は増殖しつつ一種生命体の如く運動する。ここにおいて労働者は具体的労働の遂行において、意図せずに、非志向的に抽象的労働を遂行する。ここにある種の転倒がある。この転倒は、人間が自然に関して内在的超越であるというその性格を解体させる。資本制社会では、実在的抽象化の産物（抽象）が具体に対して自立化して運動するのであって、抽象物が展開することによって、それは社会のうちに遍在することになる。この遍在する抽象は抽象的普遍である。それゆえ、「抽象的普遍」に対する対概念は「具体であるとともに特殊・個であるもの」である。

以上見たのは、社会編成の基本であった社会的物象化の一形態が近代にいたり他の物象化形態の生成とその進展によって掘り崩され、それによって置換されるということである。[9]

2 「石斧から水爆」に至る普遍史——アドルノ

アドルノは『否定弁証法』のなかで、次のように書いた。

何千年にもわたって社会の運動法則が社会の主体である個人を捨象してきた［……］。実際に社会は個々の主体を単なる執行者に引き下げ[10]

てきた。この歴史がアドルノにとって自然史である。アドルノによれば、未開人から人間的存在に至る普遍史は存在しないけれども、「石斧から水爆へ」と至る普遍史は十分に存在しうる。「石斧から水爆」に至るこの（悪しき）普遍史にあっては、一貫して力を振るっているのは、普遍の力、すなわち社会の主体である諸個人をその単なる執行者に引き下げてきた普遍の力であり、この普遍が行使する威力は同一化の原理である。この同一化の原理の支配のもとで、人間の歴史はアドルノにおいてある種連続性を持って立ち現れてくる。「石斧から水爆へ」と至る悪しき普遍史は同じ同一化原理の発現にほかならない。ここで同一化の原理という概念はごく抽象的に設定され、それは資本主義的経済体制からも切断されて設定され、それゆえ同一化の原理は文明の発端にまで遡及される。資本主義的経済体制はそうした同一化原理の近代における発現にすぎず、同一化の原理は、それは文明の発端から作用してきたとされるのであるが、近代資本主義においてはじめて生じたのではないということになる。[11]私の見るところ、この同一化原理に相互に区別される普遍の支配と抽象の支配が包摂化され、このことによって、同一化の原理があらゆる歴史の基礎にあるとされ、普遍の支配と近代においてそれにとって代わった抽象の支配との区別が背後に退き、視野のうちから消えて行ってしまう。今一度言えば、一つの抽象の原理である同一化原理に二つの異なる物象化の形式が包摂されるということによって、両者が無区別となり、この同一化原理が文明の発端にまで遡及されるために、近代資本主義もまたこの同一化原理の単に一つの現れということになってしまう。かくして、悪しき普遍史がアドルノにおいて一種連続性を持って現れるのである。私としては、普遍の支配と抽象の支配とを明示的に区別し、社会構成の基本的レヴェルにおいて、近代に、普遍の支配が抽象の支配によって置換されたと語ることにしたい。普遍の特殊・個に対する支配と抽象の具体に対する支配は、同じく同一化であっても、そのあり方は異なるのである。交換価値の抽象性（Die Abstraktheit des Tauschwerts）[12]が社会において支配的となるのは、やはり近代資本主義の成立においてである。

ホルクハイマーとアドルノは、『啓蒙の弁証法』において、呪術に関して次のように書いた。

呪術のうちには特定のものとの身代わり可能性がある。敵の槍や髪や名前の上に名前の上に何かが起これば、同時にそれは、その敵本人の上にもりかかってくるはずである。神の身代わりとして犠牲の獣が虐殺される。犠牲にあたっての身代わりには、比量論理への第一歩があらわれている。女の児の身代わりには牝鹿が、最初の男の児の身代わりには子羊が奉納されなければならなかったが、この場合そういった供物は、まだ固有の質を持っていたにちがいないにしても、すでに類を代表していた。それらは任意の類例という性格をおびていた。しかしながら、身代わりにされる者がおびる「今、ここで（hic et nunc）」の神聖性、選ばれた者としての一回性によって、身代わりに立つ者は、他の者からきっぱりと区別され、さし代えようにもさし代えのきかないものとなる。これに対してとどめをさすのは科学である。(13)

獣は神の身代わりであり、女の児の身代わりは牝鹿であり、最初の男の児の身代わりは子羊である。ここには交換可能性ないし代理可能性がある。つまり、例えば牝鹿は女の児の身代わりとして、女の児の代理となる。女の児の代理となるためには、その代理は子羊であってはならず、牝鹿でなければならないだろうが、呪術にあっては、女の児と牝鹿との間には、敵の神や名前に何かが起これればその敵本人にもそれが起こると考えられたように、なにかしらの連関がある。この連関の故に、牝鹿は女の児の代理となることができるのである。ここには女の児と牝鹿との間に、身代わり可能性としての代理可能性がある。交換可能性があるとも言うことができよう。

しかし、ここで交換可能性という場合の交換は同一化という抽象の場合ではない。というのは、この場合には、女の児と牝鹿がイコールに置かれて何かが抽象されているのではないからである。そうではなく、牝鹿は既に類を代表していると言われるが、この類は抽象物ではなくそれとは区別される普遍であり、牝鹿はこの普遍たる類の範例として登場している。普遍たる類は同一化という抽象によってではなく、反省的判断力の行使によって産出される普遍であり、特殊である牝鹿はこの普遍の類例となっている。とはいえ、牝鹿がそうした類例であっても、この類例はそれが帯びる神聖性と一回性によって、差し替え不可能なものという相貌のもとに現れてもいる。もし、類例が、すなわち特殊・個が完全にそれが代表している普遍たる類に同一化されるならば、特殊・個のそうした特殊性は消滅し、特殊・個は普遍に同一化され、それに還元されるであろう。

3　近代における生活世界の変容

基本的には、近代において人びと、換言すれば特殊・個から自立化された普遍の支配は、抽象（的普遍）の支配によって置換されてゆく。けれども、事態は単にこれだけに尽きるのではない。ここではチャールズ・テイラーの議論を手がかりにして、近代における人びとの生活世界の（歴史的）変容に立ち入ることにしたい。そこにはまた、人びとの生活世界の固有の運動があったのである。

近代以前では、既述のように、特殊・個に対して普遍が自立化し、この普遍が人びとの生活を規定していたのであり、この支配を正統化していたのは、神学的・形而上学的世界像であった。法にその正統性を与えていたのは、超越としての聖なる天蓋である。この聖なる天蓋、この超越は近代において解体していく。テイラーは、近代における人びとの思考・志向・行為の仕方の変換について述べている。これは、私の言い方では生活世界の変容である。テイラーは有神論的枠組みの解体とともに生じた、人々の内面性に向かう運動を論定している。[14]啓蒙主義以後の世界では、人々のイメージにおける指示内容の多くは、超越的な存在にではなく、個人的な経験に由来するとされるようになる。内面性はモダニズムの感性の一部となるのである。時間を超越したもの、神話的なもの、原型的なものは個人を超えるものであるかもしれないが、それへの接近は個人的なものの内部にしか起こり得ないと考えられてくる。ここでは次のことが成立する。すなわち、超個人的なものが超個人的なものであるのは、それが個人的であるということによってである。つまり、超越的なもの、超個人的はものはそれ自身としては否定されないものの、個人の内面的な経験を経由するものと解されるようになる。これは近代以前の人びとの生活（世界）を支配していた超越するものという観念が解体されていく初めの一歩である。

かつての時代には、祈り、礼拝といった公的、私的生活の中で、人々は神の存在に頼っていた。人びとの生活を支え、それに意味（Sinn）を与えていたのは、生活を超越するものとしての普遍であり、形而上学、神話学、神学がこれを語っていた。けれども、今日公的に利用可能な背景として存在するものは形而上学、神話学、神学のうちにはない。とはいえ、このことは例えば詩人たちが開示したい道徳的源泉をそこに何も見出さない、ということではない。そうではなく、詩人がそうした領域を開くにしても、それは個人の洞察を明確化することを媒介としてである。[15]

私見では、この運動の中に単なる超越から内在的超越への移行過程が書き留められている。この運動は単に宗教の領域においてのみ起こったというのではない。超越への接近は個人の洞察の明確化を通して、ということは、超越が超越として初めに立てられるということではなく、個人の内面的経験という個人性の次元が不可欠になり、この内面的経験を介して行われるということである。超越的な真理を個人の内面性から切り離すことは出来なくなる。それは作品の中に分かち難く埋め込まれている。(16)

宗教についての考えも変容してくる。宗教がそれによって一掃されるというのではないし、神たる超越者が直ちに死ぬというのではない。そうではなく、信仰と不信仰のいずれも選択肢として両立しうるということになった。世俗的ということは宗教の不在を意味するのではなく、宗教は可能な選択肢の一つになるのである。

近代において、古典古代とは異なる形式の小説が生じる。古典古代においては、一般あるいは普遍が好まれ、それが小説の基軸をなしていた。事物の本性はその事物の外にあるもの、すなわち超越するものによって規定されていた。小説は個別に対して超越する普遍から出発する。ところが、近代小説においては、逆に個別・特殊に焦点が当てられ、個々人の生涯が詳細に語られる。これは個別的なものの研究から普遍に至るということ、個別・特殊なものから内在的に超越して超越に至ることである。単なる超越はここにおいて内在的超越に転換する。言ってみれば、個別・特殊は普遍へと内在的に超越するのである。

これはつまりは、人びとの生活世界を支配し、人びとに生活の指針を与えていた宗教的・形而上学的世界像（超越的な審級）が解体していくということである。近代以前においては、（歴史的）時間の外に何か原型という実体があるとされた。時間とはそうした時間の外にある原型が己自身を反復し、繰り返し己を具象する場であると考えられた。だから、我々が経験する時間というのは、そのような超越的な原型、超時間的な原型が具象化される場である。歴史的時間はこの歴史的時間を超越した原型が具象されたものにほかならない。この高次の原型は歴史的時間に対して「高次の時間」と呼ばれうる。というのは、この高次の時間とは、人びとの生活世界に対して超越としての時間であるからである。この超越としての時間、すなわち超越としての普遍である時間、こうした原型としての時間が歴史的時間によって具象化されるというわけである。

けれども、この高次の時間は消滅していく。行為超越的な土台という観念は掘り崩される。「神や高次の時間を引き合いに出さなければ、超場所的な共同の行為主体はもちろん、その政治的権威というものが想定できないような時代、神や高次の時間が権威の構造と深く絡みあっているがゆえに、神的なもの、高次のもの、聖なるものと切り離しては政治的権威もおよそ想定できないような時代――そういう時代は」(17)終わる。霊魂と超常な力が蠢く空間は消えていく。聖なるものがこの特殊な場所や時間や人格のうちに具体的に現前するとはもはや考えられなくなる。

これが近代人の境遇なのであり、この近代人の境遇とは別の言い方をするなら、世俗化ということである。世俗的ということは宗教が消滅したということを意味しているのではなく、宗教がかつてとは違った位置を人びとの生活世界で占めるようになる、ということであり、今や創設行為も、あらゆる社会的行為と同様世俗的時間のうちで生じるという感覚が生まれる。(18)

同じことを別の言い方で表現するなら、人びとの生活世界を超越した超越であるかの原型が歴史的時間という形で反復され、歴史的時間がその超越の具現・具象になるというような考えは消えていくということ、人間生活を規定していた超越の次元が解体していくということである。そうした超越たる普遍が人間生活を規制し、社会秩序を正統化していたのであるが、今や、法に関して言えば、法にその正統性を与えていた聖なる天蓋が崩壊してゆく。

これに対して、近代において均質的で空虚な時間という時間観念が生じ、ある瞬間における人の人生はそれ以前の出来事の因果的帰結とされて、個人の人生の意味はそうした出来事を通じて展開するものとされる。すなわち、個人の人生の意味という普遍は個別、特殊、出来事からはじめて織りなされ、「状況や出来事の個々の詳細や、それらの時間順序が、物語の内容になるのである」(19)。

かくして、日常生活に関する新しい感覚が生じる。それはこの現世、この生活、つまりは日常生活の肯定である。生活の意義は超越的なものから、日常の我々のこの生活に移される。これは生活を規定していた超越性の否定である。愛情に基づく結婚といった生活に関する新しい感覚が生じる。ここに現れたのは個人化と内面化への傾向であり、個人の独立と親密な人間関係という価値が受容される。このような個人化と内面化への傾向は一八世紀後半、イギリスやフランスの上中流階級において生じた。

テイラーの言うに、自然観も変化した。近代以前の自然観では、自然現象と人間界における現象との間にある種の対応ないしは調和があると考えられた。自然界における大変は人間界における大きな出来事を伴い、あるいは自然界の大変は人間界におけるそれを予示する。また同じ位階秩序が人間界でも鳥の世界でもその他様々な領域に支配していると考えられ、自然現象はそれを超越する超自然的なイデアを具現するものと考えられた。しかし、このような自然観も変化する。

こうなると、我々の日常的な充足感が神の設計の一部であると考えることはもはや出来なくなる。ここに出てくるのはいくつかの道であって、一つは自然領域を対象化し、効率化の最大化を目指す方向であり、他は道徳的感情に向かう方向である。前者はデカルト主義であるが、もうひとつはロマン主義である。ロマン主義、ワイマールの古典主義を作り上げたのは自然に対する新しい感覚、すなわち自然を大きな生命の奔流としてとらえるものである。高次の愛の源泉はルソーにおいて自然の声になる。良心とは自然の声である。自然はなにか重要なことを指し示しているのであるが、我々の究極的な幸福はこの自然の声と調和して生きることである。今や統一と全体の源泉は自己の内面に発見されることになる。

ここに見られるのは、超越として立てられていたもののその超越性が否定されていく方向である。先に語ったが、我々の日常的充足感が神の設計の一部であることを止めるのであって、人びとの思考・志向・行為の重点が超越的世界から現世の人間的生へと移されるということである。人間の生が人間の生を超越したものの具現であり、具象であるという考えは否定される。これは人びとの生活世界の変容であり、この変容は特殊・個から超越した普遍の支配という社会編成の基本であった物象化の形態[20]が具体に対する抽象の支配という別形態である（社会的）物象化の形態の進展によって掘り崩されていく過程と相即しているのである。近代において生じたのは、具体的労働がそれ自身において抽象的労働に転化し、抽象的労働は具体的労働を己の担い手にするということであるが[21]、以後社会はそうした労働を介して編成されていくようになる。この事態がかつての特殊・個に対して自立化した普遍のその特殊・個に対する支配の形態を掘り崩していく。そうした普遍の支配は宗教的・形而上学的世界像によって正統化されていたが、その世界像が崩壊するのである。かの超越の次元は解体される。かくして、「内在」と「超越」という語を用いれば、今や人びとの生活の重点は超越から内在へと移される。すなわち、人びとは超越から日常世界の内在へと投げ返される。しかし、私見では、これだけではない。超越から日常生活の内在へと投げ返されるという事態は、宗教は私的な事柄だという宗教理解を生みだすだろうが、しかし、単にこれだけではない。近代においては、さらに、一方で超越の否定のみならず、この内在からさらに内在的超越という形態を持つ生活のあり方・生活形式が生じもした。

近代以前に成立していたのは、人びとの生活世界はこの生活世界をある仕方で超越するものの担い手として、その超越するものを具現するものとしてのみその意義を持つということである。例えば、王位はある超越的なものを具現する。超越的なものというのは、ある形而上学的枠組みのことである。近代以前においては、社会はある形而上学的秩序を具体化していたと考えられ、この秩序は人びとの行為に先立ち、それと関係なく存在しているとされた。それはある種の法であり、その枠組みは人間たちの共同の行為を超越したところにある秩序である。高次の時間とはこの世界を越えたところでの時間であり、世俗的な時間を超越した高次の時間であった。これは社会的物象化の一形態、かの普遍の諸個人からの自立化とその普遍が持つ威力の諸個人に対する支配という物象化に対応している。そうした超越としての普遍の支配は形而上学的枠組みによって正統化されていたのであるが、この形而上学的枠組みの解体とともに、人びとは日常生活の内在に投げ返された。しかし、少なくとも理念として、単なる内在ではなく同時に超越でもある生活形式が生成した。(22) それが公共圏である。自立化した普遍の支配という意味での社会の物象化が抽象の支配という意味での物象化の進展によって掘り崩されていくことは、人びとの歴史的空間のうちに公共圏という生活形式を、さしあたって絶対主義的体制に対する対抗という文脈で生みだす余地を作りだしたのである。もとよりと言うべきだが、近代以降の世界においても、普遍、例えば、国家を再び諸個人から自立化した超越として立ててそれに神聖性を帯びさせ、それに帰入することで自己の救済をはかるという思考と行為の形態も生みだされるが。

4　公共圏

具現的ないし再現前的公共性

ハーバーマスは、『公共性の構造転換』で、カール・シュミットとの結びつきにおいて、近代市民的公共圏以前の、そして近代市民的公共圏が解体することになった再現前的具現的公共圏に言及している。ヨーロッパ中世においては、公的領域と私的（閉じた）領域への厳密な差異化があった。土地支配者の人格において、私的な諸属性と公的な諸属性とが統一されていた。近代において農奴制が廃棄されたことにより土地支配の公共的諸機能は失われたが、ハーバーマスが先ず言及しているのは、この具現的公共圏である。

具現的公共圏というのは、例えば王の身体が高次の権力の具現となり、この権力を民衆に対して示すものである。国王の身体という特殊が高次の権力という普遍、すなわちある超越した力を代表し、具体的に表現する。この公共圏というのは、「社会的地位の徴表」であって、「この地位の保有者は、この地位を公的に表現する。すなわち彼は、なんらかの程度において『高位』の権力を代表的に具現（Verkörperung）する者として姿をあらわし、これを表現する」(23)。この場合、国王の身体は普遍的な力、超越的な力を表す、あるいはそこにおいて普遍的超越的力が現れる具体物となる。この場合、国王の個人としての特殊性はおよそ問題とはならない。けれども、国王の身体が高次の権力の具現であるためには、国王の身体は一定のありかたをしていなくてはならない。例えば、国王の身体は威厳といった性格を有していなければならないし、一定の振る舞い方をしなければならないし、勲章や武具を身につけていなければならないし、さらに国王が登場する時には荘重な音楽が演奏されなければならない。国王は位章を身につけ、一定の風貌をしていなくてはならず、一定の挙措を示し、一定の話法をなすのでなければならない。「要するに『高貴な』態度の厳格な作法」(24)を示さなければならない。

（市民的）公共圏

この具現的公共圏の形態は、特殊・個（国王の個人としてのあり方）から自立化した普遍および特殊・個をその普遍の担い手への同一化・還元であり、かくして普遍と特殊・個との間の内在的超越性の否定態（つまり、社会的物象化の一形態）である。この否定態が解体されるのであり、それゆえ、この解体において生成するのは、内在的超越という形態である。つまり、具現的公共圏は近代の市民的公共圏の生成とともに、否定され解体される。市民的公共圏は国王的権威に挑戦し、それまでの「公儀の教会的権威による上からの解釈の独占」(25)を打破することで、それ自身が具現的公共圏という内在的超越の否定態に対する挑戦であるだけではなく、それ自身が内在的超越という性格を有する。『公共性の構造転換』では、公共圏は「公衆として集合した私人たちの生活圏（die Sphäre der zum Publikum versammelten Privatleute）」(26)であるが、この圏はそれ自身内在的超越という性格を有するのである。この点を明らかにするには、チャールズ・テイラーの議論を参考にすることが有益である。

近代において、経済は政治システムから分離し、公共圏が政治システムから分離するようになるが、公共圏について見れば、それは、テイラーの言うに一つの共同体であり、この共同体は一つの場であって、この場において多様なメディアを通して社会の諸成員が出会う。公共圏とはそういう圏、共同圏である。この共同圏において、社会の成員たちは討議を介して共通の意思を形成する。そこでは、互いに遠く離れた人びとが、そして同じ見解を有する人びとが一種の討議空間の中で結びつくようになった(27)。テイラーの言うに、この討議空間に参加している人びとは直接に出会うのではなく、メディアを通してこの空間に結びつけられている。この空間が公共圏である。各地でばらばらに行われる討議は世界の大きな意見交換の中で結びついており、討議参加者は己をそのように了解する。これは討議参加者の自己了解をなしている。討議参加者たちは互いに一度も会ったことがないとしても、彼らはこの普遍的な討議空間に所属していることを了解しているのである。テイラーは局所的な討議空間にも言及しているが、テイラーはこれを公共圏とは呼ばない。ハーバーマスは喫茶店やサロンといった公共圏の施設について語っているが、これはテイラーの言う局所的討議空間に相当するであろう。

ここで私にとって重要であるのは、テイラーの言う公共圏が局所的空間を超越しているということである。成員たちは局所的空間にいながら、同時にそれを越えて普遍的な討議空間、すなわち公共圏に所属しており、そしてこのことを彼らは了解している。越えると言っても、彼らは局所的空間を離れて、普遍的な討議空間に所属するようになるというのではない。彼らは局所的空間に属しながら、同時にそれを越えて、普遍的討議空間たる公共圏に属する。これを言い換えるなら、局所的空間はそれ自体でありながら同時にそれ自身を越えているということである。ここに成立しているのが内在的超越である。公共圏は大規模で非局所的な共同空間であり、超場所的な空間であると言われるが(28)、文字通り超場所なのではなく、公共圏は局所的な討議空間に関して内在的超越である討議空間である。テイラーは「ただし、公共圏の新しさは超場所性そのものではない。超場所的な空間としては教会や国家がすでに存在していた(29)」と言い、その新しさの特徴として、公共圏は政治的なものに依存しない独自のアイデンティティを持つということ、また公共圏は正統性の基準を持つことを挙げているが、国家についてみれば、確かに国家は超場所的空間であると言うことが出来ようが、国家のこの超場所的空間は内在的超越という性格を持っていなかったと思われる。国家は具体的な諸場所から自立化した超越としての普遍としてあったのであり、これに対して近代に生成した公共圏にあっては、その超場所的な空間は局所的空間に対して、単なる超越ではなく、局所的空間に対して内在的超越である空間である。人びとは局所的空間に属しながら、同時にそれを超えて（超越して）超場所的空間としての公共圏に所属するのである。これは超場所的空間が局所的空間から自立化して、局所的空間を支配する（己のもとに包摂する）といった事柄ではない。

この空間での討議は規範的討議であり、それ故ここで達成された見解は規範的意味を持つ。それ故にまた、政治システムはこの見解に従わなくてはならない。というのは、人民の意思は啓蒙された意思であり、主権はまさしく人民にあるからである。公共圏とはそれ自身において内在的超越であるが、ここにおいて公共圏と政体との間においても、内在的超越への関係が成り立つであろう。これは先に我々が語った内在的超越の形態とは少しく異なった形態であるかもしれない。先ず、政府が公共圏において達成された意思に耳を傾け、それに従う限りにおいて、政府の活動は公共圏に対して自立していない。公共圏において達成された意思、公共的意思（公論）は政府の運動の中に己自身を見出すのであるが、もし政府が公共圏から自立し自己プログラム化するならば、政府はこの場合公共圏に対して単なる超越になる。これは内在的超越の解体にほかならない。公共圏と国家（市民的法治国家）との関係については、後に再び立ち入ることにする。

公共圏は、テイラーの見解では、超場所的な討議空間であった。それ故に、公共圏はその本性からして、その存在様式からして、国家の国境内に閉じこめられず、公共圏がさしあたってはある国内部における討議空間として形成されたとしても、それは国家の境界を越えて拡大しうる本性的性格を持っている。「この社会は、どんな一国家よりも広大だった。この社会はいくつかの目的を掲げながら、文明化されたヨーロッパ全域に広がったのである」(30)。

公共圏は世俗的であるという性格を持っているが、それというのは、公共圏という発想は、神による創設という発想、現在の行為を越えるという意味で現在の行為に対して超越するものによって社会が構成される、という発想とは全く異なっているからである。そして、まさしくこの点において、公共圏の世俗的性格はその内在的超越という性格と関連していることになる。単なる超越から内在的超越性への移行という点において、市民的公共圏への運動は内在的超越という性格を持つ共同体の形態への移行であった。

ハーバーマスの言うに、古代の諸帝国では、法秩序全体が社会を超えた宗教的世界秩序という権威と関連付けられていた。社会を越えた宗教的世界秩序という場合、越えたというのは、いわば単なる超越であって、内在的超越ではないが、法というものも近代においてその性格を変える。法はかつてのその起源を失い、その起源は今や地上に降ろされ、法は公共圏において形成される公論に由来するものでなければならなくなる。古代帝国にあっては、支配者の官僚法と政治的支配者の恣意に対して優先された神聖とは未分化であった。

以上、私は公共圏を内在的超越の形態として把握したが、アーレントは公共空間に関する別の意味での内在的超越の形態について語っている。アーレントは公共空間がそこに存在する世界について語る。公共空間がそこに存在する世界とは要するに、それ自身が公共空間であるところの世界である。アーレントは次のように言っている。

そのような世界は、それがどれほど公的に現れるかという度合に応じてのみ、世代がやって来ては去ってゆくその移り変わりを超えて、長く存在し続ける（überdauern）(31)。

アーレントの言うこの世界は相互に現れる空間であって、必ずしも討議の空間ではないが、公共空間はその都度の主題の移り変わりを超えて存在し続ける持続性を持つ。かくして世界はある意味で不死性を獲得する。アーレントによれば、

死すべき者たちが、時代の自然な衰亡に逆らってなんとか守ろうとするものを、何であれ、受け入れ、何世紀にもわたって保存し、輝き続けさせることができるということが、公的なものの本質にはひそんでいる(32)。

現に今我々とともに生きている人びとだけではなく、我々よりも先に生きていた人びとや我々の後に来るであろう人びとも我々と世界を共有している。有限な人間の生はその有限性を超えてゆく（übersteigen）。自分のものや共通のものはかくして己でありながら、すなわち己に内在しながら己を超越する。人間的生はそれ自身であるが、すなわち有限であるが、すなわち有限な生であることを免れ得ないが、公共空間において同時に己を越えて不死なる生に参与することができる。それは不死への気遣いである。こうした不死への気遣いの消失は、永遠への形而上学的気づかいが同時に消失したことによって隠されてしまった。

ポリスとは、ギリシャ人にとって——res publica つまり共和国がローマ人にとってそうであったように——まずもって、個々人の生が滅びやすく空しいものであることに逆らう保証のようなものだった。(33)

アーレントはここで、近代において公共空間が消滅したという議論文脈において、近代における永遠に対する形而上学的気づかいの消失とともに不死への真正な気遣いが消滅してしまったと語るが、不死性への真正な気遣いは公共空間が有する、有限な生が持つ永遠性の、この意味で超越性の契機である。超越性といっても、人間の生の有限性から切り離された永遠性ではない。私見では、それは人間の生の有限性の内在的超越としての不死性なのである。要するに、この世界には、現に生きている我々だけではなく、死者たちが、そしてまだ生まれていない人びとが属している。

以上のように、近代の生活世界の変容のうちで、生活世界の一領域（生活圏）として生成した公共圏は単なる超越性の否定としての内在的超越の形態である。テイラーの言うように、個々の地域の諸討議空間はそれ自身でありつつ、つまり人びとは局所的空間に属しながら同時にそれを越えて、一つの普遍（共同体）を創設し、この普遍的討議空間たる公共圏に属すると己を了解する。この内在的超越は具体的普遍の形態である。

とはいえ、近代の市民的公共圏においては、同一化という抽象の作用・働きもまた存在した。ハーバーマスによれば、一七二七年にライプツィヒで創設された、前世紀の国語保護団の系譜に連なる「ドイツ語協会」は、「等しからぬ身分の人びとの間に平等と社交（eine Gleichheit und eine Gesellschaft）の機会を作る」ことを趣旨とするものであり、ここでは身分の相違は度外視され、貴族と市民が同じ人間として相対する。身分的相違は捨象されるのであるが、それは身分の差を超えて人びとが交流するためである。(34)社会全体の基本構造がまだ身分的秩序によって基本的に規定されていた限り、身分を越えた人びとの相互交流は身分的秩序の解体ではなく、それの度外視によって可能になった。私の見るところ、ここで働いたのは同一化という抽象である。

市民的公共圏における理性の公的使用は、絶対主義的体制下では、この体制にとって危険な要素であるから、抑圧される可能性があったし、それゆえ、公共圏は当初己を秘密にして己を保護する必要があった。しかしながら、公共圏がより力を得てくるにつれて、公共圏はより開放的なものになっていく。発展した公共圏の担い手は近代市民階級であり、近代市民階級は、己の利害を、市民階級としての己の特殊利害を類一般の利害の変装のもとに絶対主義体制に対して突きつける。これは、特殊が己を普遍と同一化し、特殊が自らを普遍と称するものであり、普遍と特殊・個との間の内在的超越の解体の形式である。このようにして、近代の市民的公共圏が内在的超越の生活圏として生成したとはいえ、そのうちには内在的超越の解体の契機が既に孕まれていた。

5　市民的法治国家と公共圏

市民的法治国家と公共圏との関係に関するハーバーマスの議論を見てみよう。近代において、法にその正統性を与えてくれていた超越としての聖なる天蓋は崩壊した。法は（公共圏における）市民たちの相互議論に由来し、公論以外にその正統性源泉を見出すことは出来なくなる。そうした公論が今や法の唯一の源泉でなければならない。とはいえ、公共圏が生成する時代には、土地を存立基盤とする貴族的地主やブルジョワ化した大地主はいまだ健在であったから、そこには階級利害の衝突があった。市民階級は交易上の必要を主張したのだが、すなわち己の階級利害を主張したのだが、その必要を充たす立法は保障されることは出来なかった。それゆえに、市民、つまり公衆は立法権限を手に入れなければならなくなり、政治的に機能する公共圏は国家機関として制度化され、法律と公論との関連が制度的に確立される。これ、すなわち市民的法治国家の形成である。法律はいまや人民代表が参加したなかで成立したものとなるが、しかし、階級利害の状況のもとでは、法律の支配は人民代表の支配であるということになり、ここに法律の概念のうちに実力を持って貫徹される支配要求という契機が入り込むのである。

けれども、他方では、法律は理性的・普遍的なものでなくてはならず、法律は公共圏における討議に基づく公論に由来しなくてはならないという考えが依然として保持されている。だから、法律の支配は、この点において、支配一般の解消へ向かう志向性を持っている。

法律の支配は、支配一般の解消へむかう志向をもっている。これは、政治的支配から解放される民間領域の政治的保障さえ、支配の形態をとるものではないと考えられているかぎり、典型的な市民的理念である。市民的な法治国家の理念、すなわち、すべての国家活動は公論によって承認された諸規範のできるだけ完璧な体系の中に拘束されるべきであるという理念は、すでに、支配機構としての国家一般の除去をめざしているのである。至上権の発動（Souveranitätsakte）は、それ自体邪道とみなされる。[35]

ここで語られているのは、国家一般の除去ではない。そうではなく、語られているのは、支配機構としての国家一般の除去である。ここにおいて、公共性の支配があるが、しかしそれは、「その理念によれば、その中で支配一般が解消するような秩序[36]」である。

それゆえ、市民的法治国家にあっては、その理念からすれば、国家もそれが発布する法律も、公論、従ってまた公論が形成される公共圏に対して、すなわち、万人に開かれたものとして了解された公共圏に対して、単なる超越として威力を揮う普遍ではなく、むしろ公論それ自身の変形として、公論に対して、従ってまた公共圏にとって内在的超越たる普遍である。もし国家が万人に開かれた審級としての公共圏における（市民たちの）議論に由来せず、それから独立化・自立化した威力に由来するならば、それはまさしく内在的超越の解体として、物象化の一形態であるであろう。これは市民的法治国家の理念からすれば、ということであるが、しかし、それは現実とは何の関係もないという意味で単なる理念なのでもなかった。それは、ハーバーマスによれば、資本主義の自由主義的時代という局面においては、相当の信憑性を持っていたのである。公共圏自身が内在的超越の性格を持ち、公共圏とこれが制度化された市民的法治国家との間の関係も内在的超越という性格を持っている。先に導入した用語を持って言えば、市民的法治国家の理念において、内在的超越という性格を指し示す自然の人間的歴史の構想が立ち現れてくる。人びとの生活世界から自立化してその生活世界に対して威力として、普遍の威力として聳え立つ普遍の生成は社会の物象化の形態であって、これは人間的生とその展開の時空である生活世界の内在的超越性の解体・人間の自然史である。この人間の自然史に対して、内在的超越の生活形式の生成は自然の人間的歴史の生成であるけれども、近代における自然の人間的歴史の出現は独特の弁証法に絡み付かれている。ハーバーマスの言うに、

一階級の他階級に対する支配が依然として続く土台の上で、この支配はそれにもかかわらず、それ自身の止揚の理念を真実味もってその客観的意味として取り入れる政治的制度を発達させたのである。(37)

支配を止揚するという理念を取り入れた政治制度が実のところ階級支配という土台のうえで形成された。階級支配というのは市民階級の例えば土地所有貴族に対する支配であろう。支配一般を解消するという理念を組み込んだ政治制度が一定の階級支配を基礎にして成立したのである。この独特の弁証法に関係しているのは、市民（ブルジョワ・財産主）が人間一般、端的な人間として立ち現れたということ、市民が人間と同一視されたということである。市民と人間との同一視というイデオロギー的擬制は一方では、万人に開かれたものとしての公共圏への万人の参加を先取りしているとともに、他方では、その参加に制限を加え、その参加を財産主に制限している。近代の公共圏にあっては、万人に開かれたものとしてのその理念・自己了解にも拘わらず、現実においては、教養があり財産を持つ男性以外は排除され、「排除された人びとの利害関心に不利になるような討議をおこなっていた(38)」。けれども、市民と端的な人間との同一視のために、市民階級の階級的利害関心（つまりは資本制的経済システムとしての財産秩序の発展）は類一般の利害関心として現れたのである。要するに、市民階級は己の階級的利害関心を類一般

の利害関心として主張したのである。

6　普遍の支配から抽象の支配への転換と生活世界の変容

私は先に、近代における普遍の支配から抽象（的普遍）の、つまり、特殊・個から自立化した超越性としての普遍の生活世界への支配から、それ自身において抽象的労働に転化している具体的労働の遂行によって産出される抽象的普遍（価値・資本）の支配への転換について語ったが、この転換過程には人間たちの生活世界の歴史的変容が伴っていた。この変容過程とともに、そして同じく人間たちの生活世界の変容であり、苦悩の歴史でもある本源的蓄積の過程を通して、増殖する抽象的普遍（資本）の具体、すなわち生活世界に対する支配が確立される。テイラーが語っていたような生活世界の固有の歴史的変容過程において、全社会を規定していた伝統的な宗教的・形而上学的形而上学が解体され、これとともに、資本の生活世界に対する支配が確立され、「資本の生活史」が発動される。超越的な普遍の人びとの生活に対する支配の掘り崩しと同時的な宗教的・形而上学の解体、そして、超越的な普遍の支配の抽象的普遍（価値・資本）の具体に対する支配の確立が、すなわち、抽象的普遍が具体性・特殊性に取り憑き、具体性・特殊性を己の代理とし、己に同一化するという仕方での世界の物象化の進展が、つまりは内在的超越が解体した社会のあり方（世界の疑似‐自然化）が、人間たちの生活世界の内に内在的超越という生活形態、テイラーの言う共同体としての公共圏が生みだされる余地を生みだした。

近代の市民的公共圏の自己理解からすれば、公共圏は支配一般を解消する秩序であるはずであった。ハーバーマスは次のように言った。

発達した市民的公共圏は、社会的諸前提の複雑な位相に拘束されている。これらの前提はすべて、まもなく且つ深刻な変化をとげた。そしてその変化とともに、市民的法治国家のなかに制度化された公共圏の矛盾が露出してくる。それ自身のイデーによればすべての支配に対立しているという公共圏の原理に助けられて、ひとつの政治的秩序が創立されたが、しかもそれの社会的基盤は、どうしても支配を不必要にはしなかったのである。(39)

私見では、世界の物象化の進展が、すなわち、資本主義とその市場の発展が、さらに近代市民的公共圏の担い手たる主体は主に近代市民階級であったが、その近代市民階級の利害が旧体制への批判的コミュニケーション的な討議の圏を生み出した。抽象（的普遍）の生活世界に対する支配・物象化の進展は、内在的超越としての市民的公共圏を生みだすに当たって寄与するところがあった。近代に孕まれた可能性はそれを無効にするものの生成・成長によって生み出された。その同じ世界の疑似－自然化が成立した市民的公共圏を解体するように作用する。近代市民階級は、旧体制に対して己の市民階級としての特殊利害を類一般の利害に変装して主張したのだが、先に言及したが、既にこの点に内在的超越である（市民的）公共圏が解体する芽が据えられている。市民的法治国家のなかで制度化された公共圏はそれを無効にする諸力に取り憑かれて解体せざるを得ない。

近代——超越の支配からの解放と抽象の支配

近代において一つには人間的生、生活世界が超越の支配から解放される。現実と生に意味を与えていた超越的な審級、法で言えば法の正統性を与えていた聖なる天蓋という超越性が解体する。それゆえに、現実と生のうちにはもはや超越的な審級によって与えられていた意味（Sinn）は存在しない。そして、そこに出現したのは公共圏という生活形式であり、これはその理念からすれば、内在的超越性を体現する生の領域である。しかしそれは抽象の支配という代価を払ってであった。一つには、そうした抽象の支配の近代における確立は超越的なものを解体する効果を持った。これは国家と経済の分離をもたらしたが、この過程で、ブルジョワ的公共圏が生成する。これは既にその当初から解体の萌芽を含んでいた内在的超越の成立だった。公共圏は内在的超越という形態をもっていた。この内在的超越性は、テイラーが述べていたように、それぞれの討議の場を超越する内在的超越の意味で超越する、という性格を持つ点でそうであるし、公共圏と市民的法治国家との関係において、そうである。それは、一定程度社会的実在であった。けれども、それはこの内在的超越性を再び解体する基盤、土台の上で成立していたのだ。ハーバーマスが焦点を当てているのは、法を媒介とする人間的生の一つの局面である。理性は今や神学的諸前提から解放される、ということは、単なる超越の支配から人間理性が解放されるということである。人間的生に対する超越的なものの支配から人間的生が今や解放されるということである。公共空間が、すなわち討議の空間が人間のアイデンティティの諸条件を設定することができる一組の準拠基準として登場する。しかし、この過程は同時に内在的超越という生成した人間的生のあり方が再び解体していく出発点となる。成長してきた資本制経済システムにおいて支配するのは、人間生活に対する普遍の自立化という物象化の形態ではなく、具体に対する抽象の支配という意味での物象化である。この物象化の進展は人間の自然史の進展である。ハーバーマスは「それ自身のイデーによればすべての支配に対立しているという公共圏の原理に助けられて、ひとつの政治的秩序が創出された」と述べた。この「ひとつの政治的秩序の創出」において、すでに自然の人間的歴史（内在的超越）は人間の自然史に絡みつかれている。公共圏において近代市民階級は己の階級利害を主張したのだが、そしてそれは民間の圏である経済システム（資本主義的経済システム）の成長をもたらし、ここに抽象的普遍たる資本を媒介とする社会編成が進行することになる。普遍の支配が抽象の支配によって置換される過程において、内在的超越の生活形態が生じ、やがてこれが掘り崩され、解体される。近代市民階級が要求した経済システムは成長し進展する。その内在的超越が再び解体される。公共圏の構造転換とは内在的超越の解体過程である。

このときにはまた、もはやかつてのように、宗教的形而上学的世界像を通して正統化されるというのではないが、特殊・個から自立化し、かつそれを支配する（超越的な、つまり内在的超越の解体としての）普遍（国家）が現れることになる。そしてこの過程は人間の自然史と自然の人間的歴史の絡み合いと抗争である。私は、「人間の自然史」の概念に「内在的超越の解体ないし非成立」を体現する生活形式の生成を結びつけ、「自然の人間的歴史」の概念に「内在的超越を体現する生活形式」の概念を結びつけた。ここに現れるのは、人間の自然史と自然の人間的歴史の絡み合いと抗争である。

7　帝国主義――アーレント

以下私は以上帝国主義に関するアーレントの議論（の一部）を見てみることにする。それは、そのアーレントの議論のうちに、自然の人間的歴史と人間の自然史の抗争のその時代における局面を読み取ることを意図してである。

非連続性――新しいもの

アーレントの言うに、一八八四年から一九一四年の間、つまり帝国主義の時代に、二〇世紀における全体主義の諸現象と酷似したいくつかの基本的諸特徴が現れていた。それゆえ、人が来るべき破局の準備段階だけを見たくなるのも無理はない。アーレントがこのように言うのは、そのようにもっぱら準備段階を見るのは正しくないということである。公式資料は一九世紀の言葉で書かれているとアーレントは言う。ということは、それは二〇世紀の言葉ではない、ということである。してみると、何かそこには非連続性がある。もっぱら後に来るべき準備段階として、その時代を見るならば、この時には歴史的連続性の様相をもって歴史は我々に立ち現れてしまう。帝国主義は歴史上何か新しい現象であり、全体主義もそうであって、全体主義を帝国主義に還元することはできない[40]。しかし、ここでは、全体主義ではなく、帝国主義に関するアーレントの議論を見てみることにする。

国民国家

ハーバーマスは、市民的法治国家と公共圏に関して、公共圏のイデー、すなわち、公共圏の自己意識からすればあらゆる支配を解消すると了解されたイデーに助けられて一つの秩序（政治的秩序）が創設されたにも拘わらず、そのようにして創設された現実の秩序はやはりどうして支配を不必要にはしなかったと述べていた。けれども、他方では、現実の市民的法治国家は「すべての支配に対立しているという公共圏」のイデーと全く無縁であったというわけでもない。実質的には、市民が近代市民階級に限定されていたとしても、創立された政治的秩序は公共圏の原理・理念に助けられて成立したものでもあった。

ところで、こうした（市民的）法治国家は同時に国民国家として形成された。アーレントは国民国家はどのようなものかについて次のように言っている。国民国家は二つの契機、国家と国民との融合である。すなわち、①民族的帰属と②国家機構との融合である。その際、アーレントによれば、土着民階級が国民国家設立の基盤となった。国民国家というのは、解放されたヨーロッパの農民階級に対応する政治体である。国民的共和政と立憲君主制においては、領土内のすべての住民を民族的帰属には関わりなく法的に保護するということが基本的な考えだったところで、国民の統一には血統と生まれによって属するものだけが認められるということになった。

このことによって、国家は法を定め法を守る装置から、ある程度国民の道具に変わった。これは一定程度国民が法の地位を奪ったということであり、これは「国民による国家の征服」だった。本来法治国家の構成員は国家市民であって、国民はではないが、国家市民は国民と同一視されたのである。フランスでは、人権はナショナルなもの、国民の権利となった。君主の主権が人民の主権に代わると、つまり君主が全国民の利害を代表していたのであるが、その君主がいなくなると、市民全体を結ぶ靭帯は国民的なものとしての共通の資源だけになった。ここに見られるのは、国家と国民の間の矛盾である。フランス革命の人権宣言において、一方で①基本的権利が万人の譲渡し得ないものであると宣言され、他方で、②それは解放戦争と国民的歴史によってそれを戦いとった主権者たる人民の特殊な権利とされた。ここには矛盾がある。法の支配は一方で、人権にのみその源泉と権威を持つ。けれども、他方では、その主権は国民的な法にのみ服すると言われる。ここには国民的という契機が入り込んでくる。すなわち、人権は特殊国民的な権利として認められるのである。これはつまりは法治国家と国民国家との融合であって、公民が民族の成員であることと等しくなるということを意味する。一つのこととして、国家概念、自由主義的国家概念のうちには、国民をアトム化から守るという国民の意志が含まれていた。国家は階級社会が生み出す遠心力に対抗して均衡を保たなければならず、そのために、国家は暴力手段と権力手段を独占する。こうして、ナショナリズムは、①中央集権化された国家と②アトム化した社会を結ぶ接着剤となったのである。

国民国家は国民による国家の征服だったが、しかしそれも一定限度を超えることはなかった。これは、法制度としての国家の契機が消滅したわけではなかったということを意味する。(41)

資本および権力の膨張

経済的次元での膨張としての資本の膨張は帝国主義の原動力であり、この原動力が発見された。けれども、そうした経済的原動力の発見は反面帝国主義の政治的構造を隠蔽してしまった、とアーレントは言う。(42)このことが意味するのは、資本の膨張としての帝国主義の発見は帝国主義の政治的構造を捉えるものではないということである。それ故、アーレントは帝国主義の政治的構造を明らかにしようとする。それは帝国主義の思考・志向と行動に関わるのである。この政治的構造というのは、人類を支配人種と奴隷人種、高級種族と低級種族（higer and lower breeds）に分けることである。つまり、彼女は、「生活世界」という語を用いれば、経済的次元には尽きず、それに還元されることができるわけではない、人間的生の展開の時空である人間たちの生活世界に固有の運動を扱うのである。とはいえ、このことはもとより帝国主義の経済的次元はない、あるいはそれを無視してよいということを意味しているわけではない。アーレントは先ず、帝国主義の経済的次元における膨張に言及している。

資本の膨張は事業投機の領域から出てきた概念であって、それは工業生産と経済取引の絶えざる拡大を意味していた。この生産過程それ自体は無限であり、己の限界を知らず、それゆえに資本の膨張、具体的には産業革命が一国の領土の限界にまで拡がった。すると、国境が己の限界を知らない無限なる生産過程の限界として立ち現れることになる。資本の膨張は同時に国民国家の政治的諸制度と衝突することにもなるのである。この過程は、それは、私の用語法では、まさしく増殖する抽象（的普遍）の運動であり、その増殖運動が生活世界において国民国家という、そしてその国境という限界にぶつかったわけである。このときにまで、生産物の生産および分配は国境を越えて多くの民族に依存するようになっており、そしてそれらの民族は多様な政治体制を持っていた。アーレントは次のように言っている。

帝国主義が成立したのは、ヨーロッパ資本主義諸国の工業化が自国の国境ぎりぎりまで拡大し、国境がそれ以上の膨張の障害となるばかりか、工業化過程全体にとって最も深刻な脅威となり得ることが明らかになったときだった。(43)

これはまさしく資本の膨張であった。アフリカ争奪戦および帝国主義時代の幕開けをもたらした直接の原因は資本家というひとつの小さな階級の存在である。何故かと言うと、この階級の活動領域は自国の社会構成の枠に収まりきれなくなり、過剰資本の投資先を求めて地球を探し回ることになったからである。この時に、アーレントによれば、ブルジョワジーの政治的解放は国内政治の中心的出来事だった。政治的解放というのは、政治的領域からは身を引いていたブルジョワジーが政治の中に躍り出てきたということである。それとともに、国家は権力集団を国境を越えて伸ばすことになった。つまりこれは権力の、権力集団の輸出という意味での権力の膨張であり、この権力の輸出としての膨張こそが帝国主義的発展の開始であったし、警察と軍が植民地諸国において本国の全国民を代表することになった。軍と警察という権力集団が有する支配権力は現地住民にとっては外からやってきた疎遠な権力である。

帝国主義と国民国家との矛盾

ところが帝国主義的膨張と国民国家との間には初めから緊張・抗争があった。この文脈でアーレントが直接には言及していないとしても、国民国家と市民的法治国家とは融合しており、そのため市民的法治国家の諸制度は同時に国民国家のナショナルな制度としてあったから、帝国主義的膨張と国民国家との間の緊張は、帝国主義的膨張と市民的法治国家の間の緊張でもある。

帝国建設と帝国主義。帝国建設と帝国主義とは区別されている。バークが「インドの法律侵犯者」と呼んだイギリス人征服者である行政官とその先駆者は、自国の行政的政治的諸制度を後進国住民の統治に提供しようとはしなかった。そのようにしたならば、彼らは帝国を建設するということになったであろう。自国の行政的政治的諸制度を後進国住民の統治に使用するためにそれをいわば輸出するとするなら、それは帝国建設であるが、彼らはそのようにはしなかった。彼らは広大な植民地をイギリスの一部にしようとは考えず、植民地をイギリスのネーションの一部にしようとはしなかった。彼らは帝国を建設しようとしたのではない。(44)そうではなく、彼らは帝国主義者だった。帝国主義の場合には、植民地行政は本国の国民国家的制度とは切り離されており、これが帝国建設と帝国主義のアーレントの区別である。

非ヨーロッパ民族が支配からなんとか利益を引き出すことができたのは、本国のナショナルな諸機関と政治家による抑制と監視のおかげである。本国のナショナルな諸機関と政治家による監視は帝国主義に対抗する意味を持っていた。（資本と権力の）膨張と国民国家の諸制度との衝突という状況においては、本国のナショナルな諸機関と政治家による抑制は帝国主義に対する抵抗の意味を持つことになるのである。しかし、何故これは抵抗あるいは抵抗の意味を持つことが出来たのかと言えば、国民国家は曲がりなりにも、市民的法治国家の要素を含んでいたからである。帝国主義は（国民国家との間の）そうした対抗と矛盾を孕んでおり、そこには複雑な対抗関係があったのである。アーレントの言うに、「植民地行政官のあらゆる層から本国政府に向けられた抗議と苦情の洪水」(45)があったが、それは「法律に定められた正義と個人の自由の基準を遵守して統治する方向」(46)に対する抗議だったのである。

植民地行政官は本国政府に対して不満を持っていたわけだが、その不満とは本国政府が正義と個人の自由という基準を遵守して植民地統治を行うべきと主張したことに対する不満である。植民地行政官はそうした基準に対して抗議し、苦情を述べたのである。ここに矛盾・対抗がある。それは国民国家と融合した（市民的）法治国家の諸原理と帝国主義的膨張、人類を支配人種と奴隷人種に分割することとの間の矛盾・緊張であり、それはこの局面における人間の自然史と自然の人間的歴史の抗争の一現象形態であると私は解する。

ここで重要なのは、本国たる国民国家が内包していた正義と個人の自由の基準である。ということは、本国たる国民国家は法律に定められた正義と個人の自由の基準を内包していたということである。このアーレントの言明はかの抗争を現している。(47)ここにあったのは、植民地の行政官と（良心を代表する）言論機関および議会との緊張・抗争である。(48)まさしく、これはこの時代における緊張・抗争の一局面である。ナショナルなファクターの代表者は、帝国主義的傾向と対立していたが、このファクターには自由主義的考えが入り込んでいた。(49)だから、アーレントによれば、一九二〇年代にイギリスの帝国主義政党は本国の政治的諸機関をインド喪失の危険を招いたとして非難するにいたったし、帝国主義諸政党は議会と世論を侮蔑した。ここには、帝国主義諸政党と議会と世論との対立があるったが、国民国家のここでのある意味勝利は最終的なものではなかったのであり、以下に立ち入るが、国民国家は結局のところ帝国主義運動の共犯者になった。

帝国主義への方向は国民国家的諸制度と矛盾し、それと衝突したのであるが、その際我々にとって重要であるのは、国民国家が内包していたもの、法律に定められた正義と自由の基準といったものが帝国主義的傾向と対立した、ということである。ここに現れるのは、ナショナリストと帝国主義者との緊張・対立である。それは国民国家の諸制度と帝国主義との抗争・矛盾・衝突である。国民国家の諸制度はやはり市民的法治国家の諸要素を保持していたから、その抗争は市民的法治国家と帝国主義との矛盾・抗争でもある。衝突について語れば、帝国主義的衝動と国民国家の国境と国民国家の諸制度との衝突があったが、帝国主義的衝動は国境との衝突を（資本とともに）権力の輸出（権力の膨張）によって克服しようとした。けれども、この運動は本国のナショナルな制度およびそれを織りなす諸観念と衝突したのである。それはまた資本輸出者と本国政府との矛盾でもあった。どの政府も――そしてこれがまた矛盾であり、そしてこの矛盾は我々の言う意味での抗争の局面であったのだが――対外政策が事業家によって動かされ、かつ比較的小さなグループ（ブルジョワジー）の経済的利害が国民経済上の利害と同一視されるということを憂慮していた。ところが、アーレントの言うに、帝国主義と国民国家との闘いは国民国家の初めから負けと決まった闘いであった。アーレントはナショナルな原理は破れたと言っている。「真に（echt）ナショナルな政治家が示した賢明な抑制(50)」と言われる。労働運動は帝国主義者に対して抵抗を示したが、それというのは、労働運動は国内政治にその利害を有していたからである。しかし、そのために労働運動は外交政策を軽視し、生じた帝国主義政党を軽視した。

「ナショナリストよりも帝国主義者のほうが、国民国家という政治体が帝国建設に不向きであることをよく知っていた」[51]し、国民国家に内包された（市民的）法治国家の諸原理からすれば、国民国家による他民族の征服は結局のところ被支配民族の民族解放ならびに帝国主義者の敗北に終わる他はないことをよく知っていたが、政府の介入、これは国家権力を用いるものであるが、この国家権力の投入、つまりは権力の輸出をやめれば、国民経済の大きな部分を犠牲にすることになるだろうし、国民の貧困化が生じ、他国に遅れをとることになるであろう。こうした理由によって、国家は権力集団を国境を越えて伸ばすことになった。かくして、国民国家は結局帝国主義の共犯者となり、推進者となった。私は人間の自然史と自然の人間的歴史の抗争について語るが、この抗争はそれぞれの歴史的局面において固有の形態をとるのである。

権力の輸出

国家は国境を超えて権力集団を植民地に輸出する。既に述べたように、これは権力の膨張である。権力集団の輸出はアーレントの言う意味で帝国建設ではなかった。帝国主義は植民地諸国に権力集団を輸出するのだが、この権力集団の純然たる暴力が収奪を可能にする。アーレントが叙述している権力は植民地住民にとって外からやってきた、疎遠な権力である。もとよりハーバーマスが言うコミュニケーション的権力ではない。コミュニケーション的権力は内在的超越に関係するが、外からやってきた権力は内在的超越の解体の形式である。

ここにおいて、実のところブルジョワ経済の生産法則が無効にされる。その生産法則とは次のようなものである。すなわち、金から金を産ませるためには、その金を生産諸力に変え、企業に投資しなければならないが、資本主義経済のこの生産法則が無効にされるとすれば、そこに生じるのは収奪だということになる[52]。植民地において資本主義的生産のかの「自然法則」は無効にされるが、それはこの自然法則を確立するものではまったくない。ここでは、純然たる暴力によって、資本主義的生産の自然法則を踏みにじって富を得ることがブルジョワジーにできるようになった。これは蓄積の奇跡であり、帝国主義的収奪である。権力の自立化は、資本が増殖する抽象的普遍であるという意味での抽象的普遍の自立化ではない。権力は抽象ではなくて、一定の領域に遍在する力としての普遍である。この権力が投下資本の保護の役割を託されることになった。権力はその生成において、実在的な反省的判断力の行使によって産出される。諸個人の間にコミュニケーション的関係が打ち立てられる場合にも、コミュニケーション的関係というのは、社会関係であり、社会関係の産出は、普遍の産出である。権力の輸出とは普遍としての権力が外へと輸出されることであるから、輸出先の当の住民にとっては、外的な権力であり、それは内在的に生じるのではない。すなわち、植民地住民の相互関係における運動において生じるのではない。それは権力の輸出によるものである。本国における権力および権力集団が植民地諸国に輸出される。だから、植民地諸国において権力がそこにおいて創造されるのではない。輸出されるのは、本国にあった権力および権力集団である。

ここで、権力の無限の蓄積は、抽象的普遍たる資本の、実在抽象の過程で生み出されるものではない。しかし、ここで権力の無限の蓄積は、抽象的普遍たる資本の無限の蓄積と同型となっている。すなわち、権力というのは普遍の一形態であるが、それの運動論理は増殖する抽象（的普遍）たる資本の運動と同型となっている。

ここでアーレントは権力の無限の蓄積について語っている。この無限の蓄積というのは、いかなる法則にも法律にも拘束されないものであり、この権力によって無限の、あるいは少なくとも無限に見える資本の蓄積が進行した。つまり、権力はこの場合資本の飽くなき蓄積の形態を受け取っている。今や帝国主義は共通の国民的利益として現われ、そのためにヨーロッパのナショナリズムは帝国主義に簡単に染まってしまった。これは国民国家と帝国主義の抗争において、帝国主義が勝利したということである。(53) 帝国主義は国民的利益であるように思われたから、ヨーロッパのナショナリズムはナショナリズムとしては帝国主義に抵抗力を持つことが出来なかった。帝国主義者は自分たちはあらゆる政党の彼岸に立って国民全体を代表していると言っていたが、このことは帝国主義が国民全体の利益と見なされたということと関係がある。

イギリスでは、富裕すぎたものと貧しすぎたものの同盟が海外領土において成立し、そこに限られていた。イギリスでは、帝国主義団体は自分たちこそが一切の個別利害を払い去ったナショナルな政治を追求しているのだと確信していた。帝国主義こそがすべての個別利害を超越したナショナルな政治を追求するというわけである。

イギリスは植民地政策と通常の政治の原則的区別を放棄しなかったから、帝国建設によって本国の政治構造が破壊されることはなかった。これに対して、ドイツ、オーストリア、フランスでは、事情は違っていた。これらの諸国ではナショナルな外交政策の狙いは国民を帝国主義化することだったし、異民族に対する政策と組織的圧政のために国民を再編成することだった。ということは、本国の政治構造が再編され、再組織されたということである。これはナショナルな政治が帝国主義化するということだった。

権力の蓄積・自己目的化

国外投資は国家権力の輸出によって保護され、権力によるこの保護は経済活動の恒常的・内在的要素になる。権力をつかさどったのは植民地行政官であって、彼らにおいては、政治権力と政治とは同化された。権力の膨張のための膨張、権力の無目的な蓄積が始まるわけであるが、これは権力の膨張が自己目的化することであり、つまり膨張・権力の蓄積が権力の自己目的となる。「膨張がこの時代の新しい原理、すべてを動かす原動力(54)」になった。権力過程が権力増殖を己の唯一の目的とするようになるのである。このプロセスが一度始まるや、政治的共同体はこのプロセスにとっては邪魔者でしかなくなる。行政官が絶えず増大し上昇する権力ブロックを管理するが、しかし征服した地域を本国に統合しようとはせずに、現地の政治組織や共同形態はこれを保存する。かく保存しつつ現地住民は権力過程・支配の客体に還元される。権力は帝国主義において政治的行為のひとつの要素からその本質になり、従って権力の膨張、膨張のための膨張が政治の最終目標になる。

過程的思考

膨張のための膨張としての権力の膨張はとどまることを知らない絶えざる過程になる。ところで、アーレントは世界を、出来事を絶えざる過程としてみる過程的思考こそは経済的支配階級のひそかな願望であったとし、ブルジョワ社会が当初から求めていた世界観であったとする(55)。膨張のための膨張の思考は過程的思考であって、帝国主義の膨張のための膨張はブルジョワの密かな世界観と関係がある、あるいはブルジョワの密かな世界観の現実的形態である。アーレントによれば、ホッブズの議論には経済的支配階級の密かな願望が表されている。ホッブズにおいてはこうである。権力（権利ではない）への意志が個人の基本的状態であり、この権力への意志が個人と社会の関係を規定する。すべての欲望は権力への意志に由来する。すべての個人は権力追求の努力を持つという点で平等であるが、この平等はすべての個人を暴力による死という不安に陥れるために、国家設立の要求が生じる。国家は諸権力の委託によって生じるのであって、諸権利の委託によって生じるのではない。法律は国家的権力独占の直接の流出であり、自然法にも神の言葉にも正／不正についての人間的規範にも由来するものではない。国家に蓄積されるのは多数者の権力、社会的権力なのである(56)。

アーレントの言うに、ブルジョワジーは蓄積の全プロセスが権力のプロセスに基づいており、それによってのみ確保されることを認める気になった。しかし、無限なる蓄積のプロセスが開始されると、地球の有限性が多くの人々を不安に陥れた。というのは、地球制覇をめぐる最後の勝者は星々を併合することはできないからである。

支配人種と奴隷人種

帝国主義の政治的構造というのは、人類を支配人種と奴隷人種に分けることだった。人類を支配人種と奴隷人種に分けるということは、アーレントの言い方ではないが、「支配人種」と「奴隷人種」という（悪しき）普遍にそれぞれ固有な仕方で生き、自らの生活史を織りなしていく人びとを同化することであり、この同化は帝国主義者の思考と行動を支配するようになる。これは物象化のこの時代における形態であり、生活世界における事態である。生活世界が物象化に囚われる。支配人種と従属人種の人種上の区別は帝国主義的膨張のイデオロギーである。イデオロギーは生活世界における人間の行動を規定する。

支配人種の奴隷人種に対する（永続的）優越の観念は、被抑圧民族の自由のための戦いをいっそう激化させた。私見では、高級人種と低級人種というのは、悪しき普遍である。これが諸個人に貼り付けられるが、それは物象化の形態であり、それ故被抑圧民族の自由のための闘いは、そうした物象化、捏造された普遍への人間たちへの同化、この同化は現実の行為を通して現実化するのであるが、この同化への抵抗であり、物象化への抵抗であり、これを解体する衝動と試みである。インドに対する帝国主義的な支配は、人種イデオロギーによってしか正当化されることはできなかった。この帝国主義政策は人種イデオロギーの発明を必要とし、実際にこの人種イデオロギーを作り出したのである。

帝国主義の新しさ――人種と官僚制

帝国主義時代の膨張政策は二つの支配、組織原理を導入した。①人種概念を民族の内政上の組織に導入し、②征服と収奪という植民地支配に官僚制および統制の取れた抑圧が取って代わった。人種概念、これは支配・抑圧を正当化するものである。植民地支配は征服と収奪を目的としたものであるが、植民地支配において、官僚制および命令による統制のとれた抑圧が登場した。これは法律に代わって命令が現れた、ということであり、法の支配はどこかに行ってしまう。帝国主義では人種思想と官僚的支配、命令たる支配が結合しており、この官僚制は行政手段によって抑圧と支配を行う官僚体制であって、帝国主義的膨張政策の遂行において作動する。国民と人種は違っている。人種社会というのは、ヨーロッパ諸民族を国民から人種集団に変えるものである。つまり、帝国主義的膨張政策の遂行において、各国民は人種集団へと還元される。

クローマー卿は法律に基づくすべての制約を拒否し、決定を導入した。それはまさしく、官僚の専断にほかならない。また彼は秘密主義という要素を政治に導入したが、その際、帝国主義的行政様式は次のことから出発した。すなわち、異民族に対する支配は明確に制定しうる利害に結びついて決定されるものではなく、もっと大規模な利害に奉仕するということである。換言すれば、異民族に対する支配は特定の利害にではなく、より高次の目的に奉仕するものである。より高次の目的とは権力の膨張のための膨張であり、そうしたものとしての全地球の支配である。この場合、帝国主義的行政装置の特色は非人間的な統治形式として支配される対象たる人間を完全な管理対象にしてしまう点にある。それは征服や併合とは違っている、それは、ナショナルな政治ではない。そうではなく、それはヨーロッパ外の地域への先例のない生活形態と統治形式、法的基礎を持たず政治上の条約にも基づかない統治形式の導入である。帝国主義的支配の本質的特徴は次の点にある。①法的基礎を持たず、条約にも基づかない。②支配される人びとを完全な管理対象に還元する。これは権力の膨張と関係する。

権力の帝国主義的形態は権力の膨張である。帝国主義的行政装置、帝国主義的統治の新しさ、これは暴政的恣意に比べていっそう非人間的な統治形式であり、非人間的統治である。非人間的であるというのは、それは統治される人間を、つまり支配される人間を純然たる管理対象にしてしまうからである。

帝国主義者とはより高次の目的とされた目的に仕える者である。植民地行政、征服と併合は帝国主義的統治とは異なっており、植民地帝国の建設はまだ帝国主義ではないし、植民地行政官は帝国主義行政官ではない。クローマー卿は古い植民地行政官から帝国主義的行政官に転換した。それはナショナルな政治から帝国主義的政治への転換である。帝国主義的統治というのは、法的基礎なしに、政治上の条約なしに、個人的影響力が公的問題の効果的監督をもっともよく保証するとするものである。この点は帝国と帝国主義の先に言及された違いに関係する。帝国主義に関係しているのは膨張である。この支配形式に必要なのは、厳しい規律と高度の訓練と絶対的信頼を備えた人々からなる有能な参謀本部である。これに要求されるのは、匿名性であり、舞台裏での権力であり、それゆえに、ここに見られるのは、公開性に対する軽蔑である。それは国民国家の法律制度とは完全に切り離されており、後進民族の統治に国民国家の法律を適用するというのではない。ローズは、北方系民族が行う世界支配を準備するための秘密結社を操作するという考えをもった。それは全世界のすべての民族を管理するものである。アーレントによれば、クローマーとローズを動かした観念は膨張のための膨張という観念であって、これは新しい政治原理である。つまり、権力の膨張のための膨張という権力のこの自己目的化は政治原理なのである。それは、経済的利益の拡大と直ちに同一なのではない。政治原理としての膨張のための膨張、これは無限のプロセスと考えられる。それは、別言するなら、権力の自己プログラム化としての権力の無限膨張のことであるだろう。政治原理としての膨張というのは、権力の膨張のことであるから、搾取の対象とすらならない民族をいかに支配すべきかが課題になるのである。これは、支配される民族に対する政治的能力の搾取であろう。膨張のための膨張という無限のプロセスでは、権力の膨張と経済的収奪とはただちに同じなのではない。帝国主義は確かに経済的収奪をなすが、もっぱらそれに還元されるのではない。

グレートゲームとロレンス

アーレントは次のように言っている。

この潮流に一旦身を任せた者は、このプロセスの法則に服従し、その運動を持続させるための名もなき軍勢の一員となり、自分自身を単なる歯車と見なし、その機能に徹することこそダイナミックな流れの方向の体現であり、自分の果たしうる最高の業績と考えることしかできない。(57)

これは、別言すれば、悪しき普遍の諸個人からの自立化および諸個人のそれへの同化としてのまさしく物象化であるだろう。無限のプロセスが世界の運動の本質として世界の内に投影され、自己はその法則（プロセスの法則）の一つの歯車として自己をその法則に同一化する。これはまずは思考の物象化である。思考はこのプロセスに身を任せ、己をその法則の単なる歯車としてしかもはや理解できない。こうした思考に支配された人間の行為は現実の帝国主義的運動を惹起する。

クローマーにとって、（帝国主義的）行政官は道具である。それは「帝国主義政策遂行のための比類のない価値を持つ道具」[58]なのである。人間はだから膨張のための一機能にすぎなくなる。この膨張のための膨張が唯一の目的となり、この膨張こそが人間たちを支配する。これを担うものは秘密の匿名のエージェントである。彼は法律に、法律は人間が作るものだが、人間が作った法律に服する必要はない。

観念上、そしてそれが人間の行為を支配することになるが、膨張のための膨張が唯一の目的となり、人間諸個人はそのための機能の遂行者にすぎなくなるという転倒がここにはある。この膨張のための膨張が人間を支配する。これがまた内在的超越の解体である。人間はそうした彼に対して自立化されたものとしての法則（膨張のための膨張）に己を同化する。その法則はいわば世界の法則なのだ。人間が作った法律は、その法律がどのように制定されたのであれ、問題ではない。膨張の掟はおよそいかなる法律や条約もない支配としてむしろ法則であり、それは人間によって作られた一切の義務を超越する。[59]

この意味では支配、管理における完全な「自由」が現れる。帝国主義的統治の新しさはここにある。しかしなぜ膨張のための膨張は法律と条約を無視するのか。それに、法律と条約は永続的な政治体を形成する傾向を持つからである。過程はいつも終わりなき過程でなければならない。[60]

イギリス帝国主義に奉仕した官僚は、行政官僚、諜報機関員もしくはスパイである。彼らがスパイ活動というグレート・ゲームに身をささげる時、「人間がもはや人生のための人生を生き、人生のための人生を愛するだけの力を奮い起こせなくなったとき、冒険とゲームのためのゲームは最後の大いなる人生のシンボルと見えてくる」[61]。そこには、とはいえ――それは人間的生の毀損の故になのだが――情熱的で強烈な生の充実と醒めた意識があった。インド人スパイとイギリス人スパイの間に一種の兄弟愛が生まれる。それは「我々」意識であるけれども、この「我々意識」とは不断の変化への覚悟、自分自身になじむという習慣を絶えずを破壊し、変身を繰り返すことで破壊する覚悟が共有されるということである。この生活形態は人間を一つの国に縛り付けられた人間であることから解放する。だから、グレート・ゲームこそ生きるに値する唯一の生となって立ち現れる。

膨張のための膨張は、個々の人間的生についてはそれに対応する生の形式をとる。アーレントの言う帝国主義（および全体主義の）研究において注目されるのは、彼女が人間的生の諸形態を扱っているということ、それを視野の内に収めているということである。すなわち、それは人間的生の歴史的形態とその運動を視野のうちに収めている。そのゲームにおいてはルールはなく、理解しうる目的もない。このゲームこそが生そのものの体現になるわけである。すなわち、このゲームは生にとって唯一の目的となり、生はこのゲームに還元・同一化される。ところが、この官僚の雇い主は特定の目的をもっていた。だから、彼らは欺かれた詐欺師になった。

T・E・ロレンスは、自己自身の偉大さは彼がやったゲームのおかげであって、このゲームこそが彼に偉大さを与えていたということを自覚していた。彼は自分を一つの力の具現者にしたのだが、これは我々の言うまさしく物象化である。一つの力、これは彼から自立した力であって、彼はそれに身を投じた。すなわち、それに自らを同化した。それで、その機能が奪われたとき、その個人にどういうことが起こるのかと言えば、それは彼はまさしく幻影でしかなくなった、ということである。彼は、古い自己を捨てようと努力した果てに再び社会によって新しい自己を押しつけられるのではないかということを恐れた。これは自らを超人的な力の体現者、代行者たらんと真剣に試みた人間に起こったことである。「帝国主義がみずからの政治の法則にした無限性への賭け、すべての実証可能な行為と具体的な事実をつなぐ無限の鎖としての〈秘められた意図〉——これを人間的な形で徹底して理解していたのはロレンスだけだった(62)」。

クローマーはまだしも、インド確保という具体的目的をもってエジプトを支配し、ローズは膨張のための膨張という目的が南アフリカ政策を規定したと考えた。これに対し、ロレンスでは、秘められ意図はもはや多かれすくなかれ理解可能で合理的な目的ではなくなっていた。もし秘められた目的があるとすれば、それは効用も意味もない運動一般、歴史の永遠の流れであり、この無限なる運動においては、どんな業績も有限であり、一切の有限性は永遠の流れの中では消滅する。

アーレントの言うに、ロレンスの時代の諸運動やイデオロギーは近代人を惹きつけたが、その魅力は人種とか階級とかいったもの、プロパガンダの迷信的内容ではなく、永遠の流れとその無限の運動の観念であった。人間自身は自分の目的としては意味を持たなくなる。

ここに生じるのは、人間的生の無意味化である。膨張のための膨張、これはつまりは権力の膨張であるが、これに身を投じるとき、人間的生はそれ固有の意味を失ってしまう。

帝国主義的衝動と国民国家、そのナショナルな諸制度との間には緊張があった。この緊張は、国民国家が同時に市民的法治国家と融合していたがために、同時に市民的法治国家との間の緊張でもあった。

ハーバーマスは、近代の市民的公共圏はそれ自身の理念からすれば支配一般の解消をめざしたけれども、この理念に導かれて創設された政治的秩序、すなわち市民的法治国家はどうしても支配を不必要にはしなかった、と述べていた。とはいえ、既述のように、その理念は現実の市民的法治国家と全く無縁だったわけでもない。繰り返さないが、帝国主義の衝動が矛盾したのは、そうした市民的法治国家の理念であった。市民的法治国家の理念、すなわち、あらゆる「国家活動は公論によって公認された諸規範のできるだけ完璧な体系の中に拘束されるべきであるという理念」(63)、法治国家という市民的理念は、国家活動は市民の意思の、彼らの間のコミュニケーション、討議の審級に由来するという内在的超越、すなわち、公論の内在的超越であるということを意味する。基本法を通して公共圏およびその諸機能が国家諸機関の手続きにとってその組織原理となる。[64] このときにはまた独立した司法も公論によるコントロールを必要とする。[65] 絶対主義国家に対抗して、市民的法治国家が形成されたとき、公開性の原理に最も抵抗したのは、（絶対主義国家の）行政府であった。それはとりわけ「軍部と並んで官僚こそ、市民社会の利益に対抗して君主の手中にのこされた唯一の、絶対主義において完成された権力手段であったからである」[66]。同じく、帝国主義的衝動と国民国家の間の緊張は、帝国主義的衝動とナショナルな形態だった市民的法治国家との緊張を含んでいる。

現地住民に対して輸出された権力は、彼らに対して外からやってきた権力として彼らにとって外的な権力、疎遠な権力であり、そうしたものとして、それは彼らから自立化した（悪しき）普遍としての、特殊・個である彼らに対して支配する威力としての権力であるから、彼らは権力の純然たる管理対象に還元される。これは普遍の特殊・個に対する自立化とその普遍の特殊・個に対する支配として、普遍と特殊・個の間の内在的超越性、内在的超越という運動の解体であり、それ故、帝国主義は自然の人間的歴史に対する勝利として、人間の自然史の一局面である。

さて、人間が純然たる管理対象になる時、支配される側の人間は支配する側の人間に対して存在の相互承認と相互尊重、人間としての尊重の振る舞いを認めることはできないであろう。ここで起こっているのは、アーレントの言い方ではないが、権力の物象化である。それは普遍たる権力の疑似‐自然化であり、被支配者から自立化した普遍たる権力という物象化である。そして、権力の膨張のための膨張という、この絶えざる過程（疑似‐自然化された過程）として観念された過程にその歯車として自己を組み込むこと、自己を無限な過程の歯車としてその過程に自己を投入すること、つまり自立化した普遍の永続的な過程に没入することは、結局のところ自己の空無化をもたらすのである。[67]

注

（1）これは労働主体の非志向能作である。この非志向能作については、拙書『ハーバーマス理論の変換　批判理論のパラダイム的基礎』、梓出版社、二〇一〇年、八三頁以下参照。
（2）この過程はまた形而上学的世界像の解体過程でもあった。
（3）さらに、例えば、「文明－野蛮図式」もその一例である。これはでっち上げられた普遍的図式が諸国民に割り当てられ押しつけられて諸国民がこの図式と同一化され、このことによって帝国主義的政策が正当化される。この点については、以下においても言及される機会がある。杉田聡『福沢諭吉と帝国主義イデオロギー』、花伝社、二〇一六年、六五頁参照。
（4）それ故に、アドルノはそのような普遍の支配に対して、それによって抑圧されている特殊・個にその眼差しを向けようとしたのである。
（5）マルクス・エンゲルス『ドイツ・イデオロギー』真下信一訳、大月書店、一九六五年、四二頁参照。
（6）「貴族」、「農奴」はそれ自身としてはカテゴリー的普遍であり、それらは一定の人間集団に対して語られる。だから、貴族の農奴に対する支配は一定の人間集団の一定の他の人間集団に対する支配である。
（7）マルクス・エンゲルス、前掲書、一一四頁。
（8）資本は剰余価値を吸収して増殖する抽象的普遍である。
（9）とはいえ、このことは人間たちの生活世界から特殊・個に対する普遍の支配が完全に消えてしまったということを意味するわけではない。先に述べたが、それは様々な形態において、社会編成の基本を抽象（的普遍）の支配が担うようになっても、生活世界に存在し、それは抽象の支配と複雑な仕方で絡み合うのである。
（10）Th. W. Adorno, ND, S. 299（Th・W・アドルノ『否定弁証法』木田元・徳永恂・渡部祐邦・三島憲一・須田朗・宮武昭訳、作品社、一九九六年、三六九頁）．

（11）ハーバーマスはホルクハイマーとアドルノについて、次のように言っている。ホルクハイマーとアドルノは、外的自然のコントロールと人間に対する命令や内的自然の抑圧を〈支配〉のもとに包括する。同一性の思惟は道具的理性へと拡大される。道具的理性は内的外的な自然の支配を生の絶対的な目標にする。ホルクハイマーとアドルノは、物象化の概念を資本主義的経済体制から成立する歴史的経済体制から切り離し、人間相互の関係からも切り離し、時間的にも一般化する。この一般化によって、道具的理性という概念は成立する。この概念は主体性の原史と自我同一性の形成過程とを歴史哲学的に包括する一つの視座へともたらされる。Vgl. J. Habermas, TkH1, S. 508（J・ハーバーマス『コミュニケイション的行為の理論』（中）藤沢・岩倉・徳永・平野・山口訳、未來社、一九八六年、一四七頁）.

（12）Th. W. Adorno, G, S. 14.

（13）M. Horlheimer / Th. W. Adorno, DA, S. 26（ホルクハイマー／アドルノ『啓蒙の弁証法』徳永恂訳、岩波書店、一九九〇年、一一一―一二頁）.

（14）しかし、単にそこにとどまるのではない。私見では、それは内在的超越の生成に向かう運動である。

（15）超越者たる絶対者が依然として世界を支配しているとしても、それへの接近は個人の洞察と経験を介してでなければ、行われ得ない。

（16）Ch. Taylor, *Souces of the Self: The Making of the Modern Identity*, Harvard University Press, 1989 p. 492（Ｃｈ・テイラー『自我の源泉――近代的アイデンティティの形成』下川・桜井・田中訳、名古屋大学出版会、二〇一〇年、五四九頁参照）.

（17）Ｃｈ・テイラー『近代』上野成利訳、岩波書店、二〇一一年、二七〇頁。

（18）Ｃｈ・テイラー、同上、二七一頁参照。

（19）Ch. Taylor, op. cit., p. 289（Ｃｈ・テイラー、前掲書、三二九頁）.

（20）これは、人間の生から自立した超越たる普遍への特殊・個としての人間的生の同一化であるだろう。

（21）具体的労働は物質的富を産出し、抽象的労働は価値を産出する。
（22）だから、アドルノの言うに、美的唯名論は、形式における過程であり、この過程自体が形式になるのであって、この形式においては、普遍的なものと特殊的なものが相互に媒介されている。唯名論的な芸術作品は組織化の原理を上からみずからに押し付けることはない。そうではなく、根底からみずからを組織化することによって芸術作品とならなければならない。芸術作品は古代に神話を相手取って訴訟を提起し、以来運命の呪縛から己を解放するように努めてきた。けれども、芸術作品は形式なしに済ますことはできない。モーツァルトの作品は唯名論的であるが、真性な形式を備えている（Vgl. Th. W. Adorno, ÄT, S. 296-334（Th・W・アドルノ『美の理論』大久保謙治訳、河出書房新社、一九八五年、三四一頁—三八二頁）。
（23）J. Habermas, SÖ, S. 20（J・ハーバーマス『公共性の構造転換——市民社会の一カテゴリーについての研究』第２版、細谷貞雄・山田正行訳、一九九四年、一八頁）.
（24）J. Habermas, ebd., S. 20-21（J・ハーバーマス、同上、一九頁）.
（25）J. Habermas, ebd., S. 52（J・ハーバーマス、同上、五六頁）.
（26）J. Habermas, ebd., S. 42（J・ハーバーマス、同上、四六頁）.
（27）Ch・テイラー『近代　想像された社会の系譜』上野成利訳、岩波書店、二〇一一年、一二一頁参照。
（28）Ch・テイラー、同上、一二四頁。
（29）Ch・テイラー、同上、一二四頁。
（30）Ch・テイラー、同上、一三四頁。
（31）H. Arendt, VV, S. 69（H・アーレント『活動的生』森一郎訳、みすず書房、二〇一五年、六八頁）.
（32）H. Arendt, ebd., S. 69（H・アーレント、同上、六九頁）.

(33) Vgl. H. Arendt, ebd（H・アーレント、同上、六八頁）.

(34) Vgl. J. Habermas, SÖ, S. 50（J・ハーバーマス『公共性の構造転換』、五四頁）.

(35) J. Habermas, ebd., S. 104（J・ハーバーマス、同上、一一二―一一三頁）.

(36) J. Habermas, ebd., S. 104（J・ハーバーマス、同上、一一三頁）.

(37) J. Habermas, ebd., S. 111（J・ハーバーマス、同上、一一九頁）.

(38) クレイグ・キャルホーン「1序論――ハーバーマスと公共圏」『ハーバーマスと公共圏』山本啓・新田滋訳、未來社、一九九五年、一四頁。

(39) J. Habermas, a.a.O., S. 111（J・ハーバーマス、前掲書、一一九―一二〇頁）. なお、訳において「公共性」を「公共圏」に代えてある。

(40) H・アーレントの『全体主義の起源』は、反ユダヤ主義、帝国主義、全体主義の三つの部分に分かれているが、Eric Voegelin はこの『全体主義の起源』を次のように理解している。すなわち、それは、絶滅収容所での虐殺というクライマックスへ向かっての、全体主義的特徴の増大する強度の順序を、一八世紀に始まるその形成から、人間の十分に展開されたニヒリスティックな粉砕に至る全体主義の本質の徐々の上昇を描いている。Cf. "Eric Voegeln and Hannah Arendt", *Review of The Origins of Totalitarianism and Arendt's reply, Hannah Arendt: Critical Assessment of Leading Political Philosophers*, ed. Garrath Williams, Vol1, Routledge, 2006, p.132. これに対して、アーレントは、「私が行ったことは、［……］全体主義の主要な諸要素を発見し、それらを歴史的タームで分析し、私がプロパーで必要であると判断した限りにおいて、歴史のうちにそれらの要素を跡付けることであった。［……］その書物はそれゆえ実際には全体主義の「起源」を全然扱っていない」(Ibid., p. 139)。つまり、彼女は、クライマックスへ向かっての全体主義の特徴の増大する強度の順序を、それ故一種連続的な増大、全体主義の本質の徐々に上昇する過程を描いたのではなく、全体主義の諸要素を発見して、それらの要素を歴史的なタームで分析したのである。なお、この点については、*Hannah Arendt:Critical Assessment of Leading Political Philosophers* に収められている、Roy Tsao,"The Three Phases of Arendt's theory of Toalitarianism" を参照されたい。

（41）けれども、法治国家と国民国家との融合のために、国民国家の衰退は、法治国家の衰退を伴うことになる。

（42）Vgl. H. Arendt, EUH, S. 288（大島道義・大島かおり訳『新版帝国主義の起源 2』、みすず書房、二〇一七年、八頁）.

（43）H. Arendt, ebd., S. 290-291（H・アーレント、同上、一〇頁）.

（44）帝国建設の場合には、本国の政治的諸制度が帝国に移し変えられ、それは植民地を本国に編入するということなのである。

（45）H. Arendt, a.a.O., S. 301（H・アーレント、前掲書、一九頁）.

（46）H. Arendt, ebd., S. 301（H・アーレント、同上、一九頁）.

（47）国民国家はしかし他方同質の国民を前提していた。アーレントは、国民国家に関して、国民による国家の乗っ取りについて語ったが、市民的法治国家は国民国家との結びつきにおいて、あるいは国民国家という形で形成された。

（48）Vgl. H. Arendt, ebd., S. 304（H・アーレント、同上、二二頁）.

（49）歴史のこの局面では、自然の人間的歴史と人間の自然史とは、ナショナルな政治と帝国主義との間の抗争という形をとったのである。

（50）H. Arendt, a.a.O., S. 288（H・アーレント、前掲書、七頁）.

（51）H. Arendt, ebd., S. 307（H・アーレント、同上、二四頁）.

（52）この収奪は本源的蓄積ではない。

（53）帝国主義とナショナリズム。これらには人間たちの思考や志向が含まれている。思考も願望も含まれているのである。ナショナリズムは思考と行為の形態でもある。我々からすれば、それは人間の生活世界の運動であり、形態である。

（54）H. Arendt, a.a.O., S. 286（H・アーレント、前掲書、五頁）.

（55）Vgl. H. Arendt, ebd., S. 318（H・アーレント、同上、三五頁）.

（56）法に正統性を与えていたあの聖なる天蓋が崩壊した後、法や権力に関して、人間たちを超越した審級、彼らの生活を規制していた審級が崩壊した後、法や権力についての別の構想が現れる。

（57）H. Arendt, a.a.O., S. 458（H・アーレント、前掲書、一七一頁）.

（58）H. Arendt, ebd., S. 459（H・アーレント、同上、一七一頁）.

（59）Vgl. H. Arendt, ebd., S. 459-460（H・アーレント、同上、一七二頁）.

（60）法的安定性は人間的自由の実現にとって重要な意味を持つが、そうした法的安定性など問題ではないということになる。帝国主義においては、法の支配の代わりに、それとは無縁な命令が現れる。

（61）H. Arendt, a.a.O., S. 462（H・アーレント、前掲書、一七四頁）.

（62）H. Arendt, ebd., S. 468-469（H・アーレント、同上、一八一頁）.

（63）J. Habermas, a.a.O., S. 104（J・ハーバーマス『第２版公共性の構造転換』、一一二頁）.

（64）Vgl. J. Habermas, ebd., S. 105-106（J・ハーバーマス、同上、一一四頁）.

（65）Vgl. J. Habermas, ebd., S. 106（J・ハーバーマス、同上、一一四頁）.

（66）J. Habermas, ebd., S. 106（J・ハーバーマス、同上、一一五頁）.

（67）たとえ、自己の実存的苦悩が人をしてそうした世界の法則に身を投じさせるのだとしても。

第Ⅲ部　民主的法治国家と公共圏

第七章　ハーバーマスの『事実性と妥当性』

1　本章の課題

J・ハーバーマスにとって、人びとが彼らの生だけではなく、彼らの集団的目標を自律的に規定すべきであるという思想は近代のプロジェクトにとって本質的であり、この思想が体現される国家形態は民主的法治国家である。(1)ハーバーマスは『事実性と妥当性』において、まずは民主的法治国家の規範的自己理解を再構成しており、それゆえ、これは、普遍（形式）語用論(2)のように、再構成的学問という形態を採っている。再構成的学問は、超越論的哲学でも超越論哲学の変装された形式でもなく、経験的であり、確証と反証の適切な基準に服するものであるが、(3)再構成されるのは、民主的法治国家の自己意識である。この民主的法治国家の規範的自己理解、自己意識を再構成した後、ハーバーマスは民主的法治国家を社会学的民主主義へと翻訳して、それを他の社会的実在との関係に置き、民主的法治国家と他の社会的実在との間の緊張関係（外的緊張）を論じている。この外的緊張において主題化されるのは、コミュニケーション的権力の行政権力への転化を基本とする公式的権力循環とコミュニケーション的権力に対して自立化し、自己プログラム化する非公式の権力循環との対抗であり、そこに生まれる緊張関係である。

私は本章で、ハーバーマスが『事実性と妥当性』で展開した民主的法治国家論を検討するが、そのさい、次の諸点を課題とする。

第一に、ハーバーマスの民主的法治国家を「コミュニケーション的行為から人間的生の理論へ」という表現が意味すること、すなわち、人間的生、従って生活世界の一面に焦点を当て、その側面から人間的生、生活世界を切り取りって理論化するのではなく、人間的生そのものに焦点を定める方向へと議論を進めること。人間的生の理論は人間的生の、共に生き生活しつつ、自己の固有の生活史を織りなしていくことの要求に定位し、既に立ち入ったことだが、人間的生がもっぱら人間的生から自立化した抽象あるいは普遍の担い手に還元され、かくしてその固有の自律性を否定されるという人間的生の毀損に批判的に立ち向かうさいに、人間的生のうちで響いている人間的生への関心を準－先験的な地平とする理論というパースペクティヴから、ハーバーマスが展開した民主的法治国家の理論を捉え返すこと。すると、民主的法治国家はそのような人間的生の展開・発現の一局面であるということになろう。

ハーバーマスの議論、とりわけコミュニケーション的権力と行政権力との関係について、次のような指摘がある。すなわち、ハーバーマスはコミュニケーション的権力の行政権力への転化について語り、これが公式的権力循環の基本をなす。ここでコミュニケーション的権力の概念はとくにアーレントに由来し、行政権力の概念はルーマンのシステム論に由来する。ハーバーマスはコミュニケーション的権力の行政権力への転化という形で由来を異にするコミュニケーション的権力と行政権力を結合しようとするけれども、このことはしかしハーバーマスのうちに理論的問題を、コミュニケーション的権力と行政権力との関係に関して曖昧性を引き起こしている。コミュニケーション的権力は調和した行為に基づき、熟慮的相互理解に定位しているが、他方行政権力は戦略的合理性に基づき、不可避的にヒエラルキー的形式をとる。すると、「コミュニケーション的権力を行政権力へと翻訳するという仕事は、不可避的に高度に謎的にとどまるように運命づけられてはいないのか」[4]。しかし、私はここではこの理論的問題には立ち入らない。私は第二の課題として、ハーバーマスが最終的に資本主義を容認しているという点に批判的に立ち入る。ハーバーマスは次のように言っている。

社会国家のプロジェクトは、そのまま維持されるのでも中止されるのでもなく、より高次の反省を通して維持されなければならない。その場合に中心となるのは、資本主義的経済システムを馴化するという意図、すなわち、行政権力の発動が「制御」されるような手法、ということは、効果の観点下では間接制御の柔軟な形式に対応することができ、正統性の観点下ではコミュニケーション的権力に再結合され、非正統的権力に対する抵抗力を得ることができる、そうした手法によって、資本主義経済システムを社会的かつ経済的に「再構築する」という意図である[5]。

資本主義を馴化するということは資本の論理を超え、廃棄するということと同じではない。ハーバーマスにとっての問題は資本主義（的経済システム）を止揚することではなく、それをいわば飼い慣らすことである。このハーバーマスの考えに対して、次のような批判がある。ハーバーマスが展開した民主的法治国家の理念は、一方では、資本主義を超えた地点を指し示すけれども、他方では、ハーバーマスは資本主義を結局のところ容認している。しかし、ハーバーマスが展開する民主的法治国家は資本主義のもとでは実現不能である。ハーバーマスは事実性と妥当性の緊張と事実性と妥当性の矛盾とを区別することができていない。緊張と矛盾とは区別される。ハーバーマスは「緊張」という語を用いることによって、その調停が可能だということを語ろうとしている。問題が矛盾であるならば、民主的法治国家と資本主義が調停不可能であるならば、民主的法治国家の理念は資本主義のもとでは、実現不可能である。高々、ハーバーマスの理論は、それ自身を超えて質的により正しく十分に民主的な社会主義的社会を指し示しているだけである。最も悪くは、それらは、批判され抵抗され変換されるべきである内在的に不正な社会への無批判的で独断的な降伏へと導く。資本主義はその本質的な機能において、きっぱりと法の支配、十分な民主主義、そして公的領域と国家のフォーマルな政治的領域におけるコミュニケーション的行為の十分な範囲に矛盾している。(6)

私はハーバーマスに対するこのような批判を共有している。実際のところ、ハーバーマスは民主的法治国家を資本主義と和解させ、妥協させており、それ故、ハーバーマスが展開した民主的法治国家がその内実において資本主義を超える地点を指し示すとすれば、それはハーバーマスの資本主義容認と本質的に矛盾し、それゆえまた、この地点をそれとしてかつ首尾一貫して確保すれば、そのことは民主的法治国家と資本主義（の論理）と和解不能な矛盾を顕在化させることになるはずである。私は、本章で、民主的法治国家を新自由主義的資本主義の進展とそれと相即する国家の新自由主義国家への改造運動（これは、現代日本において、立憲主義の破壊さえ、引き起こしている）の場に置きつつ、ハーバーマスのこの和解、妥協を和解不能な矛盾にまで先鋭化させるように試みる。これはハーバーマスが言う民主的法治国家と他の社会的実在との間の緊張（外的緊張）を和解不能な矛盾にまで先鋭化させるということである。

第三に、以上を踏まえて私はその矛盾を人間の自然史と自然の人間的歴史の抗争（の一場面）として解釈する。

『コミュニケーション的行為の理論』は社会国家に照準を定めていた。これは、例えば実証主義論争で見られたものであって、戦後社会国家ないし福祉国家の問題性を視野のうちに置くものである。それは肥大化した国家官僚制が、そして経済システムの論理が生活世界を侵蝕し、植民地化するということを問題としていた。このようなモチーフはP・K・ファイヤアーベントの自由社会の理念にも通底する問題意識である。[7] ハーバーマスの『事実性と妥当性』は、法パラダイムという点で言えば、社会国家法パラダイムの批判と継承としての手続き主義的法パラダイムを展開することを目標としている。これに対して、私はグローバルな新自由主義的資本主義と連動する新自由主義的国家（あるいは、国家の新自由主義国家への転換）に焦点を合わせている。ここに、ハーバーマスの課題設定と我々の課題設定との違いがある。[8]

2　解釈・討議共同体

社会の説明理論と規範理論

先ず若干の概念的整理を行う。『コミュニケーション的行為の理論』は社会の説明理論を含んでいる。[9] 例えば、「生活世界の植民地化」のテーゼは、社会の説明理論に含まれる。それは戦後社会国家システム・経済システムと生活世界に関する説明を行い、行政および経済システム論理の生活世界への侵蝕を生活世界の植民地化として説明する。これに対して、民主的法治国家の自己理解（自己意識）の再構成はまずは規範理論である。それで、『事実性と妥当性』はまずは民主的法治国家の規範的な自己理解（Selbstverständnis）を再構成的に展開するが故に、それは社会の規範理論であって、社会の説明理論ではない。社会の説明理論は、社会がどのように編成されているか、社会生活の再生産はどのように行われるのか、一定の現象は何故に生じるのか等を展開するのであり、社会の説明理論は社会の規範的自己理解の再構成である社会の規範理論とは区別されるであろう。けれども、ハーバーマスの場合、そうした自己理解（自己意識）は単に空中に浮かんでいるのではなく、再構成的手続きを用いる民主主義の社会学は、政治的実践の中に具体化されている「実在する理性」のかけら（die Partkel und Bruchstücke）を確立すると言われていることから見られるように、現実のうちに存し、政治的実践のうちで具体化されている「実在する理性」のかけらであるが故に、規範理論は一定の仕方で、社会の説明理論の中に入りこむことができる。規範理論は社会の説明理論とは区別される。規範理論は直感的に働いている規範の再構成であり、規範理論は再構成的科学の範型に従う。規範的理念の再構成は、それ自身としてみれば、社会はどうなっているかを説明する社会の説明理論ではない。とはいえ、規範的理念、すなわち民主的法治国家の自己理解（自己意識）の再構成は、社会の再生産はどのように行われるのかに関する社会の説明理論のうちに入り込みうる。というのは、社会の説明理論は、妥当要求のもとで社会はどのように再生産されるのかの説明を含むからである。ハーバーマスは先ず民主的法治国家の理念の規範的再構成を行い、ついでそれが社会生活の中で如何に働いているかを説明するという説明理論に移行する。[10]

世界の事態はこうなっているということの描出は記述である。例えば、「私の前にある木にカラスが止まっている」というのは世界の事態の記述であるが、これはそれだけではどんな説明も含んではいない。妥当要求の下で社会の再生産はどのように行われるのかという問いに対して、それはこれこれの仕方で行われる、というのが答えである。これは社会生活の再生産が行われる仕方の再構成であるわけである。ハーバーマスでは、そうした社会生活の再生産がどのように行われるかを説明するという課題をコミュニケーション的行為の理論は引き受けることになる。つまり、コミュニケーション的行為の理論は妥当要求の下で社会の再生産がどのように行われるのかを明らかにする。[11]しかし、それだけではない。民主的法治国家の理論の再構成はそれ自身では規範理論であるが、そうした自己理解が如何にして生まれたかはやはり説明の事柄になろう。

ポスト形而上学的思考・宗教的－形而上学的世界像の解体

ハーバーマスによれば、事実性と妥当性の間の緊張関係に対しては社会秩序の安定が必要である。イエス／ノーの態度決定を通してなされる社会化は不安定なものであり、それ故、生活世界あるいは自然発生的制度が、あるいは法がそうした社会化の不安定性を緩和しなければならない。近代以前の行為安定化のための装置、宗教的－形而上学的世界像は解体した。その代替物が今や近代以降においてなければならない。近代の経済社会では、社会化の不安定性を緩和するというこの問題は戦略的相互行為を規範化するという形態をとるが、この不安定性の緩和ということから、つまり行為調整における不安定性の緩和ということから主観的権利の構造と妥当性の意味が説明される。コミュニケーション的行為は本質的に不安定性を内在化しているのであって、法はその不安定性を緩和する。この説明はそうした法共同体が近代以降においてなぜ必要であるかの説明である。かつての宗教的・形而上学的世界像が解体した後で、そうした法共同体は近代以降の世界において必要とされるものである。

ハーバーマスによれば、コミュニケーション的行為の理論は社会と理性の結びつきという古典的理念を受け継いでいる。その意味では、ハーバーマスのコミュニケーション的行為の理論は古典的理念の継承である。言語は理性を具体化する普遍的媒体として捉えられる。とすれば、事実性と妥当性の関係について、古典的な観念論哲学において作りあげられた古典的見解はどのように修正されることになるのか。妥当性と事実性の間の関係を古典的な観念論哲学もまた説明していた、あるいはその関係についての見解が古典的な観念論哲学のうちに含まれていたのであるが、その見解はコミュニケーション的行為の理論では変容し、修正されることになる。

言語の発話内的拘束エネルギーは行為調整という機能を果たす。行為調整そのもののうちに事実性と妥当性の緊張関係が入り込むことになる。国家市民は実定法を通して、自らの生活世界を自律的に規制し、再生産するのであり、近代以降、人間的生の再生産はもはや宗教的・形而上学的世界像を後衛にして行われるのではなく、コミュニケーション的理性を介して行われなければならない。ハーバーマスは『事実性と妥当性』において、もっぱら法共同体に焦点を当て、法共同体による法形成とそれを介した生活の規制、生活遂行、生活の（国家）市民による自己遂行に焦点を当てている。ハーバーマスによれば、法規範は自由である平等な法仲間の連帯的結合を可能にしており、そうした連帯的結合が持つ結束は外的制裁だけではなく合理的に動機づけられた合意の想定によっても動機づけられている。実定法を介する生活形成はコミュニケーション的行為としての言語行為を媒介にして行われるが故に、法仲間ないし法共同体は言語的共同体として現れる。この共同体は別の言い方をすれば、解釈共同体（あるいは討議共同体）である。

この討議共同体はもとより人びとによる討議において生成し、そこでは、発話者と聞き手が登場する。発話者が真理性要求を掲げる発言をするとしてみよう。発話者のこの真理性要求を発話者は、必要とあらば、根拠をあげて擁護しなければならず、そしてこの真理性要求は最終的には解釈共同体全体の合意に依拠するはずのものであり、この合意は（コミュニケーション的理性の意味で）理性的に動機づけられたものでなくてはならない。討議共同体ないし解釈共同体はいつも時間的、空間的に限定された特殊な共同体であるほかはないが、しかし、ハーバーマスによれば、この場合に特殊的解釈共同体を引き合いに出すだけでは十分ではない。というのは、話し手と聞き手は、特殊な、歴史的に限定された討議共同体内部にいながら、同時に、真理要求によって彼らが属する集団に特有の基準、つまり局所化された特殊的了解実践に特有の基準を超越するからである。真理というものは特殊な解釈共同体に特殊ではなく、それを越えるという理由で、つまり、真理であるとの要求は特殊的文脈を越えて妥当するという要求であるという理由で、真理性要求を掲げる者は、自らが主張する真理が特殊な共同体に相対的なものなのではなく、それ故、話し手は、そして聞き手も属する特殊な、局所化された了解実践に固有の基準を超越するからである。

ここで、ハーバーマスは内側からの超越について語っている。それは特殊な集団の特殊的基準を内側にいながら同時にそれを超越する、ということである。ある言明が真であるとの要求を掲げることにおいて、人は特殊な共同体を越える解釈共同体を想定しているのである。諸個人はあくまで特殊な共同体に属し、その共同体のうちにいるけれども、同時にその共同体を越える無制限な共同体を想定しているが、(12) この無制限な共同体は現実に存在する解釈共同体ではなく、あくまで、特殊的で局所化された解釈共同体の成員が行う想定である。つまりそれは、特殊的で局所化された討議において、理想的内実を有するコミュニケーション前提が事実的に認められるということを意味する。このコミュニケーション前提は理想化を含んでいる。この理想化が現実になり立っていると想定されるわけである。だから、この想定が実のところは成り立っていないということが判明することは可能である。(13)

無制限な解釈共同体という想定には理想化が結びついている。ハーバーマスは理想化は言語そのものに内在すると言う。自らの行為を妥当要求に従わせるというのは、反事実的想定であるが、これは社会秩序の構築と維持にとって構成的な意味を持つ。というのも、社会的秩序は規範的妥当要求の承認という態様で存在するからである。無制限の解釈共同体では、コミュニケーション的前提・理想的内実を有するコミュニケーション的前提が充たされる。無制限というのは、コミュニケーションの制限がないということを意味しようし、コミュニケーション前提が充たされているという想定である。その都度の時間空間的に局所化された解釈共同体においては、その理想的内実を有するコミュニケーション的前提が事実的に認められなければならない。反事実的想定の下での合意は妥当性を有するが、それは同時に事実的に合意されたものとして事実性である。けれども、その想定が成り立っていないことが判明することはいつでも可能であり、それ故、事実的合意が妥当性を実は持っていないということが判明することはいつも可能なのである。事実性と妥当性がいつも一致するわけではない。事実的合意が妥当性を有しないことが判明するならば、妥当性は新たな討議において新たに再興されなければならないであろう。

ハーバーマスが言うには、妥当性と事実性の緊張関係は言語と言語使用の中に組み込まれている。この緊張関係は社会化された個人の統合のレベルで再び現れる。そうした緊張関係は関与者によって解明されなければならない。（このような緊張関係は実定法を通して安定化されることになる。）人間たちの生活世界がコミュニケーション的行為を介して再生産される限り、事実性と妥当性との間の以上のような緊張関係は、生活世界での生活実践に入りこんでくる。

二つの理念性

概念および意味の一般性の理念性と妥当概念の理念性は区別される。前者は言語の基礎的下部構造から説明され、後者は了解志向的言語使用の諸前提から説明される。これら二つの理念性は言語コミュニケーションに組み込まれており、それらは相互行為の社会的現実性の構成にまで関与している。

前者について。概念および意味の一般性の理念性というのは意味の同一性のことである。言語表現は同一の意味で使用されているということが想定される。この点は観察者の側からはしばしば不適切であることが判明するのであるが、そうした前提は反事実的前提として了解志向的言語使用にとっては不可欠の前提である。ここでは不可欠の想定について語られており、この不可避の想定は事実性とはいつも緊張関係にあるということになる。同じことは相互行為の参加者は相互に帰責能力を認めなくてはならないということにも当てはまる。これは合理性期待である。

無制限なというのは、①今とここにおける解釈共同体の時間的・空間的限界を超えるということと②理想化されたコミュニケーション前提がまた反事実的に想定されるということであって、してみれば、妥当性というものは空間と時間を超越するのであり、それはかの無制限な解釈共同体にかかわるが、事実性というのはこことりまにおける特定の文脈のなかで行われるものにかかわる。ここで社会的事実性が生み出されるが、この社会的事実性に緊張関係が内包されることになる。

不安定な社会化

それ故、理想化としての反事実的な想定は不安定なものであり、反事実的想定はいつも解体の危険に晒されているのである。そのような反事実的想定を用いた社会化というものはそもそも不安定なものである。間主観的に達成された確信が社会統合の基盤となる。この確信は合理的に根拠づける根拠を有するが、もし確信が揺り動かされるなら、社会統合は不安定になる。社会統合は確信を否定する根拠によって不安定になる。ハーバーマスによれば、言語および言語使用は事実性と理念性の二重性を持っており、このことによって言語および言語使用に内在する緊張関係が社会のうちに入りこむ。コミュニケーション的社会化はかくて壊れやすい安定性を生みだす。安定性は壊れやすいのであり、それは根拠付けられた不合意によって崩壊するというリスクを持つものである。安定性はそうした崩壊を回避する社会統合作用の上に成り立つ。それで、コミュニケーション的社会化には不合意のリスクおよび不安定性が内在する。確信は根拠、合理的に動機づける根拠を持っている。人びとの相互行為において、発語内的行為を通して根拠が提示され、その承認を通して確信が根拠づけられる。確信はその場合妥当性を持つが、それは同時に事実性となる。ところが根拠が揺らぐとそれは事実性であっても、妥当ではなくなる。そこには事実性と妥当性の間の緊張関係がある。

コミュニケーション的社会化に内在する不安定性への対処

法はこうした不安定性に対処することができる。というのは、法は強制権限と結びついているからである。さらに、コミュニケーション的行為者の了解作用には社会統合の重荷が過剰に要求されるが、法システムはその社会統合の重荷を除去する。しかし、近代法の統合作用は規範的合意からのみ、連帯という源泉にのみ由来する。近代以降では、社会統合の荷はコミュニケーション的行為が担うことになるが、その重荷が過剰に要求されると、法システムがその重荷を解除することになる。ハーバーマスによれば、それは規範的合意にのみ由来するのである。社会統合、あるいは近代法の統合作用が規範的合意にのみ由来するということは、啓蒙化された社会学者（ルーマン）にとっては不可解だとハーバーマスは言う。近代法をハーバーマスは次のように理解する。すなわち、それは一方ではコミュニケーションの作用域の無制限化を保持し、第二に、過剰な了解作用から行為者を解放する、そうしたメカニズムである。かの宗教的・形而上学的世界像が解体した後では、行為者は過剰な了解作用に晒されることになる。(14) けれども、法、近代法によって行為者はそうした過剰要求から解放される。とすれば、かの不安定性に対する対処様式は法貫徹の国家的保障によるものである。それは法秩序貫徹の事実性であるだろう。

とはいえ、事実性と妥当性の間の緊張関係は法の領域でもふたたび現れる。先ほど述べたように、法は強制権限と結びついているが、これは法の事実性の側面である。しかし法は自由と結びついており、これは妥当性の側面である。正統な法というのは、それに万人の権利の相互承認が依拠するものである。各個人の選択意思の自由は万人の自由と一致しなければならない。

こうした条件はさらに立法過程において充足されなければならない。立法過程は法システムにおいて社会統合の本来的な場所である。つまり、もはや社会統合の基盤は宗教的、形而上学的世界像ではなく、立法過程とその結果としての実定法である。単に私的権利主体の役割を超えて、国家市民の役割を担うことが立法過程の参加者には求められる。私的権利主体は同時に国家市民の役割を担うのでなくてはならない。これがハーバーマスの基本的観点である。国家市民が法制定過程に参加することができなくてはならないが、この場合、参加者、つまり国家市民は相互主観的了解実践を遂行する。

法制定の場合、制定された規範が合理的承認可能性を持つことは法制定の民主主義的手続きによって根拠づけられ、その規範はその場合に正統である。法的強制の許可はそうした正統性に結びつけられる。

ここで、少し先走って、続く議論を先取り的に述べておきたい。以下、①討議空間と権利の論理的生成と続いて②妥当性と事実性との間の外的緊張を扱うが、この外的緊張の扱いにおいて、私はハーバーマスやホネットにはないある次元に進入することになる。それは（社会国家と新自由主義国家における）安全性と自律性の二律背反という事態の考察を媒介にしてである。それは人間の自然史という次元、それ故に歴史の次元であり、この点はさらに人間の自然史と自然の人間的歴史との抗争という論点に導くことになる。私はハーバーマスの言う妥当性と事実性との間の外的緊張とそれに対するハーバーマスの対処を分析し、資本主義社会における安全性と自律性の二律背反という事態の根源に侵入する。そのさい、生活世界と物象化、世界の疑似‐自然化が再論される。公共圏は人間的生の次元から捉え返される。人間の自然史の次元への侵入に際しては、次のハーバーマスの言明が考慮され、私はある仕方でそれを論駁することになる。

マルクスによって鍛えられた厳格に客観化を行う視線は、多様な伝統を通じてさらに受け継がれることになった。この視線は、社会化のメカニズムを外部から観察し、価値・規範・了解過程による社会統合、さらには法を通じて進行する社会統合をも、ただの仮象にすぎないと捉える。最終的に、マルクス主義的機能主義の方向では、歴史哲学的希望は消滅してしまう。そのため社会は、歴史のデュナーミクから切り離されることになり、加速されつつ隅々にまで浸透する蓄積過程が専横的に否応なく繰り返されることで、物象化された社会的諸関係の世界として凝固してしまうのである(15)。

ハーバーマスはマルクス主義的機能主義についてこのように語ることによって同時に、資本主義世界における抽象（的普遍の）支配を視野のそとに放逐する。だから、我々が展開しなければならないのは、規範的に統合された（社会統合）生活世界と抽象（的普遍）の具体性に対する支配との連関である。ハーバーマスには資本主義社会における物象化、従って世界の疑似‐自然化という観点はない。私見では、物象化されるのはあくまで我々の生活世界であり、そして生活世界の物象化は生活世界が一定のあり方をしていなければ可能でないのである。生活世界の物象化は、それは生活世界に対する一種生命化された抽象的普遍の支配であるが、それは生活世界の一定のあり方と無縁ではない。生活世界に対する抽象の支配は、意図的な社会統合作用を決して無化しない。しかし、人間はその行為の仕方を変えることで具体的労働の抽象的労働へのそれ自身における転化を止揚することができるのである。それは抽象の支配を弱化させ、ひいては止揚する生活世界内制度を構築することであり、以下に立ち入るが、とりわけ安全性と自律性の二律背反を止揚することであり、生活世界における抽象的普遍の具体に対する支配の形態を止揚する具体的普遍の形態を作り上げていくことである。そして、抽象的普遍の具体に対する支配を止揚する（意識的意図的な）行為がなければ、抽象の支配は廃絶・止揚されることはない。私見では、ここに言われる①行為者の自己理解に基づく行為理論と②言われるところの客観主義的理論は結合されることが出来るはずなのだが、ハーバーマスはこれを決して行なわず、その代わりにハーバーマスにおいて生活世界－システムという概念対が登場した。

3　討議空間

私は討議空間という空間に焦点を当ててハーバーマスの議論を再構成する。討議空間とは、討議が遂行される空間であるとともに、討議の遂行を通して再生産される空間である。討議原理（D）

（D）すべてのありうべき関与者が合理的討議への参加者として合意しうるであろう行為規範こそは、妥当である（Gültig sind genau die Handlungsnormen, denen alle möglicherweise Betroffenen als Teilnehmer an rationalen Dikursen zustimmen könnten.）[16]。

は討議としてのコミュニケーション的行為において妥当性を有するものが充たさなければならない条件を規定する。

ハーバーマスの理論は討議理論であり、主体間の討議が理論の中心におかれている。主体たちが互いに討議を遂行するならば、そこに討議空間が開かれよう。この場合、理性はコミュニケーション的理性として、この討議空間において働くということになる。討議空間は生活世界から生活世界への反省の次元として生じ、そのようなものとして同時に生活世界に属している。(17) ハーバーマスは道徳と法権利の領域に討議理論を適用するのであるが、そうすると、ここに道徳的な討議空間と法的に規定された討議空間あるいは法形式を有する討議空間が開かれることになる。後者の法的な意味の討議空間において、法制定の手続きが制定され、そこで進行するのは法制定過程である。

討議原理（D）が特殊化されることで、一方では、道徳原理が、従って道徳的討議空間が、他方では、民主主義原理が、従って法的形式を持つ討議空間が開かれる。特殊化とはどういうことを言うのか。ここで「普遍」という語を用いると、普遍が特殊化されることによって道徳原理と民主主義原理が生じる。道徳原理は討議原理の特殊化であり、民主主義原理は討議原理の別の特殊化である。この特殊化ということは、ここに普遍と特殊の関係の問題が生じるであろうが、この場合、普遍というのは、討議原理であり、特殊というのは、道徳原理（道徳的問題を合理的に決定するための論証規則）と民主主義原理である。それ故、普遍である討議原理が特殊化されることによって、道徳原理と民主主義原理が生じる。この場合、普遍は特殊から自立化し、特殊を己の表現媒体とするような、すなわち具現的公共圏に見られたような、特殊が普遍を具現化するかぎりで、特殊は意義を有する、というような普遍と特殊の関係ではない。道徳原理も民主主義原理も普遍（討議原理）の特殊化であり、それ故にまた道徳的討議空間も、法的討議空間も、討議空間の特殊化であるが、道徳的討議空間も法的討議空間も、それが普遍（討議原理ないし討議空間）を具現する限りで意味を持つというわけではない。特殊はその特殊性において意味を持ち、そして普遍と特殊な両者とも内在的超越という仕方で統一され、相互浸透している。すなわち、普遍は普遍でありながら己のうちから特殊へと向かい、特殊のうちに自らを見出すのであり、特殊な特殊でありながら、己から出て普遍に向かい、普遍のうちに己を見出すのである。こうして、ここでは、普遍と特殊の統一は、それらの内在的超越として、具体的普遍である。それゆえ、ここで、普遍と特殊との関係を特殊の普遍への包摂として、包摂としての普遍への特殊の同一化として理解することは出来ない。

ハーバーマスの言うに、理性的討議とは「次のような了解の試みを言う。すなわち、コミュニケーション前提は、発語内義務を通じて構成される公共的空間の内部で、主題と発言、情報と根拠について自由に主張を展開することを可能にするが、このようなコミュニケーション前提のもとで実施されるかぎりでの、問題ある妥当要求についてのあらゆる了解の試み」(18)である。自由なコミュニケーション条件の下で同意された規範こそが拘束的な力を持つのであり、討議空間においてそうした規範が妥当性を持つということ、これが討議原理の内容である。討議原理が法形式と結びつく時（特殊化されるとき）、民主主義原理が生じるとハーバーマスは言うが、それは討議空間が法的に形成されるということであり、討議空間のこの法的形成は、討議参加者に権利の体系が付与されることによって行われる。（先に言及したセーシャは事実上そうした討議空間に参加することは出来ない。しかし、そのためにセーシャには権利の体系が剥奪されなければならないのか。そうではない。セーシャは市民であり、すなわち国家市民であり、それ故、以上の権利の体系が付与されなければならない。ここで考えられるのは、代理である。）

4　権利の体系の論理的生成と法治国家の構築

ハーバーマスは『事実性と妥当性』第3〜6章で、近代的法秩序の自己理解を合理的に再構成し、第7章で、民主的法治国家の規範的要求と社会的文脈の（外的）緊張関係を扱う。近代的法秩序の自己理解を合理的に再構成するということは、民主的法治国家の理念を展開するということであり、再構成的提示である。[19] 提示された理念は、それが理念であるからには、現実と直ちに一致するわけではないことは始めから前提されており、「理念」という概念ではそれが現実と直ちに一致するわけではないということがあらかじめ含意されている。とはいえ、ハーバーマスの主張するところでは、理念はいわば現実の外に浮かんでいるだけのものではない。というのは、既述のように、近代的法秩序の（規範的）自己理解としての民主的法治国家の理念は現実の社会的現実のうちに実効的に働いてもいるのであり、それは社会的現実の内なる「実在する理性」のかけらであるからである。合理的に再構成される民主的法治国家の規範的理念は近代法秩序の規範的要求である。この理念の再構成にさいして、ハーバーマスは「市民がその共同生活を実定法という手段によって正統的に規律しようとする場合に市民が相互に尊重しなければならない権利」[20] を出発点とし、そしてこの場合に展開されるのは権利の体系の論理的生成である。

この論理的生成は討議原理と法形式の結び付きを確立するものである。討議参加者に諸権利が認められ、付与されることによって、討議空間は法的討議空間へと特殊化されるとともに、政治的意見形成・意志形成が制度化される。これは法的な討議空間の生成である。すなわち、権利の体系の論理的生成は法的討議空間の生成でもある。今一度言えば、ハーバーマスが展開する権利の体系の論理的生成は討議原理と法形式を結合する過程であり、討議空間において討議参加者に権利の体系が付与され、承認されることによって、討議空間は法的討議空間へと特殊化されると同時に、国家市民による政治的な意見形成・意志形成が制度化されることになる。討議原理はこのように法的形式を取ることによって特殊化され、このことによって民主主義原理が生じる。民主主義原理というのは、討議原理（D）の特殊化として、法的討議空間における法制定過程において、すべての参加者（権利仲間）の同意を得たものだけが正統な妥当性を有する（あるいはそう主張できる）というものである。

権利の体系の論理的生成という場合、権利の体系には主観的権利が含まれている。主観的権利とは主観的な行為自由の権利であって、主体が自由に行使することができる領域を定めるものであり、同時に主観的権利は権利の担い手である個人（法的人格）に対して平等な行為自由を定義するものである。主観的権利はまた、私的自律の概念に対応する。私的自律とは主観的‐私的自由のことであり、「主体が意思を自由に行使しうる領域の限界を定めるものである。しかも、この主観的権利は、権利の担い手と解されたすべての個人もしくは法的人格ための平等な行為自由を定義する」[21]。さらに、主観的権利とは自由・生命・財産に対する（国家の）不当な干渉を阻止する消極的権利である。私的自律は主体、当事者の契約締結あるいは財産の取得、譲渡、遺贈上の権利によって保障される。

これに対して、公的自律とは国家市民的自律、あるいは政治的自律のことである。国家市民は第一に法規範の受け手・名宛人であるが、同時に法規範の創造者・作成者でなければならず、国家市民たちは相互の討議において法を制定するのでなくてはならない。法制定において発揮されるのが、公的自律（政治的自律）である。

私的自律と公的自律との間には内的連関があるのだが、ハーバーマスはこの内的連関を討議概念を用いて解明する。私的自律と公的自律との間の連関を討議概念を用いて解明するということは、法的討議空間においては私的自律と公的自律の間に内的連関（相互前提関係）が成立し、このことを明らかにするということである。

権利の体系における権利とは、市民、国家市民が彼らの共同生活を実定法を用い、しかも正統的に規律しようとするならば、国家市民たちが相互に承認し合わなければならない権利のことである。換言すれば、国家市民たちが彼らの共同生活を実定法を用いて規律しようとするときには、彼らは権利の体系を相互に承認しあうのでなければならないのである。

はじめに権利が与えられる。そして、後に与えられるものが遡及的にこのはじめのものを根拠づける。これは循環過程である。先ず、権利のカテゴリーは法人格の地位を規定する。

［1］「最大限平等な主観的行為自由への権利を、政治的自律にもとづいて具体化することから生じる基本権[22]」。

ここでは、未だ国家権力の法的構成は行われていない。ここで、語られているのは、自由に連帯する市民相互の関係だけである。ハーバーマスはここではまだ古典的な自由主義的基本権は問題となってはいない、というのは、まだ組織された国家権力は構成されていないからである、と言う。しかし、内容からすれば古典的な自由主義的基本権が主観的行為自由上の権利の具体化であり、それは人間の尊厳、個人の自由・生命・身体の不可侵、移住の自由、職業選択の自由、財産の補償、住居の不可侵である。この場合、「各人の権利と万人の平等な権利との両立可能性という条件を満たす規律だけが、正統である[23]」。

［2］「法仲間の自由意思による構成員の資格を、政治的自由にもとづいて具体化することから生じる基本権[24]」。

ここで語られているのは、法仲間ないし法共同体の構成員資格である。

［3］「権利の提訴可能性ならびに個人的権利保護を政治的自律にもとづいて具体化することから直接生じる基本権[25]」。

［1］〜［3］では、権利主体たちは制定法の受け手として登場しており、法の受け手としての位置、地位を相互に承認し合うのであって、こうした相互承認によって市民たちの私的自律が保障される。これらの基本権は自由に連帯する市民相互の関係だけを規定している。［1］は主観的自由の権利であり、［2］は（法共同体の）構成員資格であり、［3］は個人的権利の保護を意味する。

［4］「市民が政治的自律を行使し正統な法を制定するための、意見形成・意思形成の過程に参加する平等な機会を保障する基本権(26)」。

ここに、政治的自律の行使が語られ、意見形成・意思形成が言及されている。意見形成・意思形成過程とはまさしく討議過程である。政治的自律の行使は討議に関係する。

［5］「所与の諸関係のもとで、［1］から［4］までに挙げた市民権を利用する平等な機会を保障するためにそのつど不可欠であるその度合いに応じて、社会的、技術的、エコロジー的に保証された生活条件を保障する基本権(27)」。

［1］について。ここでは、行為規範は法形式を持ち、この行為規範は行為者に、主観的行為自由を保障する権限を与える。そして、各人の権利と万人の平等な権利との両立可能性という条件を充たす規律だけが正統である。

［2］について。法規制は地域的、社会的に限定された確立された法仲間集団にのみ関わる。引き渡しの禁止、給付を受ける地位、国家市民の地位といったものは法仲間の連帯的結合の構成員資格に関わる権利である。

［3］について。権利を侵害されたときは、人はだれでも独立な裁判を自由に使用することができるように訴訟手段を持たなくてはならない。これは権利の侵害の場合においてである。平等な権利保護や、そのための平等な要求といったものは、これは制定法の前での平等な取り扱いを意味するが、そうした司法的基本権は、討議原理によって基礎付けられ、討議原理の法的特殊化として生じる。［3］は司法的基本権である。

ところが、［4］によって、今やパースペクティヴの転換が起こる。［1］－［3］では、権利主体が制定法の受け手として相互に承認しあい、このことによって私的自律が保障された。市民たちは権利を要求し、相互に主張するための資格を相互に承認し合う。国家は（論理的に）まだ構成されていない。これらの基本権は自由に連帯する市民相互の関係だけを規定している。主観的自由の権利、構成員資格、個人的権利保護がそれらの基本権であった。しかし、［4］において市民自身が法の作成者として現れる。市民たちは自ら政治的自律（公的自律）を行使し、正統な法を制定する意見形成・意思形成過程に参加する。市民が自己を権利の作成者と見なし、自己をそうしたものとして理解する。［4］が語るのは政治的基本権である。コミュニケーション的自由とは批判可能な妥当性に対してイエス／ノー態度を決定する自由であるが、このコミュニケーション的自由が平等に発揮されるように立法過程、審議過程に参加することが保障されなければならず、この保障は政治的権利によってもたらされる。すべての法仲間のコミュニケーション的自由が対等の仕方で制度化されなければならない。この法制化によって、政治的基本権が生じる。政治的基本権は、討議の法的制度化によって生じるのである。

以上は討議原理の法形式への適用である。討議原理を法形式に適用すると、民主主義原理が生じる。つまり、法媒体が用いられる。民主主義的権利とはコミュニケーション的権利と参加権のことである。このコミュニケーション的権利と参加権を立法手続きの中で現実化するには、法媒体が用いられるのである。法媒体の使用のうちで、討議原理が立法的手続きの中で現実化される。

権利の論理的生成は一つの循環過程であるとされる。はじめの権利（［1］〜［3］）が与えられ、最後のもの［4］が遡及的にこれらのものを根拠付ける。市民たちの政治的ないし公的自律は［1］〜［3］で挙げられた基本権なしにはありえず、それ故、公的自律は［1］〜［3］で挙げられたものを前提としているが、他方、［1］〜［3］は政治的基本権の市民による行使を通して絶えず再生産され、展開され、こうして私的自律と公的（政治的）自律は相互前提関係に入り、相互循環過程に入ることになる。私的自律と公的自律は結びついており、この結び付きは①法規範と討議原理の相互浸透によって、そして②法の名宛人と法の作成者の同一性によって可能になる。法の名宛人は私的自律を行使し、法の作成者は公的自律を行使する。

ハーバーマスは続けて、法治国家の諸原理を構成している。市民たちの水平的な社会形成にあっては、国家はまだ構成されていなかった。市民たちの横に広がる連帯的結合において、市民的自律の法的制度化は未だ不完全である。水平的な連帯的結合は市民たちの自己関係的行為であるが、この自己関係的行為はまだそれ自身では安定することは出来ない。権利の相互承認が行われる瞬間は、国家権力が設立されなければ、永続することはできない。市民的自由の法的制度化、つまり法制化は国家権力まで拡大されることになる。ここに登場するのが法治国家の理念である。国家は制裁権力、組織化権力と執行権力を持たなくてはならない。

もとより、政治権力がいつもいつも国家権力であるわけではない。中世封建社会においても、政治権力は存在しただろうが、この政治権力は近代国家の意味での国家の権力であったわけではない。政治権力は国家法、すなわち国家的に承認された法を通して、国家権力として構成される。これは、国家法と政治権力の結合である。ここに支配は国家的に組織された支配となるのである。法は一つには行動制御規範であるが、これに尽きるのではなく、国家権力の組織化のためにも用いられる。法は市民の私的自律と公的自律を保障し、国家制度、権限を産出するためにも使用される。つまりそれは法に基づくのである。

法仲間は時間、空間的に限定された集団であって、この集団は全体のために行為する権限を有する中心機関を持たなくてはならない。それ故に、基本権は国家との関係において考えられねばならない。個人は法的に保護されなければならないという個人の権利は、それで、国家との関係において司法に対して要求を掲げることができるという基本権となる。また、政治的－自律的に法制定を行う権利は、立法過程に参加するための基本権として具体化される。国家の構成は水平的社会化から垂直的社会化への移行をなす。この垂直的社会化において、市民による自己決定実践が社会化されることになる。

ハーバーマスは、『事実性と妥当性』第3章から第6章にかけて、民主的法治国家の理念を、すなわち近代の法秩序の規範的自己理解を再構成する。法治国家のハーバーマスによる構成については、簡単に立ち入るにとどめる。

ハーバーマスは先ず権利の体系を構成し、ついで法治国家を再構成する。それは民主的法治国家の規範的自己理解の再構成である。権利の体系で登場するのは基本権であって、この基本権は自由で平等な法仲間の連帯的統合の基礎であり、市民たちの水平的結合をなす。ここで連帯というのは、市民たちの間の権利の相互承認であり、市民的自律の制度化であるが、市民的自律の制度化は国家権力の設定がなければ、永続することはできない。ここに登場するのが法治国家の理念であった。国家権力の構成には、一つには、政治権力、もう一つには国家法が必要である。国家法を通して政治権力が国家権力として構成されるということであろう。つまりこの時に政治権力が国家権力として構成されるということになる。

コミュニケーション的権力というのは、法制定の権力であるが、このコミュニケーション的権力は歪曲されていない公共圏において形成される。コミュニケーション的権力が法を制定する。立法はコミュニケーション権力に依存する。だから法とコミュニケーション的権力は多くのものが公共的に同意した意思という同じ一つの起源を有する。

コミュニケーション的権力は行政権力に転化するが、その際、またもや法がその媒体となる。コミュニケーション的権力は行政権力にその権力を移譲するわけである。行政権力は法制定するコミュニケーション的権力によって構成されるのである。ハーバーマスの言うに、これは法治国家を特殊化された利害の技術的貫徹から解放するものである。

法は政治権力を構築する（つまり法は政治権力を国家権力として構築する）。そして逆に、政治権力は法を構築する。行政システムが構築する権力はコミュニケーション的権力によって再生産されなくてはならない権力である。行政権力は法制定過程および裁判所に干渉してはならないし、行政の活動と裁判所、議会による行政のコントロールは制定法に適応していなくてはならない。社会権力はコミュニケーション的権力を媒介にしないで行政権力へと転化されてはならない。それゆえに、国家と社会は分離されなければならない。かくして法治国家は組織されるのであるが、この組織化によって権利の体系は憲法秩序になる(28)。

私は次に、以上のハーバーマスの議論に、人間的生という点から、すなわち、人間的生の展開・発現という視点からアプローチし、このアプローチから出てくる諸論点に立ち入りたい。

5　民主主義原理

権利の体系の論理的生成は討議空間が法的討議空間として特殊化される過程を表しており、ここに生じるのは法的に規定された討議空間である。この法的討議空間において、それが討議原理の特殊化であるが故に、①正統な法制定が行われ、そのための手続きが定められる。すなわち、「すべての法仲間の同意を得ることができた制定法だけが、正統的な妥当性を主張することができる」[29]。②また、討議参加者に権利の体系が承認されることによって、政治的な意見形成・意思形成が制度化されることになり、さらに意見形成を客観的に語ったものとしての、つまりは言葉としての法媒体が法制定過程において形成される。以上が討議原理の法的特殊化として生じる民主主義原理の内実をなす。

このように、ハーバーマスの『事実性と妥当性』では、民主主義原理はもっぱら法的討議空間、すなわち市民たちの法制定過程がそこにおいて遂行される法的討議空間にのみ関係づけられており、そのために、民主主義原理の適用領域としては、経済システム・企業システムは視野から放逐されることになる。しかし、我々は例えば経済システム・企業システムの内部編成について、あるいは企業間の関係のあり方について、民主主義を語ることはできないのであろうか。経済的システムは言語行為のみならず、経済的な意味を持つ諸々の行為（生産、販売、契約）から織りなされているが、討議原理の特殊化を法的討議空間だけではなく、経済領域における討議空間にも適用することができるのではないか。もしこのようにすれば、討議原理の特殊化を一般化して、討議空間を経済システム内にも埋め込むことが出来よう。少なくともそうした方向性を展望することができよう。経済領域は人間的生、それゆえに人間たちの生活世界の一大領域であり、この領域にある意味での民主主義原理を想定する方向もあり得ると思われる。この場合に生じるのは、討議原理の経済領域への適用であろう。けれども、ハーバーマスはこの方向には進まない。ハーバーマスによれば、こうである。生活世界―システムという概念対は社会を一つのなんらかの原理によって統合されたものとする考えを廃棄する。我々はもはや全体社会概念へと回帰するのではない。国民、あるいは自由で平等な法仲間の連帯結合は、法システムの構成要素として不可欠ではあるが、社会全体のモデルとしては不適切である。

このようにハーバーマスが言うとき、自由で平等な連帯的結合という点を例えば経済システムには適用しないという考えがそこに含意されている。私が人間的生そのものに眼を向けると言うとき、私が言うのは、例えばハーバーマスについて、それは人間的生の一面を捉えているということである。ハーバーマスが言うのは、自由で平等な法仲間の連帯的結合というモデルは他の色々な領域のモデルにはならない、ということである。「自由で平等な法仲間」と言えば、これが法システムに限定される。ハーバーマスでは、人びとは自由で平等な法仲間は政治的決定を通して、いわば間接的に経済領域、経済システムに関係するのである。けれども、「自由で平等な連帯的結合」と言えば、これは「自由で平等な法仲間」を含みつつ、さらに、ハーバーマスの言う生活世界と異なるが(30)、生活世界の一大領域である経済領域にも適用可能になるように思われる。

先に、民主的法治国家はある一定の、時間的空間的に限定された共同体の自己組織化の機能を持つことが言われた。ハーバーマスによれば、市民たちは法を通して具体的な生活形式を形成するのであり、こうして（人間的）生の自己構成という契機がここで前面に現れてくる。けれども、人間的生の、従って人間的生の展開の時空である生活世界の自己形成は実定法の産出を媒介するものに限定されるわけではない。なるほど実定法による人間的生の自己形成・自己組織化は重要であり、人間的生の自己形成にとって不可欠の次元であるが、人間的生の自己形成には実定法によるのではない広大な領域もある。各個人は国家市民であり、地域住民であり、企業の従業員であり、等々、彼らは国家に帰属するだけではなく、地方に住み、地方自治体の構成員であり、企業システムの構成員である。彼らはそれぞれの領域で自らの生を営む。ハーバーマスの言う政治的自律を遂行しつつ遂行される人間的生のあり方は不可欠であり、人間的生の自己形成の無視し得ない次元であるが、人間的生の自己形成はもとより、それに尽きるのではない。実定法を介する人間たちの自己形成とそうではない、他の諸領域における人間的生の自己形成とは直ちに同一化され得ないが、しかしまた相互に連関してもいる。一国家における国家市民としての存在のあり方と例えば企業の従業員としての、あるいは非正規社員としての存在のあり方は決して無縁ではないが、このことは実定法の産出を介する人間的生の自己形成が生活世界のすべてを覆い、そしてそれだけであるということを意味しない。

国民主権が意味しているのは、すべての政治権力は国家市民のコミュニケーション的自由から生まれるということである。国家市民が制定法を作り出すのであるが、それは討議において行われる意見、意思形成を通してである。手続きとコミュニケーション的条件が法的に制度化される。これが民主的手続きである。この民主的手続きによって政治的問題は理性的に扱われる。議会における意見形成、意思形成を通して議会における審理および議決が行われる。議会において政策および制定法について拘束力ある決定が行われる。コミュニケーション的権力が生成し、このコミュニケーション的権力は行政権力へと転換するが、ハーバーマスの言うに、国家市民は具体的施策を行政システムに任せ、自らその施策を実行するという負担からは解除される。けれども、生活世界には直接には政治的意思形成過程に還元されることのできない諸領域が存在するのであり、そこでは諸個人は自ら生活を遂行し、織りなして行かなくてはならない。人びとがともに生き、生活する彼らの生活世界を、それ故、彼らの間の相互関係をともに生きるものとしての相互承認を行いつつ構築し、人間と自然との関係を自ら形成していく生活過程は参加する人びと自身が遂行するものである。そして、その場合に、法共同体における法制定は、そのための条件を造り出すことに関係するであろう。それ故、空間的に限定された法共同体（国家）[31]における実定法形成を媒介にした人間的生の自己形成については語らず、例えば、地方における、法制定に直接的には媒介されない生活遂行についてのみ語ることは、これが如何に重要であれ、一面的であることを免れず、逆に、地方、つまりは生活の現場における生活世界の自己形成についてのみ語り、実定法の制定を媒介にした生活の自己形成について語らないことも一面的であることを免れない。

もとより、ハーバーマスは、『事実性と妥当性』において、さしあたって民主的法治国家の理念の規範的再構成を行ったのだから、法制定過程に焦点を当てているのは当然である。とはいえ、このことは民主主義原理の狭隘化を生み出し、例えば経済領域には適用されない次第になっている。ハーバーマスによれば、討議原理が法的形式と結びつけられて特殊化されることによって民主主義原理が生じるが、このことによって経済領域における民主主義原理が考えられないものとなっている。けれども、もし経済民主主義ということを考えるならば、討議原理の経済形式との結び付きによって、経済領域での民主主義原理が生じると考えることも出来るであろう。この場合には、経済的意味での討議空間が生じ、この討議空間は経済領域における人間的生の自己形成・自己組織化としての人間的生の発展的展開のうちに組み込まれることになろう。そしてこうした経済的意味での、すなわち、経済的に規定された討議空間と政治的な、法的に規定された討議空間とは相互に関連し、相互に媒介されることになろう。

6　ある種の閉鎖空間？

しかし、ハーバーマスの場合既にある種の問題があることが垣間見られるのではないか。私的自律と公的自律は相互前提関係にあるとハーバーマスは言う。人権と人民主権も相互補完関係にあるという。こうした議論では、私の見るところ、例えば人権は法的な意味での討議空間のなかに閉じこめられているように思われる。

①私的自律・公的自律と②人権・国民主権とは国家が構成された後では一致する。これらは相互前提的関係にあり、この仕方で相互循環的関係にある。この相互循環関係は最初の憲法制定実践において生じ、この憲法制定実践においてかの法的討議空間が生成するのであり、人権と国民主権とは、この討議空間の中で、相互前提的関係にあるものとして構築されることになる。しかし、もし人権が特殊な、限定された法共同体内部ではじめて構築されるのだとすれば、人権はある意味で法的討議空間の中において初めて人権として存するということになろう。

けれども、討議空間は、それ故にまた法的討議空間は人間的生の全体ではなく、人間的生、それ故に人間たちの生活世界に対する反省的討議の場として、換言すれば生活世界に対する内在的超越として人間的生に、つまり生活世界に組み込まれているのであって、こうして討議空間は人間的生の全体性ではない。人権という思想は人間的生の歴史の中で、様々な歴史的経験、抑圧の経験や抑圧からの解放への希望から、戦争の惨禍の経験から、そうした土壌の上に生み出される。その限り、人権は人間の歴史的生の自己表現の基本的な形式でもあり、そうしたものとしてその構成員が限定された、法共同体に内部化された存在に尽きるわけではない。こうした人権（思想）はそれが憲法制定実践というそれ自身一つの政治的行為によって憲法的に定式化されるのであるから、人権はそれぞれの国家において、基本権として国家市民の権利となるけれども、その内実からすれば、国家の、法仲間の権利としての市民の権利（国家市民の権利）を越えた普遍的意味を持つ。人権の憲法定式化は、その普遍のいわば具体化であり、憲法的に定式化された人権は人権の具体的普遍の形態である。ハーバーマスは『事実性と妥当性』において、人権を基本権とした。人権を基本権とするということは法秩序のうちにある国家市民の権利とするということである。ところが、ハーバーマスにとって人権は道徳的実質を有しているが故に、人権は限定された法共同体ないし法秩序のうちにある国家市民の権利を越える普遍的意味を持たなければならないが、他方、人権は、ハーバーマスにとって、単に道徳的観点から判定されてはならず、一定の法秩序に属する人格の権利としてその実効性を持たなくてはならない。それ故に、人権という概念と市民的基本権という概念との間には緊張関係がある。いまここで私にとって問題であるのは、そうした普遍的意義を持つ人権を専ら討議空間のうちに位置づけることができるのか、ということ、言い換えれば、人権がある種の法仲間のうちで初めて定礎形成されるのか、ということである。人権概念が人間的生の歴史において生み出されるということと、それが一定の法共同体のなかで実効性を待って定立されるということとは違ったことである。人権は法的討議空間のなかではじめて構成されるのではない。むしろ、人権は人間の生そのものの特異性として承認されなければならず、正統性とは異なる原理として理解しなくてはならないのではないか。(32)

7　人間的生と民主的法治国家

ハーバーマスが再構成した民主的法治国家の規範的自己理解においては、民主的法治国家は討議原理（D）の法的展開である。（D）において、合理的討議が想定されており、討議空間が想定されている。この討議空間が法的に規定されるとき、法的討議空間が生成するが、そうした法的討議空間の構造的編成が民主的法治国家をなす。討議空間は国家市民たちの討議において生成するとともに、討議の前提ともなり、討議空間は国家内の個々の、人びとの居住空間からは内在的に超越する普遍性を有する。

討議空間は人びとの生活世界に対する反省的討議の審級であり、そうしたものとして討議空間は人びとの生活世界(33)に対して超越する審級であり、同時に生活世界の一部をなすという仕方で、生活世界に対して内在的超越性を有する審級である。

ハーバーマスが再構成した民主的法治国家の自己理解においては、コミュニケーション的権力は行政権力に転化し、公式的権力循環が成立する。しかし、行政権力は様々な政策を執行するのであり、それゆえ、討議には還元されない様々な行為を遂行する。このような仕方で、民主的法治国家は国家市民たちが実定法の制定を通して自らの生を規律する、すなわち、人間的生が己を展開する人間的生の一局面である。人間的生が自らを規制し展開するということは私的自律と公的自律の相互前提関係によって表現されている。国家の行為は人間的生、従って人間たちの生活世界に対して、重大な結果を持つ。ハーバーマスの言葉では、民主的法治国家では公式的権力循環が成立し、これが解体すると、人間的生が自らを規律し展開するという人間的生のあり方が否定され、解体されることになる。

すなわち、このときには、国家は生活世界に対して内在的超越であるという性格を失い、生活世界に対して単なる超越と化し、生活世界を支配し、操作する審級に転化する（非公式の権力循環）。

「国家」には二義がある。今、話を簡単にするために、政治システムと経済システムにのみ言及すれば、それは一つの意味（広い意味）では、政治システムと経済システムの両者をそのうちに含むが、もう一つの意味（狭い意味）では、そうした国家内の政治システムとしての国家システムを意味する。ハーバーマスがまずは民主的法治国家の規範的な自己理解として再構成したその民主的法治国家は狭い意味での、国家内での国家システムである。それゆえ、民主的法治国家は人間的生の展開の一局面であり、経済システムもまた人間的生の展開の一局面である。かくして、国家システムとしての政治システムは他のシステムとの関係の内におかれている。民主的法治国家の規範的自己理解として再構成されたものは確かに理念であるが、しかし、ハーバーマスによれば、それは単に現実に対置される単なる理念ではなく、現実を構成する「実在する理性」のかけらでもある。この理性のかけらは現実の運動のうちに、とりわけ新自由主義的グローバル資本主義の生成に伴う国家の新自由主義的国家への改造の運動という文脈の内に置かれている。(34) それゆえ、その「実在する理性」のかけらは経験的現実でもあるが、しかしそれはそれを無効にし、解体する諸力の内におかれている。だから、もしそうした諸力を前提にすれば、民主的法治国家は実現不可能だということになるし、民主的法治国家が己を実現しようとすれば、それを無効にする諸力に抵抗し、無効化する諸力を無効化しようとせざるを得ない。ここに先鋭な緊張・抗争が生じる。以下では、この緊張・抗争に立ち入ることにする。

8　自律性と安全性の二律背反

ハーバーマスによれば、コミュニケーション的権力（die kommmikative Macht）は共通の確信として無傷の間主観性から生みだされるが、[35]法制定によって、国家市民から発するコミュニケーション的権力は行政権力へと転換する。この転換は権力委譲であり、行政システムは法コードによって制御され、この行政システムは法を制定するコミュニケーション的権力によって構成される。行政システムはかくして特権化された利害の事実的貫徹力から解放される。[36]特権化された事実的貫徹力とは、コミュニケーション的権力とは区別される社会権力の利害のことである。法治国家の理念とまさしく特権化された利害の事実的貫徹力からの解放の要請にほかならない。ところが、私見では、民主的法治国家を現在の現実、すなわち資本制社会という現実のなかにおいてみるとき、民主的法治国家は、ハーバーマスの言う社会的利害の事実的貫徹力だけではなく、資本制社会の現実論理と衝突する。ここで、私は「現実論理」によって、とりわけ自律性と安全性の二律背反という事態に言及したい。

権利の論理的生成において語られた基本権［1］～［4］に［5］が加えられているが、［5］は社会権を含む。［1］～［4］において、私的自律と公的自律は相互前提関係をなすとされた。［5］は［1］～［4］が成立するための条件をなしている。安全性と自律性の二律背反という現実論理は、［1］～［4］と［5］の間に亀裂と矛盾が存在するということを示すものである。社会権は、人間生活の安全性に関わり、［1］～［4］は自律性に関わっている。

ところで、ハーバーマスが言う法パラダイムとは、法の社会モデル、あるいは法システムの暗黙の社会理論であり、法システムが自分の社会環境に対して作りだす像である。「所与の当該社会に実際に見られるコンテクストにおいて権利の体系と法治国家の原理がどのように実現されるかという問いにかんする、法共同体の範例的見解こそ、私が法パラダイムということで理解するものである」(37)。あるいは、法が国家と社会の間に確立すべき関係に関する、そして法規制が採らなければならない形式に関する認知的および規範的な背景仮定の集合である(38)。法パラダイムは自由主義的法パラダイム、社会国家法パラダイムとハーバーマス自身が提唱する手続き主義的法パラダイムの三つに区別されるが、ここでは、社会国家法パラダイムについてハーバーマスが言っていることを聞いてみよう。ハーバーマスは社会国家法パラダイムにある種の二律背反を論定している。

ハーバーマスによれば、社会国家モデルは「いわば、個人たる行為者の自律的地位を犠牲にすることで、国家機構の行為メカニズムとしての特徴を強調している」(39)。ここでは積極的干渉国家であれ監督国家であれ、国家の行為領域と私的行為領域の間には、ゼロ＝サム＝ゲームが成立している。すなわち、一方の権限が増大すれば、他方の権限が縮小する。国家の行為領域の権限が増大すれば、私的行為領域の権限が縮小するのである。社会国家では、私的主体は「優越的な政治的意思のパターナリズム的政策による制約を被ることになった」(40)。今、労働・安全・住居・生活保障・教育・余暇・自然環境保護への権利を、これは生活の基盤保障に関わるがゆえに、生活破壊という生活危機回避の保障を与えるために、一括して「(生活の) 安全性への権利」と呼ぶとすれば、この安全性への権利が充足され、安全性の程度が上昇すれば、それは諸個人の自律性を侵害してしまう。ハーバーマスの言うに、

生活のさまざまなチャンスを分与する福祉重視型の社会国家は、労働・安全・住居・生活保障・教育・余暇・自然環境保護への権利によって、人間の尊厳に値する実存のための実質的基盤を万人に保障するのである

が、そうした国家は、本来は消極的自由の機会平等的利用のための事実的前提を提供すべきであるにもかかわらず、頑強な政策によって、かえって自律性を侵害する危険を明らかに招来させている、とされている。(41)

ここに見られるのは、安全性と自律性の二律背反、換言すれば、権利の論理的生成において見られた［1］〜［4］と［5］の間の二律背反である。社会（福祉）国家では、国家の行為領域の権限が強化され、国家市民の安全性への権利が保障されるけれども、そのことによって同時に私的自律が脅かされる。私的自律と公的自律が相互前提関係にあるとすれば、私的自律が脅かされることによって、公的（政治的）自律も脅かされることになる。

他方、ボルタンスキーとシャペロは、社会国家の時代に、経済システム（企業システム）において、安全性（この場合には、取り分け職の安全性）と自律性の二律背反という事態が存立していたことを述べている。(42)一九世紀以降の企業の大規模化と全体の計画化という趨勢のもとで、労働者の取り分け雇用の安全性という意味での安全性が承認されるようになる。言い換えれば、雇用の安全性、従って雇用に基礎を置く生活の安定性は計画化によってもたらされた。しかし、資本の労働者に対する支配・管理の衝動が消えたのではない。フォーディズムの時代には、労働者は管理・企画する層とその管理を受けて労働する層に分かれる。労働者は生産と企業の経営に対する参加とその意味での自律性を放棄する代わりに、安全性を保障されたが、企業は労働者に対する管理を手放そうとはしなかった。(43)

生活世界における歴史的経緯と労働者の闘争によって安全性の要求が（一定程度）実現されると、自律性の要求が侵害されるわけである。それで、ここに見られるのは、自律性と安全性（とりわけ、職の安全性）との間の二律背反という事態（現実論理）である。

ハーバーマスは経済システムには立ち入っていないのだが、以上見たように、国家システムと経済システムの間には、安全性と自律性の二律背反という点で照応関係があった。なるほど、国家システムと経済システムは一方では異なる論理を持って運動するが、他方では、両者の間には照応関係（照応した構造）があったのである。国家システムの基本的な構成のあり方は経済の基本的あり方と無縁ではない。両者は相互にある仕方で対応している。もとより、国家と経済とは全く同じ論理で動いているわけではないが、全く無関係であるというわけでもない。自由主義的資本主義に自由主義的国家が対応し、組織された資本主義には社会国家ないし開発主義的国家が対応し、新自由主義的資本主義には新自由主義国家が対応する。社会国家では、一つの例を挙げると、企業は労働者をめったに解雇しなかった。確かに、生活改善とともに、労働者たちが体制順応的になって行くということは歴史的現象であるが、そこには、私見では、安全性と自律性の二律背反が機能していた。雇用の安全性は、資本主義に歴史的に埋め込まれた安定装置によって保障され、生み出されたものである。(44)

つまり、安全性というのは、安定装置の一部であった。この安定装置が除去されれば、資本主義的経済システムは自己不安定的システムとなるであろう。社会権というのは、その機能上の意義という点からすれば、社会国家の安定性を構成する安定装置の一部であった。ただし、社会権は単にそうした機能上の意義を持つに尽きるのではない。それは人間的生の根本要求に由来する。安全性と自律性の二律背反という事態は資本主義的経済システム、とりわけ企業システム内での安全性と自律性の二律背反は、社会国家（福祉国家）では政治的自律と社会権の二律背反という形で反復される。組織された資本主義では、安定性の装置であった福祉国家は福祉官僚制という形態をとった。

ハーバーマスは、法パラダイムに関して、自由主義的法パラダイムでも社会国家的法パラダイムでも、私的自律と公的自律との内的連関が見失われているとする。法の実質化に伴って社会国家的法パラダイムが生じたが、これは福祉的パターナリズムを生みだすことになった。社会国家において、そして社会国家における経済システム（企業システム）において、私の見るところ、安定性と自律性の二律背反という現実論理が貫徹していた。

民主的法治国家の理念（自己意識）の（規範的）再構成の過程で行われた権利の体系の論理的構成にあっては、［1］〜［4］と［5］は相互に矛盾してはおらず、むしろ［5］は［1］〜［4］のための前提条件であるが、歴史的に形成され社会国家においては、［1］〜［4］と［5］の間に、二律背反という現実論理が貫徹していた。この点において、民主的法治国家の理念（自己意識）は現実論理と衝突するのであり、それ故、民主的法治国家の理念が己を現実において貫徹しようとするならば、それはその現実論理の止揚を目指さざるを得ないのである。

ところで、大きく見れば、自由主義的資本主義は組織された資本主義へ、組織された資本主義は新自由主義的資本主義へと変換されて来た。（グローバルな）新自由主義的資本主義は組織された資本主義、そしてこれに照応する国家形態である社会国家（あるいは企業主義国家）で成立していた安全性と自律性の二律背反を廃棄しなかった。組織された資本主義・社会国家では自律性の犠牲の上に安全性が確保されていたが、グローバルな新自由主義的資本主義では、自律性が称揚され、生活の安全性が掘り崩される。新自由主義的グローバル資本主義は中間層を解体させることによって、社会の人口を富裕層と貧困層に分解させていく。そして、富裕層（そして、超富裕層）とその他の貧困層にそれぞれ異なる意味での自律性・安全性を割り当てる。非正規労働者はかつてとは違って企業への統合（正社員としての統合）から解除され、企業同一性から解除されるということによっていつやめてもらってもかまわないという意味で企業統合に対して「自律性」を獲得するが、これは低賃金・無収入を伴い、それゆえ生活の安全性を毀損する。しかし、生活の安全性が毀損されることによって、人間的生はますます、アーレントの意味で生命の必要性・必然性に支配されていくことになり、それゆえに上で言われた「自律性」は実は自律性の喪失である。この「自律性」は自己責任の言説の流布とともに、共に生き、生活し、その中で自己の固有の生活史を織りなしていくという、相互に生を営むものとしての承認から切断された「自律性」に変容していく。このような事態は人間的生（生命－生活）の毀損である。

他方、富裕層と超富裕層にも自律性と安全性が割り当てられるが、この場合の「自律性」は自己の企業家の自律性になる。自己の企業家とは自己の物象化であり、それゆえ、その自律性は物象の自律性である。それは自らであることという自律性の究極の否定的形態である。というのは、物象とは、それ自身としてあるのではなく、抽象的普遍であり、増殖することを自己目的とする抽象的普遍である資本の具体的な担い手としてのみ意義を、存在意義を有する具体者としての存在であり、自己の企業家というのは、物象化された人間が取る現代的形態であるからである。

自律性と安全性はそれ特有の弁証法を展開する。この弁証法は自律性と安全性の二律背反を止揚したのではない。そうではなく、この二律背反の展開である。それゆえ、新自由主義的資本主義のもとで、人間的生は自律性と安全性の二律背反に依然として囚われている。法パラダイムは自由主義的法パラダイムから社会国家法パラダイムに変換されたが、これは第二次世界大戦後社会国家の発展において実現されるようになった趨勢である。法の転換は社会そのものの転換と無縁ではない。

ハーバーマスは、権利の論理的生成を遂行する際に、［1］～［4］に［5］を加えていた。このことは、ハーバーマスが再構成する民主的法治国家では、自律性と安全性の二律背反が廃棄されていると想定されていることを意味している。国家の新自由主義国家への改造の運動は進行中の運動であるが、新自由主義国家および新自由主義的資本主義では取り分け安全性の掘り崩しは富（価値）の収奪と結びついている。一言で言えば、新自由主義国家とはそうした富の移動のシステム、社会の下層から上層への、家計から多国籍企業への富の移動（収奪）の制度化である。新自由主義的グローバリゼーションは世界諸国民の共生を破壊し、解体する。自律性と安全性との二律背反は社会国家において強力に支配し、新自由主義的国家では変容しさらに展開した形で存続している事態である。自律性と安全性の二律背反は、社会国家と新自由主義国家の両者においてかつ経済システムと国家システム両者において、経済的形態と国家的ないし政治的形態において存在し、経済的形態と国家的形態は相互に照応している。それで、国家（社会国家、企業主義国家）の新自由主義国家への運動という文脈の中で、民主的法治国家構想を現実化しようとするならば、ここでの文脈で言えば、先に言及したが、かの二律背反の廃棄を追求しなければならないということになろう。とすれば、その二律背反がよってくるその基礎である資本制社会の構成とそれは対立せざるを得ない。

ハーバーマスの手続き主義的法パラダイムは経済システムの一定のあり方と照応しなければならないはずであるが、しかし、ハーバーマスはその点については何も語らない。民主的法治国家では、安全性と自律性は両立しなくてはならないが、とすれば、同じことは経済システムについても成り立つのでなくてはならない。つまり、私見では、ハーバーマスの民主的法治国家の理念は経済システムに関して含意を持つ。この二律背反の止揚がなければ、市民たちが自律的に何をなすべきかを決定するというのは空疎となり、宙に浮いてしまうだろう。だから、民主的法治国家は己を実現しようとするならば、その二律背反を廃棄しなければならない。逆に言えば、ハーバーマスの手続き主義的法パラダイムが語ることは、その二律背反の止揚の方向を指し示している。

私見では、自律性と安全性の二律背反という現実論理は、人間的生に対する抽象の支配にその根源を持っている。

この現実論理は近代以降の人間的生、生活世界への資本の支配に関係しているのである。安全性と自律性の両立の要求は人間的生の要求であろうが、この要求は資本制社会の現実論理と矛盾し、対立する。私見では、両者は両立不可能である。今、具体的労働と抽象的労働の関係に若干立ち入れば、具体的労働は具体的な使用価値を有する富を産出し、抽象的労働は抽象的普遍である価値（剰余価値）を産出するが、資本主義的生産の自然法則においては、具体的労働はそれ自身において抽象的労働に転化している。換言すれば、具体的労働は抽象的労働のいわば担い手としてのみ意義を有する。このことを通して資本は一種生命体の如く運動することになる。具体的労働はそれ自身として意義を有するのではなく、もっぱら抽象的労働の担い手として意義を認められる。抽象的労働は具体的労働から離れては存在することは出来ない。このことは抽象的労働は具体的労働に取り憑き、それを担い手としてのみ存在するということを意味する。それで、具体的労働は抽象的労働にいわば支配されている。具体的労働はそれ自身であることができない。すなわち、具体的労働は自律的であることは出来ない。資本は具体的労働が抽象的労働から離れてそれ自身として（家庭菜園における私的労働は別にして）遂行されることを許すことは出来ない。というのは、そうなれば、資本は無へと転化する、つまり消滅してしまうからである。ところが、具体的労働は労働者の労働であるから、具体的労働の以上のごとき非自律性は生身の人間である労働者自身に及ぶことになる。(45)だから、労働者階級の闘争とその他の歴史的闘争によって労働者の生活上の安全性が上昇したとしても、究極の次元で、資本は労働者の自律性、すなわちそれ自身であることを認めることは出来ないのである。

それゆえ、資本主義はこの両立の要求と矛盾するであろう。人間的生はこの二律背反に囚われている。管理や規律権力は何故必要だったのか。それは、人間を、人間諸個人を抽象的労働、抽象的普遍の担い手に留め置くためである。自律性とは究極的には世界の存在者がそれ自身であることである。だから、この事態、すなわち、世界の存在者がそれに外的ななにかの担い手に還元されることは、自律性、つまりそれ自身であることの否定である。資本はこの意味での自律性を許容することは出来ない。何故なら、既に述べたが、資本がこの意味での自律性を許容するなら、資本は消滅してしまうからである。安全性と自律性の両立ないし統一的成立は資本の現実論理と相反するものなのである。

9　外的緊張と国家構想を巡る抗争

ハーバーマスは民主的法治国家の理念、すなわち民主的法治国家の自己理解の規範的意識を再構成した。形式語用論は再構成的に振る舞い、発言する主体、精神の話し手の普遍的な言語能力を再構成するが、ここではハーバーマスは再構成的方法を民主的法治国家の自己理解に適用している。この規範的再構成において、ハーバーマスは事実性と妥当性の間の緊張に言及した。この緊張は（事実性と妥当性の間の）内的緊張と呼ばれる。それはまず私的自律と公的自律の間の内的緊張である。これは法の名宛人と法の作成者が分離しうるということである。さらに、政治支配の概念的分析において、政治支配のうちに緊張が存在することが論定される。政治支配には威嚇という潜勢力が内在している。これは法の事実性の側面であるが、他方政治支配は正統な法によってその権限が与えられる。ここに妥当性と事実性の間の緊張関係が見られる。政治支配とは国家権力による政治支配であり、この政治支配にも事実性と妥当性の間の緊張関係がある。「政治権力は自らを正統化するために必要な法と内的連関を有しているがゆえに、それ自体として事実性と妥当性の緊張関係をはらんでおり、概念的分析はこうした緊張関係だけを扱うのである」[46]。ここでは政治権力について緊張が語られる。政治権力の正統性と事実性の間の緊張である。裁判の内部にあっても、事実性と妥当性の間の緊張が現れる。法的安定性の側面は、事実性の局面であり、正しい判決を下すということは妥当性の局面である。ここでは二つの基準が妥当しなくてはならない。法的妥当性の原理。ここで法的妥当性というのは、既存の法秩序の内部で決定は無矛盾でなければならないということである。実定性というのは、任意に変更可能であるということであるが、すると、実定法は何ら正統性を持たないように見える。しかし、実定法は正統性を持たなければならない。かつては、人間の生活史は生活の規範的教導によっていた。生活の規範を与えていたのは、伝統であり、慣れ親しまれた人倫－実質的人倫がそうした規範を人々に与えていた。近代以降では、実定法にそのような実質的人倫によって正統性を与えることはもはや不可能である。しかしそうではあっても、実定法はやはり正統性を持たなくてはならない。ここには、法の実定性と正統性の間の緊張が現れる。この緊張は、生活世界が合理化されたために、もはや伝統に訴えることはできないということから生じる。

さらに、各人はコミュニケーション的権利と参加権を有するけれども、それらを実際に使用するかどうかは、自由な私的権利主体に委ねられる。政治的基本権は各法人格における主観的権利の（了解志向的）使用を義務づけるものではない。ハーバーマスの言うに、法制定を正統化する負担は、各人の国家市民的資格から討議による意思形成・意見形成の法的に制度化された手続きに移される。主観的権利の自由は集合的拘束力を持つ組織によってのみ貫徹される。すなわち、主観的行為自由の権利は制裁威嚇を伴わなければならない。このことによって基本権は、それに対する侵害があっても、あるいはまた抵触する利害があっても、維持される。だから、制裁権力を基本権は前提している。国家は制裁権力、権力適用手段を持つが、その手段は正統でなくてはならない。威嚇の潜勢力が政治支配のうちにあり、これは事実性の側面である。けれども、同時にこの政治支配は正統な法によってその権限が与えられるのである。具体的には、この緊張関係は強制と規範的妥当要求の二つの契機の間の緊張関係である。集合的決定の拘束力においても、これら二つの契機が結びついている。

ハーバーマスは続いて民主的法治国家を複合社会という現実のなかに置き、民主的法治国家と複合社会との間の緊張を扱う。この緊張は「外的緊張」と呼ばれる。私はここでは内的緊張ではなく、それとは区別される外的緊張を扱いたい。ハーバーマスは、すでに見たように、単に理念と現実という思考図式は用いない。それというのは、社会的実践のうちに理性の痕跡、かけらがすでに含まれているからである。その理性のかけらの合理的再構成が法治国家の理念であるわけであろう。ここでハーバーマスは、民主主義的法治国家の理念と外的現実性の関係を扱う。そのためには、民主主義の手続き主義的理解を社会学的に解釈し直さなければならない。すなわち、民主的法治国家の理念を外的事実性との関係に置くためには、それを社会学的に解釈し直さなくてはならないわけである。ここにおいて、事柄に対する我々の眼差しは変化する。我々の理論的眼差しは民主的法治国家の規範的再構成から、事柄（今の文脈では、外的緊張）に関する（社会の）説明理論的眼差しに変化する。

ハーバーマスによれば、権力と法を無視する民主主義の概念は経験的性格に乏しく、これは不十分である。ハーバーマスはR・ダールの試みに言及している。これは民主主義の手続き主義的理解を社会学的に解釈しようとするものであるが、ハーバーマスによれば、権力と法を過小評価するものである。しかし、ダールのこの試みは、自由に連帯する法仲間の自己組織化という思想を高度に複合的な社会の現実とつき合わせるものなのである。

これに対して、市民の自己決定実践は制度化されることで経験的有意味性を獲得するのであるが、経験主義的戦略とは、権力が持つ規範的権威を単なる社会的権力に還元してしまうものである。W・ベッカーの議論は民主主義のゲーム規則を経験主義的に根拠づけようとするものであり、これは支配を支える主観的根拠は支配の安定化に寄与する限り、何でもよいとするものである。経験主義的根拠づけは妥当性の次元を解消してしまうのである。

ダールからすれば、権限の決定の委譲ということは民主的手続きの道徳的執行を原則的に妨げるものではない。かくして既存の競争的民主主義は民主的手続きが実際に執行される行為システムとして理解される。さらにダールは、近代的、具体的、多元的社会という民主化にとって都合のよい指標を提示する。このような指標が存在している限りで、それは民主社会にとって好都合な可能性を与える。これは社会権力と国家的に独占された実力を法が国家的に馴化する上で好都合な社会的指標である。とはいえ、ダールは民主的手続きを正当化するための規範的基礎を執行機関の経験的分析と結びつけてはいない、ということはダールには政治システムが展開する合理化の潜勢力を記述するための意志が欠けているということである。外的緊張を扱うためには、民主的法治国家を複合社会という経験的現実のうちに置かなくてはならないが、その際、法の妥当次元を捨象してはならないのである。

ハーバーマスは次のように考える。すなわち、複合社会においては、機能的調整の問題が生じ、この機能的調整の問題は行政システムの間接的調整作用を通して解決されるけれども、政治権力の投入はやはり法的な妥当次元を持たなくてはならない。政治システムは、複合社会ではその複合社会による制限に服するが、この制限は妥当性の想定と政治過程の事実的進行過程の間の認知的不協和として現れる。複合社会においては、社会統合の過程にかけられる負担が増大する。かくして、機能的調整の要求と統合作用が隔たっていく。政治と法がこの隔たりを架橋すべきものである。複合社会は協議的様式を過剰に要求する。この制御問題を行政システムが引き受けなければならない。そうすると、調整作用と統合作用が隔たっていくのであり、かくして民主的過程においてそのために必要な不可欠の資源が欠乏していくという事態が進行する。要するに、行政システムがかの制御問題を引き受けなければならなくなると、民主的過程に不可欠の資源が欠乏する。こうして、民主的過程は不明確で強情な機能システムの統合性に打ち負かされることになる。つまり、社会の慣習的モメントが自主的意識的に行われる社会化の協議様式から独立してしまうように見えるのである。しかし、もしそうした独立化の傾向が複合的社会に不可欠であるとすれば、民主化の諸条件のダールの問いは無意味になってしまう。社会の慣習的モメントが協議的形式、すなわち自主的になされる意識的な協議的形式から独立化するということは物象化である。もしこの独立化が不可避であるとすれば、ハーバーマスの言うに、民主的過程は不明確で強情な機能システムの統合性に打ち負かされることになる。かの物象化が不可避的であるとすれば、である。

既に述べたように、ハーバーマスはこの外的緊張を論じる際に、機能的に分化した複合社会を念頭に置いている。この複合社会において、法治国家が内的に衰弱するといった事態が生まれる（危険な）可能性、あるいはまた法治国家の行政システムが市民たちによる意見・意思形成過程から自立化するという行政の自己プログラム化の危険が生じてくる。まず、注意力や根拠や知識に関する公衆内での不平等な配分が切り捨てられ、その時々の自己中心主義、意志薄弱、非合理性、自己欺瞞などを無視し、それ故コミュニケーション的過程が持つ情報のコストと決定のコストを考慮せず、限界づけられた認知的処理能力の限界を考慮していない、という強い理想化を伴った純粋なコミュニケーション的社会化のモデルを想定してみれば、このモデルを背景に世界の事実性が眼に見えるようになる。

我々が生きている世界では、コミュニケーションは固有の空間時間的枠組みを持っており、期限の圧力があり、その圧力の下で主題と発言の選択は期限に間に合わなかったりする。分業があるために知識の生産と拡散から、権限と知見の不平等な分配が生じる。公共圏の構造は情報処理に関する非対称性、不平等な機会を産み出すが、これはシステム的限界であり、このシステム的限界に個人の能力の偶然的で不平等な配分が付け加わる。政治的コミュニケーションの参加のための資源は、一般的には極めて限られているのである。「それは、個人的に利用可能な時間と、キャリアと強く結びついた、主題に対する機会的な問題関心に始まり、そうした主題に対して自分の発言をなすための準備と能力を経て、合理的意思形成を害する日和見主義的な態度、情動、偏見、等々へといたる」[47]。これは純粋なコミュニケーション的社会化のモデルからの逸脱であり、純粋にコミュニケーション的社会化のこのモデルは不可避の慣性的モメント（unvermeidliche Trägheitsmomente）に注意を向けさせる。如何なる複合的社会も純粋なコミュニケーション的社会化のモデルに一致することはない。それ故、そうした慣性的モメントを基礎にしてどの程度社会的事実性が民主的過程から独立した非正統的な権力複合体のための結晶点をなすのかが問われるのである。ハーバーマスは次のように言っている。

> とりわけ社会的機能システムにおいて、つまり大規模な組織と国家行政において集権化されている権力は、どの程度、規範的に規律された権力循環のシステム的下部構造に目立つことなく根づくのか――そして、効果的に、こうした非正統的な権力の内々の循環というものが、法治国家的に規制された権力循環にどのように干渉するのか――とも問われるのである[48]。

ここでは、社会学的考察方法が採用されており、政治的意見・意思形成過程と法制定過程は社会的存在として扱われている。この社会学的考察方法からすれば、政治社会は頂上ではなく、他の行為システムと並ぶ一つの行為システムにすぎない。政治は、法媒体を通して残りの他のすべての行為領域とコミュニケーションし続けなければならない。そして協議的対話の政治は合理化された生活世界のコンテクストと内的に関連している。政治社会は社会の中で他の行為システムと並ぶ一つの行為システムなのであって、それが社会の全体なのではない。

各機能システム、政治システム以外の機能システム、あるいは非正統的な権力循環は、法治国家的に規制された権力循環に干渉するのである。もし機能システムがオートポイエーシス的に自立化するならば、それは民主的過程を跳ね返えしてしまうだろうし、もしそうした独立化の傾向が複合社会に不可避的に組み込まれているとするなら、民主化の諸条件への問いは無意味になってしまう。複合社会では、行政システムが協議的様式を過剰に要求する制御問題を引き受けなければならないようになればなるほど、調整の要求と統合作用が隔たっていく。こうした協議的形式に対する過剰な要求は複合社会的現実に対する抵抗という意味があるが、以上のような過剰な要求が政治システムに課せられるとき、民主的過程にとって不可欠の資源が欠乏して、それ自身内側から衰弱するのであり、この民主的過程は、ハーバーマスは言うが、不明確で強固な機能システムの統合性によって跳ね返されてしまう。

けれども、政治的制御が議会複合体から分離したり、さらには関連主題が公的アリーナから分離すると、関連主題のこうした分離には抵抗がつきものである。事実性と妥当性との外的緊張において、事実性が妥当性を完全に放逐してしまうなら、民主的法治国家のプログラムは無意味となるが、しかし、これは、ハーバーマスによれば、単にそう見えるにすぎない。調整の要求と統合作用の隔たりはやはり政治と法が架橋すべきものなのである。複合社会において過剰な制御要求が行政システムに課せられ、そのことによって民主的過程にとって不可欠の資源が枯渇してしまうと、民主的法治国家は空洞化してしまう、ということは、別の言い方では、制定された法がその拘束力を失い、行政権力の自己プログラム化が生じて、三権分立が危うくなるということである。

複合社会では、行政の自己プログラム化の傾向が生じ、それが不可避的であるように見えるけれども、しかしそう見えるのは、ハーバーマスによれば法治国家諸原理の制度化が十分ではないからであり(49)、圧力団体の自己利害貫徹という趨勢に対しては、批判的公共圏がそれに対抗して批判的言説を展開することが出来るのである。

エコロジー的不均衡、経済的不均衡、テロリズム。我々の社会はリスク共有社会になっているとハーバーマスは言う。確かに、現代社会にそうしたリスクがあることは間違いないであろうが、私見では、現代における民主的法治国家の空洞化の要因には、それだけではなく、もっと別の要因、リスク共有社会の基礎にあって、それを生みだす要因となっている事態がある。(50)「リスク共有社会」という概念はその事態をそれとして捉えることはできない。私が念頭に置いているのは、グローバルな新自由主義的グローバリゼーションの進展とそれと相即している国家（社会国家・開発主義国家）の新自由主義国家への改造の運動である。こうした国家の新自主義国家への改造（構造改革）の運動が民主的法治国家、ハーバーマスが語っていた現実に存する「実在する理性」のかけらを破壊し、解体していく。日本では、それとともに、国家市民からの国家（権力）の自立化とそうした国家への国家市民の統合という趨勢（これには、戦前国体への郷愁が結びついている）が進行している。これは国家（権力）という普遍の特殊・個からの自立化であり、それ故、それは普遍に関わる、内在的超越の解体としての物象化の形態である。こうした趨勢は人間の自然史の進展過程である。

民主的法治国家の空洞化をもたらすのは、国家の新自由主義国家への改造の運動であり、それゆえにまたそれへの批判と反抗の運動が生じる。ここに、新自由主義国家への方向と民主的法治国家への方向という、国家構想を巡る抗争が浮上する。それで、私は民主的法治国家という「実在する理性」のかけらを、複合社会ではなく、国家の新自由主義国家への改造の運動および国家の国家市民からの自立化という趨勢という文脈のうちに置く。つまり、私は、以下では、ハーバーマスの言う外的緊張の代わりに、民主的法治国家への方向と新自由主義国家・国家の国家市民からの自立化への方向との抗争を視野の内におく。

10　新自由主義国家および国家の自立化への方向と民主的法治国家への方向の抗争

戦後国家の危機。戦後福祉国家の危機において社会国家に対する批判として二つの対立する方向が現れた。一つは新自由主義的方向であり、他の一つはハーバーマスが社会国家プロジェクトへの批判的継承として提出した「手続き主義」である。

かつて、社会国家（日本の場合には、企業主義国家、すなわち、大企業を基本とする国家体制、これは基本的に大企業の利害を基本として編成された国家体制である）は一九八〇年代初頭から危機に入り込んだ。(51)そしてその内部にその社会国家に対する二つの批判的潮流が生まれた。一つは民主主義をいっそう進展させようとする方向であり、一つは新自由主義的潮流である。ハーバーマスの民主的法治国家の自己理解を再構成しようとする試みは、社会国家を単に廃棄するのではなく、それを反省のいっそう高い段階で維持しようとするのであり、いわば保守的方向（社会国家を保守する方向）と新自由主義的潮流に対して、第三の潮流に属する。(52)

右に述べたように、ハーバーマスの試みは社会国家のプログラムをより高い反省レヴェルで継続しようとしたものである。それゆえ、ハーバーマスの『事実性と妥当性』の試みは、社会国家のプログラムをより高い反省の次元で継続しようとするものとして、新自由主義的方向と真正面から対立するものであるはずである。私はこの視点から『事実性と妥当性』を検討することにする。

社会福祉国家は、私見では、資本制社会における増殖する抽象的普遍としての資本の支配とそれに対する押しとどめの力との独特の妥協形態であり、それが妥協形態であるということは、先に言及した安全性と自律性の二律背反に表現されている。この一定の押し戻しは、安定性と自律性の二律背反という形で、行政のパターナリスティックな権力行使という形態をとった。社会福祉国家では、自律性と安全性の二律背反が見られた。そこでは、規律権力が作動し、社会は「管理された社会」として表象される。

抽象の人間に対する一元的支配において人間は粗末に扱われる。それは生命の吸収になるのである。人間は自律性を持たず、また生の安全性を持たない。マルクスの『資本論』には、そのような事態が報告されている。本源的蓄積の過程は資本主義的生産の永久的自然法則を解放する過程である。(53)短命、愚鈍になるといったこと。人間労働は抽象的労働に転化し、人間労働はもっぱら抽象的労働として、従って剰余価値を生産するものとして意義を持つ。資本の、増殖する抽象的普遍の人間に対する一元的支配は人間の生を破滅させる。肉体的退化、身体的苦痛、早期死亡。(54)そして、批判的抵抗と歴史的事情が労働法を成立させる。社会国家は資本制社会におけるそうした抽象の具体に対する一元的支配を押し戻したものであろう。しかし、資本の人格化は労働者の全面的な自律性を認めなかった。というのは、労働者の全面的自律性の達成は、資本を無に消滅させ、階級支配を掘り崩すからである。職の、従って生活上の安全性と自律性との間に二律背反が成立する。

しかし、同時に、社会福祉国家においても、民主主義の方向へとそれを無効にする傾向・趨勢との抗争がまた存在した。だから、戦後社会国家・福祉国家は、いくつかの契機によって特徴づけられよう。それらは①自律性と安全性の二律背反、②非自律性と規律権力あるいは管理社会という表象、③民主主義を実現しようとする運動とそれを押しとどめる運動である。社会国家は独特の妥協形式であるが、この妥協ないしは均衡形態が社会国家の危機とともに破られて行ったのであり、それを破ったのは階級プログラムとしての新自由主義であった。

『コミュニケーション的行為の理論』で提出された「生活世界の植民地化」のテーゼが語ったのは、システム論理が生活世界の論理を侵蝕するということであった。この把握は技術的処理の論理が人びとの意識を侵蝕することに対する批判の文脈にあり、技術的認識関心と解釈学的認識関心と解放的関心を区別する『認識と関心』[55]も同じ文脈にある。これは戦後社会福祉国家を念頭に置いて論定された事態である。ところが、新自由主義が登場するに及んで、事態は変化する。というのは、新自由主義は社会国家を明示的に攻撃し、国家自身が自己改造、新自由主義的国家への自己改造を強力に推し進めることになったからである。この場合、経済システムをいわば不変のものとして、その論理の生活世界への侵蝕とそれへの抵抗という論理ではもはや事態は捉えられなくなる。

抽象の支配の強化とは、抽象の具体に対する支配の強化である。新自由主義的資本主義では、生活世界のあらゆる存在者が抽象である価値の担い手に還元されていく。その上で、価値の移動のシステム、すなわち収奪の制度的システムが形成される。この過程は実定法の制定を通して促進されるのであり、これは経済システムと政治システムの変容の過程である。

新自由主義的資本主義では、家計から多国籍企業へ、下層から上層へ富（価値）が移動する。富裕層が、そして超富裕層が出現する。それは政治システムの過程についてみれば、法制定を媒介にして進行する。日本では、一九九〇年代半ば以降、新自由主義的政策は目立って進行した[56]。

その過程、生活世界のこの事態をまずは私は世界の疑似－自然化と呼んだ。この疑似－自然化は抽象（的普遍）の支配強化であり、世界のあらゆる存在者が抽象（価値）の担い手に還元され、その上で社会の一方の極から他方の極へと価値が移動するのである[57]。この過程は人びとの生活世界において貧困の普遍化を生み出し、格差社会をもたらす。それは人間的生を毀損する。社会のますます多くなる人びとの生活が「裸のままの生命を再生産する」[58]にすぎないものになる。だから、統治権力は反乱が起きることを、事態によれば批判的言説が生まれることを知っている。それゆえに、ここに取られる「手」はそうした批判に対する「予防」であり、予防装置が作られる。他方、私は先に自律性と安全性の二律背反に言及したが、新自由主義的なグローバル資本主義の進展にあっては、ますます多くの人びとの生活上の安全性が掘り崩されるが故に、そうした予防装置を歓迎する心性が生みだされもするであろうし、安全性への希求は自律性への希求を掘り崩しもするであろう。この意味でも、新自由主義的グローバル資本主義は自律性と安全性の二律背反を廃棄したのではない。

いわゆる構造改革は国家の新自由主義的国家への変換を意味する。それは国家と経済の、社会生活の構造変換であり、これを執行するのは、自己プログラム化した(行政)権力である。これは、ハーバーマスの用語で言えば、コミュニケーション権力の行政権力への転化というコミュニケーション循環を遮断し、解体するものであり、これによってそのコミュニケーション循環から自立化し、むしろ、コミュニケーション循環を解体する。国家の新自由主義国家への変換、すなわち構造改革は、それはとりわけグローバルに活動する多国籍企業の利害の実現を己に統合するが、これは行政権力の自己プログラム化を生みだすし、司法権と立法権が行政権力の変装された姿に変換される傾向を生みだす。それゆえに、しっかりとした三権分立はそうした運動に対する歯止めとなりうるし、そもそも立憲主義は、人類がこれまで人間の自然史に対する抵抗と抗争の中で生みだしてきた諸原理(人類普遍の原理)を継承するとともに、権力の自己プログラム化(ハーバーマスの言い方では非公式の権力循環)に対する歯止めの機能を有するが故に、権力の自己プログラム化は立憲主義を無効化することになる。

行政権力の自己プログラム化は国家市民の生活の変換をもたらす。新自由主義国家の基本は富の収奪の制度を構築し、貧困の普遍化を生みだすメカニズムを制度化することである。新自由主義において権力は、コミュニケーション権力に対立する、国家の新自由主義的変換を主導する、そのために作動する権力に転換する。この権力は自己プログラム化した行政権力の形態である。法は物象の支配強化のために動員されるということになる。こうした運動は労働市場、教育システム、税制、など人間生活のあらゆる領域に及ぶ。地方自治体のあり方も、多国籍企業の利害に沿う形で再編されようとする。

行政権力の自己プログラム化は、国家システムの人びとの生活世界に対する、単なる超越化（独立化・自立化）として、人びとの生活世界に関する国家の内在的超越性の解体であり、それゆえ、行政権力の自己プログラム化は権力の物象化にほかならない。というのは、その場合には、行政権力はとりわけ多国籍企業の利害を体現するからである。

このような動きに対して、批判の運動が生じるが、この批判の運動は行政の自己プログラム化――行政の自己プログラム化なしに、生活世界でその生を営む諸個人の生を毀損する政策を実行することは出来ない――に対して民主的法治国家の理念に依拠せざるを得ない。ここに、戦後国家において、不十分ながらも存在した民主的法治国家のハーバーマスの言う「実在する理性」のかけらを、国家の新自由主義国家化に対抗していっそう展開しようとする方向と国家の新自由主義国家化への運動とが抗争することになる。

この抗争は、単に、国家の編成形態に還元される抗争ではない。というのは、新自由主義的権力は国家の新自由主義国家への変換に際して発動される権力であり、行政権力の自己プログラム化した形態であるが、国家の編成形態を変換するだけではなく、経済システムの構造をも変換しようとするからである。経済システムが富の移動を実現するシステムとして制度的に変換されるが、この点は例えば非正規雇用の多様に示される。国家に関する新自由主義改革は国家と地方自治体の関係のあり方をも変換しようとする。道州制導入の志向はそれを表している。国家の新自由主義国家への改造の運動にあっては、既に言及したが、それは生みだす批判の潜在力を予め摘み取る予防装置が作られる。予防装置の構築が新自由主義国家に組み込まれる。(59)こうした予防装置によって批判の眼を予め摘み取ろうとするのは、批判の眼が存在しているからである。けれども、批判性を摘み取ろうとする動きはもとよりそれに対する批判を呼び出す。

私見では、民主的法治国家は新自由主義国家との抗争のなかで、自らが人間的生の展開の場面であることを意識せざるを得なくなる。それは、法の名宛人は同時にその作成者だということだけではなく、それを含みつつ、人間的生一般の配慮を目ざすものとして、人間的生の一形態であるとともに人間的生への関心を基底にするものとして、己を了解しなければならなくなる。(60)というのは、新自由主義および新自由主義国家は結局のところ、人間的生の発展と展開の要求に対立するからである。かくて、国家構想を巡る抗争は人間的生を巡る構想となる。民主的法治国家は人間的生の次元から己を了解しなければならないということは、民主的法治国家は人間的生の展開の一形式だということを了解するということである。それゆえ、民主的法治国家は人間的生に対する配慮、人間的生の自己配慮を内包しなくてはならない。

国家を巡る抗争は人間的生を巡る抗争の非常に重要な局面である。行政権力の自己プログラム化は人間的生に対する内在的超越の解体である。というのは、それは人間的生に対して単なる超越（自立化）、人びとの生活世界に対して支配力を行使する単なる超越となるからである。社会国家ないし企業主義国家の内的変換として新自由主義国家が生成して来るが、それはいわゆる構造改革を通してであった。そしてそれに対する批判が生じる。それは国家構想を巡る抗争となり、法治国家の空洞化は単に社会の複合性の問題ではなくなる。

複合的社会というのは、社会が複数の機能領域に分化した社会のことである。ハーバーマスは政治システムとしての法治国家が他の機能領域に出会って跳ね返される可能性に言及していた。これに対して、私は法治国家の内的侵蝕を国家の新自由主義国家への転換の場面に置いた。かくて、ここに浮上するのは国家構想を巡る抗争であった。民主的法治国家の内的侵蝕を惹起するのは、国家の新自由主義的国家化である。ハーバーマスは法治国家を複合社会という文脈内に置き、論じている。これによっては、国家の新自由主義国家への変換という事態はそれとしては捉えられないであろう。私は、ハーバーマスとは違って、経済システム内での承認を巡る闘争、あるいはまたシステムのありかたを巡る闘争の可能性を論定したい。公共圏は、それで、経済システムに関する抗争を含むことになる。公共圏は、国家の政策を巡るだけではなく、その他の生活世界内に押し及ぼされなくてはならない。

国家の新自由主義国家（これは、基本的には富の、社会のある極から他の極への移動を制度化するものである）への変換を主導する権力は、ハーバーマスが言うコミュニケーション的権力の解体であり、それから自立化して作動する権力である。ここで、新自由主義的権力は国家の新自由主義的国家への改造において作動する。ところで、この権力は、同時に経済システムと生活世界全般を新自由主義的に変換しようとするのであって、それゆえこれは行政のコミュニケーション権力からの自立化において働く。しかし、ここではまた、コミュニケーション権力と新自由主義的権力との抗争が生じることになろう。新自由主義において権力はコミュニケーション権力に対立する、国家の新自由主義的変換を主導する、そのために作動する権力に転換する。この権力は自己プログラム化した行政権力の形態である。法は物象の支配強化のために動員されるということになる。それは国家を新自由主義国家へと改造するが、それは国家の様々な領域におよび、生活世界全般を変換する。新自由主義的権力とは、物象の支配、抽象の支配をいっそう強化するために、その方向で、生活世界を改造せんとする権力である。

とりわけ多国籍企業の利害を体現することによって、人びとの生活世界から自立化（超越化）した権力は、既に述べたが、人びとの生活世界に対する内在的超越という内実の解体であり、これは生活世界に対して単なる超越である。新自由主義国家の国家権力、取り分け行政権力はますます多国籍企業の振る舞い様式に類似してくる。(国家権力の国家市民の意思からの客観的自立化に寄与しているもう一つの要素は、日本の場合、特殊な色合いを帯びている対米従属である。特殊な色合いというのは、アメリカが日本の対米従属的心性にあっては一種物神として、つまり物神崇拝の対象として現れる、ということである。) 内在的超越のこの解体は、生活世界に関して内在的超越である権力とは和解不能である。

人間的生の諸要求は現代では取り分け新自由主義的資本主義とそれに照応する国家の新自由主義国家への改造運動において発現するのであって、それは苦悩の経験においてである。発現するとはどういうことか。永遠不変の人間的本質がここで問題なのではない。人間的生は歴史的生成のうちにある。だから、人間的生の要求とは永遠不変の自然的本質のことではない。

11　民主的法治国家と人間的生

人間的生のパースペクティヴと民主的法治国家

国家の新自由主義国家への運動と民主的法治国家への運動の抗争において浮上してくるのは、人間的生の根本要求である。新自由主義的資本主義および国家の新自由主義国家への改造運動では、それが富の移動の制度化であるが故に、すなわち富の収奪のシステムを形成するが故に、貧困の普遍化が生じる。それは人間的生の毀損をもたらし[61]、同時に、人びとの生活世界からの取り分け行政権力の自己プログラム化が生じる。そうした動向に対する批判は民主的法治国家の理念と結びつき、国家の新自由主義に対して民主的法治国家の方向を主張することになる。私が先に見たのは、新自由主義国家への運動と対抗・抗争する運動であった。新自由主義的資本主義および新自由主義国家への運動は、共に生き生活し、その中で自らの固有の生活史を織りなしていくことの困難を、そしてその毀損を惹起するが故に、改めてそうした人間的生の要求を生活世界で生を営む諸個人に意識させる。民主的法治国家の自己意識をハーバーマスは再構成したのだが、民主的法治国家のこの自己意識は、改めて、人間的生の要求から己を反省しなくてはならない。人間的生の要求から己を反省するというのは、新自由主義的資本主義と国家の新自由主義国家への運動が人間的生を毀損するが故に、人間的生の要求から自らを再構成するということである。

先ず民主的法治国家は、人間的生の発現であり、その展開の重要な一局面である。民主的法治国家において、諸個人（国家市民）は実定法制定を通して自らの生を規制し、形成し、織りなしていく(62)。そうしたものとして、民主的法治国家は、人間的生の展開の時空である生活世界に対して、生活世界に属しつつ同時に、生活世界を超越する場として生活世界に対して内在的超越である空間を形成する。ウェーバーは法を通して行われる社会統合を研究したが、ウェーバーは法を討議的に扱ったわけではない。ハーバーマスは法をウェーバーとは違って討議的に扱う。この点がハーバーマスの法に関する理論の特徴である(63)。ハーバーマスは法的討議空間を構成し、民主的法治国家はこの法的討議空間の編成として構成される。討議は生活世界に対して内在的超越の場を形成するが故に、民主的法治国家は生活世界に対して内在的超越を形成することになる。とはいえ、民主的法治国家を人間的生の次元から反省するとき、ハーバーマスとの一定の違いが出てくることになる(64)。私はハーバーマスが展開した民主的法治国家を人間的生のパースペクティヴから扱うが、そうすると、（ハーバーマスの）民主的法治国家は人間的生のパースペクティヴから書き直されることになる。人間的生の理論はハーバーマスのコミュニケーション的理論の書き換えである。この書き換えを動機づけるのは、新自由主義的資本主義が人間的生を甚だしく毀損するという事態である。人間的生の理論は人間的生の毀損とそれに由来する人間的生の苦悩に由来する。まず、民主的法治国家は人間的生の展開の一形式であって、それゆえ人間的生の展開たる生活世界の一領域であるが、同時にこの形式を通して、人間的生はその生活を織りなしていく。

批判的社会理論はある種の関心を有し、その関心によって貫かれている。ハーバーマスの理論は、それは解放への関心としての、自由なコミュニケーションの実現、その実現を妨げる社会的諸条件の止揚に関心を持つ。理論を構成する諸カテゴリー、諸概念はそうした関心によって形成されている。これは理論の準‐先験的関心である。ここで言われている関心は自由なコミュニケーションの実現を制限する、社会的制度的諸条件を問題化することと結びついている。関心はやはり、自由なコミュニケーションに関係している。すなわち、ハーバーマスでは、人間的生の関心は自由なコミュニケーションへの関心という点から切り取られている。もとより、この関心は不可欠であって、私はこれをなんら否定するものではない。私は人間的生への関心について語る。人間的生への関心は解放的関心・自由なコミュニケーションへの関心に還元されるわけではない。人間的生の関心はもっと広大であり、私の課題は人間的生への関心へと理論を開くことである。

ここで、若干ホネットの承認論に言及すれば、この承認論では、自己のアイデンティティは承認を通して形成される。もしこれだけが語られるのなら、それは人間的生が自ら展開していくということをそれ自身としては捉えない。人間的生が自らの生を織りなしていくということには、なにかが出来るということの要求も含まれている。承認要求は自己のアイデンティティに関わる。自己のアイデンティティは承認を通して形成される。しかし、そこにはさらに、自己の生活史を織りなしていくことの承認要求がある。人間的生が自らの生を織りなしていくということには、なにかが出来るということの要求も含まれている。自己のアイデンティティは社会的承認を通して確立されるということは、人間が自己の生活史を織りなしていく過程に組み込まれているだろうが、自己の固有の生活史を織りなしていくということの承認要求は、ホネットが言う承認要求に還元されるわけではない。

安全性と自律性の二律背反再論

社会国家では、自律性と安全性の間に二律背反が見られた。それは福祉国家における法制化のアンヴィバレントな性格に関係している。社会（福祉）国家では、各人の自由が保障される。しかしそれは同時に自由を剥奪する。各人に自由が保障されるけれども、しかしこれは事実的不平等をもたらす。この是正は官僚主義的に行われた。生活世界への法的介入は形式的に構造化された。社会法が適用される条件は形式的に特定される。法的資格は社会問題に関係しているが、非人格的な組織を通じて官僚制的に実行される。社会福祉要求はしばしば金銭的報酬の形式で解決される。このようにして、生活世界の要求は官僚制的および貨幣的領域の命令へと変換され、法は体系的な仕方で日常生活の社会関係に介入するに至る。国家と経済の命令に従うとき、生活世界は法によって植民地化される。法的資格の適用が官僚制的に行われるのである。ここに見られる法制化のアンヴィバレントな性格とかの二律背反は連関しているように見える。法制化のアンヴィバレントな性格が現れるのは、自由の保障が同時に否定されるからである。この否定は社会福祉国家の基本構造であるかの二律背反、しかもこの二律背反が成立している元での自律性の犠牲に由来するのであろう。

これに対して、ハーバーマスの手続き主義的法パラダイムでは、例えば分配の問題に関して、国家官僚制がではなく、市民たちが相互の討議を通して、その問題を解決しなければならないとされる。ところが、既に見たように、社会国家では、自律性と安全性の二律背反は社会国家内の経済システム（雇用システム）においても成立していた。労働者には雇用の、従って生活の安全性が保障され、その代わりに自律性は制限されていた。あるいは自律性の犠牲の上に生活上の安全性が保障されていた。これすなわち自律性と安全性の二律背反である。それで、この二律背反を止揚しようとするならば、手続き主義的法パラダイム、従って民主的法治国家は経済システムのそうした二律背反的性格を廃棄する方向へと向かわなくてはならない。少なくとも、手続き主義的法パラダイムは経済システムの一定のあり方を予想させるであろう。経済システムにおいて、ハーバーマスの言う私的自律と公的自律の循環のごときもの、それに類似するものが形成されなければならない。市民的公共圏はこうした方向に向かうのでなくてはならない。そして、このことは公共圏が人間的生の次元から己を了解するということを意味する。というのも、ハーバーマスの言う私的自律と公的自律の循環過程は経済システムにおける、それに類似するものを形成することなしには、己を実現することは出来ないからである。私は（市民的）公共圏は己を人間的生から反省しなくてはならないと言った。公共圏の自己意識もそれ自身が人間的生の発現形式であるとともに、人間的生の要求の発現形式でもあるというものにならなければならない。

全体としてみれば、民主的法治国家は、生活世界の一部である。近代において諸領域が差異化する。一つの意味では、国家は政治システムとして経済システム、家族などと差異化する。今経済システムについてのみ述べると、国家システムは経済システムと差異化する。国家のもう一つの意味では、国家は国家システムと経済システムを包括する。ハーバーマスが民主的法治国家の（規範的）自己理解として再構成しているのは、狭い意味での国家である。それは人間的生の展開の一局面である。

ハーバーマスによれば、自律の理念は彼の手続き主義的法パラダイムのドグマティックな核であり、この自律の理念からすれば、人間は自分が自分に与えた法律に従う場合にのみ、自由な主体である。[65] 手続き主義的法パラダイムが挙げるのは、主体たちが自分たちの課題とその解決の仕方について相互に意思疎通することが出来るための不可欠な条件である。[66] 私見では、このような自律の理念は歴史的に形成され、形成されつつある人間的生の要求、ともに生き、生活するという、そしてその中で自己の固有の生活史を織りなしていくという人間的生の根本要求から派生する。けれども、人間的生の要求はこれに尽きるのではない。人間的生の要求にはまさしく生を織りなしていくこと、生活できることの要求や、人間の汚染されていない非有機的身体への要求を含めた生活する上での安全性の要求が、さらに人間的生の発展的再生産の要求が含まれている。そしてさらにまた、そうした人間的生（生命－生活）の要求への配慮の要求が含まれている。グローバルな新自由主義的資本主義と新自由主義国家への社会の運動は、そうした人間的生の要求を現実的に否認するがゆえに、逆に以上の人間的生の根本要求を人間的生の自己意識にもたらす。

ハーバーマスでは、社会権はまずは自律（私的自律＋公的自律）のための社会的条件として導入される。確かに、社会権は自律のための条件であろう。けれども社会権の固有の意味は単にそれに尽きるのではない。それは、共に生き生活し、その中で固有の生活史を織りなしていくこと、さらには生への配慮と生の発展的再生産への人間的生の根本要求に由来するという固有の意義を持つ。生活の保障や教育への権利の要求は人間の連帯的生の要求である。ここでは、人間的生への配慮の要求、社会権や教育への権利などを含めた人間的生の要求への配慮を「普遍的福祉」と呼ぼう。自律性への要求と普遍的福祉への要求はいずれも人間的生の要求に由来する。

自律性への要求と普遍的福祉への要求は、このように人間的生の根本要求から派生するが、しかし両者は相互に還元可能ではない。民主的法治国家が人間的生の要求から己を反省するとき、民主的法治国家は自律性と安全性の二律背反の止揚を展望するということになる。もし社会権が私的自律と政治的市民権を制限する機会の平等のための生活条件としてのみ視野に入ってくるとすれば、それはすなわち抽象の支配と価値の収奪という点からしてかの二律背反が前提されているからである。民主的法治国家はこの二律背反を前提にするのではなく、それの廃棄を、従って自律性と安全性の両立性を追求しなくてはならないであろう。このことは、既に述べたように、経済システムの変換を要求しもするのである。

以上は我々の議論を人間の自然史と自然の人間的歴史の抗争という問題文脈に導く。

12　非公式の権力循環

ハーバーマスが再構成したのは民主的法治国家の規範的自己理解であり、この規範的自己理解は理念として、もとより、現実そのもの、現実の国家ではない。例えば、現代日本国家についてみれば、ハーバーマスが展開した民主的法治国家の理念では、象徴天皇制は含まれないが、現代日本国家では日本国憲法第一章に天皇に関する規定を含んでいる。しかしまた同時に、日本的国憲法は基本的人権を「永久の権利として、現在および将来の国民」に保障し、「すべての国民は、個人として尊重される」ことを謳い、「法の下に平等」を謳い、思想、良心、信教の自由を保障し、等、日本国憲法を有する日本国家は民主的法治国家の理念の歴史的な現実的形態であるとも言いうる。日本国憲法および日本国家は歴史的条件の下で成立したのであり、民主的法治国家の具体的条件の下での成立形態である。存在するのは、民主的法治国家の歴史的形態である。どこかに理念が本質としてあって、それが現実世界において成立し、具体化されるというのではない。これはプラトン主義であろう。民主的法治国家の理念は、ハーバーマスが「実在する理性」のかけらと言ったように、現実の国家の中に一つの威力として働いている。けれども、民主的法治国家の自己意識としてのその理念は、その現実的形態において、同時に、限界性や制限、あるいは現実的な解体、否定の力のなかにある。民主的法治国家の規範的自己理解は、そうした否定体のなかでの規範的要求として生じる。

権力の自己プログラム化は、国家市民に発するコミュニケーション的権力を基礎とする権力循環の否定としての非公式の権力循環であり、それは国家市民の意思からの権力過程の自立化（超越化）である。こうした非公式の権力循環に対しては、公式的権力循環が対抗し、それ故、ここに、公式的権力循環と非公式的権力循環との対抗・抗争が生じる。

非公式的権力循環が生じる要因としては、小選挙区制のマジックによる、議会勢力の民意からの乖離、そうした議会と行政府の融合、さらにはそうした行政府による司法の統合といったこと、そのなかで国家権力が多国籍企業のいわば道具と化す、といったことが考えられようが、ここでは、一国の国家権力の他国の国家権力への従属を扱う。一国の国家権力の他国の国家権力への従属にあっては、一国の国家権力はその他国の国家権力意思に従い、その意思を己の意思として自己に同化する。一国の権力意思は他国の権力意思を体制的構造として受け入れるとき、一国の権力循環は、客観的に一国の国家市民に対して自己プログラム化し、国家市民の意思から自立化・独立化することになる。

この場合には、一国の権力、取り分け行政権力の自己プログラム化は国家市民に対して言われており、この自立化した権力は他国の国家意思、あるいは権力に従属することによって生じる。以上の従属は、現代日本を念頭に置けば、日本の対米従属として現れる。これは日本のいわゆる対米従属に起因する日本の国家権力の自己プログラム化（非公式の権力循環）である。しかし、自己プログラム化と言っても、それは、日本の国家市民に対する自己プログラム化であって、アメリカの国家権力に対して自己プログラム化するのではもとよりない。

一九四五年、大日本帝国がポツダム宣言を受諾するに際しての当時の支配層の唯一の目的は国体護持だった。国体というこの国家制度システムの自己保存がこのシステムの唯一の目的だったのである。このためには、それは敗戦という歴史的条件のもとで変容を遂げなければならなかった。作り上げられたのは、アメリカとの関係で言えば、結局のところ、日本の対米従属体制である。法体系という点からすれば、憲法的法体系と安保法体系（密約を含めて）とが存在し、後者が前者に優位する構造があり、ある種のものが憲法的法体系の作用圏から取り外されるのであって、これは憲法的体系に対する安保法体制の優位を保障する。すなわち、安全保障の問題は憲法的法体系の作用圏から取り外され、日本の国家権力はアメリカの国家権力に従属する。

冷戦構造が崩壊し、多国籍企業は今や全世界を視野のうちにおいて世界に展開するようになり、新自由主義的なグローバル資本主義が展開する。帝国アメリカは新自由主義的帝国に変容する。多国籍企業の運動を中心とするグローバルな新自由主義的資本主義は収奪を基本としており、それに対する障害や抵抗の軍事的制圧が帝国アメリカの安全保障政策の中軸になっていくが、それは日本に対して、「日本も血を流せ」、「アメリカが遂行する戦争に自衛隊を派遣して協力せよ」という要求を突きつけてくる。簡単に言及すると、一九九〇年代の前半には、日本においても、日米同盟には尽きない安全保障の模索が行われたが、取り分け一九九〇年代半ば以降日米同盟強化の方向となり、二〇〇五年には、日米安保は質的に変容して、その視野は極東（日本を含めて）から世界に拡大される。それは、アメリカの世界戦略に目下の同盟者として日本の自衛隊が組み込まれるという方向であり、これは集団的自衛権行使の容認の方向を内包する。

二〇一四年七月一日閣議決定で、集団的自衛権（そもそも集団的自衛権を「自衛権」と呼ぶことはミスリーディングである。というのも、集団的自衛権がそもそも自衛権であるかどうかの問いが提出されうるからである）が容認された。集団的自衛権の容認の議論が出されたのはこれがはじめてではないが、閣議決定で容認されたのは、もとより、これがはじめてである。これを受けて、二〇一五年九月一九日安全保障関連法が成立した。しかし、内閣法制局が組み立てた自衛隊合憲論の論拠は集団的自衛権行使の否定であったから、日本国憲法９条維持のままの集団的自衛権行使の容認によって、少なくとも従来の政府解釈の基本的枠組み・基本的ロジックはこれを維持しなければならない限りにおいて、従来の政府解釈からしても、自衛隊合憲の論拠は消滅することになるが、そもそも従来の政府解釈そのものがいわば破壊されたし、これに対しては、論理的整合性や法的安定性という点から多くの疑義が出された。

こうした事態は、私見では、ある抗争、二つの方向の間の抗争を表している。日本国憲法９条は、１項と２項を併せて、強い規範性（規範的理念性）を持っている。併せてというのは、２項が除去されたり、実質的に無効にされれば、その規範性は無効にされてしまうからである。そもそも日本政府が自衛隊は軍隊ではなく、自衛のための必要最小限度の実力と言わざるを得なかったのは、２項があるからであり、また、２項の存在の故に、日本には現実に軍法会議は存在せず、軍事法廷はそもそも作ってはならないのである。

国連憲章の原型であったダンバートン・オークス提案では、一般の国連加盟国には独自に戦争する権利は認められず、戦争する法的権利は五大国に限定されていたし、日本国憲法草案形成時にはここに示された国連軍構想はまだ生きていた。(67) これが２項の一つの歴史的背景をなしていた。けれども、成立した国連憲章には個別的自衛権と集団的自衛権が書き込まれることになり、その結果「『個別国家の戦争＝違法』という国連の理念は実態を失」い、「２項は現実の世界における基礎を完全に喪失してしまう」(68)。しかし、このことは９条、とりわけ２項が全く無効になったということを意味するわけではない。むしろ、そうした事態は９条（１項、２項）といわゆる現実との間にいっそう強い緊張関係が生じたということを意味する。そして、９条、取り分け２項は強い規範的理念性を有する原理であり、その強い規範性によって、集団的自衛権を組み込んだ（軍事）同盟に対立するところの、そして各国間の相互対話から生みだされる安全保障体制構築の方向を指し示すはずである。

ハーバーマスが再構成した民主的法治国家の自己意識にあっては、法的討議空間が設定された。この法的討議空間は諸国家間の討議空間へと拡大することは可能であろう(69)。

国家権力というのは、普遍の一つの形態であり、この普遍が国家市民から客観的に自立化するなら、国家そのものが国家市民（国民）から、主観的にはどうであれ、客観的に自立化し、なおかつ国家市民をそうした普遍に同一化という意味で統合しようとするなら、それは物象化の一形態であり、それ故、人間の自然史のいっそうの進展になる。そうした方向性に対して、そのような物象化を止揚しようとする運動、つまりハーバーマスの用語で言えば、コミュニケーション的権力の（内在的超越としての）（行政）権力への転化という事態を再興しようとする運動は、自然の人間的歴史を生みだそうとする運動である。それで、ここに見られるのは、人間の自然史と自然の人間的歴史の抗争の現代的局面にほかならない(70)。

注

（１）Vgl. Mattias Iser / David Strecker, *Jürgen Habermas zur Einführung*, Junius Verlag, 2010, S. 138.

（2）Vgl. J. Habermas, WU.

（3）Cf. Richard J. Bernstein, Introduction, *Habermas and Modernity*, edited and with an introduction by Richard J. Bernstein, Polity Press, 1985, p. 16.

（4）William E Scheuerman, *Frankfurt School Perspectives on Globalization, Democracy, and the Law*, Routledge, 2008, p. 102.

（5）J. Habermas, FuG, S. 494（J・ハーバーマス『事実性と妥当性』下、河上倫逸・耳野健二訳、未來社、二〇〇三年、一四六頁）.

（6）Cf. James L. Marsh, *Unjust Legality: A Critique of Habermas's Law*, ROWMAN & LITTLEFIELD PBLISHERS, INC, chap. 1.

（7）Cf. P. K. Feyerabend, *Science in a Free Society*, NLB, 1978.

（8）私が念頭に置いているのは現実の経済と政治であり、グローバリゼーションであって、その現実の動向を検討して表現するために「新自由主義」という用語を用いる。新自由主義とは、一つの側面で言えば、富の移動、収奪の経済、社会政治システムを、あるいは家計から多国籍企業への富の移動を実現しようとする運動のことである。グローバル化の主要な推進主体は多国籍企業であり、そして新自由主義的グローバリゼーション、資本主義は上層階級、資本の人格化たる経済的エリート層の階級プロジェクトであった。新自由主義国家は、その利害を体現する。ここにおいて、行政システムの自己プログラム化はとりわけ多国籍企業の自己利害に由来する。

（9）それはまた、コミュニケーション的行為に関する規範的再構成を含んでいる。

（10）J. Habermas, a.a.O., S. 349（J・ハーバーマス、前掲書、一〇頁）.

（11）妥当性要求それ自体の再構成は社会の説明理論ではなく、規範理論だということになろう。

（12）この場合は、我々が念頭に置いていた場合、二つの場合とは違っている。ハーバーマスがここで言っているのは、想定である。私がこれまで考えてきたのは、現実的な超越である。例えば、二つの相互に異質な文化的共同体の相互理解の場の場合、人はそうした相互理解の場に実際に立つのである。アーペルが言った革命化の場合にも、人は反省的理解の場に現実に立つのである。ハーバーマスがここで言っているのは、そうした場に立つことの、あるいは現実的な超克の可能性を与えるものであろう。

（13）ここに既に事実性と妥当性の緊張が現れている。とすれば、要するに理想、理想的内実が、これは妥当性を意味するだろうが、その都度事実的に認められなければならない、ということになる。

（14）法に正統性を与えていた超越的な審級がもはやないということは、近代以降の人間の境遇である。

（15）J. Habermas, a.a.O., S. 66（J・ハーバーマス、『事実性と妥当性』上、河上倫逸・耳野健二訳、未來社、二〇〇二年、六七頁）.

（16）J. Habermas, ebd., S. 138（J・ハーバーマス、同上、一三六頁）.

（17）討議空間を私は生活世界に関して内在的超越としての空間として捉える。討議において参加者たちは、生活世界の外に飛び出すのではない。討議空間は生活世界に対して内在的超越の場としてあくまで生活世界に属している。

（18）J. Habermas, FuG, S.138f（J・ハーバーマス、前掲書、一三六頁）.

（19）この再構成はもちろんある意味では理念の説明であるだろう。しかし、我々としては、再構成的提示を社会的説明と区別する。

（20）J. Habermas, a.a.O., S. 109（J・ハーバーマス、前掲書、一〇八頁）.

（21）J. Habermas, ebd., S. 109（J・ハーバーマス、同上、一〇八頁）.

（22）J. Habermas, ebd., S. 155（J・ハーバーマス、同上、一五二頁）.

（23）J. Habermas, ebd., S. 157（J・ハーバーマス、同上、一五四頁）.

（24）J. Habermas, ebd., S. 155（J・ハーバーマス、同上、一五二頁）.

（25）J. Habermas, ebd., S. 156（J・ハーバーマス、同上）.

（26）J. Habermas, ebd., S. 156（J・ハーバーマス、同上、一五三頁）.

（27）J. Habermas, ebd., S. 156-157（J・ハーバーマス、同上、一五三頁）.

（28）ハーバーマスはこれまで権利の体系と法治国家の原理、基本権と法治国家の原理が抽象的に規定されたにすぎず、こうした抽象的規定は具体的法秩序によって解釈され、具体化されると言う。ここでは「抽象」と「具体」というカテゴリーが用いられている。しかし、これらのカテゴリーと「普遍」と「特殊」のカテゴリーは違っている。さて、どうだろうか。ここに働いてきたのは、普遍と特殊ではないのか。抽象というと捨象が問題になるのであり、具体性の捨象の上に抽象的規定が取り出される。しかし、権利の体系といったものは抽象的規定なのではなく、普遍的規定である。その普遍においては、特殊、ここで私は具体的普遍を念頭においているのであるが、普遍は特殊の捨象の上に取り出されるのではない。反省的判断力の行使において、特殊から普遍が産出される。権利の体系、基本権というのは、抽象的規定ではなくて、普遍的規定であろう。具体的普遍にあっては、特殊と普遍は内在的超越の関係にある。私の見るところ、ハーバーマスは普遍と特殊が語られるべきところで抽象と具体について語っている。ハーバーマスはこれまで抽象的規定が語られてきたにすぎず、こうした規定は具体的法秩序によって具体化されると言う。我々は、普遍的規定は特殊的秩序において特殊化されると言うべきではないか。この場合、権利の体系と法治国家がどのように実現されるかということは、それがどのように特殊化されて実現されるかということであろう。

（29）J. Habermas, a.a.O., S. 141（J・ハーバーマス、前掲書、一三八頁）.

（30）この点については、拙書『ハーバーマス理論の変換』、梓出版社、二〇一〇年参照。

（31）法共同体は空間的に限定されているが故に、複数の法共同体（国家）が相並ぶことになる。

（32）ハルトムート・ベッカー『シュミットとハーバーマスにおける議会主義批判』永井健晴訳、風行社、二〇一五年、三〇四頁参照。

（33）ここでの「生活世界」概念は、システムと対置された意味での、ハーバーマス流の生活世界ではない。拙書『ハーバーマス理論の変換』梓出版社、二〇一〇年参照。

（34）のみならず、新自由主義的グローバル資本主義の破綻傾向は、国家の独裁化への傾向を強めている。

（35）Vgl. J. Habermas, a.a.O., S. 188（J・ハーバーマス、前掲書、一八四頁）.

（36）Vgl. J. Habermas, ebd., S .187（J・ハーバーマス、同上、一八三頁）.

（37）J. Habermas, ebd., S. 234（J・ハーバーマス、同上、二三〇頁）.

（38）Cf. William E Scheuerman, *Frankfurt School Perspectives on Globalization, Democracy, and the Law*, Routhledge, 2008, p. 103.

（39）J. Habermas, FuG, S. 490（J・ハーバーマス『事実性と妥当性』下、一四二頁）.

（40）J. Habermas, ebd., S. 490（J・ハーバーマス、同上、一四二頁）.

（41）J. Habermas, ebd., S .490（J・ハーバーマス、同上、一四三頁）.

（42）ボルタンスキー／シャペロ『資本主義の新たな精神』上、三浦直希・海老塚明・川野英二・白鳥義彦・須田文明・立見淳哉訳、ナカニシヤ出版、二〇一三年、二三八頁参照。また拙書『ネオリベラリズムと世界の疑似-自然化』、梓出版社、二〇一六年、三八八頁参照。

（43）なおロベール・ボワイエは次のように言っている。「典型的なアメリカ・フォーディズムの場合、生産性の改善は分業の深化にもとづいていたのであり、構想と実行作業の分離と機械化の推進とが分業の深化を可能にしていた。これと反対に日本の大企業モデルの場合、賃労働者の複能労働と企業への統合によって、作業訓練による効果を最大限に引き出すことができる。それは技術のみならず、労働編成についても、生産の流れの管理についても妥当するのである」（ロベール・ボワイエ『入門・レギュラシオン経済学／歴史学／社会主義／日本』山田鋭夫・井上泰夫編訳、藤原書店、一九九〇年、二一一頁）。

社会国家では、支配に対する大衆の忠誠心は、貨幣と労働余暇に関してはその使い道に干渉しないということと交換される。ハーバーマスは、かつてのN・ルーマンとの論争の中で、ルーマンのシステム論について次のように述べていた。「一方で、意思決定を行うエリートに対しては、既存の基本合意の負荷能力を信頼して、［自律的に］意思決定を行うことが要求される。他方、成員に対しては、いかなる意思決定をも受け容れ、専門家の領分に手出ししないよう要求される」（J. Habermas, TGS, S. 269.（J・ハーバーマス「社会の理論化社会テクノロジーか――ニクラス・ルーマンとの対決」、ハーバーマス／ルーマン『批判理論と社会システム論』佐藤嘉一・山口節郎・藤澤賢一郎訳、木鐸社、一九八七年、三二三頁。））戦後高度成長とともに現出してきた日本企業の編成形態は、アメリカのフォーディズムとは異なっていた。自律性と安全性について見れば、アメリカフォーディズムについては、自律性の犠牲の上に安全性が確保されていたということは、このフォーディズムの形態について言うことができよう。日本では、「自律性の犠牲の上に」は労働者の企業統合という形態をとったのである。

（44）上条勇は次のように言っている。

わたしは、市場原理主義の主張とは逆に、第二次世界大戦後、資本主義のなかに「生産の無政府性」とか「不確実性」の効果をさまざまに制限する「安定装置」が埋め込まれた時期であると考える。19世紀末から20世紀初頭にかけて、資本主義的市場経済は「独占体制」（「寡占経済」）に移行した。大企業と大企業グループは、競争を制限し、私的な利害のもとに市場をコントロールすることをめざした。経営学の発展は、大企業のもとで経営の計画的・科学的管理の手法をあみ出した。こうした経済の私的計画化と並んで、国家による経済コントロール、経済の計画化が進展した。累進課税制度による消費の調整、政府の影響下にあった公益企業の投資計画を利用した投資調整など経済の安定装置も発展した。労働運動の発展による労働諸条件の改善、社会保障の充実は、テクノロジーと生産力の発展がもたらしたぼう大な富の消費を保障した」（上条勇『グローバリズムの幻影――市場崇拝と格差社会の経済学批判』梓出版社、二〇〇六年、一六〇頁)。

(45) 本源的蓄積は、資本主義的生産の自然法則を解き放つ過程であるが、それは同時に近代史の作品たる労働者を創造する過程でもあった。

(46) J. Habermas, FuG, S. 171(J・ハーバーマス『事実性と妥当性』上、一六九頁).

(47) J. Habermas, ebd., S. 396(J・ハーバーマス『事実性と妥当性』下、五二頁).

(48) J. Habermas, ebd., S. 398(J・ハーバーマス、同上、五四頁).

(49) Vgl. J. Habermas, ebd., S. 527(J・ハーバーマス、同上、一七四頁).

(50) その要因がリスク共有社会におけるすべてのリスクを生みだすのではないとしても。

(51) J. Habermas, KWEE, 1985, S. 149.

(52) 拙書『グローバリゼーション・新たなる不透明性・批判理論』、共同文化社、二〇〇九年、第一章参照。

(53) K. Marx, *Das Kapital,* Bd.1, MEW. Bd. 23, S. 787-788(K・マルクス『資本論』②大内兵衛・細川嘉六訳、大月書店、一九六八年、九九一頁).

(54) Vgl. K. Marx, *Das Kapital,* Bd.1, MEW. Bd. 23, 260(K・マルクス『資本論』①大内兵衛・細川嘉六訳、三一九頁).

(55) J. Habermas, EI(J・ハーバーマス『認識と関心』奥山・八木橋・渡辺訳、未來社、一九八一年).

(56) そこにはまた抵抗・批判の運動があり、運動の形態が生みだされる。

(57) この点については、拙書『ネオリベラリズムと世界の疑似‐自然化』梓出版社、二〇一六年参照。一つ付言すれば、資本は抽象の支配の止揚においてその意味を変える。資本がなくなるのではない。『共産党宣言』において、マルクスとエンゲルスは「われわれのあくまでも廃止しようと欲するものは、ただ、労働者は資本を増殖するためにのみ生活し、そして支配階級の利益が必要としなければ生活することができないという、そんなみじめな取得の性格である」（マルクス・エンゲルス『共産党宣言』大内兵衛・向坂逸郎訳、岩波書店、一九五一年、六〇頁）と言うが、そもそも資本は社会の多数の、究極的には社会の全成員の共同活動によって生みだされる協働の産物であり、「みじめな取得の性格」が破棄されるとき、資本が廃棄されるのではなく、その社会的意味が変わるのである。もとより、自己増殖する抽象的普遍という意味での資本はなくなる。

（58）マルクス・エンゲルス、『共産党宣言』、同上。

（59）佐藤嘉幸『新自由主義と権力』、人文書院、二〇〇九年、一九四頁参照。

（60）そのさい、自律性と安全性のかの二律背反を廃棄する方向を民主的法治国家は内包することになる。

（61）貧困は行為の選択肢の幅を減少させるが故に、人間が様々なことを行いうるその可能性を奪う。とはいえ、このことは多くの資産を持っている人びとにも生じうる。そもそも人間は人間的自然としてまずもって身体的存在者であり、諸個人の身体は様々なものでありうる。誕生と死の間の生活史において、諸個人はもとより人の違いにおいて様々であるが、身体は色々な事態を経過するし、その過程で様々な行為可能性を失うこともある。ここに浮上するのは、A・センの「ケイパビリティ」の概念である。私見では、この概念には人間的生への感受性が結びつく。

（62）人間的生の発展的展開は実定法を介してのみ行われるというのではない。しかし、それはやはり人間的生の発展的形成の重要な局面である。

（63）Cf. David M.Rasmussen," How is valid law possible ? A review of *Between Facts and Norms* by Jürgen Hasbermas", *Habermas, Modernity and Law,* ed. Mathieu Deflem, SAGE Pnblication, 1996, p. 21.

（64）後に立ち入るが、民主的法治国家を人間的生という点から反省するということは、ハーバーマスの「生活世界」概念の変換を要求する。

（65）Vgl. J. Habermas, FuG, S. 537（J・ハーバーマス『事実性と妥当性』下、一八三頁）.

（66）Vgl. J. Habermas, ebd., S. 536（J・ハーバーマス、同上、一八二―一八三頁）.

（67）矢部宏治『日本はなぜ、「基地」と「原発」を止められないのか』、集英社インターナショナル、二〇一四年、二〇五―二〇七頁。

（68）矢部宏治、同上、二〇九頁。

（69）一国の法的討議空間の国家間の法的討議空間への拡大は内在的超越の形態となろう。日本国憲法９条２項は、その対外的側面において、国家間の法的討議空間の構成を促すものであろう。法的討議空間の形成のハーバーマスの議論では、権利の体系が再構成されるが、討議原理と法形式の結合によって、民主主義原理が生成し、法的人格の地位が規定される。それは法的討議に参加する人の基本権を確立する。民主主義原理はそうした基本権の確立と不可分に結びついている。それ故、民主主義原理は討議参加者たる他の主体に対して、他者の基本権を認めなかったり、剥奪したり、侮蔑したりする行為や言説をはじめから排除している。民主主義原理は単に多数者の意見に従うということではないのである。民主主義原理の究極的な基礎は、国民のすべては、そしてその内実からすれば、一国の国境を超えて、すべてのひとは個人として尊重されるという点にある。

（70）なお、白井聡の言うに、日米安保体制は、戦前国体の転化形態である。今や、菊の代わりに星条旗が現れ、天皇の位置にアメリカがつく（白井聡『国体論　菊と星条旗』、集英社、二〇一八年）。それで、アメリカは一種神聖な存在として現れる。白井は、安丸良夫『近代天皇像の形成』において挙げられた、近代的構築物の天皇制を特徴づける四つの要素的観念、すなわち、①万世一系の皇統＝天皇現人神とそこに集約される階統制秩序の絶対性・不変性、②祭政一致という神聖的概念、③天皇と日本国による世界支配の使命、④文明開化を先頭にたって推進するカリスマ的政治的指導者としての天皇が戦後国体において転化した形態を取ることに言及している。①と③にのみ言及すれば、①、つまり天皇による支配秩序の永遠性は日米同盟の永遠性へと転化し、③は、これは八紘一宇のイデオロギーであるが、パックス・アメリカーナに姿を変えて現れる（白井『国体論』、三一七―三二五頁）。そうした対米従属の特質、つまり、星条旗が菊に取って代わること、日米安保体制が戦前国体の転化形態としての意味を帯びてくるということは、日本の対米従属体制が特に強く帯びてきた特徴であるように思われる。私はさきにこの特徴を物神崇拝と呼んだ。

一つ付言すると、ある国家の国家権力の他の国家権力への従属の解消が即そのある国の国家権力の自己プログラム化の解消となるわけではない。

第八章　公共圏と内在的超越——住民的・市民的・世界民衆的公共圏

ここで私は公共圏を三つに分節化し、三者の相互媒介関係を扱う。

1　人間的生のパースペクティヴから公共圏を捉える

本章で、私は公共圏を人間的生の展開の一形式として、人間的生への関心を基底にする生の形式として、人間的生の要求という点から人間的生の発現の一形態として捉える若干の試みを行う。これは公共圏が己を人間的生（生命－生活）という点から了解するということである。

ハーバーマスが『公共性の構造転換』において主題化し、立ち入った近代の公共圏の自己意識は、こうした人間的生の次元にまでは達してはいなかった。この公共圏、ブルジョワ的公共圏は絶対主義的支配体制のもとで、それへの批判と対抗という軸において生成し、それ自身一つの生活形式として生成したけれども、そして近代市民階級の絶対主義国家体制に対する（歴史的）要求を体現していたけれども、己を人間的生の要求という点から了解していたわけではなかった。公共圏を人間的生の根本要求、すなわち、共に生き、生活し、その中で自己の固有の生活史を織りなしていくというその要求の点から了解し直すということを動機づけるのは、新自由主義的なグローバル資本主義の興隆である。

新自由主義的グローバリゼーションの進展のなかで、トランスナショナルな官僚制機構・寡頭制が成立し、グローバルな「資本家階級」が生みだされている(1)。それはハーバーマスの言う諸個人による意思形成に対立するものであるだろう。しかし、ではなぜそのように自立したトランスナショナルな官僚制機構が（新自由主義的な資本主義において）必要となるのかと言えば、それは新自由主義的グローバリゼーションを推進する力学が世界の市民、多くの市民たちの利害と生活要求に反する世界構造を造り出し、それが多くの人々の生活破壊をもたらすからである(2)。新自由主義的資本主義は多くの諸個人の心と身体を痛めつけてきた。これは人間的生の毀損である。そしてそれは基本的には抽象的普遍の、すなわち人間に対して自立化した抽象（的普遍＝資本・増殖を本性とする資本）による人間の生活に対する支配強化を通して行われてきた。グローバルな新自由主義的資本主義の推進力は人民主権・民主的法治国家を空洞化する。新自由主義的資本主義に対抗し、それを止揚する国家形態は人間的生の要求に由来し、それから発現する国家形態であるだろう。これに対し抽象の支配を促進し、それを維持する国家は多国籍企業の利害を体現する国家であり、それは戦争が出来ることの必要性を認識した国家である。グローバルな新自由主義的資本主義推進の軸であるのは、多国籍企業の対外投資であり、多国籍企業の利害を体現した諸国家がＴＰＰのごとき投資協定を結ぶが、締結国はこの投資協定に拘束され、かくして、締結国の国家（権力）という普遍の形態が諸国の国家市民の意思から、主観的にはどうであれ、客観的に自立化する。普遍のこのような自立化は普遍の疑似－自然化である。世界の疑似－自然化には大きく分けて抽象の支配と普遍の支配の二つの場合がある。両者は相互に絡み合う。この事態が個人個人の人間的生に襲いかかるのである。

世界の疑似－自然化の止揚、言い換えれば、人間の自然史の止揚としての自然の人間的歴史の生成の運動、人間の自然史の進行に対抗する自然の人間的歴史の生成の基礎には人間的生の承認要求がある。この止揚は、別の言い方をするならば、内在的超越性の再興である。私は世界の疑似‐自然化を内在的超越の解体としても捉えた。その止揚の運動は、人間的生のあらゆる場、人間的生の現場において主題化されるであろう。それは人間と自然との分裂・非宥和の止揚ともなるはずである。

私は以前次のように書いた。

世界市民的公共性は今や生命の、命の次元に立ち入るのである。新自由主義的グローバリゼーションとは別の、それと対抗する市民社会Ⅱの産出の運動、世界市民的公共性の運動はこうした生、生命の問題の主題化を少なくともその一部として含んでいる。(3)

ハーバーマスが『公共性の構造転換』の中で主題化した近代の市民的公共性は、これは歴史的に形成された人間と人間との一関係態であるが、人間的生の根本要求から生まれたとともに、人間的生の歴史的な存在形態であった［……］。とはいえ、近代の市民的公共性の自己意識は、己が人間的生の要求に発する人間的生の存在形態だという点にまでは達していなかった。してみれば、公共性は現代において人間的生の次元にまで遡及し、そこから己自身を了解し直さなければならない。(4)

私はここでは「公共圏」という表現を用いるが、近代の（市民的）公共圏の中核・主体的担い手たる私人たちの中核を形成したのは近代市民階級であり、彼らは親密化された私生活圏の権利経験を楯にして国王的権威に反抗する。近代のブルジョワ的公共圏はともに論議する公衆の活動圏として、絶対主義的国家体制のもとでの国王的権威に対する（批判的）論争の審級になり、公開性の原理を主張し、公権力に対して、商品流通への不干渉を要求する。(5)こうした近代のブルジョワ的公共圏がその生成において意識していたのは、己が絶対主義国家の公権力に対する批判の審級であるということ、そして公権力に対して突きつけられた、意識された要求あるいは利害は商品流通への公権力への不干渉ということであった。近代のブルジョワ公共圏は己を人間的生の発現の一局面であるとともに、ともに生き生活しながら自己の固有の生活史を織りなしていくという人間的生の根本要求から己を反省し、了解していたわけではない。今日、（民主的法治国家とともに）公共圏が人間的生の根本要求から己を了解しなくてはならないのは、ちょうど全体主義があらゆる異なる、様々な生活領域に入りこむことなしには成功することが恐らくできなかったであろうように、これは具体的媒体が全体主義的目的に適合するよう変換されるということを意味するが、(6)グローバルな新自由主義的資本主義の進展、さらに国家の新自由主義的国家・グローバル国家への改造の運動（いわゆる構造改革）は、医療、介護、福祉、年金、教育、保育、労働法、地方自治、税制といった人間的生の、従って人間的生のあらゆる領域に襲いかかって人間的生を毀損するからである。日本では、国家の新自由主義国家への改造の運動には、さらに、先に言及したが、戦前国体、そして国家神道への郷愁、それへの衝動が伴っている。これは国民（国家市民）の国家への統合・同一化・帰入の傾向である。

私見では、それゆえにこそ公共圏は己を、人間的生の一つの発現局面であるとともに、人間的生の毀損(7)およびそのもとでも自ら生活を織りなしていく人間的生への関心を自らのものとして内化しているものとして了解しなければならない。ここで、公共圏がそうしたものとして己を了解するということは、公共圏がそうしたものとして自らを形成するということである。

ハーバーマスは『事実性と妥当性』の第八章で市民社会および政治的公共圏を扱っているが、ハーバーマスは、私の見るところ、人間的生の要求の発現および展開の形態という点から公共圏を明示的に扱っているわけではない。人間的生という次元から己を了解した公共圏は、グローバルな新自由主義的資本主義とそれが生みだした世界大の壮大な構築物に対して、それに対抗し、変換しようとする志向性を内包することになるであろう。というのは、グローバルな新自由主義的資本主義が展開する世界（寡頭支配の世界）は人間的生を毀損するからである。人間的生から己を了解した公共圏は人間的生が発する声の「居場所」ともなる。カントが言う理性の公的使用は自らの意見・見解を表明するという「居場所」を必要とする。それゆえ、そうした人間的生の要求はその「居場所」を作りだす。この居場所がまずは公共圏であり、こうしたものとして公共圏は人間的生の一つの発現形態、さしあたって討議・批判的言説の審級であるが、人間的生（生命－生活）のうちに埋め込まれている。

ところで、人間的自然＝人間的生とは人間諸個人の生にほかならず、ここで人間的生という大型の、マクロ主体が想定されているわけではない。(8) ハーバーマスでは、反省の次元はそうしたマクロ主体から相互主観的な言語行為のうちに移され、自己反省の主体はモナド的な自我から相互主観的な討議の場に移される。

諸個人は相互の関係性のなかで、それぞれの生を展開し、固有の生活史を織りなしていく。彼らは相互の関係性のうちにあるとともに、彼らの生の展開において彼ら相互の関係を創りあげていく。もとより、我々は類についてあることを語ることが出来る。例えば、「人間は自然に関して内在的超越である」という言明は類についての言明であるが、この言明は類をマクロ主体とすることを含意していない。

生活世界とは人間諸個人の生が展開する時空である。ハーバーマスの言うコミュニケーション的行為も目的論的行為も戦略的行為も、否あらゆる人間行為・振る舞いを私は人間の生活行為・生活振る舞いとして捉える。人間たちの生活世界は生活行為・振る舞いを通して織りなされ、展開される。それゆえ、生活世界は、ハーバーマスにおいてのように、もっぱら（ハーバーマスの言う）コミュニケーション的行為を理論的眼差しの中心において概念化されているのではない。このような（理論的）眼差しの変換からすれば、例えば、経済的行為も人間の生活行為であり、経済的行為を通して織りなされる経済システムも人間たちの生活世界に属することになる。(9) この方向を徹底化すれば、生活世界とシステムのハーバーマスの区別は廃棄されることになるように思われる。ハーバーマスは『コミュニケーション的行為の理論』において、近代に生活世界とシステムは相互に分化する（entkoppeln）としたが、先のようにするなら、その分化は生活世界の内的な構造分化として捉えられることになる。民主的法治国家は、それ自身、生活世界に対する討議の制度化された審級として同時に生活世界に属し、それで私は民主的法治国家を生活世界に対して内在的超越の空間として捉えた。私見では、公共圏はそうした生活世界に対するさらなる討議空間として生じる。人びとの生活の場である生活世界からその内在的超越として政治システムが形成されるが、この政治システムはそうしたものとして同時に生活世界に属する。つまり、生活世界はいわば拡張され、生活世界に対して今度はそのさらなる拡張・内在的超越として公共圏が生成する。

公共圏は生活世界に対する反省的討議の審級として、生活世界を超えるとともに、超えることにおいて同時に生活世界に内在している。それゆえ、公共圏は生活世界に関して内在的超越（Ⅰ）の生活形式であり、さらに公共圏はそれ自身に関して内在的超越の可能性を含む。このことは、公共圏はそれ自身への反省的・批判的な討議の次元、あるいは少なくともその可能性を含む、ということである。このように、公共圏は生活世界とそれ自身に関して内在であるとともに超越であり、超越であるとともに内在である。公共圏がそれ自身に関して内在的超越であるということは、公共圏の内在的超出（Überstand）の可能性であり、公共圏がいわば己を反省して、その既存の限界性を超えていくという意味での内在的超越（Ⅱ）の可能性である。生活世界に対して内在的超越であるということは、人間的生が己を発展的に展開するさいに生起する。

討議は生活世界内で生活世界を反省するが、その討議に抑圧性が内包されているならその抑圧性に対して批判的反省が生じうる。この場合、公共圏に関して批判的討議の審級が生みだされる。(10)

これは参加者たちの自己反省の次元であり、制度に基づき議論している人々は時には、ある場合には、ある条件の下で制度そのものを批判的議論の対象にするのである。ということは、参加者はこのレベルにおいて同時に観察者になるのでなくてはならないということである。内在的超越にあっては、観察者は単に生活世界の「外」にあって、生活世界を観察するのではない。公共圏への参加者は参加者でありつつ同時に観察者の立場に立つ。それは単なる内在でも単なる超越でもない。内在と内在的超越とでは、人が立っている立場は違っている。公共圏のあり方に対する批判は公共圏に関して内在的超越に場に立つ。この批判は遂行者＝参加者の遂行であり、この自己批判、自己対象化の中には、社会学的理解も含まれるのである。要するに、批判という構えは自己反省を絶えず含んでいる。自己反省において、自分のこれまでのパースペクティヴが変換されてしまうことも起こる。それはまた、内在をそのまま特権化する場合とも違っている。人があるいは思考が単なる内在に閉じこもるとき、このときには内在的超越の場は解体される。(11) 以上は公共圏の自己批判と自己変容に関係する。(12)

以上述べたように、公共圏は討議が運動する時空であるとともに、自己自身をも反省的に超えていく可能性を含む運動である。私はここでは公共性と公共圏を区別しておく。「公共圏」は討議の審級の空間的側面を強調し、「公共性」はその運動の側面に焦点を当てている。この運動は言説の運動であり、この運動は言説の正当性の基準を含んだ議論の運動である。この運動において、この運動はそれ自身のある種の空間を生みだす。それは生活世界に対してまずは超越としての空間であって、そうしたものとしてこの空間は例えば地域という居住空間のごとき（具体的な）空間とは区別される。これは場と空間との分離の現象であり、Ａ・ギデンズが「空間の空白化」と呼んだものに相当する。(13)

つまり、生活世界に対して先ずそれを超越する言論の空間が形成されるが、これが場と空間の分離である。しかし、そのようなものとして、この空間は再び生活世界に、生活世界に属するものとして生活世界に埋め込まれる。もし具体的な場から切り離されて生成した空間がそのままで普遍とされるならば、その普遍は他から離されたという意味での（単なる）抽象的普遍であろう。しかし、そうした普遍を抽象的普遍にとどめ、それに対して具体性を対置するというのは、私見では、十分ではない思考の仕方である。重要であるのは、その普遍としての空間を具体的普遍として捉え返すこと、あるいはそうした具体的普遍を現に形成することである。公共圏は我々の生活世界に対して内在的超越である圏としての空間であり、そうしたものとして同時に生活世界に属している。

公共圏は生活世界に関しての内在的超越である。今、語られた内在的超越は公共圏と生活世界との間のそれである。この内在的超越において、もう一つの内在的超越が生成している。それは、個々の具体的な場における議論が同時に普遍的な公共圏に属しているという意味での内在的超越である。生きられた場における議論はそれ自身でありつつ同時に普遍的な公共圏に属する。ハーバーマスは『公共性の構造転換』で公共性の施設として喫茶店やサロンについて言及したが、そこでの討議は同時に普遍的な公共圏に属していることが了解されていた。(14)

公共圏は生活世界への批判的・反省的・変換的討議の審級として生活世界の内に産出される。こうして公共圏はそれ自身において公共性として、即ち自らを産出する運動として、つまり、単なる存在ではなく、生成として理解される。コミュニケーション的行為から討議への移行は内在的超越の一つの場合である。これは一つの新しい空間・討議空間への移行である。してみれば、これは一つの生成でもあるだろう。今私は、コミュニケーション的行為から討議への移行について語った。これに対して、討議そのものがさらに討議に付されることもある。これまた内在的超越である。我々は討議についての討議に移行する。我々は討議の内でその討議を内在的に超越して、それを反省する。これを対象言語－メタ言語といった言語表象によって把握してはならない。ここに働いているのは、言語の内在的超越性ないし自己言及性である。

個々のあるいは諸国家内の公共圏はより広い公共圏の一環としてそのうちに組み込まれている。個々の、諸国家内の公共圏は己がより広い公共圏の一環としてそれに組み込まれていることを知っている。例えば、諸国家内の公共圏は（以下に立ち入る）世界公共圏の一環であり、世界公共圏に属している。これまた内在的超越の形態である。もとより、世界公共圏は完成された形態で存在するのではなく、生じつつあるグローバルな市民社会の行為者(the actors of emerging global civil society)[15]を担い手とする。地域地域の公共圏は特殊であり、世界公共圏は普遍であるが、特殊は普遍において特殊であることを止めるのではなく、まさしくそれ自身であり、普遍は特殊においてそれ自身であることを止めるのではなく、逆にそれ自身である。地域地域の特殊な公共圏は普遍的公共圏をそれ自身の運動のうちで生みだす。普遍的公共圏、その上己を人間的生の根本要から了解した公共圏は一つには相互に作用し、相互に連絡をとることによって、また一つには、多国籍企業と金融資本が主導するグローバリゼーションに対抗するグローバリゼーションとして運動することによって、すなわち、企業および政治的行為者によって促進される世界経済とは劇的に異なるグローバル社会を生みだす運動であるということによって[16]、地域地域の公共圏から生みだされる世界公共圏であり、トランスナショナルに形成されているネオリベラルなネットワーク、すなわち、官僚、政治家とかれらの企業アドバイザー、G８の政府、経済的に定位した世界の最も豊かな国々のアソシエーション、特にＵＳ政府と結びついたそれらの企業アドバイザーのグループを結節点とするトランスナショルなネットワーク[17]に対抗する世界公共圏である。

これは具体的普遍としての内在的超越である公共圏である。そもそも、内在的超越は具体的普遍の形態であって、それは他から切り離されたという意味での、孤立化されたという意味で抽象的普遍の自立化、および個別、特殊への支配、個別が専ら抽象的普遍の具現としてのみ意義を持つこととは違っている。

2　公共圏の自己止揚・人民的公共圏

ドイツでは、一八世紀までに「小さいが、批判的討議を行う公共圏[18]」が成立していた。この公共圏というのは、読書する公衆から成り立つものであるが、この公衆は都市部やその他の地域の市民層が学者共同体を包むようにして形成された。その際、啓蒙的団体、教養クラブなどの結社が形成された。こうした結社は、『事実性と妥当性』では、市民社会と呼ばれるものに相当する。[19]その結社内部において、対等な交渉や自由な論議などが行われていた。フランス革命は文芸的公共圏を政治的公共圏へと転換することを促した。公共圏は検閲に反対し、意見表明の自由を求める闘争において生じる。

ハーバーマスは『公共性の構造転換』の一九九〇年新版序言で、『公共性の構造転換』はコミュニケーションの理性的な側面を強調しすぎており、それは市民的公衆の同質性について語っており、このように公衆を単一のものとして描くのは間違っている、というG・エリーの批判を受けて、市民的公衆内部の分化については、自分のモデルでも扱うことはできるが、支配的公共圏から排除されたコミュニケーション過程というものを初めから考慮に入れていたら、別のイメージが浮かびあがってくると言う。[20]さらに、ハーバーマスはギュンター・ロッテスの研究に言及している。それは地方の下層階級や都市の労働者層の政治的動員に関わるものであり、その研究によれば、人民的公共圏と呼ぶべき新しい政治文化が伝統的民衆文化の中から生じたのである。この人民的公共圏は、一方では市民的公共圏を範とするものであるがゆえに、新しい公共圏の一変種であるが、他方では、人民的公共圏は市民的公共圏が持つ解放のポテンシャルを新しい社会的文脈内で展開するものである。この場合、人民的公共圏にあっては、その担い手はすでに近代市民階級ではなくなっている。

ハーバーマスは『事実性と妥当性』において次のように言っている。すなわち、市民的公共圏の普遍主義的討議は、一九、二〇世紀には内部から批判を受けたが、その後を受け継いだのは労働運動とフェミニズムであった、と。[21]これはつまりは、市民的公共圏というブルジョア公共圏の止揚であり、その内在的超越の運動であるが、しかしこの場合にはその担い手たる公衆は変わってしまっている。私はここでは、ハーバーマスの公共圏論を人間的生の次元から、人間的生の根本要求から捉え返す若干の試みを行う。

ブルジョワ的公共圏においては、女性と自律していない男性は公共圏への、すなわち政治的意思形成・意見形成への平等な参加を否定されていたが、この事態は市民的公共圏の自己理解とすでに矛盾していた。女性に対する抑圧は社会国家においても変わらなかった。ハーバーマスの言うように、人民的公共圏の場合には、市民的公共圏をうちから拡張するためには、労働運動だけではなく、市民的公共圏から排除された「他者」の運動も参加できる言説がなくてはならず、人民的公共圏はこの言説の中で姿を現す。市民的公共圏はすでに内部からの批判を免れてはいなかった。ここで、我々の注意を引くのは、公共圏そのものがもろもろの党派が競合し、多様なアリーナを包括していたという点である。さて、では、今日においてはどうなのか。確かに、公共圏は、今日においても多様な、競合する党派を、そしてまた多種多様なアリーナを含むであろう。しかし、今日では明示的な対立軸を設定することができるのではないかと思われる。この点は、我々の公共圏を人間的生の展開という点、人間的生の根本要求という点から了解し直そうとする試みに関係しているのである。人間的生のパースペクティヴから己を了解した公共圏は人間的生の毀損（存在の恥辱）に対抗し、それを批判的に超克する志向性を持たざるを得ない。

公共圏は内在的超越の可能性を内包している。すなわち、公共圏は己自身を批判的に反省して、公共圏の新たな形態を生みだすことも出来る。ハーバーマスは『公共性の構造転換』の「一九九〇年新版序文」で、市民的公共圏に対して、人民的公共圏について語っていたが、人民的公共圏は市民的公共圏への批判的反省の運動において生じる。市民的公共圏は既にその内部からの批判に晒されていた。とはいえ、人民的公共圏にあっては、その担い手は市民的公共圏とは違っていた。自己への反省的主題化はこの場合自己の批判的超出の可能性条件である。公共圏がそれ自身に関して内在的超越であるということは、公共圏が自己批判の審級を内在化させているということである。公共圏の運動がその運動過程において、取り分け、ハーバーマスが市民社会と呼ぶ運動体において変質し、硬化して官僚制化してしまうという場合もあるであろう。ここに公共圏内部で抗争が生じ、そしてその運動体のあり方に関する批判的反省が生じうる。

さて、私は、ここで、公共圏を広い意味と狭い意味とに分ける。公共圏は広い意味ではマス・メディアを己のうちに含み、狭い意味では、マス・メディアを己の環境とする。マス・メディアは、（己を人間的生つまりは、〈いのち〉と〈暮らし〉から了解した）公共圏に対して、現代の新自由主義的グローバリゼーションの進展のなかで多国籍企業の利害を体現することによって自己プログラム化した行政権力と癒着してしまうということも生じうる。それゆえ、そうしたマス・メディアに対して、広い意味でも狭い意味でも公共圏が批判的止揚を目ざすという、批判的運動が生じうる。

3　メディアの自己批判的自己止揚の可能性
――『公共性の構造転換』における新聞の変遷の議論

公共圏に対して自立化したマス・メディアは国家市民たちに対する操作的公共圏をなす。次に、そうした操作的公共圏への批判という論点を扱うために、『公共性の構造転換』での、新聞の機能変遷に関するハーバーマスの議論を見ておくことにする。

ハーバーマスの言うに、新聞は初めは手職的な小経営であった。発行者の関心は営利的なものであったけれども、しかし通信新聞は思想新聞に発展する。すると新聞は通信発行施設から公論を導くものとなり、このとき編集という部局が生じる。初めの段階においては、文筆家のジャーナリズムが生じ、営利経済目的は背後に退く。教育的推進力は政治色を帯びてくる。そのうち、編集者は、企業家としての役割を発行者にゆだねる。一八世紀および一九世紀には、発行者と編集者の関係は単なる雇用関係につきてはいなかった。しかし、独立専任の編集局が成立してきて、編集者と発行者との間に公論機能と経済機能の分離が生じてくる。これは、編集の自立を意味する。一九世紀前半には、日刊新聞において社説が慣行になり、かくして編集局のジャーナリズムが成立する。新聞は公論の担い手であり、そうしたものとして公衆の機関であり続けた。このタイプの新聞が出てくるのは革命期であって、新聞を発行することは公論の自由範囲をめぐる闘争に参加することであった。主義主張に立つ新聞は論議する公衆の機関となる。

やがて、市民的法治国家が確立されると、政治的機能を持つ公共性が合法化され、新聞は今度は商業的経営としてのその機能を重視するようになる。広告業務が損益計算の新しい基盤を獲得し、新聞は商業資本主義的大経営の段階に至る。新聞は私経済的利害を追求するのであり、資本主義的形態へと発展するが、そうすると、新聞は新聞に影響を与えようとする利害関係のうちに置かれるようになる。かくして、新聞は特権を持つ私的利害が公共圏へと侵入する水門となるのである。資本集中と中央集権が貫徹される。ラジオ、映画、テレビジョンといったものにおいては、資本需要が巨額であり、公論的潜勢力も大きいので、それらは初めから国家運営、あるいは国家事業という形をとった。

リベラリズムにおける公共圏のモデルでは、論争する公衆の機関は民間人の手のうちにあり、そのことによって、公権力の干渉から守られていたのだが、事態は逆転する。今度は民間人の手にあることがその批判機能を危険にさらすことになる。技術的集合体が大量生産の形をとるようになって、生産過程は弾力性を失う。安定した市場シェアを確保するために、長期的販売戦略が必要になる。

このとき広報活動の実践が生じる。広報活動とは、大企業を弁護するための広報を行うものである。かくして、公共圏は組織された私的利害の競争場裡に組み込まれることになり、広報活動は世論の形成に介入する。広報活動は私的利害の自己顕示であるが、そのことに気づかれないことが重要であるとされる。広報活動は宣伝対象に公共的な関心事としての権威を帯びさせる。公共的に論議される事態に対する知的批判は、公的に演出される人物や擬人化へのムード的順応になり、合意は知名度が呼び起こす信用と一体化する。市民社会が広報活動によって造形されるようになるにつれて、それは再び封建主義的な相貌を帯びてくる。商品提供の主体は、顧客層の面前で代表的具現の豪華さを広げる。新しい「公共圏」は、かつて具現的公共圏が付与していた人身的威光や自然的権威の風格を模倣するようになる。さらに、古典的規模における出版事業の範囲をはるかに超える管理機構の広報政策は、既存のマスメディアを利用する。

ハーバーマスの言うに、福祉国家においては行政庁の権力は増大する。これはつまりは行政権力が人びとの生活世界から自立化するということである。行政庁は建設的裁量の自由行動圏を獲得し、そのことによって、みずからを意思の生産者、取引人、配分者とする。民間団体が公式に政府と共同作業する。また行政課題が民間団体の権限に移譲される。国家と社会の相互浸透が進み、それとともに、公共圏としてある議会はその媒介機能を幾らかを失う。議会の立場が弱まるのであって、私的利害が集団的に組織され、政治的形態をとるようになると、政治的決定は取引の形態をとる。

今日、新自由主義的なグローバル資本主義の進展および「構造改革」の名のもとでの国家の新自由主義国家への改造にあっては、この改造が富の移動（収奪）のシステムを構築することを基本とするが故に、そのような国家システムの行政権力は人びとの生活世界と公共圏から自立化し、自己プログラム化せざるを得ない。この場合、国家システムは自らを改造しようとするのであるが、この運動において生活世界と公共圏に対する操作的メディアが行政権力と融合（癒着）する傾向が生じてくる。

さきに見たのは、新聞の有する機能の転化過程である。けれども、ハーバーマスによれば、新聞が重要な契機であった公論は、単に消滅してしまったわけではない。むしろ、権力執行に対する批判的審級としての公論と恣意的操作的に使用され、広報活動を通して形成されるものとが競合しているのである。これは反対の方向がぶつかり合うアリーナのモデルである。この点は新聞のみならず他のメディアについても成り立つであろう。マス・メディアは資本の論理に浸透されて行くだけではなく、人びとの生活世界と公共圏から自立化した、すなわち自己プログラム化した行政権力の単なる広報機関あるいは操作的支配の機関になり、このことによって、一方では、公共圏の内的機能としての、批判的討議・言論の不可欠の契機としての機能を失って行くのであるが、しかし他方では、今日、マス・メディアの批判的機能が、さらにまたそうしたものとしてのメディアの理念が死滅してしまったわけではなく、ジャーナリズムは、ハーバーマスが語った批判的で自律的公共圏に属するものとして、すなわち論議する公衆の機関として、立法権と司法権が自己プログラム化した行政権力と実質的には同一となり、単に形式的にのみ異なるといった事態に対して批判的審級であることが出来る。すなわち、コミュニケーション的権力を無効化する事態に対して批判的距離をとり、公共圏の自己理解に寄与するものとして己を主張しもする。ここに出現するのは、ジャーナリズムおける、「反対の方向がぶつかり合うアリーナ」であり、かくして二つの方向の間の抗争がマス・メディアを巡って生じることになる。私見では、これは人間的生を巡る抗争の一局面である。というのは、人間的生への関心から己を了解した公共圏は内在的超越の解体、今の文脈ではコミュニケーション的権力の内側からの超越としての行政権力への転化の解体に対して批判的に対峙せざるを得ないからである。

4　ハーバーマス『事実性と妥当性』における公共圏論

社会学的モデルとしての公共圏

既述のように、『事実性と妥当性』において展開されている公共圏論において、ハーバーマスは人間的生の要求の発現および展開の形態という点から公共圏を明示的に扱っているわけではない。以下、『事実性と妥当性』におけるハーバーマスの公共圏論を検討し、人間的生（生命－生活）の次元から己を了解した公共圏という視点から若干の書き換え・補完を行う。

ハーバーマスの議論では、公共圏は議会外における市民たちの意見・意思形成と議会における審議の両者を含んでいる。市民たちのコミュニケーションは議会における審議を通して拘束力を持つコミュニケーション的権力に転換し、このコミュニケーション的権力は、民主的法治国家の規範的自己理解においては行政権力に転化する。これが公式的権力循環である。自律的公共圏は公式的権力循環が成り立つためには不可欠の意見表明・意思表明の審級であり、こうした公共圏が存立するためには、人格権、信仰・良心の自由、移転の自由、住居、郵便・電気通信の秘密保護などといった基本権が保障されなければならない。これらは公共圏の基本的基盤を形成するものである。けれども、それだけでは十分ではない。公共圏の基本的基盤は市民たちの生き生きとした活動によって維持されなければならない。自律的公共圏とは国家、取り分け行政権力に影響を行使する政治的公共圏である。(22)

ここでハーバーマスが語るのは公共圏の社会学的モデルである。ハーバーマスはかの外的緊張を扱う際に、既にダールの民主主義の社会学的モデル、経験主義的民主主義モデルに言及していた。それ故、考察の場面は既に民主主義の規範的再構成から社会学的研究領域へとシフトしている。ということは、ハーバーマスは民主主義の規範的理論を展開するのではなく、民主主義の社会学的理論を展開するということである。民主主義の規範理論であれば、それは規範的再構成によって展開されているのであるから、外的緊張は問題化されることはないことになる。というのは、社会的実在を視野に収めて初めて、それ故に、規範理論と同じく再構成的に振る舞う社会学的民主主義と社会的実在との間の緊張関係を論定することができるからである。これと同じく、ハーバーマスがここで公共圏に関して展開するのは、公共圏に関するある社会学的モデルである。政治的公共圏は社会的存在であると見なされる。先ずハーバーマスが行ったのは、民主主義の討議理論的研究であった。この民主主義の討議理論の社会学的翻案が今や扱われる。

ハーバーマスにとって公共圏とは何か

ハーバーマスは政治的公共圏、すなわち、国家システムとの関係における政治的公共圏を論じている。

① 政治的公共圏は政治システムが処理しなくてはならない問題に対する共鳴板、あるいは社会全体に反応する感知装置である[23]。政治的公共圏は全体社会の問題を知覚し、主題化する機能を果たすのであるが、それは政治的公共圏が潜在的参加者のコミュニケーション的連関から形成される度合いに応じてである。換言すれば、政治的公共圏がコミュニケーション的連関から形成されればされるほど、それは全体社会の問題を知覚することになる。

② 公共圏では、効果的な問題化が行われる。それは感知された問題を説得力かつ影響力ある仕方で主題化しなければならず、議会が取り上げるように練り上げなくてはならない。

③ 公共圏は基本的な社会現象であるが、制度でも、組織でもない。「公共圏とはせいぜい、内容と態度、つまり意見についてのコミュニケーションのネットワーク[24]」である。この公共圏は、コミュニケーション的行為を通して再生産され、公共圏のコミュニケーション構造は活動的な市民社会によって維持されなければならない[25]。

④ 公共圏は、政治的に重要な問題を議論する場合、その（特殊化された）処理を政治システムに委ねる。とい

うことは、公共圏への参加者たちは、そうした処理を自ら遂行しなければならないということはない、ということである。公共圏への参加者は意見・意思形成過程に参加するけれども、自らは問題の処理を行う必要はなく、その処理を政治システムに委ねるのである。

⑤　公共空間は言語的に構成される。すなわち、参加者たちは相互に発語内義務を引き受け、このことによって間人格的関係を形成するのであり、参加者たちはコミュニケーション的自由を相互に承認し合い、そしてこの空間は原理的にあらゆる人に開かれている。ここで、重点は公共圏という空間は言語的に構成されているという点にある。公共圏は共同討議、共同解釈の審級であり、集会、催し、上演がもたれ、これらは公共的インフラストラクチャーと呼ばれる。

⑥　意見・意思形成の過程において、公共圏への参加者たちは必ずしも決定を下す必要はない。そうした場合、決定は議決機関に委ねられる。

私的生活領域

①　社会に問題がある場合、その問題・社会的弊害は諸個人の生活経験において経験される。政治的公共圏の参加者であり、政治的公共圏を織りなしている諸個人は国家市民（Staatsbürger）と呼ばれ、自らの生活史を織りなしていくのは社会市民（Gesellschaftsbürger）と呼ばれる。社会市民とは就労者であり、消費者であり、被保険者であり、患者であり、納税者であり、行政サービスの受給者でありといった人びとである。社会市民たちは相互的関係において自らの生活史を営んで行く。そのさい彼らは生活上の困難に遭遇することがありえ、そ

うした困難はまずは私的に解決される。それは「他の生活史とともに共通の生活世界のコンテクストに組み込まれた生活史の地平で解釈される」[26]。とはいえ、公共圏のコミュニケーションの経路は私的生活領域と分断されているのではなく、繋がっている。私的領域と公共圏の相違は主題によって決まるのではなく、コミュニケーションの条件の変化によって決まる。[27]「公共圏は、生活史を反映する社会的問題状況の私的処理からの刺激によって作用する」[28]のであり、生活史上の困難が単に私的問題ではなく、社会にとっての問題である場合、社会市民は政治的公共圏に躍り出て社会的問題を公的に討議する国家市民として姿を現す。とはいえ、「国家市民」と「社会市民」とは違った概念であって、ハーバーマスでは（政治的）公共圏はもっぱら国家市民と結びつけられている。

市民社会

① 市民社会とは、自由意思に基づく連帯的結合である。

② 市民社会は非国家的・非経済的な共同決定および連帯的結合であって、この共同決定や連帯的結合は自由意思に基づく。この市民社会はそうした諸団体などから成り立っているが、この市民社会が私的生活領域の中に存在する共感を取り上げ、集約・増幅して政治的公共圏の中に流入させる。

③ このような、市民社会の諸団体は自生的に発生するのであり、市民社会が私的諸領域に存在する共感を取り上げ、増幅して政治的公共圏に流入させる。

④ それ故、ハーバーマスでは、市民社会はあくまで政治的公共圏との連関において規定されている。それは国

家組織の一部ではないし、すなわち国家機関ではないし、利益を追求する経済組織でもない。

公衆から登場した行為者と公衆の前に登場する行為者

ハーバーマスは、公衆から登場した行為者と公衆の前に登場する行為者とを区別している。後者は組織権力・資源、威嚇の潜勢力を使用することができる。機能的に特殊化された行為システムから公共圏に語りかける集合的行為者はそれ独自の基盤を持っている。こうした政治的行為者や社会的行為者は既成政党、社会的権力を備えた大規模利益団体などに属しており、それゆえ、他の領域から自己の資源を調達する必要はない。ハーバーマスはここで、行為者はどんな方法、様式で同定されるかによって区別されるとする。一方では行為者は政党、経済団体、職業団体などによって同定されるが、他方では行為者は同定のための指標をつくり出さなくてはならない。それはさしあたっては自己アイデンティティと自己正統化の段階にある社会運動であり、そのような行為者は自己関係的なアイデンティティに関連する政策を推し進める。(29) 行為者は、すでに構築された公共圏をただ利用するだけなのか、それとも公共圏の諸構造の再生産に関与するのかによって区別される。この区別の手がかりはコミュニケーション的権利の危機に対する感受性であり、排除と抑圧の形式に対する用意・感受性の有無である。既に構築された公共圏を単に利用するだけの行為者は論議する公衆から登場するのではなく、単に公共圏の公衆の前に姿を現すだけであるが、公衆から登場した行為者はまさしく公衆から登場する故に論議する公衆の一員であり、抑圧と排除に対して感受性を持つことによって公共圏の再生産に寄与する。

抑圧と排除は共に生き、生活を織りなし、そのなかで自己の固有の生活史を織りなしていくという人間的生の要求の否定であり、それゆえ、公衆から登場する行為者、従って公衆からなる公共圏を我々は、人間的生への関心を基底とするものと捉えることが出来よう。抑圧と排除は人間的生の毀損であり、抑圧・排除する者も抑圧・排除されるものと同じく人間的生の毀損を表している。だから、ハーバーマスは明示的に述べてはいないが、抑圧・排除への感受性は人間的生への感受性である。

5　人間的生とその根本要求から己を了解した公共圏

以上私は、ハーバーマスが『事実性と妥当性』で展開している公共圏論を見た。次に、私はハーバーマスの語る公共圏を人間的生に関係づけ、人間的生の一つの発現形態として、それゆえ人間的生への関心を基底として有するものとして明示的に捉え返してみたい。人間的生の展開の時空である生活世界は、言語行為としてのコミュニケーション的行為からだけではなく、広大な非言語的行為からも織りなされている。これらの非言語的行為は、言語的行為と同じく、行為の差し控えを含めて、人間の生活行為である。ウィトゲンシュタインとともに言えば、命令したり、問いを問うたり、話しをしたりすることは歩いたり、食べたり、飲んだり、遊んだりすることと同様、我々の自然史の一環である。(30) そうした行為は、生活行為として、生活の仕方に関する、当事主体と他者への生活表明でもある。

さて、以上の点からして、もし公共圏を人間的生にまで遡及して捉えるなら、私見では、ハーバーマスの言う政治的公共圏、すなわちもっぱら言語的に構成される公共圏とは異なる形態の公共圏ないし公共空間が浮上する。それは言語的行為と非言語的行為から織りなされる公共圏である。(31)

先ず、ハーバーマスの語る（政治的）公共圏を人間的生の次元から捉える試みを行う。

ハーバーマスでは、公共圏への参加者たちは政治的に重要な問題に対しその処理を自ら行うのではなく、それを政治システム、取り分け行政システムに委ねる。民主的法治国家においては、法仲間は実定法を通して自分たちの生活を規制する。それは法仲間という共同体の自己構成である。これは人間的生の自己構成の、それゆえ人間的生の展開の一局面である。政治的公共圏は言語的に構成されるが、公共圏を人間的生という点から捉えるとすれば、公共圏は、生活世界に関する反省的討議の審級として、生活世界から派生しつつ、同時に生活世界に属する。すなわち、公共圏は生活世界に関して内在的超越であり、内在的超越として同時に生活世界に属する。要するに、公共圏は人間的生の一形態であり、そうしたものとして公共圏は人間的生のうちに組み込まれており、公共圏は人間的生への関心からして、生活世界から立ち上がってくる。公共圏はそれ自身が人間的生の形式であるとともに、人間的生がそれを媒体にして自らを形成するものである。公共圏は人間的生への関心を基底に置くものとして、人間的生の毀損、またそれが生活世界に関して内在的超越であるが故に、内在的超越の解体である国家の行政権力の自己プログラム化、つまり国家の行政権力の、生活世界に対する単なる超越化と生活世界に対する支配に反抗し、批判する衝動を有する。

グローバルな新自由主義的資本主義の進展とこれに照応する国家の新自由主義国家・グローバル国家への改造運動にあっては、多国籍企業と金融資本を主役とするグローバルな寡頭制が支配し、超富裕層に対してますます多くの人びとが下方へと排除される。ますます多くの者が排除され、見捨てられる。自己責任の無責任な言説はこの見捨てることを意味する。人間の自然史の進展の中で、こうした事態が進展するのである。廃棄されるものは、事物であれ人間であれ、資本の論理にとって価値なきものとして資本の論理から脱落したものである。事物であれば、それは瓦礫として、事物の集合体であれば廃墟として、あらゆる使用価値さえ喪失したものとして廃棄され、自然の破壊作用に任される。(32)新自由主義的なグローバル資本主義の進展、つまりは人間の自然史のいっそうの進展は、見捨てられ廃棄される者をいっそう多く生みだす。これが今日における人間の自然史の進展がもたらす現状である。資本の論理から脱落した者が資本の論理を超えた地点を指し示すのはただ、そうした人びとが資本の論理に抗し、それを止揚した生活のありかたを、それゆえに彼らの生活世界を自ら創成していく場合だけである。

ところで、ハーバーマスによれば、公共圏はまずは共鳴板であり、感知装置であった。己を人間的生の発現であるものとして了解した公共圏、この感知装置は自立性を失った無産者の心身の極限状況を社会全体の問題であるものとして感受するであろう。(33)この場合には、感知装置が感受するのは、自律性を失った無産者の心身の極限状況であるが、公共圏がそれを感受するということは、その状況を言語化して、公共圏に響かせるということである。この声は自立性を失った無産者に対してなんらかの他者が上げる声に尽きるのではない。そうした声は多くの場合に社会の表面から消し去られてしまうけれども、しかしまた彼ら自身がまた声を発し、その声を公共圏に響かせもする。しかし、それだけではなく、彼らは相互の共同において自ら行為することによって、自分たちの生を織りなしていきもする。

鈴木晋介によれば、スリランカでは、道の路傍に小さな仏堂が建てられている。(34)路傍の小さな仏堂は一九九〇年代後半頃から建てられ始め、二〇〇〇年代には爆発的に増殖した。それはまさしくネオリベラリズム・グローバリズムが人びとの生活の場に浸透した時であった。生活の場の断片化が進行し、その代わりに生じているのは、国際空港のロビーや高速道路のジャンクションといった社会関係や歴史を持たない空間である。そうした状況のなかで、建造された仏堂は、「よい暮らしの」実践場を開いているのであり、それはつながりを断片化する生活の場に仏堂を挿入することである。そこに見られるのは、よりよく生きる場が開かれることへの希求であり、仏堂の建設は断片化していく生活の場に対する実践的介入である。

相談を介して村民たちは何かをした。つまり、自らの手で仏堂を建造した。スリランカに見られる路傍の仏像は、村における人々の相互コミュニケーションの解体傾向に対して、そのなかで生じる人々のつながりという善き生活への希求、憧憬の形象化であるだろう。この憧憬は日常的コミュニケーションの解体および生の分断のなかで生じる人々の相互的コミュニケーションというつながりに対する憧憬であり、次々に建てられた仏堂はそのような憧憬が結晶化した形象である。

イデオロギーは、虚偽意識としての単にイデオロギーに止まるのではなく、そこにはまたユートピア的核が含まれている。ハーバーマスは言っている。

ブロッホは、イデオロギー的な包皮のなかにもユートピア的核心を、虚偽意識のなかにも真実な意識の契機を発見する。たしかに、よりよい世界の透視は、現体制のかなたを指さす諸契機においても、隠された利害関係に屈服させられる。けれどもそれが呼びさます希望（Hoffnungen）、それが叶える憧憬（Sehnsüchte）の中には、やはり同時に、啓蒙されれば批判的推進力と化するエネルギーが潜んでいるのである。(35)

ここで論じられているのは理念であり、それは単にイデオロギーに貶められてはならないということである。スリランカにおける仏堂の建造は、イデオロギー論の文脈のうちに置かれているのではない、あるいはイデオロギー批判の議論文脈のうちに置かれているのではない。けれども、仏堂の建造には善き生の、善き生活への希求と憧憬が潜んでおり、その憧憬のうちには「啓蒙されれば、批判的推進力となるエネルギー」がやはり潜んでいる。仏堂建設は自分たちの生活の場への村人たちによる実践的介入にほかならない。ここに、ハーバーマスの意味での政治的公共圏を否定することではないが、それとは異なる形態の公共圏（ないし公共空間）が生成しうる。それは主体たちの相互討議と行為実践との相互浸透としての公共圏である。人間的生の展開という点からするならば、ハーバーマスの語る公共圏、すなわち政治的公共圏は公共圏の一形態にほかならない。公共圏を人間的生の発現の形態として捉えるとき、ハーバーマスが言う政治的公共圏とは区別される公共圏が視野のうちに浮上する。この場合、公共圏は討議の審級に尽きるのではなく、それとともに言語行為とは区別される生活実践をも含んでいる。それは単に私的な問題解決なのではなく、またハーバーマスの言う政治的公共圏に同一化されるのでもない。そのさい、重点は登場する主体たちが相互討議とともに何かの非言語的行為としての生活実践を（言語的コミュニケーション的行為とともに）自ら行うという点にあり、私はそうした実践場をも（一つの）公共圏と呼ぶ。この意味での公共圏は主体たちが生活実践上の何かを遂行するということによって生活世界のうちに現出してくる。ここに言われる実践場は、ハーバーマスの言うコミュニケーション的行為に接近している。というのは、ハーバーマスにおいて、コミュニケーション的行為は行為状況の克服ないし行為調整として理解されるが、コミュニケーション的行為の概念は、状況克服から状況の説明および合意達成というコミュニケーション的側面と行為計画の実行という側面の両者を切り取るからである(36)。すなわち、コミュニケーション的行為は了解に志向した行為（これは言語行為である）とその結果としての目的的行為（これは例えばビールを買いにいくといった非言語的行為でありうる）を併せ含んでいる。とはいえ、既に述べたが、ハーバーマスのコミュニケーション的行為では、了解に志向した行為に焦点が当てられている。これに対して、ここに言われる実践場では、言語行為と非言語行為の織り合わせそのものに焦点が置かれている。

ところで、H・アーレントが『過去と未来の間』で語った公共空間は人びとが何かを行うということによって人びとの間に開かれてくるという性格を持っており、私見では、この点で、アーレントが『過去と未来の間』で語った公共空間はハーバーマスの言う（政治的）公共圏とは違った性格を持っている。アーレントはヨーロッパ・レジスタンスの人びとが彼らの共通の敵が敗北した後失ってしまったある宝について語っている。その宝とは、詩人シャールが「我々の遺産は遺言一つなく残された[37]」と語ったとき、その「遺産」によって意味されていた事柄である。この遺産・宝には——本当は一八世紀に大西洋の両側（アメリカとフランス）で名前があったのだが——、忘却され失われてしまったのである。「この宝とは何であったのか。かれら自身の理解では、この宝はいわば相互に結びついた二つの部分からなるように思われた。彼らは、『レジスタンスに加わった人』が『自らを見出し』、『闇雲に［自分自身を］追い求めてあからさまな不満足に陥る』のに終止符を打ったこと、また、もはやみずからを『不誠実』で『口やかましく人生を疑う役者』とは考えず『ありのまま』でいられるのに気づいた。社会がその成員に割り振り、同時に個人が社会に心理的に反応する際にみずからが作り上げる一切の仮面をかなぐりすて、このようにありのままになったとき、生まれて初めてかれらのもとに自由が幻のように立ち昇った。自由が出現したのは、かれらが暴政や暴政に優る悪に反抗した——連合国軍の兵士全体についてはそういえる——からではなく、かれらが『挑戦者』となり、自からイニシアティヴをとり、そのことによってそれと知ることもあるいは気づくこともなしに、自由が姿を現すことのできる公的空間をかれらの間に創造し始めたからである。『われわれが一緒に食事をとる度に、自由は食席に招かれている。椅子は空いたままだが席は設けてある[38]』」。

この宝とはそれでまさしく公共空間にほかならない。人々は何かをするのである、あるいは何かを始めるのである。この何かとは何か。ともかく、それは何かであり、彼らは何かをするのであるが、その何かとは単に何かに対する言語行為としての批判的言説に尽きるわけではない。彼らは挑戦者となり、イニシアティヴをとって何かをし、何かを始めたとき、この何かをし、始めるということにおいて、彼らは意図することもそれと知ることもなく、彼らの間に彼らが自由であることが出来る空間、すなわち公共空間を生みだした。もとより、その何かをし、何かを始めるときに、相互にコミュニケーション的行為を遂行し、相談、討議を遂行するであろう。けれども、その何かは言語行為に尽きるわけではないであろう。何かをするということはそれ自身生活行為である言語行為を遂行することとともに、それとは区別される何かの実践を遂行することである。その何かとは言語的相互行為を伴う実践であり、討議と実践の相互フィードバックである。[39]

アーレントの言うに、ヨーロッパの作家や文人の一世代全体にとって、

フランスの陥落はまったく予期せぬ出来事であった。この国の政治舞台は陥落のために日増しに空白となり、傀儡のような道化であるごろつきや愚者の手に委ねられていた。かくして、第三共和制の公務に与ることなどもちろんなかった人びとが、真空の力に吸い込まれるかのように政治に呑み込まれていった。こうしてかれらは何の備えもなく、おそらくは当初の意に反して、否応なく公的領域を構成することになった。そこでは国の問題に関わる一切の実務が［……］行いと言葉で（in deed and words）処理された。[40]

ここで私が注目するのは「行いと言葉で」という点にある。ハーバーマスの政治的公共圏の概念にあっては、公共圏はもっぱら言語的に構成されていた。政治的公共圏においてその参加者たる公衆は彼らが討議する事柄を自ら

遂行するのではなく、その執行は行政権力に委ねられる。これに対して、アーレントが語っていたのは、人びとが遂行したのは、言葉だけではなく、（公的領域での）行為であるということである。民主的法治国家との関係軸において考えられた政治的公共圏にあっては、確かにハーバーマスの言う通りのことが生じるであろう。コミュニケーション的行為者は、共同討議を行い、共同の解釈を行うのであって、彼らは状況を共同で構築する。ここでは、参加者たちは発話行為を相互的に提示し合い、イエス／ノー態度を決定し、発語内的義務を引き受けることによって、間人格的関係を形成する。(41)ここでは、公共的空間は言語的に構築され、参加者たちはコミュニケーション的自由を相互に承認しあう。言語的に構築されるこの公共空間は、原理的にあらゆる人びとに開かれている。

けれども、私が言いたいのは、ハーバーマスの意味での政治的公共圏の他に、そしてそれとともに、ハーバーマスの意味での政治的公共圏とは異なる類型の公共圏・公共空間がありうるということである。それは行為・行いが開く公共圏である。私は先に「相談を介して村民たちは何かをした。つまり、自らの手で仏堂を建造したのである。スリランカに見られる路傍の仏像は、村における人々の相互コミュニケーションの解体傾向に対して、その中で生じる人々のつながりという良き生活への希求、憧憬の形象化であるだろう。日常的コミュニケーションの解体および生の分断のなかで生じるのは、人々の相互的コミュニケーションというつながりに対する憧憬であり、次々に建てられた仏堂はそのような憧憬が結晶化した形象である」と述べた。私は仏堂を建設するという行為において、そこに一つの公共空間・公共圏が開かれると言いたい。公共圏を人間的生というパースペクティヴから了解し直すとき、私見では、そうした公共圏・公共空間が視野のうちに登るのである。それは人びとが自らの生を相互の共同において創成していく場としての公共圏であり、この点でハーバーマスの言う政治的公共圏とは類型を異にする。もとより、ハーバーマスの政治的公共圏にあっても、公衆は実定法の制定を通して自らの生を構築する。しかし、それが人間的生にとって如何に不可欠の次元であれ、他に人間的生の自己生成、その創成には行為、すなわち生活実践と言葉によって織りなされる公共圏の生成という次元がある。この場合、公共圏あるいは公共空間は、人間の間の論議、討議、批判的言説に還元されるのではなく、討議と討議とは区別される生活行為、生活実践、すなわちみずから共同で生活をつくり出していく生活実践からなっている。この場合の公共圏とは、あるいは公共空間とは人々が共同において生活を織りなしていくときに彼らの間に開かれる空間であり、そうしたものとして、討議、批判的言説を含むが、それに還元されるわけではない(42)。

6　物象化と人間的生

新自由主義的グローバリゼーションの進展、ならびにそれと相即する国家の新自由主義国家への改造運動のもとで、いわゆる北の「豊かな国」においても、一部の富裕層とその他の貧困層・極貧困層への人口の二極分裂が進行している。それは富（価値）の移動、ある人口から他の人口へと富が移動する（つまりは、収奪する）制度システムが形成されたためである(43)。

「民衆は、今や問答無用に管理される無個性な隷属群衆に切り下げられ捨てられようとしている」(44)。そうしたなかでも、諸個人は、時に政治的公共圏に自らの声を響かせるだけではなく、同時に共同で自らの生を織りなしてゆきもする。諸個人が共同で自らの生を織りなしていくということは新自由主義的資本主義のもとでの人間的生を巡る抗争の一局面となるのである。とはいえ、そうした試み、彼らの間である公共圏を作りだしていく試み、人間的生を展開し、生活を織りなしていく試みには多様な障害が立ち塞がる。彼らが属する集団はしばしば不利な立場に置かれており、組織的複合性が低く、行為能力も弱いのが通例である。(45)しかし、私はここではそうした障害のうち生活世界における物象化的言説の流布に言及しよう。

ここで物象化的言説というのは、社会的物象化の二つの類型のうちその一方、普遍と特殊・個に関わる類型であって、否定的含意・イメージを有するレッテル・悪しき普遍を表現する語が登場する言説である。こうした言説においては、ある諸個人や諸集団に悪しき普遍が貼り付けられ、その諸個人や諸集団はその悪しき普遍に同一化されることで諸個人や諸集団の特殊性や固有の生活史を営む存在だということが人の視野のうちから消失してしまう。「非正規社員」や「プロ市民」といった語はそのような悪しき普遍を表現する語でありうる。

この場合、物象化というのは同一化、諸個人や諸集団から独立化しているある（悪しき）普遍的規定への諸個人や諸集団の同一化である。この同一化において、このとき人の諸個人・諸集団を見る眼差しの物象化が生起しているのであるが、諸個人・諸集団から自立化した悪しき普遍に同化されることで、諸個人・諸集団に対するある種の政策なり行為などが正当化される。例えば、ある諸個人に「非正規社員」というレッテルが張られることで、低賃金であるということが正当化される。

歴史的に見れば、帝国主義の時代に、特殊・個から自立し独立している悪しき普遍の特殊・個への押しつけ、特殊・個の悪しき普遍への同一化は、帝国主義的イデオロギーの基本的核を形成した。「野蛮－未開－（半開）文明」図式はこうした悪しき普遍的図式であって、それは諸国民の現実の生活の有り様を忘却させ、彼らに外から押しつけられるところの悪しき普遍の支配であるが、これは文明化した日本が遅れている朝鮮や中国を文明化するという行為・政策を正当化する。(46)

物象化的言説において、この物象化的言説を行う人の諸個人・諸集団を見る眼差しは物象化されている。けれども、物象化は個の人の眼差しにのみ論定されるのではない。そうした眼差しのもとで、行為が遂行されることによって、物象化は現実の事態として出現する。

さらに、物象化はある問題の他の問題への置き換えの機能を果たす。生身の人間的生が忘却されて、ある人びとが例えば「フリーター」という概念のもとに包摂されることで、(47) フリーター（派遣社員）が社会政策上の客体に還元されてしまうということが生じる。つまり、フリーターの実存的人生が社会問題化という特殊な枠組みの中で捉えられてしまう。(48)

ある問題をそれとは別の問題へと転移させることによって、問題を別の問題にすり替え、転移させることは、以上に見た物象化を手段として行われる。例えば、政権への異議申し立ての意味を持つ行為の当事者が「不良少年」という悪しき普遍に同一化されることで、異議申し立ての行為が近隣住民に対する迷惑行為へとすり替えられる。道場親信は二〇〇五年のフランス暴動に言及している。二〇〇五年一〇月、フランスで移民の少年二人が不審者として警察に追跡されている途中、逃げ込んだ発電所内で感電死した。これをきっかけにパリ郊外で路上駐車された車への放火が相次ぎ、放火はフランス全土に飛び火した。少年たちが追跡された背景にあったのは、パリ郊外の移民が住む団地での住民に対する社会的差別や警察による不当な日常的暴力であった。(49) ここで行われたのは敵対の転移である。少年たちに「不良少年」というレッテルを貼ることで、民衆の政府に対する異議申し立ての感情が、不良少年らによる迷惑行為へと意味がずらされることによって、少年たちと近隣住民たちの間の敵対性と対立へと転移される。このことによって同時に、暴動と犯罪行為との同一化によって警察による治安強化に口実が与えられる。これ

このような敵対の転移は物象化の一類型を手段としており、これによって問題が別のものに置き換えられる。これ

また悪しき普遍の支配である。つまり物象化的言説が流布される。近隣住民と若者たちの間の敵対性というものそれ自身がまた物象化であるだろう。すなわち、若い少年たちが「不良少年」と同一化されることで、若い少年たちと近隣住民との関係が同じく悪しき普遍である両者の敵対性に同一化される。この場合に、物象化は問題の置きかえ、すり替えのための手段になる。この置きかえは政治空間の治安空間への、政治的アクションの迷惑行為への、政権への敵対の住民とのいがみ合いへの転移である。そしてこれは脱政治化である。これは問題とされている事柄に、当の存在にそれとは異なるレッテルを貼ることであり、それは私の言い方では悪しき普遍に同一化することである。

この場合、物象化は普遍と特殊・個との過てる統一であり、この統一にあっては、特殊・個は悪しき普遍によって抑圧され、消され、忘却され、それ自身とは別のものに同一化されている。この事態はそれ自身であることへの特殊・個の要求と矛盾し、敵対している。それゆえ、物象化はそうした要求を自らのうちに隠し持っており、悪しき普遍への同一化を超える要求を隠し持っている。だから、このように見ると、物象化は世界の存在者がそれ自身である事態という可能性を指し示してもいる。物象化という世界の事態は眼をこらしてみれば、それとは反対のものの鏡像ともなっている。(50) この可能性というパースペクティヴから見るなら、物象化という事態はこの可能性を示す文字（Schrift）となる。けれども、このことは単に世界の観察者・解釈者にとっての事柄ではない。物象化を被っている諸個人・諸集団自身が公共圏に出て物象化的言説を批判的に解体し、この批判とともに自らの生活を創成していきもするのである。もとより、物象化を止揚する主体生成の自動論理、その法則的必然性は存在しない。けれども、他方そのような主体が生成しないことの法則的必然性も存在しない。様々なそうした運動に対して物象化を体現する言説が流布されるが、草の根の創発的共同性は物象化的言説を批判的にうち破り、みずからの存在を表

明するだけではなく、それ自身の生活を作り出してもゆくのである

7　生活の現場に生い立つ公共圏

地域に根ざす公共圏と「縁」を基礎にする公共圏

道場親信は、具体的な地域性に基づくコミュニティと地域性に基づくのではなく、縁に基づくコミュニティについて語っている。「エスニシティやアイデンティティ、社会構造や制度によって強いられた共通のポジション、受苦や出会いなどの多様な経験、問題関心や価値意識、そうした『つながり』の契機を介して、多重多層的に『コミュニティ』は生みだされる」(51)。これに対して、地域は自然の人間的に形成された環境としての生活の場であり、そこで生活を営むのは住民である。縁に基づくコミュニティも地域性に基づくコミュニティも生活の現場であるが、それらは人間的生の現場、人間諸個人が現に生活を営む現場である。このことは、生活の現場は地域性に基づくコミュニティだけではないことを意味している。私はここでは地域という空間（居住空間）に基づくコミュニティを縁に基づくコミュニティの一つとして捉え、そのような生活の現場に、アーレントが語っていた公共空間から取り出された公共空間のあり方、すなわち単に言語的に構成されているだけではなく、同時に生活行為・生活実践によっても構成されているという点を考慮した公共空間の意味を適用して、上で言及されたコミュニティをハーバーマスが言う政治的公共圏としての公共圏とは区別される意味でそれ自身一つの公共圏と呼んでみたい。これは「コミュニティ」を「（一つの）公共圏」によって言い換えるということである。コミュニティは往々にして個に対する

抑圧と強制的同一化を含むし、他のコミュニティに対して自己閉塞することがありうる。このような事態に対する反省的・批判的審級の可能性を含んだコミュニティとして、コミュニティを公共圏と呼ぶのである。公共圏とは、先ずもって生活世界に対する反省的討議の審級として生活世界に対して内在的超越である場であり（言葉）、ここでの文脈では、行いがそれには結合されている。[52]

さて、すると、このような公共圏には地域性という空間性に基づく公共圏といわゆるその他の縁に基づく公共圏があることになる。[53] 例えば、スリランカにおける仏堂建設で登場するのは、村という地域共同体空間である。（もとより、こうした共同体には個に対する抑圧の契機が入り込みうる。これに対して、例えば、協同組合や労働組合は縁に基づくが、地域という空間に基づくのではない。）

私見では、公共圏が己を人間的生への関心から了解するとき、ハーバーマスの言う政治的公共圏、政治の外側周辺部から、なんらかの主題が倶楽部、職業団体やアカデミー、大学などに持ち込まれ、フォーラムや市民発議などの舞台に上げられるという仕方での公共圏とは異なる意味での、[54] 生活の現場に密着した公共圏が視野に登るのである。この公共圏は一言で言えば討議と生活実践・生活形成の統一体である。次に、私はここでは、以上二つの公共圏のうち、地域（住民的）公共圏に立ち入ることにする。

なお、ハーバーマスは「根無し草の風潮が広がる一方で、自分自身の地域共同体や出自への帰属性を構築する動きがある。また、人びとの平等化が進むなかで、見通しのきかないシステムの複雑性に対する無力感が抑えがたく湧き上がっている」[55]と言う。根無し草の風潮が広がるならば、それへの反動として、自らの地域共同体・出自の共同体への帰属性を再構築し、それを強調しようとする趨勢が生じよう。その意味で、ハーバーマスが述べていることには、新自由主義的グローバリゼーションのなかで進行する根無し草の風潮への反動としての自己の出自への固執・閉じこもりという響きがある。けれども、地域への注目は決して単に自己の出自への固執とその仕方での幻想的な自己のアイデンティティ構築として解釈され尽くすのではない。

インドにおいてと同じくアメリカスにおいて見られるのは、数多くの土着の運動がローカルな組織を彼らの闘争の核においているということである。それはグローバルな新自由主義的資本主義の進展によってもたらされた生活破壊に抗して、生活するばかりではなく、人間としての創造性を発達させるのを可能にする空間を作り出す試みであり、この試みは「再地方化（Relocalization）」と呼ばれる。それは地方の住民たちが新自由主義的グローバリゼーションに抗して自らの生活を構築していこうとする運動であるとともに、「グローバルなイッシューに関してローカルに行為する」運動でもある。(56) それゆえ、それは単なる「共同体への撤退（a communalist withdrawal）」に還元・同一化されることは出来ない。

地域（住民的）公共圏

地方自治はその理念からすれば、国家（とりわけ行政システム）と対等であり、住民自治の場である。しかし、ハーバーマスが民主的法治国家にまつわる外的緊張を扱う際に、それを単に現実に対する理念とするのではなく、現実の内なる「実在する理性」のかけらとしたように、その理念は単に現実に対置されるのではなく、それ自身現実の契機として、国家の新自由主義国家・グローバル国家への改造運動のなかで、危機に陥っているとしても、それに対抗し、批判する運動の中に存在している。国家の行政システムが地方自治体から自立化（超越）し、地方自治体を己の政策遂行の単なる手段に変じれば、国家システムと地方自治体との内在的超越の（国家システムは地方自治体のうちに自らを見出し、地方自治体は国家システムのうちに自らを見出すという）関係、つまりは対等であるという関係、普遍と特殊の間の内在的超越の関係が解体され、普遍は悪しき普遍として、特殊をいわば外的に支配することになるであろう。[57] この場合には対等でありつつ、相互の動的な相互関係をなすという具体的普遍の形態は失われる。国家はその場合には、単なる超越、地方自治体に対する支配主体として、自治体を道具化するものとして登場することになる。

ハーバーマスは国家市民と社会的市民を区別していた。社会的市民とは消費者であり、被保険者であり、患者であり、納税者であり、行政サービスの受給者等々であった。ハーバーマスは社会市民は国家市民と一致しうると言うが、ハーバーマスが主題とするのは、専ら政治的公共圏としての公共圏である。地域という生活空間において生を営む地域住民は国家市民であり、社会的市民であるが、これら両規定によってのみでは地域住民は規定されることはできない。地域住民とは何よりも伝承された文化と生活様式によって浸透されている地域という生活空間に根づいている人びとである。ハーバーマスの言う政治的公共圏は生活世界に根を持つコミュニケーション的構造であるが、住民的公共圏は地域という自然の人間的変換である生活空間と不可分に結びついている。

地域は、今日、新自由主義国家・グローバル国家への国家の改造運動という状況のもとで、新自由主義国家構想と民主的法治国家構想との間の抗争の重要な局面をなしている。

多国籍企業が主導する新自由主義的グローバリゼーションは、世界の疑似‐自然化を推し進めているが、新自由主義の運動は全面的体系的であり、それは人間的生、従って生活世界の全面にわたって富の収奪を実現する制度的システムを作り上げようとする。この運動は地方、そして地方自治のあり方の変換にも及ぶ。国家の新自由主義国家への改造運動において、地方自治体がまた、住民のではなく、取り分け多国籍企業の「生活」の場に変換される。新自由主義的資本主義は人間生活のあらゆる部分、医療、介護、福祉、教育、保育、労働法、国家と地方の関係、国家システムそのもの、税制などといった生活の諸部分に襲い掛かって、それらの生活領域を市場化し、抽象（的普遍）たる価値の支配領域へと変換する。それは国家[58]の新自由主義的国家・グローバル国家への改造運動（いわゆる構造改革）のうちで生じている。基本的には生活世界のあらゆる部分を抽象（的普遍）たる資本、価値の担い手に還元し、かつそれを基礎に富（価値）の移動、社会の一方の極から他方の極への移動の制度システムを構築する。これは「聖域なき構造改革」が示すところである。新自由主義国家・グローバル国家とはとりわけ内外の多国籍企業と金融資本の利益に沿う国家体制であり、それは同時に戦争ができる体制構築を目指している[59]。この運動において起こるのは、地方交付税の削減、住民の生活圏を越えた広域的自治体の形成、自治体の市場化といったことであり、このために、地方では、産業が衰退し、人口が減少し、地方自治体の住民福祉の点での機能低下が生じ、その存続の基盤の弱化が生じる。それゆえにこそまた、地方自治体において、自治という地方自治の本旨を再興し、自分たちの生活を共同で構築していく運動が生じる。かくして、地域は、新自由主義的・グローバル国家構築の運動の中で、人間的生（のありかた）を巡る抗争の枢要な場面の一つである。

地方自治

岡庭一雄の言うに、地方自治は民主主義運動、具体的にそれぞれの地域の諸条件を改善する自主的、自発的住民運動である。地方自治は基本的人権を各地域で擁護し、発展させる民主主義運動であり、そこには自発的な制度や組織がある。住民自身が地域の中で自らの基本的人権を具体化していくのが地方自治である。地方自治とは住民自治の実践主体の集合体である。領域内の全住民の基本的人権が擁護されるには、住民が主体的に活動し、自治を高める営みが欠かせない。住民自治とは、住民相互の公論空間においての共同性の確立、合意のことであり、それは地域社会の共同性を作り出す。行政と行政職員は主体である住民から委託されたものである。その役割は住民の自由な活動を保証し、支援することであり、「地方自治体の主権者である住民が、自らの地域に存在する課題を発見し、それをどのように解決していくか議論し、決定し、実践していくことが住民自治である」[60]。

このなかには住民自身の実践活動という点が含まれている。主権者、主体者としての住民は自らの暮らしを守り高めていく主体的な取り組み、地域の担い手、歴史の担い手である。「住民が地域づくりの主体として自覚的に、自らの生活課題や地域課題の解決を図っていこうと考えないところに、真の住民自治の発展は期待できない。なぜなら、住民自身が、生活や地域の暮らしのなかに存在する課題に気づき、その問題を解決していこうと考え、解決の見通しを立て、まわりの人たちと協力して解決しようと決意し、その実践をしていく過程のなかで、住民の主体の形成は進んでいくものと考えられるからだ」[61]。住民自身が問題に気づき、解決の見通しを立て、他者と協力して解決しようと決意し、その実践を進めていく過程。もちろん、統治主体は住民であって、首長や議員を通して自治を代行させるという側面がある。しかし、これだけではない。人間的生の自己形成はこの代行の側面に尽きるわけではない。住民たちの人間的生の自己形成のうちに、住民たちの討議・論議の場が含まれている。今はハーバーマスの言う国家市民を主体とする公共圏と住民的公共圏について語るが、両公共圏は相互の関連性において捉えられなければならない。

先ず、地域住民は同時に（ハーバーマスの意味での）国家市民であるとともに社会的市民であるが、もっぱら国家市民としても社会的市民としても特徴づけられることは出来ない。地域住民は国家市民であるとともに社会的市民であり、さらに地域という生活空間にその居場所（トポス）を有する人びとである。それゆえ、彼らは先ずもって地域の人間化された自然、風土、大気の冷たさや暖かさ、風の趣き、冬の趣むき、雪の質、多いさや少なさ、太陽の光のあり方、菜の花畑、霞、等によってその身体が形成され、その身体に人間関係のあり方とともに人間の非有機的身体がしみこんでいる人びとである。地域住民はそうした存在として、地域という空間においてその生を営み発展させていく。そこにはともに生き、生活を形成していくものとしての相互承認がある。[62]

しかし、地域住民は同時に国家市民である（ともに、惑星の住人である）。住民の生活は国家の政策によって重大な影響を受け、彼らの生活と決して無縁ではない。住民は国家市民として実定法という媒体を通してやはり自らの生を規律する。それで、地域住民は国家市民として政治的公共圏において「理性の公的使用」をなし、公論を形成する。その公論の立法化において法と政策の現実的執行を行政権力に委ねるとしても。

グローバルな新自由主義的資本主義および新自由主義的国家は、私見では、抽象の支配のいっそうの強化である。それを私は人間の自然史と呼んだ。人間の自然史とは人間の歴史が疑似‐自然化するということである。抽象（的普遍の運動）が普遍的威力となり、それが生を己のための手段と化す。私は両公共圏の運動を人間の自然史の自然の人間的歴史への変換の場面に位置づける。それは具体から自立化した普遍的威力の止揚である。

地方自治とは自律のことである。地方自治と国家との関係を考察するとき、我々は地方自治から始めなければならない。地方自治から自立化した国家システムの権力が地方自治を削減するなら、あるいは地方の意思を無視し、これを無効にしようとするなら、これは悪しき普遍の威力の地方自治からの自立化であるだろう。それは「国の施策を地方に従わさせる」[63]ものである。

各自治体はそれ自身でありつつ、相互の連関にたつ。連関の場に立つことは、内在的超越であるだろう。そのなかで普遍が生成する。この普遍は、それぞれの自治体を己に服属させる普遍であってはならない。そうした普遍は悪しき普遍であり、具体的普遍の解体であるだろう。具体的普遍の場に立つということは、各自治体の住民が住民でありながら同時にかの内在的超越の時空に立つこと、そうした意味で普遍の場に立つことである。地方自治の担い手は住民であり、住民は同時に国家市民である。

地方行政機関は代行機関であるから、この点についてみれば、ハーバーマスが言う民主的法治国家との平行関係がある。しかし、それだけではない。地方自治にあっては、住民自身が自らの生活を（行政との共同において）織りなしていくという実践的次元がある。地域でのそうした生活を創り上げていく運動はインフラ形成、間人格的諸関係の形成、人間と自然との関係の再形成という間人格的諸関係、ともに生を織りなす主体としての相互承認などを含んでおり、この運動には住民自身の、地域の歴史、行政、経済状態などの学習とともに、新たな生活構想を作りだす上での自己教育が伴うし、また伴わざるを得ない(64)。

地域地域での生活創造・創設の運動はそれ自身一つの公共圏・公共空間（住民的公共圏・公共空間）であるが、さらに地方自治体が相互に横に繋がった全国ネットワークが形成される。これまた一つの市民社会であろう。地方自治体における生活形成の運動は一つの民衆的公共圏（公共空間）である。こうした民衆的公共圏は横に繋がって相互に連絡し、全国的規模の「首長、議員、住民、そして研究者」からなる全国的に広がる市民社会「小さくても輝く自治体フォーラム」を形成する(65)。これはハーバーマスの意味で一つの市民社会であるが、この市民社会は例えば同じく市民社会であるＡＴＴＡＣなどとは違って、地域という生活空間を基盤としている。この市民社会を基盤として展開されるのは、これまた公共圏であり地域という人々の生活の場を基盤とする、国家の新自由主義的国家・グローバル国家化への運動に対する地方からの対抗運動である。

8　世界公共圏（ないし世界民衆的公共圏）

以上、人間的生への関心、あるいは人間的生の展開という視点から自らを了解した公共圏として、国家市民による政治的公共圏と縁に基づく公共圏の一つとしての住民的公共圏に言及した。ハーバーマスが言っているのは、国家市民が織りなしていく公共圏であって、ハーバーマスが述べていたように、市民は、決定の負担を免除され、実際の執行は国家の行政機関に委ねられるが、地域公共圏（住民的公共圏）では、自ら共同で生を織りなしていくものとして、住民たちは、自らの行為を通して、つまり実践することを通して生を作り出していく。ここに違いがある。もとより、住民はハーバーマスの言う社会的市民でもあるが、問題の解決は単に私的にのみ行われるのではない。もとより住民はそれ自身において国家市民として、国家市民を主体とする公共圏（政治的公共圏）の参加者でもあることができる。国家市民は実定法の制定を通して自らの可能性を織りなしていく（が、その執行は行政に委ねられる）。

ここで私が論じているのは、人間的生の根本要求というパースペクティヴから己を了解した公共圏のことである。先ず、社会的市民は同時に国家市民として政治的公共圏の参加者であり、この点において実定法を通して自己形成に参加するが、その際、実際の政策の遂行、すなわち執行をみずから行うのではない。けれども、社会的市民はそれぞれの生活の場においてみずから生を織りなしていくのであり、それは生活の問題の私的な解決を含むが、それに尽きるのではなく、それ自身の公共圏を形成し、自分たちの生を共同で作り出していく。人間的生のパースペクティヴから己を了解した公共圏は、このような公共圏を含むことになる。私は国家市民が織りなす公共圏と縁に基づく公共圏（地域ないし住民的公共圏はその一つである）をまとめて民衆的公共圏と呼ぶ。これらの公共圏のいずれも、人間的生の次元から己を、その発現の形式として了解した公共圏である。

それぞれの国家内の国家市民的公共圏、これは実は国境を越えた連帯のうちにもある。すなわち、一国家内に閉鎖されているわけではない。このような様々な創生された公共圏の総体は世界公共圏（世界民衆的公共圏）をなす。世界には様々な運動がある。イヌイット、中南米諸国における先住民の社会とその運動、日本のアイヌ、オーストリアのアボリジニーの運動、環境保護運動、など(66)。世界公共圏には国境を超えた、ハーバーマスの言う市民社会が担い手となる運動も含まれる。私がここで世界公共圏について語るのは、それがそのような様々な運動の自己意識であることを意図してのことであり、また人間的生（生命－生活）という点から公共性・公共圏を了解し直すというのも、世界に存在する様々な運動の自己意識であることを意図してのことである。人間的生の根本要求の発現形態として己を了解した公共圏では、人々はともに生を織りなしていくものとして相互に承認しあう。そしてこうした承認要求と承認の基礎には、生き、生活してゆくこと、その中で固有の生活史を織りなしていくという、人間的生それ自身の承認、自身に対する無条件的な承認がある。この承認は無条件的肯定のことである。この承認は定言的である。

現在における、それぞれの国家、それぞれのコミュニティ、生活の場における公共圏は、これらの公共圏が意識していようとそうでなかろうと、世界公共圏、あるいは世界民衆的公共圏の一環として世界公共圏に属している。それぞれの国家内での政治的公共圏と住民的公共圏を含む縁に基づく公共圏は、それ自身でありつつ、すなわちそれ自身であることを失うことなく、それ自身を超えて世界公共圏に属する。それで、世界各国と各地における公共圏は内側から己を超越して世界公共圏の一環としてある。この意味で、世界公共圏は内在的超越という性格を持つ人間的生の形態であり、そうしたものとして自然の人間的歴史をもたらそうとする。こうした己を人間的生（生命－生活）の次元から了解した世界的公共圏が「別の世界は可能だ」という標語をもって対抗し、対峙し、変換しようとするのは、現代の新自由主義的グローバリゼーションとして進展する新自由主義的資本主義がもたらした世界大の壮大な物象的構築物である。これは世界の疑似－自然化の進展であり[67]、人間の自然史の現代的展開である。とりわけ多国籍企業と金融資本の世界展開が主導する世界経済システムおよびそれと連動する政治システム、さらにはそれと結びついている文化的諸形式、生活のあり方に対して、世界公共圏の運動はそれらを問題化し、主題化し、変換しようとする。こうした世界公共圏の運動はそれぞれの国家に対して、少なくとも多国籍企業の横暴を規制するよう要求しなければならない。もとより、これにとどまらないが。

ここに生じるのは、人間の自然史と自然の人間的歴史との抗争である。

注

（1）Cf. William I. Robinson, *A Theory of Global Capitalism, Production, Class, and State in a Transnational World*, The Johns Hopkins University Press, 2004.

（2）この過程には経験的事実と論理に基づく言論の無効化過程が結びついている。嘘と真理が同列に置かれ、かくて真理を求める言説が無効にされてしまう。

（3）拙書『グローバリゼーション・新たなる不透明性・批判理論』、共同文化社、二〇〇九年、一二八頁。

（4）拙書『カントとアドルノ　自然の人間的歴史と人間の自然史』、梓出版社、二〇一三年、三七〇頁。

（5）Vgl. J. Habermas, SÖ, S. 70（J・ハーバーマス『公共性の構造転換』第2版、細谷卓雄・山田正行訳、一九九四年、七三頁参照）．

（6）Vgl. Th. W Adorno, PTM, p. 87.

（7）例えば、貧困の普遍化と多くの人間諸個人の生が相互に分断され、分裂しているといった事態。

（8）ハーバーマスの言うに、自己完結的な主体の自己反省と自己実現の図式、例えばルカーチは階級としてのプロレタリアートに一つの主体としての性格を与える。これは、主観性の枠組みで考えられている。階級としてのマクロ主体の反省が個人を超えた共通の意識となり得、マクロ主体に自己実現の担い手が求められる。ハーバーマスはこのような歴史の主体の概念を拒否する。問題化されるのは歴史哲学的な主体の抽象化および一般化である。ハーバーマスは例えば市民社会（Zivilgesellschaft）について、次のように言っている。

　市民社会（Die Zivilgesellschaft）は、直接的には自分自身だけを変形させることができるにすぎず、間接的に、法治国家的に組織化された政治システムの自己変形に影響を及ぼすことができる。さらに市民社会は、政治システムのプログラム形成に影響を及ぼす。しかしそれは、歴史哲学にいうようなマクロ主体、つまり社会全体を自己の支配下に置き、同時に社会に対して正統的に振る舞うとされるマクロ主体、こうしたものの代替物ではない」(J.Habermas, FuG, S.450（J・ハーバーマス『事実性と妥当性』下、河上倫逸・耳野健二訳、未來社、二〇〇三年、一〇三頁）．

（9）『事実性と妥当性』では、生活世界とシステムの相違は、『コミュニケーション的行為の理論』における程リジッドではない。ある個所で、社会統合とシステム統合の両者が社会統合であると言われている。「社会統合、システム統合の広範な諸形式は、いずれも社会統合に属する」（J. Habermas, FuG, S. 388（J・ハーバーマス、前掲書、四五頁））．

（10）木前利秋は次のように言っている。

しかし、そうした批判的機能が十分に発揮されるには、公共圏での私人たちの議論のあり方そのものが、批判的な議論の俎上にのせられる余地がなければならない」（木前利秋『理性の行方　ハーバーマスの批判理論』、未來社、二〇一四年、一〇九頁）。

そうした議論の形式、手続き・制度等について、人々が批判的に議論できることを条件にしていなければならない（同上、一〇九頁）。

その理念の内容析出やイデオロギーにたいする批判は、あくまで公共圏の議論そのものが議論の対象になるという自己言及性の循環を前提にしてはじめて結実するということが肝要なのである。議論の場における批判が、自分自身をテーマ化するというかたちをとること自体が、「批判」という構え自体にとっても、その内実にとっても構成的である（同上、一〇九―一一〇頁）。

（11）諸宗教が相互の存在承認と相互理解に至るとき、諸宗教は同じく内在的超越の場に立つ。宗教的原理主義は他の宗教宗派の存在を承認しない。これは自己の絶対化であるだろう。存在の相互承認の場に出て行くとき、それは他者に相互に開かれており、相互承認に立つことは特定の宗教的立場に立つことと同じではない。それは内在的超越であり、単にある分離でも捨象でもない。相互承認、内在的超越の場に立つことは、やはり理相互理解にまで進むことを要求するであろう。

（12）私はかつて「市民的公共性」の概念とアーペルの超越論的言語ゲームの概念を結びつけようとした。その理由は、超越論的言語ゲームは、諸言語ゲームの相互理解の場であるとともに、ある言語ゲームを反省的に主題化する場でもあるからである。一言で言えば、公共圏を私はアーペルの言う超越論的言語ゲームが運動する現実的形態として捉えようとした（拙書『市民的公共性の理念』、青弓社、一九八六年）。

（13）A・ギデンズは、次のように言っている。

> 世界地図は、空間を、特定の場所からも地域からも「独立した」存在として画定していった（A・ギデンズ『近代とは如何なる時代か？――モダニティの帰結』松尾精文・小幡正敏役、而立書房、一九九三年、三三頁）。

私は以前ギデンズの脱埋め込みについて、次のように書いた。

> 脱埋め込みとは個別的な場からの人間行為の解放を言い、空間時間的にかけ離れた行為者達を結びつける。だから、行為の場への埋め込みから行為は解放されるのである。具体的な場からの解放、これは時空間の拡大をもたらすが、同時にある場にいる存在者を他の場にいる存在者と結びつける。それは行為者の眼の前にあるものと眼の前にないものとを結びつける（拙書『グローバリゼーション・新たなる不透明性・批判理論』、共同文化社、二〇〇九年、一七七頁）。

（14）一言で言えば、ハーバーマスの言う公共圏は言葉からなり、アーレントの言う公共空間は言葉と活動からなる。

（15）Geoffery Pleyers, *Alter - Globalization:Becoming Actors in the Global Age*, polity, 2010. p. 23.

（16）Cf. Jakie Smith, *Social Movement for Global Democracy*, The Johns Hopkins University Press, 2008, p. 5.

（17）Cf. Jakie Smith, ibid., p. 67.

（18）J・ハーバーマス「一九九〇年新版への序言」、ハーバーマス『公共性の構造転換――市民社会の一カテゴリーについ

ての探求』第２版、細谷卓雄・山田正行訳、一九九四年、iii.
(19) 一八世紀において相当する、ということである。
(20) Ｊ・ハーバーマス「一九九〇年新版序言」、v-vi。
(21) J. Habermas, FuG, S. 452-453（Ｊ・ハーバーマス『事実性と妥当性』下、一〇五―一〇六頁）.
(22) 私は、以下、ハーバーマスが語る公共圏を人間的生の次元から捉える。公共圏はこの場合己を人間的生の発現の一形態として同時に人間的生への関心を基底とする公共圏となり、そうした公共圏は非安定性と非自律性の現実的論理と衝突し、それを批判することになるであろう。社会国家においては、自律性と安全性（企業の雇用システムの点では、雇用・職の安全性、社会（福祉）国家との関係では、社会保障による生活保障）との間に二律背反が見られたが、新自由主義的なグローバル資本主義では、社会の一方の極には、自律性・安全性、他方の極には非自律性・非安全性という形で、自律性と安全性の二律背反が変換される。
(23) Vgl. J. Habermas, a.a.O., S. 435（Ｊ・ハーバーマス，前掲書、八九頁）.
(24) Vgl. J. Habermas, ebd., S. 435（Ｊ・ハーバーマス、同上、九〇頁）.
(25) Vgl. J. Habermas, ebd., S. 447（Ｊ・ハーバーマス、同上、一〇〇頁）.
(26) J. Habermas, ebd., S. 442（Ｊ・ハーバーマス、同上、九六頁）.
(27) 私的領域－親密さが保障され、公共圏では、公開性が保障されなければならない。
(28) J. Habermas, a.a.O., S. 442-443（Ｊ・ハーバーマス。前掲書、九六頁）.
(29) 自己アイデンティティはもとより相互に分離し関係性を持たない原子的個人の自己アイデンティティではない。自己アイデンティティは人びとの間の連帯と結びつきうる。この場合、〈他者〉の要求、境涯は同時に〈私〉の要求、境涯であることとの要求であり、〈他者〉の要求、境涯が〈私〉の要求、境涯であることにおいて、〈私〉は〈私〉である。この要求の表明は連帯の表明であり、〈私〉と〈他者〉の間のそうした要求の相互承認が連帯である。

(30) Vgl. L.Wittgenstein, PU, §25 (L・ウィトゲンシュタイン『哲学探究』、25節).

(31) 念のために言えば、このことはハーバーマスが言う政治的公共圏を否定することではない。

(32) もっともそうした瓦礫も交換価値を持ち、資源回収を通して新たな使用価値を持つものとして再生されもする。

(33) 関根康生「『社会的排除と包摂』論批判」、『南アジア系社会の周辺化された人々——下からの創発的生活実践』、明石書店、二〇一七年、二一五頁参照。

(34) 鈴木晋介「ネオリベラリズムと路傍の仏堂——スリランカの民衆宗教実践にみるつながりの表現」、『南アジア系社会の周辺化された人々——下からの創発的生活実践』、明石書店、二〇一七年参照。

(35) J. Habermas, TuP, S. 267f (J・ハーバーマス『理論と実践』細谷貞雄訳、未來社、一九七五年、三〇五頁).

(36) Vgl. J. Habermas, EBH, S. 589.

(37) H. Arendt, BPF, p. 3 (H・アーレント『過去と未来の間』引田隆也・斎藤純一屋訳、みすず書房、一九九四年、一頁).

(38) H. Arendt, ibid., p. 4 (H・アーレント、同上、二一三頁).

(39) 拙書『ハーバーマス理論の変換』、梓出版社、二〇一〇年、五一八頁参照。

(40) H. Arendt, op.cit., p. 3 (H・アーレント、前掲書、一頁).

(41) Vgl. J. Habermas, FuG, S. 436 (J・ハーバーマス『事実性と妥当性』、九一頁).

(42) ここで、眼差しⅠと眼差しⅡとの相違について、若干の再論を行えば、確かに、ハーバーマスの言うコミュニケーションには目的論的行為という、言語行為とは区別される行為が入り込む。けれども、コミュニケーション的行為はまずもって言語行為であって、ハーバーマスでは、言語行為に焦点が合わせられている(眼差しⅠ)。この眼差しは言語行為と非言語行為との織りあわせに焦点を当てる眼差しⅡとは異なっている。我々は今眼差しⅡを採って事柄を見ているのである。

眼差しⅡからすれば、ハーバーマスの言う政治的公共圏は、言語行為と非言語行為の折り合わされた生活実践から、非言語的行為実践を捨象したものとして捉えられる。

（43）新自由主義の本質は、新しい産業を生みだし、雇用を創出するということによって、新しい経済システムを構築するというよりも、富（価値）の移動、つまりは収奪の制度的システムを作りだすという点にある。

（44）関根康生／鈴木晋介「社会的排除の闇を内在的に読み替える」、『南アジア系社会の周辺化された人々　下からの創発的生活実践』、明石書店、二〇一七年、一四頁。

（45）Vgl.J.Habermas,a.a.O.,S.460（J・ハーバーマス、前掲書、一一二―一一三頁参照）．

（46）杉田聡『福沢諭吉と帝国主義イデオロギー』、花伝社、二〇一六年、五五頁。

（47）この包摂は悪しき普遍への特殊・個の同一化であり、これは普遍・特殊・個に関する内在的超越の解体である。というのは、悪しき普遍は特殊・個に対して自立した普遍、単なる超越となっており、特殊・個がその普遍に同一化されているからである。

（48）和田伸一郎『民衆にとって政治とは何か』、人文書院、二〇〇九年の第一章「〈社会問題〉とネオリベラリズム」参照。

（49）道場親信『抵抗の同時代史　軍事化とネオリベラリズム』、人文書院、二〇〇八年、八八頁参照。

（50）Vgl. Th. W. Adorno, MM, S. 281（Th・W・アドルノ『ミニマ・モラリア』三光長治訳、法政大学出版局、一九七九年、三九一頁参照）．

（51）道場親信、前掲書、二七九頁。

（52）open であるということは、私が私でありながら、自己に閉塞することなく他者に到達し、他者が他者自身でありながら自己に閉塞することなく、私に到達しているということである。それゆえ、open であるということもまた内在的超越の形態である。

（53）図示すると、次のようになる。

縁に基づくコミュニティ
- 地域という空間性に基づくコミュニティ
- 地域という空間性に基づくのではないコミュニティ

(54) Vgl. J. Habermas, a.a.O., S. 461（J・ハーバーマス、前掲書、一一三頁）.

(55) J・ハーバーマス「一九九〇年新版への序言」、J・ハーバーマス『公共性の構造転換』第2版、細谷貞雄・山田正行訳、未來社、一九九四年、XLii。

(56) Cf. Geoffrey Pleyers, *Alter-Globalization: Becoming Actors in the Global Age*, poliy, 2010, pp. 241-242.

(57) これはまさしく、物象化のケースである。

(58) 国家はそれ自身、普遍の形態である。

(59) 国家、グローバル国家というのはとりわけ多国籍企業の資本蓄積要求に沿った体制を有する国家であるが、WTOなどの各種インターナショナルな法的体制に組み込まれてもいる。

(60) 岡庭一雄「地方自治理念の今日的意義を探る――長野県阿智村での実践をふまえて」、『唯物論研究年誌第20号』、唯物論研究協会編、大月書店、二〇一五年、七六頁。

(61) 岡庭一雄、同上、七七頁。

(62) このときには、たとえ見知らぬ人びとであっても、そうした人びとは自らが住む村、街、都市、ひいては世界にともに生活している存在として浮上するであろう。

(63) 岡庭一雄、前掲論文、六四―六五頁。

(64) 教育という点に関しては、特に鈴木敏正『将来社会への学び　3・11後社会教育とESDと「実践の学」』、筑波書房、二〇一六年参照。

(65) 岡田知弘「構造改革による地域の衰退と新しい福祉国家の地域づくり」、渡部治・二宮厚美・岡田知弘・後藤道夫『新自由主義か新福祉国家か——民主党政権下の日本の行方』、旬報社、二〇〇九年、二八七頁。

(66) 拙書『グローバリゼーション・新たなる不透明性・批判理論』共同文化社、二〇〇九年、一二七頁参照。

(67) 拙書『ネオリベラリズム　世界の疑似‐自然化』梓出版社、二〇一六年参照。

第九章　自然の人間的歴史と人間の自然史の抗争

1　アドルノの自然史の構想の再定式化ないし改作

序言で言及したが、アドルノは『道徳的哲学講義』のなかで次のように言った。

自分が自然の一部であると気づき、認識する瞬間、そもそも私たちはもはや自然の一部ではないのです。(1)

自然を超越するものは、自己の自然に気付く自然である。(2)

私はアドルノのこれらの言明に含意されている反省性の契機に注目して、この反省性の契機を内在的超越として捉え、人間を自然に関して内在的超越である存在者とし、この人間を人間的自然として規定した。人間的自然とはまた人間的生を営むものとして、人間的生（生命－生活）である。人間が自然に関して内在的超越であるということは、人間が自然の一部でありながら（自然に内在しながら）、同時にそのことにおいて自然を超越しており、この超越において同時に自然に内在しているということである。人間は自然に単に内在しているのでも、自然から単に超越しているのでもない。アドルノが「自分が自然の一部であることに気付くとき、［……］そもそも私たちは自然の一部ではない」と言うとき、この自分は己を反省して自然の一部であると言うが、このように言うことにおいて、この自分は自然を超越しているのである。私は人間のこのようなあり方を内在的超越と呼んだ。それゆえ、人間は自然に関して内在的超越である存在者であり、自然に関して内在的超越である人間はだから人間的自然である。人間的自然はそれ自身自然として身体的（動物的）存在者であるとともに、他の動物例えばライオンとは異なる生活のあり方を有し、それで、人間的自然とは人間的生（生命－生活）のことである。私は人間的生の展開の時空を人間の「生活世界（Lebenswelt）」と呼び、このような人間的自然＝人間的生（生命－生活）の歴史を、人間がそれ自身自然の一部であるが故に、「自然の人間的歴史」と呼んだ。人間の歴史は自然に関して内在的超越である人間の歴史であり、それゆえ人間の歴史は人間的自然の歴史として自然の歴史の一環である。このさい、私は「自然の人間的歴史」という概念に、次のウィトゲンシュタインの主張を考え入れている（hineindenken）。

　ひとは、しばしば、動物たちは精神的な諸能力を欠いているから話しをしない、と言う。そして、このことは「かれらは考えない、それゆえ話しをしない」ということである。しかし、動物たちはまさに話しをしないのである。もう少しうまく言えば、動物たちは言語というものを使わないのである――ただし、もっとも原始的な言語形態を度外視すれば。――命令し、問い、話し、しゃべることは、歩いたり、たべたり、飲んだり、遊んだりすることと同様、われわれの自然史（Nturgeschichte）の一環なのである。[3]

　これに対して、若きマルクスにあっては、人間が自然の一部として、自然との絡み合いを通じての人間の発展という点に重点がある。[4]「自然の人間的歴史」の概念に対して、「人間の自然史」という概念はさしあたってアドルノの「自然史」概念と内容的には概ね一致する。それは硬化した自然となった人間の自然史であり、社会の運動法則によって社会の主体が捨象され、個々の主体が単なる執行者に引き下げられてきた歴史である(5)。人間の自然史にあっては、とりわけ近代以降、人間の自然に関する内在的超越性は解体され、人間および社会は自然からある意味で自立化（超越化）し、この自立化においてそれ自身自然に、疑似－自然に退行する(6)。私見では、これまで人間の歴史、すなわち自然の人間的歴史は人間の自然史（アドルノの意味での自然史）として実現されてきた。このことは、ルカーチが言う歴史的なものの自然への硬化に対応する。もし人間が自然に関して内在的超越ではないならば、人間の自然史は可能ではなかったであろう。それゆえ、人間が自然に関して内在的超越でないならば、人間の歴史、従って人間の自然史はそもそも可能ではなかったであろう。人間が自然に関して内在的超越である存在であるがゆえに、それと矛盾し、それを否定する人間の自然史が可能となるのである。

先に述べてきたように、人間の自然史とは基本的に人間の内在的超越性の解体であり、これが生みだす苦悩の経験から、内在的超越の生活形態、生活世界の有り様を再興する運動が生じる。すなわち、人間の自然史の中で自然の人間的歴史を産出する運動が生じる。私がここで念頭に置いているのは、人間の自然史と自然の人間的歴史の絡み合いと抗争であり、人間の自然史の止揚は自然の人間的歴史の生成としての運動である。

ところで、以下に見ることとであるが、「自然の人間的歴史」という概念は先に引用したアドルノの言明から引き出された概念ではあるが、そのものとしてはアドルノ哲学の内には存在していない。それがために、アドルノは『否定弁証法』において、カントをアドルノの自然史概念に同化して理解した。私は以前、アドルノのカント読解を解体するように試みたが(7)、それはカントに見られる（と私には思われる）自然の人間的歴史の構想をそれとして確保するためであった。

私は以下、「人間の自然史と自然の人間的歴史の絡み合いと抗争という構想」を提出するが、この構想はアドルノの「自然史という構想」とは一致しない。「人間の自然史と自然の人間的歴史の絡み合いと抗争」という構想はアドルノの自然史の構想の改作となる。もし「解釈」という語がテクストの意味を読解、あるいはテクストの内に隠されていて明示的にはなっていない意味を明るみに出すことであるならば、「人間の自然史と自然の人間的歴史の絡み合いと抗争という構想」は、アドルノの「自然史という構想」の解釈ではなく、改作となる。アドルノは自然史について絶えずその止揚の展望のもとで語る、あるいは仄めかす。人間は今もって前史の状態にあるが、いつか人間と自然はその自然史的状態から解放されるであろう。けれども、アドルノの場合、その止揚の展望はハーバーマスが言う遂行的矛盾に絡み付かれている。

これに対して、「人間の自然史と人間の自然史との抗争・絡み合いという構想」にあっては、同じく、人間の自然史の止揚という展望の元で、人間の自然史過程において、それへの抵抗と批判の文脈で歴史において自然の人間的歴史が姿を現し、人間の自然史との抗争に入り込み、自然の人間の自然史は再び解体され、自然の人間的歴史は新しい歴史状況のもとで、新たに人間の自然史との抗争に入るという動的事態が主題化される。この改作はアドルノの自然史概念と全く同じだというわけではないし、全く異なっているというわけでもない。この改作はアドルノの思考の内に根拠を持っているが、それと同じなわけではない。こうした再定式化はそれ自身の困難を持っている。それというのは、このような改作ないし再定式化が単なる解釈に引き戻されて理解されてしまう可能性があるからである。

以下、「人間の自然史と自然の人間的歴史との抗争・絡み合いという構想」がアドルノの「自然史という構想」の改作である次第に立ち入る。そのために、次に、アドルノの「自然史」の意味を検討する。

2　アドルノの自然概念

『啓蒙の弁証法』で、第一の自然（いわゆる外的自然）が第二の自然として反映し、持続すると言われる。思考は、前史において自分が閉じ込められていた網の目を振りほどくことができないとしても、にもかかわらず、かつて思考がそれによって自然から自分を徹底的に解放した当のもの、あれかこれかの論理、首尾一貫性と二律背反の思考を、この自然として、宥和されず自己自身から疎外された形での自然として、優に再認識することが出来る。その強制メカニズムのうちで、自然をして自らを反映させ、存続させる思考は、まさしくその不可避的な帰結によって、自己自身のことをも、それ自身を忘れた自然として、強制メカニズムとして、反省する。(8)

ここに見られるのは、思考は強制連関のうちで自然を継続させることでそれ自身を自然化し、それゆえ自らが自然化するが、そうした思考は自らを自己を忘却された自然として反省することができる、ということである。私はここでは思考が強制連関のうちで自然（第一の自然）をそれ自身において継続するという点に注目しよう。(9) 思考の自然化は社会の自然化と相即している。アドルノは第一の自然と第二の自然の両者と両者の関係を念頭に置いているのである。第二の自然は第一の自然を存続させるものであるが故に、第二の自然は結局第一の自然と同じである。(10)
私はかのアドルノの言明の引用から「自然の人間的歴史」と「人間の自然史」という二つの概念を提出した。（先に述べたように、「自然の人間的歴史」という概念は、アドルノの言明から引き出されているが、そのものとしては、アドルノのうちにはない。）人間は人間的自然、すなわち人間とは自然に関して内在的超越であり、そうした人間的自然＝人間的生の歴史は自然の人間的歴史である。けれども、これまでの人間の歴史は人間の自然史として実現されてきた。(11)

3　アドルノの自然史の構想

アドルノ「自然史の理念」

ルカーチは第二の自然という概念を導入したが、これは自然史という問題設定ないし自然史という問題構成へと導くとアドルノは言う。だから、ここでアドルノが課題としているのは、「自然史という問題構成」の意味を解明することである。「自然史の理念」というのは、後にアドルノは『否定弁証法』のなかで語ることになるが、社会と歴史について語られる、「自然法則」に関する科学主義的不変因子説とは（全く）異なる考えである。

ルカーチは意味に満ちた世界と意味を欠いた世界、直接的な世界と疎外された世界＝商品の世界について語り、この疎外された世界を描き出そうとする。それは人間によって造られながら、人間の手から失われてしまった事物からなる世界であり、これは因習の世界である。因習の世界はある種の形象によって造られており、その形象は魂の溢れ出る内面を受容する自然の器となることはない。この世界はあらゆる力を備えているけれども、魂の最も内的なものだけは抜きさられている世界である。この世界は、認識する主観にとっては、その厳密性が必然的に明白である世界である。その世界は主観に対して意味として現れることも、行為主体に対して、直接的に甘受される素材として現れることもない世界である。この世界が第二の自然である。ルカーチにとって第二の自然は第一の自然と同様、すなわち同じく疎外されたものとしての自然科学の意味での自然と同様、意味を欠いており、認識の対象としての必然性の結果としてのみ規定される。それは活き活きとした実体として把握されることも認識されることもできないのである。第二の自然は硬直しよそよそしくなった意味の複合体であって、それはもはや内面性を目覚めさせることがない朽ち果てたゴルゴタの刑場なのだ。因習の世界は歴史的に生み出された。世界は我々にとってよそよそしいものとなった事物から成り、事物は解くことのできない暗号として出会われる。これが自然史の問題構成の出発点である。自然史とはパースペクティヴの変容である。

さしあたってこの疎外された物的な死せる世界を認識し、解釈することはどのようにして可能であろうか。ルカーチにとって、このような内面性を今一度覚醒させるのはそれを蘇生させる形而上学的行為以外にはないが、アドルノにおいて主題化されるのは自然史の止揚であり、その展望である。それ故「自然史という問題構成」は、第二の自然へと硬化してしまった人間の歴史の止揚可能性の契機を含んでいる。生成したものである歴史的なものが自然へと変容してしまうという事態は歴史的に生じた事態である(12)。

ルカーチはこうした硬化してしまった自然に対して神学的な覚醒を考えるが、これに対して、アドルノの言うように、ベンヤミンは自然史の問題に決定的な方向転換を加える。ベンヤミンはこの第二の自然の覚醒を哲学的解釈の対象にし、硬化したものの覚醒によって自然史の概念をさらに研ぎ澄ます。ここにおいて、自然は永遠の移ろいであることが浮上し、自然自体が移ろいゆく自然として姿を現す。

自然史的な問題設定は一般的な構造としてではなく、具体的な歴史の解釈として可能である。ここに見られるのは現象する自然と移ろいの契機との間にある内的連関である。ベンヤミンが言うには、それは要するに星座的配置という構想である。様々な理念からなる星座的布置。この星座的布置の星たちというのは、変異という理念、意味作用という理念、自然という理念、歴史という理念といったものであり、これらの理念は星座的配置を形成し、そうした理念の星座的配置において、理念的諸契機の一回限りの連関の中で歴史的事実が打ち明けられる。自然は変異の印を帯びている。自然自体は移ろいゆくものであり、それ故自然は歴史の契機を己のうちに含んでいる。第二の自然には変異の意味が、その自然の意味としてある。歴史的なものは移ろいゆくものであるが、それは同時に宥和のモチーフを含んでいる。

　アドルノの言うに、自然史の理念は歴史の魔術化ではないし、静態的な神話でもない。プラトンについて、アドルノは「自然史の具体的な像に到達しようと私たちが望むならば、神話的な要素は静態的な性格を持っているとするこの種の欺瞞から、私たちは自由でなければならない[13]」と語り、さらに我々の目の前にある歴史とは現実の歴史であり、この歴史は「徹底的に非連続的なもの、しかもばらばらな状況と事実を含んでいるだけではなく構造的種類の分裂性をふくんでいるという意味で、非連続なものである[14]」と語る。アドルノは、こうした歴史概念の諸契機への分割を統一体へと統合しようというのではない。この非連続性は自然と歴史という二つの構造を対立的な意味で理解することである。アドルノは自然と歴史を対立的な意味で受け取る。さらに具体的歴史を自然として解釈し、自然を歴史の指標として扱わなければならない。

　ここで、実体的で持続的なもの、根底にあるとされている神話的・古代的なものは、静態的な姿で根底にあるのではない。あらゆる偉大な神話、神話的形象の中には、既に働いている歴史的契機がある。アドルノは次のように言っている。

神話は一面で、罪深い人間の自然連関への頽落状態という意味をふくんでいると同時に、この運命を自分自身のうちから宥めてもいる［……］。悲劇的な神話はそれ自体のうちに罪と自然への頽落とともに宥和の契機、すなわち、この自然連関は原理的に超え出ることが可能だ、という契機をふくんでいます。ここにこそ弁証法の契機が置かれているのです(15)。

頽落とは自然連関への落ち込みであり、ルカーチの文脈では、歴史が自然へと硬化するということである。しかし、第二の自然には宥和の契機が含まれている。第二の自然は仮象という性格を持っている。例えば、ある住居に仮象という性質を我々が感じる場合、そこではどういうことが起こっているかと言えば、かつてそこに存在していたものが実は仮象において再認されているということである。仮象に出会うとき我々はいつもそれを何らかの現れとして受け取る。仮象は仮象のなかで現象している何から切り離されることはできない。そして現実を乗り越えていく決定的なモチーフは、それは宥和であるが、この宥和は仮象に固有である。世界がもっとも仮象的な性格を持って現れるその至る所で、実は宥和の契機が現前しているのである。

この宥和の契機はホルクハイマーとアドルノの『啓蒙の弁証法』の中にも組み込まれている。ハーバーマスは「神話と啓蒙の両義性(16)」で、『啓蒙の弁証法』において、神話と啓蒙の間には密かな共犯関係があると言う。あのオデュッセウスの物語のうちには、神話的諸力から己を解放する主観性の根源史が沈殿しており、根源の力とは神話的暴力のことであるが、自我はこうした根源の力から、すなわち神話的諸力から己を解きはなって自己を自己として形成しなければならない。けれども、神話的暴力はこの解放を止める遅延の契機を有している。神話的諸力からの解放はその解放の諸段階において神話の運命的再来をもたらすのである。とはいえ、『啓蒙の弁証法』は、支配の緩和・宥和の見通しについて語ってもいる。ホルクハイマーとアドルノの言うに、文明の一歩ごとに新たな支配形態が出現するけれども、それは同時に支配の緩和への見通しも更新してきたのである。思考は自らを宥和されざる自然として認識することはできる。啓蒙は支配の原理を止揚するなら、つまり、己を宥和されていない自然として認識し、そうした自分を止揚するなら、啓蒙ははじめて自己自身に到達する。

精神が、自らの本質が支配にあることを自認し、自然のうちへ帰ろうとする謙虚さを持つことによって、精神をまさしく自然へと隷属させていた支配への要求は、精神から消失する。[17]

啓蒙は、このロマン主義的敵達との究極的な強調を断ち切り、虚偽の絶対者、すなわち盲目の支配の原理をあえて止揚する時に、はじめて、自己自身に到達する（kommt erst zu sich selbst）。そういう不屈の理論の精神は、おそらく仮借ない進歩の精神自体をも、自分の目的の方へ振り向けることができるであろう。[18]

『否定弁証法』

「歴史的な生の客観性は自然史の客観性である」[19]とアドルノは言う。ここに自然史の客観性というのは、個々の主観の頭越しに普遍者の運動が実現されるということであり、この普遍者に関して、マルクスは「歴史的な生の客観性は自然史の客観性である」ということを理解した。マルクスは資本家や大土地所有者を専ら経済学的カテゴリーの人格化として捉え、社会の経済学的組成の発展を自然史的過程として捉える。アドルノからすれば、それは自然史なのである。[20]ここで考えられているのは、フォイエルバッハの人間学的な自然概念ではない。マルクスにとって、いわゆる「自然法則」は神秘化にほかならない。この法則が自然法則と言われるのは何故かと言えば、それは、現在支配的な生活関係のもとではそれが不可避だという性格を持つからである。イデオロギーは社会的存在に内在しており、交換過程に本質的に属する抽象の作用のうちにその根を持っている。生きた個々の人間を度外視することなしには、交換は不可能である。それで、今日に至るまで、生活過程の中に必然的に社会的仮象が内包されてきた。この仮象の核心はものそのものとしての、あるいは「自然」としての価値である。資本主義社会の自然成長性は実在的であると同時に、仮象である。ディアマートの解釈に見られる曲解、それは必然の王国をいつまでも引き延ばしている。この場合に、フォイエルバッハテーゼのモチーフの曲解にして初めて、「自然法則」の概念を自然史の構成から科学主義的不変史因子説へ歪曲することが可能なのである。ということは、自然史という問題設定においてはそうではない、ということである。つまり、自然史という問題設定にあっては、マルクスが言う「自然法則」は、科学主義的である不変因子説（eine szientifische Invariantenlehre）といったものではない。[21]

自然史という問題設定はそれゆえ「自然法則」の客観性が仮象であることとの認識を含んでいる。自然法則は自然史という問題設定においては文字通りに受け取られるべきではない。マルクスにとって自然法則は神秘化にほかならず、自然史という問題設定において重要なのは、この法則の廃絶可能性というモチーフである。だから、自然史という問題設定においては、自然史の客観性の廃絶可能性というモチーフが入り込んでいる。ということは、自然史とは歴史的生の客観性は自然史の客観性であるとともに、その止揚の可能性でもあるということである。その止揚というのは、人間たちがその「自然法則」を廃絶する、ということである。社会の自然法則性は、不変的な自然所与性なのではない。しかし同時にそれは意識のない社会の運動法則としては、実在的である。自然史は自然史の客観性であるとともにその止揚の契機を含む、少なくともその可能性を含む。「マルクスは、アイロニカルな意味での社会進化論者だった。世の社会進化論者たちが賛美し、むやみにそれに従って行動したがる原理［すなわち生存競争］は、彼にとっては否定性であり、この否定性のうちに自然史を止揚する可能性が芽生えるのである[22]。客観性としての自然史の過程は同時にその止揚の契機、宥和の契機を含んでいる[23]。

4　自然史の止揚という構想

自然史の過程には宥和の可能性が、すなわちその止揚の可能性が組み込まれている。アドルノは、「理性の自己批判は理性固有のモラル[24]」であるとか、「いま理性は病んでいる。この病が癒えた（sich kurieren）時はじめて、それは理性であろう[25]」とか「ヘーゲルの思弁的概念は、精神の自己自身への省察を通じてミメーシスを救い出す。［……］理性がおのれのミメーシス的本性にこのように想いを致すこと、それが理性の人権であることを、ヘーゲルは没落していく観念論に照らして明らかにしているのである[26]」とか言うが、ここで、アドルノは理性の自己省察（の可能性）について語っている。

ところで、M・ペンスキーは、ハーバーマスにとっては、アドルノの後期作品の異常に複雑で、閉所恐怖症的になりそうで気むずかしい雰囲気は批判の理性的規範的諸根拠をトータルに否定したことの結果にほかならず、それはある形式の遂行的矛盾に導くと言っている[27]が、以上のアドルノの諸言明も、支配の宥和についての見通しについてのアドルノの言明も、ハーバーマスが言う「遂行的矛盾」に絡み付かれている。ハーバーマスによれば、『啓蒙の弁証法』に孕まれた遂行的矛盾とは、イデオロギー批判が、叙述する時には自らが死亡宣告をした批判を用いざるを得ない[28]、という点にあるが、さらに言えば、遂行的矛盾とは（これは『否定弁証法』でも、継続しているが）、アドルノの基本的な概念戦略・基本概念的構想、A・ヴェルマーがアドルノの「メタ哲学[29]」と呼ぶものにおいて、批判可能性が否定されている上で批判を（絶えず）語るという点にある。

アドルノは『ミニマ・モラリア』の末尾で、次のように言っている。すなわち、完全な否定的状況は、ひとたび目を凝らして見るならば、その反対の鏡文字になる。しかしまた、それは全くの不可能事である。何故なら、それは、ほんの僅かにでもあるにせよ、現存在の勢力圏から逃れ出た立場を前提にしているが、しかし、すべての可能な認識はそれが逃れたいと思っている現実の虜になっているからである。それ故、思想は不可能であり、思想は自らの可能性のためには、その不可能性を理解していなくてはならない[30]。

ここで、現実の完全な否定的状況は目を凝らしてみればその反対物の鏡文字になっているという認識は、現実の勢力圏から逃れ出た立場を前提していると言われていることに注目しておく。

アドルノの以上のような議論のうちには、『論理哲学論考』におけるウィトゲンシュタインの議論との平行性あるいは同型性が認められる。前期ウィトゲンシュタインによれば、こうである。論理空間における諸事実の総体が世界であり、かくして、世界は論理によっていわば充満されている。我々は、世界内の事実について（言語によって）語ることが出来るのであるが、しかし、世界に充満している論理について語ることは出来ない。というのは、そのためには、我々は論理の外に出なければならないが、これは不可能であるからである。つまり、論理について語るためには、我々は論理の勢力圏の外に出なければならないが、そんなことは不可能であるからである。逆に言えば、我々があるものについて語るということによって、そのあるものは世界の事実に還元される。私の見るところ、これと同型の議論構想、思考の論理がアドルノの思考に据え付けられている。ここに見られるのは、世界の外に出ることとの必然性とその不可能性との間の相互に無化しあう関係であり、それゆえに、アドルノの否定弁証法は、「超越の必然性と存立しているものから外に出ることとの不可能性の極の永続的反省」[31]となるのである。これこそがハーバーマスが語るアポリア的思考であり、このアポリア的思考は、例えば、哲学には本質的に不可能性が付け加わっている。[32]あるいは、「哲学というものは――もしなんらかの定義が必要だとしたら――語り得ないものを何とか語ろうとする努力であると定義できないだろうか[33]」というアドルノの言明のうちにそのまま現れている。アドルノの思考に遂行的矛盾を指摘するハーバーマスに対して、アドルノは理性の自己省察について語っているのだとか、アドルノは自然史の止揚可能性について語っているのだとか言って答えることはできない。もしそのように言って、ハーバーマスの遂行的矛盾という指摘に答えようとすれば、そうした応答は事態の本質を捉えないごく皮相な応答である。というのは、遂行的矛盾の指摘は、アドルノが例えば理性の自己省察について語っていないということを語っているのではなく、理性の自己省察についての彼の言明が遂行的矛盾に囚われていると言っているからである。問題は、アドルノにおいて、理性の自己省察の不可能性の地盤の上で理性の自己省察が語られていることにある。[34]問題は、アドルノの思考において、言語内部での言語への反省的な批判可能性、世界内部での世界への反省可能性がそれとして定礎されていない、という点にある。この可能性は、本書では、私の意図としては、我々の自然言語の内在的超越性の論定によって突破されている。

さて、例えば、「理性の自己批判は理性固有のモラル」といった、おりに触れて行われるアドルノの発言は（執拗に懲り返されるとも言えるが）、もとより文脈なしに突然出現しているのではない。それらの発言は（アドルノの意味での）自然史の止揚という展望の文脈のもとで行われている（この展望がまた遂行的矛盾に囚われているのだが）。先に見たように、アドルノの「自然史という構想」においては、その止揚の契機・宥和の契機が組み込まれている。アドルノは、『否定弁証法』のなかで、次のように語った。

何千年にもわたって社会の運動法則が社会の主体である個人を捨象してきた。実際には社会は個々の主体を単なる執行者に引き下げてきた。(35)

何千年にもわたって支配してきたのは普遍の力であり、これが自然史である。人類は今以てこの自然史のうちに、それゆえ前史のうちにあるけれども、もしこの自然史が止揚されるならば、いささか同語反復だが、自然史は終わる。それは人間と自然の自然史からの離脱であるだろう。これはまさしく自然史の止揚の場面であり、この離脱は自然史の止揚である。

若きマルクスの「自然史」概念については後に立ち入るが、この点に既にアドルノの「自然史」概念との違いが看取される。若きマルクスにおいて、歴史・人間の歴史が自然史であると言われるとき、自然史の止揚ということはおよそ問題とはならない。もし問題になるとすれば、それは人類の絶滅にほかならないであろう。というのは若きマルクスにあって、そもそも人間の歴史が自然史であるからである。アドルノは自然史の止揚を展望するが、それが前史の止揚であり自然史の止揚は何ら人類の絶滅を含意しないであろう。

アドルノの「自然史という構想」が語るのは、（アドルノが言う意味での）自然史およびその止揚の展望であり、そしてそれが語るのはここまでである。それは単に展望として語られるにすぎないとも言える。それは展望であって、人間の人間の自然史に対抗する（一つの）自然史（自然の人間的歴史）として論定されている訳ではない。私はアドルノのある言明を手がかりに、「自然の人間的歴史」という概念を提出したが、これは人間の歴史を自然に関して内在的超越である人間的自然の歴史とするものであり、この意味では、自然の人間的歴史の止揚ということは人類の絶滅以外にはあり得ず、この点では、若きマルクスの「自然史」概念と共通性を持っている。

5　アドルノのカント読解の解体作業とアドルノの自然史の構想の書き換え

以上述べたように、「自然の人間的歴史」という構想はそれ自身としてはアドルノの内には存在していない。「自然の人間的歴史」というのは、アドルノの議論から引き出されたが、それとしてアドルノのうちにあるわけではない。「自然の人間的歴史」という構想がそれ自身としてはアドルノのうちにはないことの詳細については後に立ち入るが、それ自身としてはアドルノのうちにはない自然の人間的歴史という概念をアドルノの自然史の概念に接続することによって、アドルノの「自然史」の構想は書き換えられ、改作されることになる。

私はアドルノのカント読解を解体しようと試みた(36)。私が明らかにしようとしたことは、アドルノが、カントをアドルノの意味での自然史に還元・同化していたということである。今一度言えば、私が行った作業は、アドルノがカントの構想を主にアドルノの意味での自然史の概念に還元して理解していることを示すことであり、カントの構想が自然の人間的歴史であることを明らかにすることであった。それは、この解体を通してカントの内に自然の人間的歴史の構想があることをそれとして確保するためであった。アドルノは、そうしたカントの構想を自分の自然史の構想のなかに位置づけて解釈したのである。その上で、アドルノはカント哲学の内にある意味で宥和の契機を、あるいは啓蒙過程に対する抵抗の契機を見出している。それはかの英知界のアドルノの解釈に関係している。この解読において宥和の契機に対応するのは、意味は異なるけれども、アドルノが言うカントにおける抵抗の契機である。宥和の契機というより抵抗の契機だが。それは自然史を越える契機、可能性であろう。私見では、このようなアドルノのカント読解はアドルノの自然史の概念のカント哲学への投影である。

こうした投影・同化の解体を通して、私はカントにおける自然の人間的歴史の構想を浮かび上がらせようとしたのだが、そうした解体は単に解体に留まるのではない。カントの哲学を自然の人間的歴史として再現することによって、カントの考えを自然史を巡る議論に導入することができるようになるはずである。そのさい、事実性と妥当性に関するハーバーマスの議論もそうである。アドルノの「自然史の構想」の改作というパースペクティヴからすれば、である。

人間は自然に関して内在的超越である存在者であり、そうしたものとして人間は人間的自然である。人間の歴史は自然に関して内在的超越である人間的自然の歴史であり、この意味で歴史は自然の人間的歴史であると私は述べた。この自然の人間的歴史はそれ自身自然的存在者の歴史として自然の歴史の一環であるが、自然の人間的歴史は、これまでは人間の自然史として実現されてきた。それゆえ、人間の自然史は自然の人間的歴史の否定態であり、否定態としての自然の人間的歴史である。それは人間が自然に関して内在的超越であることの解体である。それは、アドルノとともに言えば、事物が普遍的同一性に呪縛されている事態である。(37)

さて、次に、ここに提出された「自然の人間的歴史」の概念がアドルノのうちにはそれとしては存在しない次第に立ち入る。アドルノは、『否定弁証法』のなかで次のように言っていた。

何千年にもわたって社会の運動法則が、社会の主体である個人を捨象してきた。〔……〕実際に社会は個々

の主体を単なる執行者に引き下げ［……］てきた。(38)

何千年にもわたって諸個人を支配してきたのは、普遍的同一性の支配である。先に言及したが事物も人間もつまりは普遍的同一性（となった社会）の呪縛の元にあり、人間は今もって自然史のうちにあり、前史にある。この支配こそ、アドルノの言う自然史であるが、アドルノは絶えずその自然史の廃棄可能性を、止揚可能性という展望の元で自然史について語る。その自然史は同時に自然と人間とが普遍的同一性の支配からの解放の可能性という意味での宥和の契機をも生みだす。(39) もし自然史が廃棄されるなら、そのときにはもはや自然史はないであろう。アドルノにあるのは、もとよりアドルノの意味での自然史概念であり、自然史が廃棄されるのなら、これまたもとよりもはや自然史はない。つまり、言ってしまえば、これで自然史は終わりである。なるほど、人類が絶滅すれば、アドルノの意味での自然史も終焉するだろうが、人類が絶滅しなくとも、アドルノの自然史は終焉すれば、終焉する。これに対して、（我々の）自然の人間的歴史は、アドルノの意味での自然史が廃棄されても、終焉することはない。それが終焉するのは、ただ人類が絶滅する時である。というのは、自然の人間的歴史とは自然に関して内在的超越である人間の歴史であるからである。だから、アドルノには、アドルノの意味での自然史の止揚がそれとは異なる自然史の生成であるという意味での自然史の概念はそれとしては存在しないのである。アドルノでは、自然史が廃棄されれば、それで自然史は終わる。アドルノが語るのは、（アドルノの意味での）自然史の止揚という展望のもとでのその止揚の仄めかしである。

ここで、私は「自然史を止揚する自然史」という概念を提起してみたい。人間が自然に関して内在的超越である（人間的）自然であるということによって、人間の歴史は先ずそうした（人間的）自然の歴史であることが措定される。この自然の人間的歴史は先に述べたようにこれまで人間の自然史として実現されてきたが、人間の自然史の止揚（廃棄）において、否定態として存在していた自然の人間的歴史が姿を現す。これは自然の人間的歴史の生成である。「自然史を止揚する自然史」と言う場合、前者の「自然史」は人間の自然史（アドルノの意味での自然史に照応する）であり、後者の「自然史」は自然の人間的歴史の意味での自然史を意味している。それで、「自然史を止揚する自然史」という概念はアドルノの「自然史」概念に対置されたものである。「自然史を止揚する自然史」というのは、アドルノの自然史概念のいわば改作であって、アドルノの自然史概念の解釈ではない。

既述のように、私は以前アドルノのカント読解を解体して、カントのうちに、自然の人間的歴史の構想を見出した。すると、ここに、カントの意味での「自然の人間的歴史」の構想とアドルノの意味での「自然史の構想」とは差しあたって媒介されずに単に相対して存立することになる。すると、ここでは、一方でカントの自然の人間的歴史の構想があり、他方にはアドルノの自然史の構想があり、両者は単に併存するがごとき観を呈することになろう。そこで次に私は、「人間の自然史」と「自然の人間的歴史」という概念を「人間の自然史と自然の人間的歴史の抗争」という形で接合するように試みる。「自然の人間的歴史」という概念はアドルノのうちはそれとしては存在しないけれども、しかし、アドルノはこの接合にさいしその手がかりと根拠を与えてくれる。先ず次のアドルノの言明を見よう。

理性は自然とは異なりながらも自然の契機であるという理性の前史は、理性の内在的規定になる。理性は、自己保存の目的のために分化した心理的力としては自然的であるが、しかし、いったん自然から切り離され自然と対峙されるならば、自然の他者にもなる。自然から一時的に突出する理性は、自然と同一でもあれば非同一でもある。つまり、理性はその固有の概念からして弁証法的なのである。けれども、理性がこの弁証法において無節操におのれを自然の絶対的対立物に仕立て上げ、おのれのうちなる自然を忘却するなら、理性は野蛮な自己保存と化し、自然へと後退する。(40)

このアドルノの言明を「人間の自然史」と「自然の人間的歴史」という語を用いて、次のように翻訳することが出来よう。すなわち、自然の人間的歴史はこれまで人間の自然史として実現されてきた。人間の自然史は自然から切り離され、自然の他者となった人間の歴史であるが、自然の人間的歴史はそうした人間の自然史の内在的な規定になる。それで、人間の自然史はそれ自身において矛盾的であり、人間の自然史は人間が自然に関して内在的超越であることとの忘却である。人間の自然史にあっては、人間と社会は自然（疑似‐自然）へと後退する。(41)さらに、根拠を与えてくれるのは、アドルノが語るあの宥和の契機である。アドルノにおいて、自然史はその宥和の契機をも生みだす。私はこの宥和の契機を「自然の人間的歴史」によって置換する。これによって、アドルノの「自然史という構想」は「自然の人間的歴史と人間の自然史との抗争という構想」によって置きかえられる。この置き換えが語るのは、アドルノの「自然史という構想」に比べれば、より積極的なことであって、それは次のことである。すなわち、自然の人間的歴史は人間の自然史として実現されてきた。それゆえに、自然の人間的歴史はその否定態たる人間の自然史の内的規定であり、自然の人間的歴史はその否定態において存在するという矛盾的あり方においてあるが、人間の自然史の進展においてそれへの批判と対抗運動において自然の人間的歴史が姿を現し、人間の自然史に対抗することになる。これは自然の人間的歴史と人間の自然史との抗争と絡み合いというモデルである。歴史のなかで、自然の人間的歴史が姿を現し人間の自然史との抗争関係に入る。自然の人間的歴史は人間の自然史として実現されてきたが、歴史において自然の人間的歴史が人間の自然史と抗争関係に入り、そしてまた解体されもする。これは再び人間の自然史の勝利であろう。近代において、もとより不十分な形で自然の人間的歴史（内在的超越を体現する生活形式の生成）とその構想が生じた。これはあの人間の自然史に対する抗争において姿を現したものである。私はカントのうちに自然の人間的歴史を見出した。ハーバーマスが研究した近代の市民的公共圏は内在的超越という性格を持つものとして、自然の人間的歴史の一つの発現であった。人間の自然史とは内在的超越性の解体として、物象化である。人間の自然史の概念と自然の人間的歴史の概念の以上のような仕方での関連づけをもって、私はアドルノの「自然史という構想」の書き換えとする。(42)

以上は自然史の止揚としての自然史ということになる。この自然史の止揚としての自然史、後者の意味での自然史、つまり自然の人間的歴史（として私は再定式化したのだが）、第一の自然史の止揚としての自然史の構想は、その志向からすれば、アドルノの志向と通底している。しかし、私の考えでは、自然史の止揚としての自然史をそれとして展開するためには、アドルノ哲学の基本的枠組みを変換する必要があるのである。

重要であることは、再定式化を通じて、カントの議論もハーバーマスの議論も自然史の議論文脈の中に入ってくる、ということである。だから、その再定式化とそのいっそうの展開はアドルノの哲学の基本的枠組みの変換をも要求するのである。

6　マルクスの自然史概念

私は、アドルノのある種の言明に依拠しつつも、アドルノの「自然史という構想」の改作として提出した「自然の人間的歴史と人間の自然史の絡み合い・抗争」という構想、あるいは「人間の自然史のまっただ中での自然の人間的歴史の生成」という構想は、若きマルクスの自然史の構想とも、しかもある根本的な点で異なっている。以下、この点に立ち入る。

『経・哲学草稿』のマルクスは、私的所有の止揚のもとで、人間のすべての肉体的精神的感覚（Sinn）がどのようであるかを語る。私的所有のもとでは、これらの感覚の疎外が現れる。つまり、これらの感覚は人間的な（menschlich）感覚ではなくなっており、私的所有のもとでは、こうした感覚は単に持つことの感覚になっている。つまり、私的所有においては、そうした人間的な感覚の代わりに持つという感覚が現れる[43]。それゆえ、私的所有の止揚は全ての人間的な感覚と性質の完全な解放である。解放であるというのは、これらの感覚が主観的にも客観的にも人間的になっていることによってである。ということは、これらの感覚は人間的な感覚であり、人間的性質であるということである。目は人間的な目となっている。「目は、その対象が一つの社会的、人間的な対象、人間から起こる人間にとっての対象となっているように、人間的な目となっている[44]」。対象が、つまりその目の「対象が一つの社会的、人間的な対象、人間から起こる人間にとっての対象となっているように[45]」。対象とは目の対象であるが、その対象は人間的な対象になっている。さらに次のように言われている。「事物そのものが、それ自身にたいする、および人間にたいする、一つの対象的な人間的なふるまいなのであり、またその逆でもあるのだ[46]」。ここでは、二つのことが言われている。

①　それらの感覚は、事物に対して事物のために振る舞うのであり、

②　事物そのものがそれ自身と人間に対する一つの対象的な人間的ふるまいであり、その逆でもある。つまり、人間そのものがそれ自身と事物に対する対象的な人間的ふるまいである。このように私が対象に対して人間的に振る舞うことが出来るのは、事物が人間に対して人間的に振る舞うときのみである。

生成してゆく自然

では、この場合、ここに言われる事物とは何であろうか。それは人間にとっての対象であり、対象的現実であり、自然であるが、しかしそれは単にいわゆる外的自然に属する対象、事物ではない。それは人間がいわゆる外的自然に対して働きかけることを通して、人間にとって生成して来る自然、すなわち人間の働きかけ、つまりは労働によって改変された自然である。

人間的歴史のなかで——人間的社会の成立行為のなかで——生成していく自然は、人間の現実的な自然［本性］であり、それゆえに、たとえ疎外されたすがたにおいてであろうと産業をつうじて生成するような自然は、真の人間学的な自然［本性］である。(47)

生成してゆく自然、これは真の人間学的な自然である。このように、マルクスには、人間の自然に対する（拡大

する）改変としての自然の人間化という考えがある。

さらに、若きマルクスには表現主義的な思考要素が認められる。第一に、共同のもとで行われる活動は私の生活表明であり、第二に人間にとって生成してくる自然としての対象的現実は人間の本質的諸力の現実となるという仕方で、人間の本質的諸力の表現となっている。若きマルクスによれば、産業の歴史および産業の既に生成した現存在がまた、たとえ疎外のもとにおいてであるにせよ、人間の対象化された本質的諸力である。『ドイツ・イデオロギー』において、マルクス・エンゲルスは、今や諸個人が生産力の全体を我がものとするときが来たとし、それは人間たちが自己表出を達成するためだけではなく、生存を護るためだけでも必要なことだと語っている。(48) 人間は対象的世界を加工形成するのであり、この加工形成のなかで、類的存在としての実を示すのである。

法則の認識とそれに基づく対象の改変について。マルクスとエンゲルスは、『ドイツ・イデオロギー』において、人間の歴史において特殊な利益と共同利益の矛盾が生じ、そのために、共同の利益は国家として諸個人から自立したあり方において存在するようになると述べていた。この国家という普遍的なものは、諸個人に対して疎遠な力として彼らに押しつけられる。ところが共産主義革命においては、この疎遠な力を統御し、それに対する意識的な支配が現れるとされる。(49) マルクスとエンゲルスのこの発言には私にはいささか違和感がある。諸個人に対して疎遠な力としてある普遍の諸個人に対する支配、この疎遠な力については、その解消、止揚が目ざされるはずであるが、マルクスとエンゲルスはその疎遠な力を統御すること、この疎遠な力の意識的な制御について語る。これはその疎遠な力を認識してそれを意識的に制御するということであろう。疎遠な力の意識的制御はしかし果たしてその止揚になるのだろうか。

人間と自然との統一

若きマルクスでは、人間と自然との統一あるいは和解は人間が（外的）自然に働きかけ、それを改変し、変形することで生成してくる自然のうちにある。この生成してくる自然において人間と自然とは統一されるのである。

人間の生産力がそれ相応の土台の上で展開されるにいたるまで人間対自然の「闘争」が存在してきたと同様、音にきこえた「人間と自然との一体性」なるものも産業のなかで昔から存在してき、そしてそれぞれの時代に産業発展の高低に応じて違ったあり方をしてきた。(50)

それゆえ、若きマルクスにあっては、人間と自然との統一は生成的な過程であり、人間と自然との統一は、人間の自然に対する実践的働きかけによる自然の変換において生成する過程である。かくて、テイラーの言うに、人間と自然との統一はいつも未完成である。というのは、人間のそうした自然変容は未変容の自然という絶えず後退する辺境を越えることはないからである。人間と自然との統一あるいは和解（reconsiliation）はいつも未完成であり、この未完成性はマルクスのプロメテウス的自己創造（self-creation）の代償にほかならない。(51)

人間の歴史は、それで、自然の人間への生成過程であるが、それはいつも未開拓の自然を背後に残す、自然への実践的な働きかけの範囲の拡大において生成する、人間にとって生成する自然の、しかしいつも未完成にとどまる過程である。人間の歴史はこうして、若きマルクスにおいて、自然史であるが、人間の歴史が自然史であることの意味は、自然の人間への生成過程であるということであり、この生成過程はとりわけ人間の自然への実践的働きかけを通して人間にとって生成してくる自然に存する。この仕方で、人間の歴史は自然が人間へと生成するという形での自然史の現実的部分であり、[52] そして人間の歴史それ自身が自然史である。

ところで、先に言及したテイラーであるが、テイラーは若きマルクスの思想的背景を明らかにしている。テイラーによれば、ドイツ啓蒙主義に対する反発には二つの方向があった。一つはロマン主義の源泉となる表現主義の動向であって、この最初の動向は疾風怒号の運動から起こり、そのもっとも印象的な定式化はヘルダーによって行われた。表現主義はすべてを客体化する科学的思考と人間を利己主義的欲望の主体と見る人間観に対する批判である。すべてを客体化する思想を批判するもう一つの思想的動向は徹底した自由の観念であり、これは自然的動機やこれを支配する自然的因果性からの自由を宣言する。

これら二つの動向を統一することが望まれたが、この統一する仕事に打ち込んだのは、ヘーゲルも属していた一七九〇年代の世代である。ヘーゲルは「ルソーとカントの徹底的自律への要求を、ヘルダーに由来する表現主義的理論と織りまぜたのであり、そしてこれがマルクスの思想に対する不可欠の背景を提供した[53]」が、この統一はヘーゲルの場合、自然の中で己を展開し、実現する宇宙的精神・ガイスト、主体としての絶対者という概念によって行われた。宇宙的精神は有限的精神から出発して理性的必然性に従って世界を定立する。宇宙的精神たるガイストは人間と自然において己を具体化する故に、人間と自然との統一も宇宙的精神のうちに根拠を持つことになる。絶対者によるこの綜合、宇宙的精神・ガイストによる綜合は、しかし、宇宙的精神から人間そのものに移される。この移し替えは一八三〇年代と四〇年代に青年ヘーゲル学派によって遂行された。

今や人間と自然との、そしてまた人間と社会との綜合は生命の大きな流れへの復帰として行われることは出来なくなり、今やその綜合の主体は人間そのものであるが故に、人間がその綜合の行為を引き受けなければならない。人間による人間と自然との綜合は、人間の自然に対する実践的働きかけのうちに論定される。かくて、若きマルクスにおいて、近代社会に対する表現主義的抗議は人間による人間的および外的自然の変容という観念と結合することになった。青年マルクスは人間はその意図に従って、自然と社会を形成するようになると考えた。そして人間による自然と社会の変換的形成という考えは人間が己自身を表現するという考えと結びつく。この自己実現は「プロメテウス的自己創造」の形態を取る。

以上のテイラーの議論は若きマルクスの思考に入り込んだ思想的契機を明らかにしている。それは表現主義であり、もう一つは啓蒙の推進力であって、啓蒙の推進力というのは、近代社会の現存秩序の非人間性に対する告発とともに、人間による外的および内自然に対する意図的変容である。この意図的変容が自己の変容ともなる。人間と自然との統一は、人間による実践的働きかけにおいて人間にとって生成する自然に求められた。この意味で、若きマルクスにとって、「歴史は人間の真の自然史である（Die Geschichte ist die wahre Naturgeschichte des Menschen）」(54)。マルクスは次のように言った。

共産主義は完成された自然主義として＝ヒューマニズムであり、完成されたヒューマニズムとして＝自然主義である(55)。

ここでヒューマニズムとは啓蒙のヒューマニズムであり、取り分けその中心的意味は自然および社会を科学の名において支配していこうとする啓蒙主義である。この啓蒙主義は、マルクスとエンゲルスが人間にとって疎遠な力の意識的制御について語っていた点に看取されよう。

7　自然の人間的歴史と人間の自然史の抗争・絡み合いという構想

アドルノでは、自然史というのは前史のこと、普遍・抽象の特殊・個、具体からの自立化と特殊・個、具体に対するその支配であり、これが前史であって、止揚が展望されていた。このアドルノの意味での自然史は同時に自然支配の過程であるが、この自然支配において社会それ自身が自然化するのである。この自然史に対応する内容は若きマルクスにもある。それは同じく普遍・抽象の支配である。しかし、若きマルクスはこの普遍・抽象の支配過程を「自然史」とは呼ばない。マルクスにあって自然史とは、そうした普遍・抽象の支配にあってもなお遂行される自然と人間との同一性の産出過程、あの「プロメテウス的自己創造」の過程である。マルクスが人間の歴史は真の自然史であると言うとき、それは自然に対する人間の実践的働きかけを通して人間にとって生成する自然のうちに示される人間と自然との統一である。だから、若きマルクスにあっては、自然史の止揚ということはおよそ問題とはならない。それは未だ、そして未開拓の後退する地平を背後に残し未完結の過程である。

我々の「自然の人間的歴史・人間の自然史の抗争・絡み合い」という構想では、「人間の自然史」という構想はアドルノの自然史の構想を継承しているが、既述のように、「自然の人間的歴史」という構想それ自身はアドルノのうちには存在せず、それゆえ「自然の人間的歴史と人間の自然史との抗争・絡み合い」という構想はアドルノの自然史の構想と同じではなく、その改作である。人間は自然に関して内在的超越である人間的自然であるが、この人間的自然の歴史が自然の人間的歴史である。ところが、人間の歴史において、これまで自然の人間的歴史は人間の自然史として実現されてきたのである。この人間の自然史のただなかでしかし自然の人間的歴史の生成の運動が生じる。それは内在的超越の解体である生活世界において、その内在的超越の解体、すなわち内在的超越の再興の運動である。

「自然の人間的歴史と人間の自然史の抗争・絡み合い」という構想は若きマルクスの自然史の構想とも異なっている。先ず、共通する点について言えば、自然の人間的歴史は人間の歴史なのであって、この意味での自然史の止揚は問題にはならない。この意味の自然史の止揚が語られるとすれば、それは人類が消滅する場合のみである。マルクスにおいて、人間の歴史は（真の）自然史である。そして、この点においては、「自然の人間的歴史」の構想は、アドルノの自然史とは違っている。

我々の自然の人間的歴史の構想においては、人間と自然との統一は、人間の自然への働きかけとその変換という点に、その働きかけにおける人間にとっての自然の生成という点に成り立つのではない。人間と自然との統一は人間が人間的自然として、自然に関して内在的超越であるという点に表現されている。人間と自然との統一を、いわば悪無限的な人間による自然改造・自然変換とそれとともに行われる自己変換・自己創造に求める必要はないのである。むしろ、資本こそが絶えざる自然変容を推し進める原動力であった。なるほど人間は絶えず自然に働きかけるし、それを変換する。けれども、これが可能なのは、人間が人間的自然として、人間的生を営むものとして、自然に関して内在的超越である存在者であるからであり、人間が労働を行うことが出来るのも人間が自然に関して内在的超越である存在者であるからである。この点、すなわち人間が自然に関して内在的超越であるということが人間が自然に対して働きかけることの可能性の条件をなしている。この可能性の条件は幾多の偶然的な出来事を通して自然の歴史の内で生みだされた。人間と自然との統一が人間が自然に関して内在的超越であるという点に表現されているからこそ、原生的自然を残すというように、人間による自然への働きかけが――これが全面的に停止するということではないが——ある一定の領域においてなされないとしても、それは何ら人間と自然との統一の未完成を意味するのではない。そのような人間の自然への働きかけの一定の領域での差し控えということも、人間が人間的自然であるということ、すなわち、この意味での人間と自然との統一の故に可能となるのである。(56)テイラーの言うに、「最初からマルクスの意見は、人間を、自然と社会を科学において、それを支配するために、客体化することができるものと見なす徹底した啓蒙主義と、全体性への表現主義的願望との綜合であった(57)」。

ハーバーマスは自然に対する介入・処理には限界があるということを指摘した。既に言及したが、繰り返すと、内的自然の自発的感覚や衝動というものは、ハーバーマスによれば、勝手に処理できるものではないし、将来一人の人格となる胎児の身体、ハーバーマスはこの胎児の身体を人間的自然と呼んでいるが、この人間的自然への無制限の介入は可能ではない。出生前の胎児の身体も、他人の介入から免れていなければならない。というのは、出生以前の前史におけるそうした介入、とりわけ遺伝子への介入の結果、出生後の人格の生活史のうちに他者の介入が入り込んでしまうからであり、もし「遺伝子工学的介入をした場合には、計画された子供に第二人称として語りかけ、その子供を相互理解のプロセスに組み込むようなコミュニケーション的空間の余地が開かれていない(58)」ということになるからである。

私は人間と自然との統一をあの「プロメテウス的自己創造」に求めるということを否定する。自然と人間との統一は絶えず未開拓の自然を背後に残す、いつも未完の過程ではない。むしろ、人間と自然との統一を私は、第一に、人間が自然に関して内在的超越であるということと、第二に、人間の自然史の止揚としての自然の人間的歴史の生成のうちに見る。それゆえ、私は自然史の問題構成を考える際に、若きマルクスの「自然史」概念に依拠することはしなかった。むしろ、私は、アドルノの自然史の構想の改作という道を採ったのである。そのさい、私が注目したのは、アドルノのうちにある自然支配に対する批判的眼差しと、例えば「弁証法的理性は支配的理性に対しては非理性という姿を取るのであり、支配的理性の罪状を発き、支配的理性を廃棄することによって始めてそれ自体理性となるのである」(59)といったアドルノの言明に見られる(批判的)反省性の契機である。私はこの反省性の契機を「内在的超越」の概念として捉えた。

8　文明と自然との和解

ある意味では、文明と自然との和解は如何にして可能かという主題を私は継承している。文明と自然との和解とはこの場合自然の人間的歴史のことを言う。この和解は、人間の自然史の止揚において構想されなければならないであろう。そして、それが自然の人間的歴史の産出である。自然の人間的歴史の生成は自立化した抽象・普遍の支配の廃絶である。取り分け、近代以降の世界では、実在抽象の結果である抽象(的普遍)が具体性に取り憑き、具体性をもっぱら己の担い手に還元・同一化し、これが社会編成の基本論理となっている。問題はこうした社会編成の基本論理を止揚していく人間の主体性である。このような意味での人間の主体性、これは決して否定されるべきではない。こうした人間行為に、それを世界構成的主観、あるいは介入的主観として、受容性を対置させることは正しくないであろう。むしろ、両者の統一、相互にとっての不可欠性が論定されなくてはならない。この対立措定自体が、近代以降の世界における人間と自然との対立を前提としている。自然の人間的歴史とは人間と自然が分離・敵対している状態の止揚であるが、一種生命的な運動を展開する抽象的普遍の具体に対する支配の止揚は自然の人間的歴史の生成である。

そのための社会システムを我々は構想しなくてはならない。とはいえ、それは単に人間と自然との関係軸においてのみ考えられるのではない。人間生活全体が自立化した抽象・普遍の止揚として内在的超越の形態をとること、これが自然の人間的歴史の生成である[60]。

自然の人間的歴史を産出するための相互行為的連帯においてシステムは変容することになる、あるいは変換されることになる[61]。人間の自然史に対する批判と抵抗、およびその変革の運動において、人間の自然史は変換されて、この変換において自然の人間的歴史が生成する。この生成は人間の自然史におけるシステムの変換をもたらすことになろう。人間的自然の復興、これは人間的労働の復興でもあるが、それのみではない。もとより、それは労働という生活行為をも含む。

アーレントは労働、仕事と活動を区別する。これらは私の言い方では人間的自然の、自然の人間的な形態である。アーレントでは、しかし、このような活動は労働と分離されている。労働の意味についての問いは、そうした活動と不可分でなくてはならない。活動は間主体的次元で語られるが、共同は何かについての共同である。そうした活動との結び付きにおいて、労働は個人にとっての意味を、生の伸張における固有の意味を持つ。

アーレントにおいても、単なる自然的なものを超える人間のあり方が語られている。アーレントでは、単なる自然的なものを越える人間的なものは公的領域において生じ、「政治においては、［……］、我々の人間性は我々に、単に自然的であることを越え、公的領域において燃え上がり、記憶と歴史において不定に残存するユニークなイニシアティヴを企てるチャンスを与える[62]」。けれども、人間はその人間であることにおいて、自然を超える存在者、換言すれば自然を超える自然である。それ故、政治においてばかりではなく、人間生活のあらゆる領域において、人間はそれ自身であるところの、自然を超える自然である。ところが、この人間がその歴史過程において、人間的自然がその内在的超越のあり方の解体とともに疑似－自然へと退行する。アドルノは「理性がこの弁証法において無節操に己を自然の絶対的対立物に仕上げ、おのれの内なる自然を忘却するなら、理性は野蛮な自己保存と化し、自然へと後退する」と述べていたが、人間・社会の自然からの自立化は同時に人間・社会の（疑似－）自然への退行である。これが人間の自然史である。(63)

アーレントでは、労働の領域はそれが生命過程となることで自然化され、自然を超える領域が政治に論定される。人間が単なる自然を超えると言っても、それは人間が非自然になることを意味しないが、しかしそれは私見では政治においてのみではない。人間は労働においても、労働の領域においても、経済領域においても、もとより文化においてだけではなく、言われるところの自然を超える自然である。政治において、アーレントにあっては、我々の人間性は単に自然的なものを超えるのである。この超えるという点を、私は次のように理解したい。すなわち、超えるということは、人間が自然性を一切脱して非自然的存在者になるということを意味しているのではない。単に自然的なものを超えてある人間、これはまた自然の一展開形態にほかならない。人間はまずもって自然存在であるが、その自然存在を超えてあるあり方は人間的自然であって、それ自身、自然の一存在形態であり、ここに人間と自然との間の連続性と非連続性の統一がある。以上が人間的生＝生活・生命の意味である。ところが、人間の自然史にあっては、生活、それ故にまた人間的生が疑似－自然化するのである。(64)アーレントでは、活動と労働とが相互に異なる社会領域に割り当てられる。行為タイプの相違が論定され、それぞれの行為タイプに社会領域が割り当てられ、公的領域・政治的領域において人間は単なる自然を越えるとされるのであるが、内在的超越という生活形態の生成は人間的生の全体性において考えられなければならないであろう。労働は人間的生における重要な契機である。それは単に生命過程なのではなく、同時に生活過程において存在する。それは生を営むものとしての人格の不可欠の構成契機であり、それ故に、人格構成上の意味を持っている。労働とはいつも単なる生命過程に尽きるわけではない。それは人間的生の重要な契機である。誕生と死の間の伸張において生きる人間がこの場合生きるというのは、生活世界においてその生を営むということであり、この場合の生というのは、従って生きるというのは、生活・生命過程である。それは単なる生命過程に還元されてしまうのではない。そのように生活世界において生を営む人間諸個人、それが人格である。人格はそうした生から離れた抽象的存在ではない。それは同時に身体的存在である。それは身体的存在の生である。それ故、身体的存在に目止しても、それは生活・生命として現れる。そもそも人間が自然に関して内在的超越であるが、人間の自然史においては、この内在的超越というあり方が解体してしまう。この解体において、人間・社会は自然から自立化し、それを搾取し、支配する。だから、人間が自然に関して内在的超越であることの再生は文明と自然との和解であるだろう。

自然の人間的歴史の中で、人間は自ら自然存在となる。自然と人間との和解はその中でのみ可能である。もとより、それは調和的世界ではない。自然と人間との和解とは要するに近代の止揚ということである。人間が非自然となり、自然が非人間となる事態、つまり対立が止揚される。それは人間生活において、生活世界の全体性において体現されなくてはならない。

『経・哲学草稿』のマルクスは、私的所有の止揚においては、①人間の感覚は、事物に対して事物のために振舞うのであり、②事物そのものがそれ自身と人間に対する一つの対象的な人間的ふるまいであり、その逆でもある、つまり、人間そのものがそれ自身と事物に対する対象的な人間的ふるまいである、と語った。ここで、事物とは人間の自然への実践的働きかけにおいて人間にとって生成してくる自然、すなわち、対象的人間、人間的制作物、(65)「人間的本質の対象的に展開された富」[66]のことである。人間の感覚は、そうした対象的に展開された富・人間的制作物、つまりは対象化された人間に対して、そうした事物のために振る舞い、さらに、その事物そのものが、それ自身すなわち人間的制作物が人間に対する対象的な振る舞いであり、また逆に、人間そのものが自らとその制作物に対する対象的な人間的振る舞いである。それで、語られているのは人間とその制作物・対象的に展開された富との間の関係である。

『経・哲学草稿』のマルクスによれば、人間が全自然を自分の非有機的な身体にするという点に人間の普遍性が実践的に現れ、人間の肉体的および精神的生活と連関しているのであるが、これは人間が自然の一部であるがゆえに、自然が自分自身と連関しているということである。[67]私の見るところ、自然である人間の自然への実践的振る舞いというパースペクティヴから、マルクスは事柄を見ている。ここで、私は（敢えて）そのように人間によって実践的に働きかける自然の方から見て事態はどうなのか、という視点を導入したい。それは働きかける自然から見て、人間の制作物、ひいては人間そのものと人間社会が自然の多様性のいっそう豊かな展開となっているのかどうかという視点である。人間社会が自然の生命共同体をなす生態系の一環として、生態系の人間的な形態となっているのかどうかという視点である。人間が自然に関して内在的超越であるということは、自然が人間において己自身でありながら、己を超越するということである。私見では、文明と自然との和解について語ることが出来るのは、そうした視点の導入のもとにおいてである。[68]

注

（1）Th. W. Adorno, PM, S. 154（Ｔｈ・Ｗ・アドルノ『道徳哲学講義』舟戸満足之訳、作品社、二〇〇六年、一七五頁）．

（2）Th. W. Adorno, ebd., S. 155（Ｔｈ・Ｗ・アドルノ、同上、一七六頁）.

（3）L. Wittgenstein, PU, §25（Ｌ・ウィトゲンシュタイン『哲学探究』藤本隆訳、大修館書店、一九七六年、二五節）.

（4）Cf. Ted Schatzki, "Marx and Wittgenstein as natural historians", *Marx and Wittgenstein: Knowledge, morality and politics*, ed. Gavin Kiching and Nigel Pleasants, Routledge, 2002, p. 50.

（5）Vgl. Th. W. Adorno, ND, S. 299（Ｔｈ・Ｗ・アドルノ『否定弁証法』木田元他訳、作品社、一九九六年、三六九頁）.

（6）拙書『ネオリベラリズムと世界の疑似‐自然化』、梓出版社、二〇一六年参照。

（7）拙書『カントとアドルノ　自然の人間的歴史と人間の自然史』、梓出版社、二〇一三年。

（8）M. Horkheimer / Th. W. Adorno, DA, S. 45-6（Ｍ・ホルクハイマー／Ｔｈ・Ｗ・アドルノ『啓蒙の弁証法』徳永恂訳、岩波書店一九九〇年、五〇―五一頁）. なお、訳は若干変えてある。

（9）この点は「自然史の理念」の最後で、第二の自然は結局第一の自然であると言われている（Vgl. Th. W. Adorno, IN, S. 365（Ｔｈ・Ｗ・アドルノ「自然史の理念」、『哲学のアクチュアリティ』細見和之訳、二〇一一年、八〇頁））ことに関係するであろう。ここでのアドルノの言明の眼目は「歴史的な素材それ事態が神話的なものないしは自然史的なもの（Naturgeschichtliches）に変容する」（Th.W. Adorno, ebd., S. 365（Ｔｈ・Ｗ・アドルノ、同上））という点にある。

（10）第一の自然と第二の自然とは区別されているが、前史においては、第一の自然は第二の自然として、第二の自然という形で存続するのであり、別言すれば、第二の自然はその内実において第一の自然へと還元されるのである。私は、アドルノはそうしていないが、第二の自然を「疑似‐自然」と呼ぶ。

アドルノによれば、社会が（第一の）自然から自立化するならば、社会自体が自然化する。これは社会自体の自然化である。図示すると、次のようになる。

社会→自然化＝第二の自然
→（自立化）
自然＝第一の自然

第一の自然からの社会の自立化と社会自体の自然化とは相即しており、それ故社会の第一の自然からの自立化の止揚は第二の自然のあの廃絶と相即していることになる。社会の第一の自然からの自立化において、社会自体が自然化するのである。『啓蒙の弁証法』の言い方では、第一の自然が存続するということである。「理性がこの弁証法において無節操におのれを自然の絶対的対立物に仕上げ、おのれのうちなる自然を忘却するなら、理性は野蛮な自己保存と化し、自然へと後退する」（Th.W.Adorno,ND,S.285（Ｔｈ・Ｗ・アドルノ、『否定弁証法』、三五〇頁））．

（11）新自由主義的資本主義・新自由主義的グローバリゼーションは人間の自然史の現代的状況である。
（12）Vgl. Th. W. Adorno, IN, S. 357（Ｔｈ・Ｗ・アドルノ、「自然史の理念」、六四頁）．
（13）Th. W. Adorno, ebd., S. 364（Ｔｈ・Ｗ・アドルノ、同上、七六頁）．
（14）Th. W. Adorno, ebd., S.361-362（Ｔｈ・Ｗ・アドルノ、同上、七一頁）．
（15）Th. W. Adorno, ebd., S.363（Ｔｈ・Ｗ・アドルノ、同上、七五頁）．
（16）Ｊ・ハーバーマス「神話と啓蒙の両義性『啓蒙の弁証法』再読」、岩波書店編集部編『現代文明の危機と時代の精神』、岩波書店、一九八四年。
（17）M. Horkheimer / Th. W. Adorno, DA, S. 57（Ｍ・ホルクハイマー／Ｔｈ・Ｗ・アドルノ『啓蒙の弁証法』、五二頁）．
（18）M. Horkheimer / Th. W.Adorno,ebd., S. 59（Ｍ・ホルクハイマー／Ｔｈ・Ｗ・アドルノ『啓蒙の弁証法』、五四頁）．

（19）Th. W. Adorno, ND, S. 347（Ｔｈ・Ｗ・アドルノ『否定弁証法』、四二九頁）。

（20）ここでアドルノはマルクスを自身の「自然史」概念と通底するものとして見ている。もとより、これは間違いだというのではないが、若きマルクスにはこれとは違った意味での「自然史」概念が見出される。この点については、以下において立ち入る。

（21）Vgl. Th. W. Adorno, ebd., S. 348（Ｔｈ・Ｗ・アドルノ、同上、四三一頁）.

（22）Th. W. Adorno, ebd., S. 348（Ｔｈ・Ｗ・アドルノ、四三一頁）.

（23）一つ付言すると、ハイデガーが言う歴史性とは現存するものから抽出されたものであるが、この抽出されたものが歴史の担い手にされる。つまり、現存するものから抽出された歴史性が歴史の担い手とされるということは、歴史過程が、諸個人からいわば独立化して、彼らの頭越しに貫徹されるという自然史の客観性の追認であるわけである。

（24）Th. W. Adorno, MM, S. 141（Ｔｈ・Ｗ・アドルノ『ミニマ・モラリア』三光長治訳、法政大学出版局、一九七九年、三九二頁）.

（25）Th. W. Adorno, ND, S. 174（Ｔｈ・Ｗ・アドルノ、『否定弁証法』、二一一頁）.

（26）Th. W. Adorno, DSH, S. 285（Ｔｈ・Ｗ・アドルノ『三つのヘーゲル研究』渡辺祐邦訳、六四頁）. なおＨ・クンネマンは『啓蒙の弁証法』には宥和のパースペクティヴ、すなわち理性への信頼と理性懐疑の間には緊張関係があると言っている。Vgl. Harry Kunneman／Hent de Vries（Hg.）,*Die Aktualität der Dialektik der Aufklärung*, Campus Verlag, 1989, S. 14.

（27）Cf.Max Pensky,"Editor's Introduction: Adorno's Actuality", *The Actuality of Adorno: Critical Essays on Adorno and the Postmodern*, ed. Max Pensky, State University of New York Press, 1997, p.7.

（28）J. Habermas, PDM, S. 144（Ｊ・ハーバーマス『近代の哲学的ディスクルス』Ⅱ、三島憲一・轡田治・木前利秋・大貫敦子訳、岩波書店、一九九〇年、二〇八頁）.

（29）A. Wellmer,"Die Bedeutung der Frankfurter Schule heute", *Die Frankfurter Schule und die Folgen*, hersg. A. Honneth1 /A. Wellmer,

Berlin, 1986, S.18.

（30）Vgl. Th. W. Adorno, MM, S. 283（Ｔｈ・Ｗ・アドルノ『ミニマ・モラリア』、三九二頁）．

（31）Karl-Heiz Sahmel, *Die Kritische Theorie*, K&N, 1988, S.91.

（32）Vgl. Th. W. Adorno, DSH, S. 311（Ｔｈ・Ｗ・アドルノ『三つのヘーゲル研究』、一五二頁）．

（33）Th. W. Adorno, ebd., S. 336（Ｔｈ・Ｗ・アドルノ、同上、一五一頁）．

（34）この点については、詳しくは拙稿「アドルノの哲学と言語」、『文化科学の方法』中島茂幸・原子智樹他、共同文化社、二〇一二年参照。

（35）Th. W. Adorno, ND, S. 299（Ｔｈ・Ｗ・アドルノ『否定弁証法』、三六九頁）．

（36）拙書『カントとアドルノ　自然の人間的歴史と人間の自然史』、梓出版社、二〇一三年。

（37）Vgl. Th. W. Adorno, ÄT, S. 114（Ｔｈ・Ｗ・アドルノ『美の理論』大久保健治訳、河出書房新社、一九八五年、一二四頁）．

（38）Th. W. Adorno, ND, S. 299（Ｔｈ・Ｗ・アドルノ『否定弁証法』、三六九頁）．

（39）だから、アドルノは、普遍的同一性によって抑圧されている非同一的なものに眼を向けようとする。

（40）Th. W. Adorno, ND, S. 285（Ｔｈ・Ｗ・アドルノ『否定弁証法』、三五〇頁）．

（41）しかし、この翻訳は既にアドルノの「自然史という構想」の改作になっている。というのは、アドルノのうちには「自然の人間的歴史」という概念はないからである。

（42）この抗争は内在的超越を体現する生活形式と内在的超越を解体する生活形式との対抗・抗争である。自然史の構想の以上のような変換は、さらに、アドルノの思考枠組みそれ自身の変換を要求する。そのいっそうの展開のためにはハーバーマスが言うように、アドルノの哲学の根本的枠組みである意識哲学のパラダイムの止揚ということも要求されるのである。

（43）Ｋ・マルクス『経済学・哲学手稿』藤野渉訳、大月書店、一九六三年、一五二頁参照。

（44）K・マルクス、同上。
（45）K・マルクス、同上。
（46）K・マルクス、同上。
（47）K・マルクス、同上、一五七頁。
（48）マルクス・エンゲルス『ドイツ・イデオロギー』真下信一訳、大月書店、一九六五年、一二六頁。
（49）マルクス・エンゲルス、同上、七一頁。
（50）マルクス・エンゲルス、同上、八五頁。
（51）Cf. Ch. Taylor, *Hegel and Modern Society*, Cambridge University Press, 1979. p. 141（Ｃｈ・テイラー『ヘーゲルと近代社会』渡辺義雄訳、岩波書店、一九八一年、二七五頁）.
（52）K・マルクス『経・哲学草稿』、一五八頁参照。
（53）Ch.Taylor,op.cit.,p.111（Ｃｈ・テイラー、前掲書、二一八頁）.
（54）K・マルクス、前掲書、二二五頁。
（55）K・マルクス、同上、一四六頁。
（56）Ｃｈ・テイラーの言うに、マルクスでは人間による社会および自然の変容が目指しているのは、自然を人間によって自由に創造された計画に従ってこの計画に服属させることであり、これが啓蒙主義の契機と言われているものである。この場合、自然が、つまり生成した自然が人間の表現になることと人間が自然を自らの計画、人間が自由に創造した計画に従わせるという二つの契機が融合している。
（57）Ch. Taylor, op.cit., p. 142（Ｃｈ．テイラー、前掲書、二七七頁参照）.
（58）J. Habermas, DZ, S. 107（J・ハーバーマス『人間の将来とバイオエシックス』三島憲一訳、法政大学出版局、二〇一二年、一〇五頁参照）．

（59）Th. W. Adorno, MM, S. 80（Ｔｈ・Ｗ・アドルノ『ミニマ・モラリア』、九六頁）．

（60）世界の疑似－自然化とは、別の言い方では、人間と世界との関係における内在的超越性の解体である。だから、自然の人間的歴史の生成は人間の自然史の止揚である。

（61）これはホネットの意味での承認の闘争を含むだろうが、しかしそれだけではない。

（62）Jeremy Waldron", Arendt's constitutional Politics", *Hannah Arendt: Critical Assessments of Leading Political Philosophers*, Volume Ⅲ, ed. Garrath Williams, Routledge, 2006, p. 135.

（63）これに対する抵抗はカントにおいても見られたものである。

（64）この点については、拙書『ネオリベラリズムと世界の疑似－自然化』、梓出版社、二〇一六年参照。

（65）Ｋ・マルクス『経済学・哲学手稿』、一五一頁参照。

（66）Ｋ・マルクス、同上、一五四頁。

（67）Ｋ・マルクス、同上、一九五頁参照。

（68）コミュニティも、自然のあり方も、自然環境も、人間の活動が作り上げたものであり、自己のアイデンティティにとって構成的な意義を持つ。風の暖かさや冷たさ、そこには様々な色合いがある。その自然環境の中にいるとき、つまり特殊な色合いを持つ人間の非有機的身体のあり方が私の身体にしみ込んでいる限り、その場にいて私は承認されていると感じる。そこには、私の身体が掲げる承認要求があるが、この場合私の身体は自然によって承認されているのである。

あとがき

序言でも書いたが、私は既刊の『カントとアドルノ——自然の人間的歴史と人間の自然史』（梓出版社、二〇一三年）、『ネオリベラリズムと世界の疑似‐自然化——アドルノ・ホネット・ポストン・ハーヴェイ・ボルタンスキー・シャペロ』（梓出版社、二〇一六年）と本書を併せて三部作であることを意図した。三部作にしようと思い至ってから、かなりの時間が経過した。

私は二〇一一年一月から二〇一一年五月まで、カナダアルバータ州にあるレスブリッジ大学に滞在して講義を行った。当時は私は『カントとアドルノ』執筆中であり、これを中断してカナダに出かけた。講義は火曜日と木曜日それぞれ七五分の講義だったが、講義の準備はカナダに出かける前にやってしまっていたから、改めて準備する必要はなかった、それで、私はかなり多くの「自由時間」を持つことになった。持っていった書物は手に入れたばかりの英文の短い本だったので直ぐに読んでしまい、それで私はその時間をともあれ思いつくままに文章を書くことにしたのだが、その過程で私は、（グローバルな）新自由主義的資本主義がフォード主義時代の資本主義に比べて、人間の自然史の一層の展開であるとは如何なる意味においてであるかを扱う必要を感じ、同時に三部作を作ろうという考えが浮かんだ。

結果として、本書は『カントとアドルノ——自然の人間的歴史と人間の自然史』、『ネオリベラリズムと世界の疑似‐自然化』に続く、三部作の最後のものとなった。私見では、アドルノは、彼のカント読解に際して、カントをアドルノの意味での自然史に同化・還元して理解したのだが、これに対し、『カントとアドルノ』ではそうしたカント読解に抗して、私はカントのうちに自然の人間的歴史の構想があることを確保しようとした。しかし自然の人間的歴史と人間の自然史の抗争については、単に形式的に立ち入ったにすぎない。『ネオリベラリズムと世界の疑似－自然化』は人間の自然史の概念をいくらか詳しく扱った。本書は、以上をうけて、人間的生という視点から、「自然の人間的歴史と人間の自然史の抗争という構想」を改めて述べたものである。

ところで、三部作という構想の故にであるが、私は、しばしば叙述上の困難を経験することになった。例えば、『カントとアドルノ』では、私は「自然の人間的歴史と人間の自然史の抗争という構想」はアドルノの自然史概念の改作であることを意図したが、その改作である次第については三作目である本書で扱うことにしたため述べられず、それ故、議論としてはいわば未完成であることになった。それで、執筆の過程で、私は短くでも、その次第を書き込もうとしたのだが、うまくいかなかった。もし『カントとアドルノ』にその次第（本書の第九章に当たる部分）を書き込んだならば、三部作という構想は崩れ、その代わりに『カントとアドルノ』はより大部のものになっただろう。『ネオリベラリズムと世界の疑似－自然化』でも、内容には立ち入らないが、類似の困難が生じた。いずれの場合にも、私は三部作というはじめの構想を維持し、三つで一つなのだとして、前二著における議論上の未完成性については、我慢することにした。

本書を含めて、三部作は全体としていささか大部のものになった。短い後書きで終わりにしようと思う。

最後になるが、これまでと同様、梓出版社の本谷貴志氏には大変お世話になった。三部作を同じ梓出版社から出版できたことを私は喜んでいる。記して謝意を表したいと思う。

二〇一九年　三月一九日

横田榮一

著者紹介

横田榮一（よこた　えいいち）

1949 年生

1980 年　北海道大学大学院文学研究科博士課程満期退学

元北海商科大学教授

主要業績

『ネオリベラリズムと世界の疑似－自然化――アドルノ・ホネット・ポストン・ハーヴェイ・ボルタンスキー・シャペロ』梓出版社，2016 年

『カントとアドルノ――自然の人間的歴史と人間の自然史』梓出版社，2013 年

『ハーバーマス理論の変換――批判理論のパラダイム的基礎』梓出版社，2010 年

『グローバリゼーション・新たなる不透明性・批判理論』共同文化社，2009 年

「言語と計算」日本科学哲学会編・野本和幸責任編集『分析哲学の起源　フレーゲ・ラッセル』勁草書房，2008 年

G・フレーゲ『算術の基本法則』野本和幸編，フレーゲ著作集 3，共訳，勁草書房，2000 年

P・F・ストローソン『意味の限界『純粋理性批判』論考』共訳，勁草書房，1987 年，『市民的公共性の理念』青弓社，1986 年

ハーバーマスとホネットを超えて

2019 年 10 月 10 日　第 1 刷発行　〈検印省略〉

著　者©　横　田　榮　一
発行者　本　谷　高　哲
印　刷　シナノ書籍印刷
東京都豊島区池袋 4-32-8

発行所　梓　出　版　社
千葉県松戸市新松戸 7-65
電話・FAX 047-344-8118

乱丁・落丁本はお取り替えいたします
ISBN 978-4-87262-240-9　C3036